"十三五"国家重点出版物出版规划项目
现代机械工程系列精品教材
新工科·普通高等教育汽车类系列教材

车用驱动电机原理与控制基础

第2版

钟再敏　王业勤　编著

机械工业出版社

本书系统地介绍了车用交流驱动电机的工作原理和控制理论基础，本书的主体内容编撰自车用电驱动技术、电机学、交流电机控制等，内容组织上共分为3部分：驱动电机的电磁学基础、交流电机的基本工作原理、车用交流电机矢量控制理论基础和系统集成。

本书在内容编排上充分考虑与非自动化类专业的课程体系衔接，力求体系完整；数学分析方法和物理表征尽可能前后一致，主要采用了空间矢量和能量法表述电机的机电能量转换过程。此外，针对运动参考系引入后电压方程的建立，本书还引入了“牵连运动电动势”，并在此基础上引入四线圈原型电机模型，以此统一描述交流电机的机电能量变换过程。

本书可以用作非自动化专业的本科生或研究生教材，也可供相关技术领域从事交流电机及其控制相关工作的工程师参考。

图书在版编目（CIP）数据

车用驱动电机原理与控制基础 / 钟再敏，王业勤编著. --2版. --北京 ：机械工业出版社，2024.8（2025.3重印）.（现代机械工程系列精品教材）（新工科·普通高等教育汽车类系列教材）. -- ISBN 978-7-111-76126-6

Ⅰ. U469.703

中国国家版本馆CIP数据核字第2024XN8521号

机械工业出版社（北京市百万庄大街22号　邮政编码100037）

策划编辑：段晓雅　　责任编辑：段晓雅　赵晓峰

责任校对：孙明慧　张雨霏　景　飞　　封面设计：张　静

责任印制：单爱军

保定市中画美凯印刷有限公司印刷

2025年3月第2版第2次印刷

184mm×260mm · 14.75印张 · 363千字

标准书号：ISBN 978-7-111-76126-6

定价：49.80元

电话服务　　网络服务

客服电话：010-88361066　　机　工　官　网：www.cmpbook.com

010-88379833　　机　工　官　博：weibo.com/cmp1952

010-68326294　　金　书　网：www.golden-book.com

封底无防伪标均为盗版　　机工教育服务网：www.cmpedu.com

序

传统意义上的车辆工程学科是机械工程学科下的二级学科，其课程体系也是以动力学、热力学等为基础构建起来的。随着汽车电动化、智能化的快速发展，车辆工程与电气自动化、计算机与信息科学等学科深度交叉，学科内涵和外延已经发生了深刻的变化。

在此背景下，中国汽车工程学会积极主动，直面车辆工程专业人才培养所面临的现实挑战和机遇，结合“智能电动汽车”学科建设，积极推动相关学科体系和人才培养体系建设，并且大力提倡和鼓励高校相关专业和一线教师积极探索课程建设与创新。

电机及其控制是电动化的重要技术载体和体现方式。我国在电机及其控制技术领域有独特的产业链优势和产业基础，经过过去近 20 年的发展和积累，不断补齐短板，从上游材料到终端产品，逐步建立了较为完善和自主可控的产业链体系。包括上游芯片和操作系统等核心关键产品在内的领域，通过下游产品和市场侧的引领和拉动，也取得了可喜的突破和成果。

汽车行业需要大量电驱动领域的专业人才。钟再敏、王业勤老师编撰了《车用驱动电机原理与控制基础》教材，并将其应用于“电机与控制”本科生课程教学。第 1 版教材出版以来，除同济大学外，还被多所兄弟院校的车辆工程相关专业选用，积累了宝贵的教学实践反馈并得到同行的基本认可。如今，该书在教学实践的基础上，修订出版。本次修订，在内容和知识体系上做了较深层次的补充和完善，使得教材的特色更加鲜明，更加切合车辆工程专业学科体系的教学需求。

对于钟老师、王老师在教学上的不断探索和实践，我本人非常赞赏。学科建设里面，课程和教材建设是难点，非一朝一夕可以实现，需要不断坚持和持续改进。希望有更多的人重视和参与到车辆工程专业的人才培养和学科建设工作中，为我国汽车工业长期和可持续发展添砖加瓦。

前言

本书第 1 版的知识体系和所坚持的基于“空间矢量”的数学手段经教学实践证明是有价值的，也因此基本在本次修订中得以保留和继承。

本次修订重点补充的内容如下。

1）引入“牵连运动电动势”的概念，其现实价值是可以直接在运动参考系中建立电机的电压空间矢量方程，而无须经由坐标变换推导过程，这可以在方便理解和记忆的基础上将教学深度得以拓展。

2）引入正交两相“原型电机物理模型”，并基于此完整介绍了交流电机的基本物理概念及其数学表征。

3）在此基础上，基于“牵连运动电动势”和“原型电机物理模型”，对永磁同步电机、感应电机相关内容重新加以梳理和推导。

其他修订内容还包括：将部分扩展内容从正文中删减，统一编入附录中；删除了“相量”分析的有关内容，将分析方法完整统一到“空间矢量”基础之上；对时间、空间的相位方向进行统一，绕组槽向量视作空间矢量正方向调整为逆时针；补充了电机控制实现的若干相关专题内容。

综合看来，本书在第 1 版的基础上有继承，同时修订比例也很大，基本形成了相对完整的叙事逻辑。教材的定位和选材的准则仍然是重基础、强概念建立，力图在限定的学时内让学生建立相对完整、牢固的电机及控制的知识体系框架。本次修订也体现和融入了党的二十大报告中的有关理念，包括“深入推进能源革命”“推动经济社会发展绿色化、低碳化是实现高质量发展的关键环节”等。

本书的推荐学时为 3 学时/周，建议在条件允许的情况下安排若干试验教学环节。针对周学时为 2 的课程设置，可视学生接受情况而定，若能保证足够的课外自学和作业时间，则也可完整讲授本书内容。

本书第 8 章由王业勤编著，其余章节由钟再敏编著。在成书过程中，陈鸿和杨明磊同学参与了公式整理、图表绘制等工作，书稿由马崇淦教授、江尚博士审阅，在此一并向他们表示感谢。

由于编者水平有限，书中不当之处在所难免，敬请各位读者不吝指正。

编　者

主要符号表

常用物理量的符号，含义及单位

A	A 相	P	功率，kW
A	面积，m^2；电负荷，A/m	p	极对数
a	a 相	p	时间微分算子
$\boldsymbol{a}$	旋转 120°复数算子	q	每极每相槽数/相带
B	B 相	Q	无功功率，Var
B	磁感应强度，T	R	电阻，Ω
$\boldsymbol{B}$	磁感应强度矢量，T	S	视在功率，V · A
b	b 相	s	转差率；拉普拉斯算子
C	C 相	t_e	电机电磁转矩，N · m
C	变换矩阵	T_s	采样周期，s
C_D	空气阻力系数	t	时间，s
c	c 相	U	电压（有效值），电压矢量幅值，V
E	电动势（有效值），V	u	电压（瞬时值），V
ε，e	电动势（瞬时值），V	$\boldsymbol{u}$	电压矢量，V
e	自然对数基底	V	电压，V
f	磁动势（瞬时值）；频率，Hz	V_{DC}	直流母线电压，V
F	力，N；磁动势，A/m	W	功；能，J
H	磁场强度，A	W_c	磁共能，J
$\boldsymbol{H}$	磁场强度矢量，A	W_m	磁能，J
I	电流（有效值），空间矢量幅值，A	y	线圈节距
i	电流（瞬时值），A	Z	槽数；阻抗，Ω
$\boldsymbol{i}$	电流矢量，A	α	槽距角；角度，rad
j	单位虚数	β	转矩角，rad
k	耦合系数	δ	气隙长度，m
L	电感、自感，H	η	效率
L_d，L_q	转子 d，q 轴等效电感，H	θ_r	转子电角度，rad
L_D，L_Q	定子 D，Q 轴等效电感，H	θ_s	定子电角度，rad
l	长度，m	θ	角度，rad；温升，℃
M	互感，H；质量，kg	ϑ	磁场分布空间角度
m	绕组相数	κ	变压器的电压比
N	线圈匝数	Λ	磁导
n	转速，r/min		

（续）

常用物理量的符号，含义及单位	
μ_0	真空磁导率，$4\pi\times10^{-7}N\cdot A^{-2}$
μ_r	相对磁导率
μ_{Fe}	铁心磁导率
σ	漏磁系数
τ	极距
Φ	磁通［量］，Wb
ϕ	磁通［量］（瞬时值），Wb
φ	功率因数角
ψ	磁链，Wb
ψ_f	转子永磁体等效磁链，Wb
ψ_g	气隙磁链，Wb
ω_r	转子电角速度，$rad\cdot s^{-1}$
ω_m	转子机械角速度，$rad\cdot s^{-1}$
ω_f	转差频率，Hz
ω_s	定子（磁场）角速度，$rad\cdot s^{-1}$

常用角标的含义	
D，d	直轴
Q，q	交轴
s	定子
r	转子
m	极限幅值
g，δ	气隙
ϕ	（每）相
0	空载
1	变压器一次侧
2	变压器二次侧
σ	漏磁
N	额定值

常用缩略语	
DHT	混合动力专用变速器 Dedicated Hybrid Transmission
DTC	直接转矩控制 Direct Torque Control
FET	场效应晶体管 Field Effect Transistor
FOC	磁场定向控制 Field Oriented Control
IGBT	绝缘栅双极晶体管 Insulated Gate Bipolar Transistor
IM	感应电机 Induction Motor
ISG	集成起动发电机 Integrated Starter Generator
MOSFET	金属-氧化物-半导体场效应晶体管 Metal Oxide Semiconductor FET
MTPA	最大转矩电流比 Maximum Torque Per Ampere
PMSM	永磁同步电机 Permanent Magnet Synchronous Motor
SOA	安全工作区 Safe Operating Area
SOC	电池荷电状态 State of Charge
SVPWM	空间矢量脉宽调制 Space Vector Pulse Width Modulation
VSI	电压源逆变器 Voltage Source Inverter

目录

第1章 绪论

1.1 电机的发展简史

电机是实现机械能和电能相互转换的重要装置，各种类型的电机在电能的产生和转换上处于非常重要的地位。完成从机械能到电能的转换，即“发电”过程的电机称为“发电机”，完成从电能到机械能的转换，即“电动”过程的电机称为“电动机”。理论上，任何一种电机都可以实现双向能量转换，也就是说既可作为电动机工作，也可以作为发电机工作。

电机的发明和大规模工业化使用是第二次工业革命的重要推动力，是电气化的重要组成部分。一般认为，1866 年德国工程师西门子发明了世界上第一台大功率发电机，这标志着第二次工业革命的开始。

（1）电机技术积累阶段　电机的技术起源可以追溯到 1831 年法拉第发明圆盘发电机直至 1866 年大功率直流发电机研制成功之前的一段时间，可以称为“电机技术积累阶段”。

法拉第在发现了电磁感应现象之后不久，利用电磁感应原理发明了世界上第一台真正意义上的电机——圆盘发电机，其实物模型与电路原理图如图 1-1 所示。此后 30 多年的科学和技术进步对于电机的发展奠定了必要的基础。

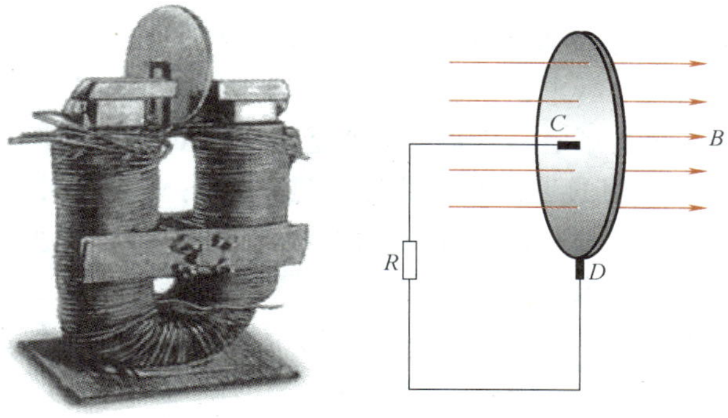

图 1-1　1831 年法拉第发明的圆盘发电机实物模型与电路原理图

法拉第发明的圆盘发电机的构造与现代的发电机不同，在磁场中转动的不是线圈，而是一个铜质的圆盘。圆盘的圆心处固定一个摇柄，边缘和圆心处各与一个电刷紧贴，用导线把电刷与电流表连接起来，铜圆盘放置在磁场中，当转动摇柄使铜圆盘旋转起来时，电流表的指针偏向一边，说明电路中有了持续的电流。

在此基础上，英国人斯特金对法拉第的电机模型进行了改进，发明了换向器，制作了世界上第一台能产生连续运动的旋转电动机，其原理如图 1-2 所示。

1832 年，法国的皮克西在巴黎公开展示了一台永久磁铁旋转式交流发电机，如图 1-3 所示。后来，他又在发电机上安装换向器，将交流电变为直流电。

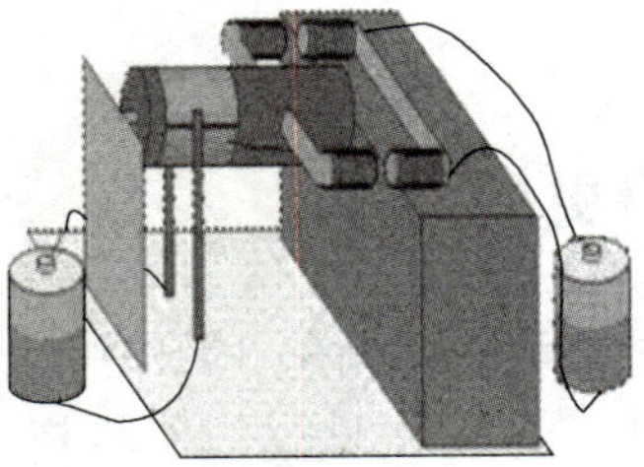

图 1-2　1832 年斯特金发明的电动机原理图

图 1-3　1832 年皮克西发明的发电机模型

1834 年，德国的雅可比制成了一种新型电动机，在两个 U 形电磁铁中间装六臂轮作为转子，每臂带两根棒形磁铁，通电后棒形磁铁与 U 形电磁铁之间产生相互吸引和排斥作用，从而带动转子转动，其结构如图 1-4 所示。

此后一段时间，英国的惠斯通、丹麦的赫尔特、意大利的奇诺蒂和帕其努梯都对电机进行了不同程度的改进，为电机的实用化做出了重要贡献。

（2）直流电机的工业化应用　1866 年，德国人西门子成功研制出自励和并励大功率直流发电机，拉开了大功率机械能向电能转换的序幕，进而引发了 19 世纪晚期的“电气化”革命。电机技术的发展也进入了第一个黄金发展期——电机技术成熟期。

图 1-4　1834 年雅可比发明的电动机结构

1870 年，生于比利时的格拉姆将 T 形电枢绕组改为环形电枢绕组，改进了直流发电机。后来，格拉姆证明向直流发电机输入电流，其转子会像电动机一样旋转。于是，这种格拉姆型电动机被大量制造出来，效率也不断提高。

1873 年，德国西门子公司的工程师阿特涅改进了发电机的绕组结构。他用许多薄圆铁板以纸绝缘后重叠起来，制成铁心，然后在上面绕上导线线圈。改进后，发电机无论是外观还是性能，相较于原来都有了很大进步，西门子公司由于阿特涅的这项发明而益发驰名。此后，德国以西门子公司为核心，大力研制各种电机，使电力工业得到了迅速发展。1879 年，西门子公司还展示了由 2.2kW（3 马力）电动机驱动的电动车。

（3）交流电动机的发明　进入 19 世纪上半叶，各种交流电机不断被发明出来，电机大量应用于工业的第一个黄金年代开始了。

1824 年，法国人阿拉果在转动悬挂着的磁针时发现其外围环上受到机械力，随后，他重复这一实验时，发现外围环的转动又使磁针偏转，这些发现催生了后来感应电动机的发明。

1883 年，德普勒在巴黎科学院提出交流磁场公式；1882—1885 年，匈牙利工程师代里等人首创变压器；1885 年，费拉里斯提出两相交流感应电动机的模型。

1886 年，尼古拉·特斯拉制成了两相绕线式交流异步电动机模型，1888 年，他又在意大利科学院发表《利用交流电产生旋转磁场》的论文，成为“交流感应电动机”的发明者。交流感应电动机结构简单，使用交流电，无须换向器，无火花，相比直流电动机有明显的优势。当时他在爱迪生公司工作，但由于爱迪生只坚持研发直流驱动技术，因此他就把两相交流电动机的专利权卖给了西屋公司。

1891 年，阿诺尔德建立了交流电枢绕组理论，标志着交流电机技术的成熟。

（4）电力电子应用于交流电机调速控制　功率半导体技术的发展极大地促进了交流电机调速技术的进步。

20 世纪上半叶，电机调速主要是通过直流电机（组）来实现，当时用原动机来驱动一台直流发电机，通过控制发电机的励磁来调节发电机的输出电压，借此来调节被驱动电机的转速。20 世纪 50 年代，随着晶闸管的出现，人们发明了可控整流技术。通过控制晶闸管的导通时间来控制电压的高低，“晶闸管整流+直流电机”的调速驱动技术迅速普及。

早期交流电机的调速性能较差，无论是通过改变极对数的“变极调速”还是绕线式转子串联不同电阻实现的“串级调速”，都只能实现有级式的速度调节，性能都很难与直流电机匹敌。直到 20 世纪下半叶，功率半导体技术取得迅猛发展，特别是全控型功率器件（GTO、MOSFET、IGBT）的出现，使得人们不仅可以控制晶体管的导通，还可以控制其关断，通过改变驱动频率的交流“变频调速”技术不断完善，并很快替代了直流调速系统。之后，交流调速技术主要在“功率半导体技术”和“电机矢量控制技术”两个方面快速发展。

功率半导体技术应用广泛，其对于交流电机调速领域技术发展起着决定性的影响。

第一代功率半导体器件是半控型器件，以晶闸管为代表，只能通过相控换流关断，所以主要用于实现可控整流。

第二代功率半导体是全控器件，以功率晶体管（GTR）和门极关断（GTO）晶闸管等可自关断器件为代表，不仅可以实现整流，还可以应用于逆变，但工作频率较低，主要应用于中低频率交流调速场合。

20 世纪 80 年代，随着第三代功率半导体器件“功率 MOSFET”和 IGBT 的出现和普及，交流逆变的工作频率得到了显著提高，使中小功率交流变频技术得到了迅速发展。

近年来，以氮化镓和碳化硅为代表的新一代宽禁带功率半导体材料技术也在不断取得突破，它们在开关频率、工作温度、工作电压等方面的性能进一步提升，相信在不久的将来，新的材料技术将进一步促进交流调速技术的发展。

电机矢量控制的技术基础是通过功率器件的快速开关实现电压脉宽调制，即 PWM 调制技术。在全控型晶体管发明后，出现了正弦脉宽调制技术，变频器可实现更加接近正弦波的调频电压输出。

在 20 世纪五六十年代，德国学者提出了矢量控制方法。但当时由于运算电路过于复杂，该技术没有立即在工程上得以普及。直到 20 世纪 90 年代后期，随着计算机的微型化和运算速度的不断提高，空间矢量技术逐渐成为主流电机控制方法。

目前，车用交流电机普遍采用矢量控制方法。

1.2　车用驱动电机的特点和常用类型

1.2.1　车用驱动电机的基本构成和主要技术特点

车用电驱动系统是由电机本体和电机控制器（逆变器）共同构成的系统。其中，电机控制器的基本任务是完成车载动力电池所提供的直流电与驱动交流电机所需要的交流电之间的双向可逆变换。此外，电机控制器还根据车辆驱动的需要实现各种控制、检测和诊断功能。这些功能实现的基础是控制器硬件，但近年来软件算法所起的作用越来越大，成为电机控制器的重要组成部分。

车用电驱动系统的工作条件非常苛刻，电动汽车用驱动电机要求能够承受高温、多变的气候条件和频繁的振动，在恶劣的环境下能够正常工作。车用电机的基本原理与工业用电机本质上是一致的，但是因为车用的特殊应用需求，车用电机有其显著的技术特征，突出体现在如下方面。

1）质量比功率高。轻量化对于整车的能效提高有直接的贡献，因此与固定设备用工业电机不同，车用电机普遍要求尽可能高的单位质量功率。提高功率密度的一个重要手段是提高电机的工作转速（机电能量转换的频率），例如现在常见的车用驱动电机最高转速都在15000r/min 以上。

2）体积比功率高。车用空间的优化是永恒的主题。电机系统越紧凑，就越容易满足整车的需要，实现更深度的“嵌入”设计，因此要求单位体积的电机功率要尽可能高。此外，在一些电机直接驱动的应用场景，还有一个相关联的指标是“体积比转矩”，例如轮毂电机应用。

3）效率高。追求高效率是所有电机应用的基本要求。车用电机的主要特点是，驱动电机的高效率区要宽，不只是在特定工作点上有较高的效率，而是要在较宽的转速、转矩范围内都有较高的效率，从而满足车辆各种行驶工况下效率优化的要求。

4）调速范围宽。除个别车型采用多个速比的变速器外，电动汽车基本都只设置一个固定速比的减速器；为了同时满足车辆的高速行驶和低速爬坡需求，车用电机的调速范围要非常宽。

5）转矩动态响应快。车用电机持续工作于变工况状态下，高的转矩动态响应既是驾驶人驾驶性主观体验的重要技术基础，也是与整车安全功能相关的关键指标。

6）短时峰值功率大。汽车匀速行驶所需的持续驱动功率显著低于加速工况所需要的短时峰值功率，但加速工况的持续时间较短，因此车用电机设计上（短时）峰值功率与（持续）额定功率相差可以达到 1 倍以上。

7）寿命长、可靠性高、环境适应性好和成本低。这也是车用部件的普遍需求，这些需求也直接影响了车用电机的选型和设计理念。

1.2.2　车用驱动电机的主要类型

车用驱动电机以交流电机为主，其中永磁同步电机的综合性能最突出，是应用最普遍的一类。交流感应电机因为成本低，可靠性好，也是常用的车用驱动电机类型。在某些特定的场合，也采用开关磁阻电机等其他驱动电机形式，但不常见。下面简要对比交流感应电机和永磁同步电机的技术特点。

（1）感应电机（Induction Motor，IM）　也称异步电机（Asynchronous Machine，ASM），其特点是结构简单、制造方便、坚固耐用、成本低廉、运行可靠、转矩脉动小、噪声低、不需要位置传感器、转速极限高。局限性是，它的转子机械转速与其旋转磁场的同步转速有一定的转差率，因而调速性能略差。而且相对永磁电机而言，异步电机效率和功率密度偏低。

异步电机矢量控制技术成熟，因此被较早地应用到电动汽车驱动系统，目前仍然是电动汽车驱动系统的主流技术之一，特别是在重载大功率应用场合，其技术优势体现得更明显。

（2）永磁同步电机（Permanent Magnet Synchronous Motor，PMSM）　功率密度大和效率高是永磁同步电机的突出优势，此外，调速范围广、转矩控制性能好、结构简单和可靠性高等特点也很突出，它是目前车用电机的首选类型。针对一些特殊应用场合，如扁平结构或轴向磁通结构电机，永磁同步电机的技术优势更加突出。

车用永磁同步电机也有很多细分类型。根据转子上永磁体的安装位置不同可以分为面装式（SPM）和内置式（IPM）两大类，其中后者因为转子的凸极效应所产生的“磁阻转矩”可以有效提高电机的效率，在车用电机设计上更受青睐。

对于反电动势为方波的永磁同步电机，有时也被归类为直流无刷电机（Brushless DC Motor，BLDC）。与正弦波反电动势的永磁电机相比，BLDC 可以采用更简单的 6 步换向控制方式，但其在转矩平顺性等方面有比较明显的劣势。

1.3　车用驱动电机的典型应用

车用电机产品的一个重要特点是深度嵌入，就是与其他零部件高度集成设计，以此提高整车的性能。下面结合不同应用场景，介绍车用驱动电机的典型应用。

1.3.1　ISG 与 P2 电机

混合动力汽车同时具有内燃机和电驱动系统两套动力装置，两种动力装置的机械功率耦合方式多种多样。一种常见的耦合方式就是电机与发动机同轴布置实现所谓的转矩耦合。电机具有优良的低速特性，这正好可以与发动机形成互补，但同时也决定了必要时需在发动机和电机之间增加离合器等转矩切换机构，从而在汽车起步过程中脱开发动机。因此常见的集成方式有两种：集成起动发电机（Integrated Starter Generator，ISG），电机转子与发动机飞轮一体；P2 电机，电机与发动机之间增加离合器。

ISG 又称作 P1 电机，其具体的安装位置和结构形式如图 1-5 所示，电机与发动机直接连接，电机转子取代了传统的飞轮。此结构对传统汽车传动系统的改动少，而且具有元件少、噪声低、起动迅速等优点，是目前最为简单、成熟的一种混合驱动方式。

ISG 型混合动力系统根据不同的行驶工况要求，发动机的转矩与电机的转矩在变速器前进行耦合来实现最优的驱动，发动机为整车的主动力源，电机起“补峰平谷”的作用。其工作原理是：当车辆处于怠速的驻车工况时发动机熄火，达到节能环保的目的；当车辆起动时，ISG 用作起动电机，可带动发动机快速运转到某一转速（高于怠速）后，发动机点火，可以减少发动机起动过程的尾气排放；车辆匀速行驶时，ISG 停止工作，由发动机提供汽车

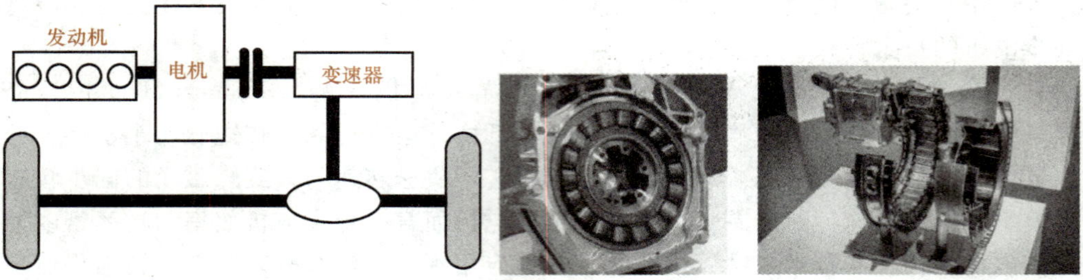

图 1-5　ISG 的安装位置和结构形式

行驶所需的动力；当车辆加速或爬坡时，ISG 用作电动机提供辅助动力；在车辆减速、制动或蓄电池荷电状态（SOC）值低于允许的最低值时，ISG 用作发电机，同时回收车辆再生制动能量，并将能量储存到动力电池中。ISG 与发动机直连，因此在低速时不能参与驱动，这是所有 P1 构型所存在的问题。

由于 ISG 与发动机输出轴采用刚性连接，在发动机起动时用作起动电机，所以要求 ISG 有比较大的峰值转矩；同时由于其安装位置在传统内燃机动力系统的飞轮位置，所以还要求 ISG 设计成扁平结构；为了减小电机的轴向长度，电机定子绕组多采用集中绕组。为了减小 ISG 的质量，要求 ISG 具有较大的功率密度，所以目前 ISG 多采用永磁电机。

P2 电机的安装位置位于变速器的输入端，如图 1-6 所示。它与 ISG 构型的本质区别在于发动机和电机之间增加了一个离合器（通常称为 K0 离合器），所以 P2 电机驱动构型可以实现纯电驱动、内燃机驱动和混合动力驱动三种工作模式。与 ISG 构型的混合动力系统类似，不需要改变原来传统燃油汽车的发动机和变速器的基本结构。

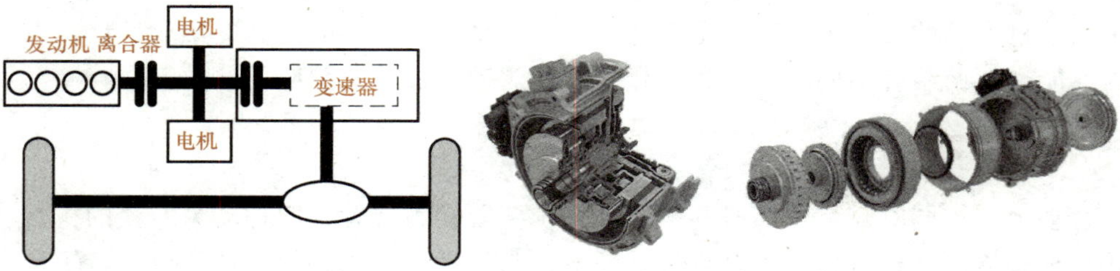

图 1-6　P2 电机的安装位置和结构形式

P2 构型混合动力系统的工作原理为：起步时车辆进入纯电驱动模式，该模式下驱动电机通过集成的分离离合器与发动机脱离，直接通过主离合器或液力变矩器向变速器侧传输动力来驱动车辆前进。当系统对发动机发出起动指令后，电机需要首先通过分离离合器与发动机结合来拖动发动机达到其起动转速条件。

P2 电机与 ISG 类似，都是扁平结构，轴向长度受到严格限制。二者主要的不同是 P2 电机具有纯电驱动模式，因此电机功率更大；此外，因为需要布置 K0 离合器，所以电机结构更为复杂。

典型 P2 电机混合动力模块如图 1-7 所示，整个模块集成了 K0 离合器、通过柱塞执行器液压驱动的中央分离装置以及铝合金铸造外壳中轴承支撑的电动机，在外壳上有铸造成形水道可以实现电动机的冷却。分离离合器 K0 的从动盘通过一个短的驱动轴与电机的转子连接，转子通过驱动轴上的球轴承支撑在壳体上。混动模块安装在发动机与自动变速器之间，其与发动机的连接在K0这一侧通过飞轮实现；在变速器侧，电机转子与液力变矩器通过一个挠性板连接在一起。

典型ISG和P2电机的技术指标及结构参数见表1-1。

1.3.2 电机与变速器的集成

将内燃机和电机输出的旋转机械能在变速器中通过不同方式耦合，即电机与变速器集成是目前混合动力车辆的重要技术路线，这种将电机与变速器集成后的变速器又称作混合动力专用变速器（Dedicated Hybrid Transmission，DHT），其工作原理是通过集成一个或者多个电机到变速器中形成带电机的自动变速器总成，叠加发动机输入功率后即可实现混合动力驱动的功能。

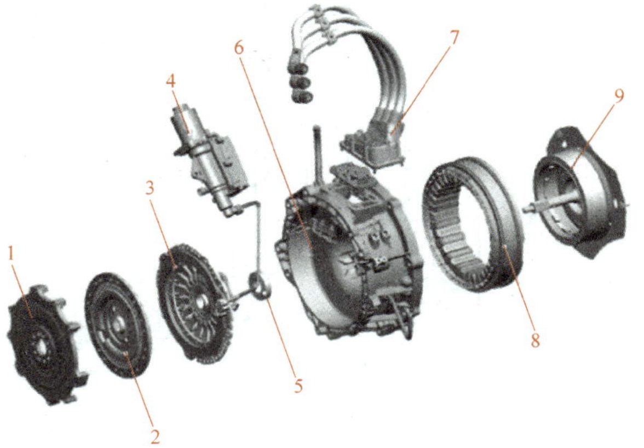

图1-7 典型P2电机混合动力模块

1—飞轮盘 2—离合器从动盘 3—离合器压盘 4—分离作动机构 5—电机支撑轴承 6—机座 7—电机三相线 8—定子 9—转子

表1-1 典型ISG和P2电机的技术指标及结构参数

车型		ISG（思域）	P2（途锐）
电机类型		永磁同步电机	永磁同步电机
技术指标及结构参数	峰值功率/kW	15	38
	峰值转速/(r/min)	5500	6500
	峰值转矩/N·m	103	300
	极数/定子槽数	12/18	24/36
	定子铁心外径/mm	315.5	300
	转子轴向长度/mm	41.2	70
	绕组形式	集中绕组	集中绕组
	直流电压/V	144	240

混合动力系统中由于电机的加入，混合动力系统的档位数可以适当减少。如果是配置针对混合动力专用变速器开发的发动机，档位数可以减少到3档左右。在配置双电机系统中甚至可以没有换档元件，实现所谓的“电动无级调速”功能。在电机驱动的支持下，内燃机能够在高效区范围内更加精确地运行，以此实现降低能耗的目的。

丰田公司的混合动力系统THS是比较典型的DHT变速器，图1-8所示为丰田第三代THS系统结构示意图。可以看出该系统采用了发动机与双电机（MG1、MG2）3个动力源，通过行星齿轮耦合构成电控无级变速器，根据车辆的不同工况实现发动机转速和转矩的双自由度调节。当电机MG2纯电行驶时，发动机通过电机MG1给电池充电；发动机也可以与电机MG2（或者MG1）同时驱动汽车。THS属于功率分流混合动力，通过电机或发动机控制其转矩比例，从而实现传动比的无级调节，所以THS又被称为电动无级变速器。表1-2给出了THS的技术指标和结构参数，从THS电机的技术指标可以看出，电机有着轻量化、小型化和高速化的发展趋势。

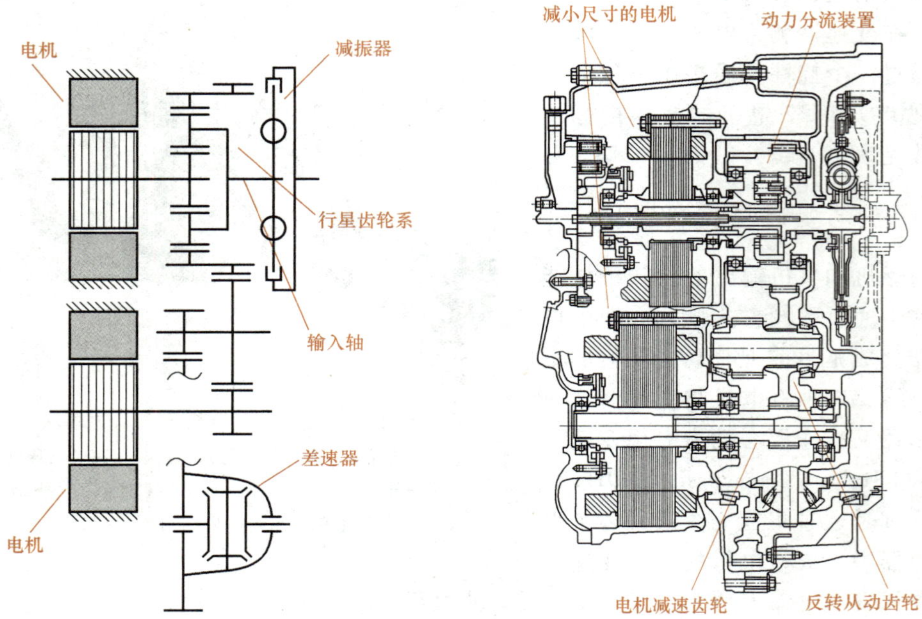

图 1-8　丰田第三代 THS 系统结构示意图

表 1-2　THS 的技术指标和结构参数

车型		2004/第二代/MG1	2004/第二代/MG2	2010/第三代/MG1	2010/第三代/MG2
电机类型		永磁同步电机	直流无刷电机	永磁同步电机	永磁同步电机
技术指标和结构参数	峰值功率/kW	33	50	42	60
	峰值转速/(r/min)	10000	6000	10000	13500
	峰值转矩/N·m	45	400	40	207
	极数/定子槽数	8/48	8/48	8/12	8/48
	定子铁心内/外径/mm	142.6/236.2	162/269	152.7/246	162/264
	转子铁心内/外径/mm	85.1/140.7	111/160.5	90/151.3	51/160.4
	转子轴向长度/mm	30.5	84	27	50.1
	永磁体安置/排列方式	内置式/V 型	内置式/V 型	内置式/V 型	内置式/V 型
	绕组形式	分布绕组	分布绕组	集中绕组	分布绕组
	线圈导体形状	圆柱	圆柱	圆柱	圆柱

1.3.3　三合一电驱动总成

随着电动汽车技术的不断演进，集成化设计将成为车用电驱动系统未来发展的重要趋势，其中三合一电驱动总成是指将电机、控制器和减速器集成为一体的总成产品，如图 1-9 所示，此结构摆脱了电机、减速器和控制器单独设计再组装的思路，直接将三者进行一体化设计。

将电机、控制器和减速器集成起来的三合一电驱动总成系统由于具有高集成度，是车用电驱动系统的重要发展方向，该集成形式的电驱动系统的优势在于：

1）集成式设计可以使驱动系统体积减小。驱动系统各部件被整合为一体，整个系统更

图 1-9 三合一电驱动总成

紧凑，车辆动力系统的布局可以更加灵活。

2）集成式设计可以使驱动系统质量减小。随着主要零部件的高度集成，各部件间的连接线材大幅减少，系统质量也得到了优化，使车辆能耗更低。

3）集成化设计有效减小了各部件间的距离，优化了能量传输路径，有利于降低损耗，使动力总成效率更高。

但是高度集成的三合一电驱动系统也存在一些技术难点，例如：

1）系统散热问题。采用集成化设计后，需要重新考量整个系统的散热设计，以保证各部件处于允许的工作温度。

2）零部件检测维修难度大。高度集成化之后，维修、更换某个部件需顾及整个系统的情况，这不仅会增加维修成本，对维修技术和装备更是考验。

目前，采用“三合一”电驱动总成的典型车型是特斯拉（Tesla）公司的 Model 3，其三合一集成电驱动系统采用平行轴 T 型结构，选用永磁同步电机。冷却方式上，电机和减速器采用油冷，逆变器采用水冷，改善了电驱动系统的温度场，同时兼顾电池加热，提升了车辆适应低温使用环境的能力。电机与减速器的壳体深度集成，电机的最高转速可以达到 17900r/min，配合速比为 9.0 的减速器，轮边转矩输出可达 3700N · m。在轻量化设计方面，采用空心轴设计，非金属件代替金属件，铝件代替钢件。电机控制器采用分立式 SiC 功率模块，额定电压为 370V，最大输出电流的有效值达到 400A，高开关频率，低损耗，NVH 性能得到改善。Model 3 的三合一电驱动总成质量为 90kg，峰值功率为 165kW，三合一电驱动总成功率密度达到了 1.83kW/kg。Tesla Model 3 三合一电驱动总成及其集成的 SiC 逆变器如图 1-10 所示。

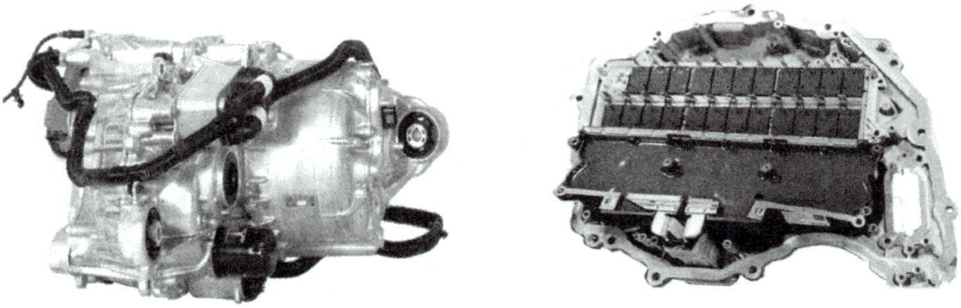

图 1-10 Tesla Model 3 三合一电驱动总成及其集成的 SiC 逆变器

1.3.4　轮毂电机

轮毂电机驱动是一种新型分布驱动技术，将驱动电机装配在车轮的轮毂内，输出转矩直接传递到车轮，省去了大部分的传统传动部件，如离合器、变速器、差速器和传动轴等，减少了在传动过程中的能量损耗。另外，轮毂电机驱动可以实现每个车轮的独立控制，通过对各轮毂电机进行转矩调配，就可以完成电动汽车更灵活的运动控制。

目前轮毂电机驱动方式主要有两种：第一种是所谓“轮边电机”，其典型拓扑结构为内转子外定子，其结构简图如图 1-11a 所示，其工作原理是转子作为输出轴与固定减速比的行星齿轮减速器的太阳轮相连，车轮轮毂与其齿圈连接，通过较大的减速比来放大轮毂电机的输出转矩，所以该结构电机一般为高转速内转子电机；第二种是直接驱动轮毂电机，其典型拓扑结构为外转子内定子，结构简图如图 1-11b 所示，其工作原理是外转子直接与轮毂相连，当电机运转时，车轮与电机同步旋转，所以直接驱动轮毂电机一般为低速大转矩外转子电机。

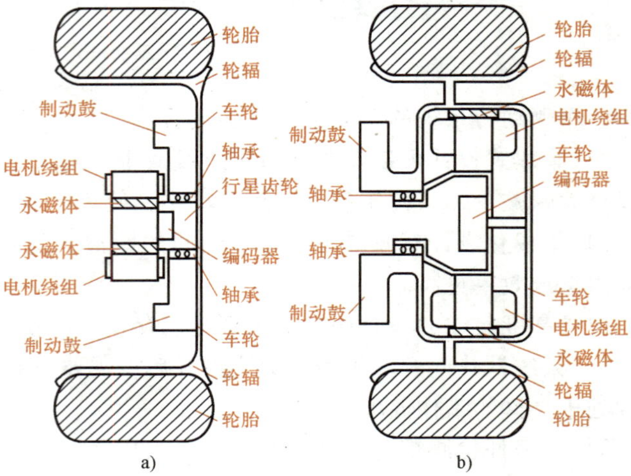

图 1-11　轮边和轮毂电机驱动类型的结构简图

a）轮边电机　b）轮毂电机

由于轮毂电机的安装位置和特殊的工作环境，对轮毂电机驱动系统中轮毂电机的性能也提出了很高的要求，目前车用轮毂电机还存在一些技术难题有待解决，主要表现在：

1）轮毂电机的安装位置是在轮毂上，对电机的尺寸有较大的约束，为了满足车用的要求，需要轮毂电机具有较大的功率密度和转矩密度。

2）轮毂电机安装在汽车轮毂上，要经常在泥水、沙土和灰尘等恶劣环境中工作，所以要求轮毂电机具有良好的可靠性和更好的环境适应性。

3）为了使驱动系统具有良好的 NVH 性能，提高车辆的运行品质，就要求轮毂电机具有较小的转矩脉动和电磁噪声。

4）汽车在正常行驶过程中会经常变速变载，所以要求轮毂驱动系统有较好的全局效率特性。

5）簧下质量增加带来的动力学问题，会影响车轮接地性和汽车行驶平顺性。

英国的 Protean Electrics 公司研发的集成化轮毂电机如图 1-12a 所示，轮毂电机集成电力电子器件。加拿大的 TM4 公司研制的外转子永磁轮毂电机如图 1-12b 所示，将轮毂电机的外转子壳体与轮毂直接连接，在结构上实现了转子、轮辋以及制动器等部件的集成，使得驱动系统的结构更紧凑。

表 1-3 给出了几种典型直驱轮毂电机技术参数，可以看出轮毂电机的发展趋势是高度集成化和高比功率。

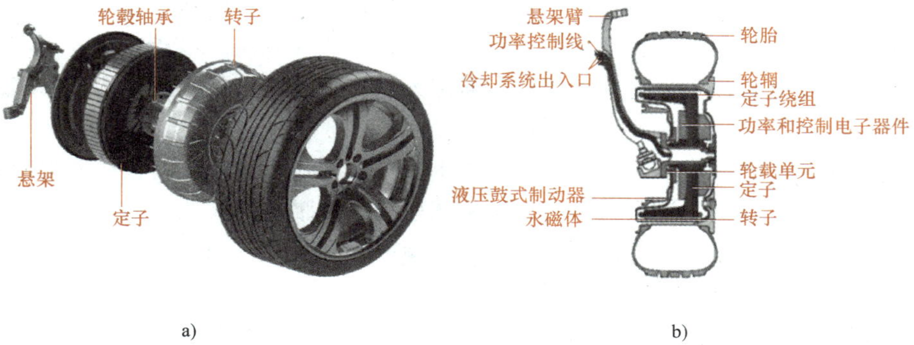

图 1-12　永磁轮毂电机

a）Protean 轮毂电机　b）TM4 外转子永磁轮毂电机

表 1-3　典型直驱轮毂电机技术参数

对比样机		Fraunhofer 轮毂电机	Protean 轮毂电机	Elpha 轮毂电机
轮毂电动轮总成		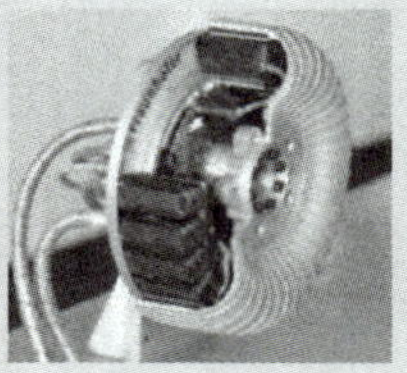		
技术参数	电机质量/kg	42	36	34
	峰值转矩/N · m	700	1250	1500
	峰值功率/kW	72	75	110
	转矩密度/(N · m /kg)	16.7	34.7	44
	功率密度/(kW/kg)	1.71	2.08	3.2
	直流电压/V	≥400	≥400	300
	冷却方式	水冷	水冷	水冷
	结构形式	集成电机控制器	集成电机控制器	集成制动系统

小　　结

电机的发明和发展过程也是人类对于电和磁的认知不断深入的过程。1866 年德国工程师西门子发明了世界上第一台大功率发电机，这标志着第二次工业革命的开始，而第二次工业革命的基本特征就是电能的生产、传输和利用。其中，电机是电能与机械能变换的重要装备，是电气化的基础技术。

电动汽车本质上是电气化的一个新的应用领域。此前，因为储能技术的制约，特别是相对化石燃料，电池的能量密度显著偏低，导致电动汽车的续驶里程达不到实用水平，车用动力以内燃机为主。进入 21 世纪，随着以锂离子电池为代表的动力电池技术的不断进步，电动汽车已经被证明是非常有竞争力的产品，汽车的动力系统的“电气化”发展趋势已经是不争的事实。

汽车产品的质量比功率、成本、可靠性等性能指标要求显著区别于其他行业应用，因此车用电机驱动尽管原理上未见根本创新，但其技术特点非常鲜明。本章列举了一些典型应用场景和产品，但是随着汽车电动化进程的不断深入，车用电机产品技术必然会不断创新和丰富完善。

交通电气化是交通领域节能减排的基本技术途径和产业机遇。我国在交通强国战略指导下，在轨道交通、公路交通运载工具电气化领域取得举世瞩目的成就。

在轨道交通行业，通过原始创新、集成创新和引进消化吸收再创新相结合，形成了以CRH高速动车技术为代表的完整的高速铁路技术体系。截至“十三五”末，全国电气化铁路里程数占比超过70%，其中高速铁路通车运行总里程接近40000km，占世界高铁营业里程的一半以上。在公路交通领域，自20世纪末开始，我国持续开展新能源汽车核心关键技术攻关和产业链培植，在电机、电池等关键零部件领域和电动汽车整车产品等方面均取得跨越式发展，初步实现了在汽车工业领域的战略逆转。截至2023年，中国新能源汽车产销量约950万辆，产销量连续9年位居世界第一，占全球比重超过60%。

第2章

磁场与磁路

2.1 磁场的产生和度量

2.1.1 磁场及其度量

1. 基本磁现象、磁感应强度、磁感线

磁性物质吸引铁类物质的现象称为磁现象，人们把具有磁性的物体叫作磁体，磁体又分为天然磁体和人造磁体。天然磁体的磁性都比较弱；人造磁体则是通过磁化技术人工制成的材料，它包括永磁铁、磁性瓷、磁化合金等，人造磁体一般都具有较强的磁性。

磁体上磁性特别强的部位称为磁极，磁极总是成对出现，被人们分为磁北极（N 极）和磁南极（S 极）。磁极具有“同性相斥、异性相吸”的性质。

磁场的概念是由法拉第最先提出的。磁场是一种由运动电荷所激发的、实际存在的物质。电荷在静止状态时激发电场，而在运动状态时不但激发电场，还能激发磁场。

磁场虽然看不见、摸不着，但是它的效应是客观存在的。据此，可以通过研究磁场作用在运动电荷上的磁力来引入描写磁场的物理量 $\boldsymbol{B}$，并称它为磁感应强度。磁场空间中任一点 $\boldsymbol{B}$ 的数值大小反映该点磁场的强弱，$\boldsymbol{B}$ 的方向代表该点磁场的方向。

首先，将一个能在空间自由转动的小磁针置于磁场中的 P 点上，小磁针总会转到一个确定的方位而静止下来，规定小磁针的 N 极在场点 P 的指向表示该点磁感应强度矢量 $\boldsymbol{B}$ 的方向。

其次，将一个点电荷 q 以速度 $\boldsymbol{v}$ 通过场点 P，并测量电荷 q 在该点受到的磁力 $\boldsymbol{F}$，定义场点 P 处磁场的磁感应强度 $\boldsymbol{B}$ 的大小为

$$B=\frac{F}{qv\sin\theta} \tag{2-1}$$

磁场作用于运动电荷 q 的磁力方向总垂直于 $\boldsymbol{v}$ 和 $\boldsymbol{B}$，故可写成矢量式，即

$$\boldsymbol{F}=q\boldsymbol{v}\times\boldsymbol{B} \tag{2-2}$$

此力称为洛伦兹力。

在国际单位制中，$\boldsymbol{B}$ 的单位为 T（特斯拉），$1\mathrm{T}=1\mathrm{N}\cdot\mathrm{A}^{-1}\cdot\mathrm{m}^{-1}$。

如果磁场中某一区域内各点的磁感应强度 $\boldsymbol{B}$ 都相同，即各点 $\boldsymbol{B}$ 的方向一致，大小相等，那么该区域内的磁场叫作均匀磁场；如果场中各点的 $\boldsymbol{B}$ 都不随时间变化，这种磁场叫作稳恒磁场，恒定电流激发的磁场是稳恒磁场。

磁感线是一些假想的有向曲线，用来表示磁场的分布。线上任一点的切向代表该点的磁感应强度 $\boldsymbol{B}$ 的方向，而通过垂直于 $\boldsymbol{B}$ 的单位面积上的线数等于该处 $\boldsymbol{B}$ 的大小。

磁感线具有如下特性：

1）由于磁场中某点的磁场方向是确定的，所以磁场中的磁感线不会相交。磁感线的这一特性和电场线是一致的。

2）载流导线周围的磁感线都是围绕电流的闭合曲线，没有起点，也没有终点。磁感线的这个特性和静电场中的电场线不同，静电场中的电场线起始于正电荷，终止于负电荷。

2. 磁通量、高斯定理

如图 2-1 所示，在磁感应强度为 $\boldsymbol{B}$ 的均匀磁场中，取一面积矢量 $\boldsymbol{S}$，其大小为 S，其方向用它的法线单位矢量 $\boldsymbol{e}_n$ 来表示，有 $\boldsymbol{S}=S\,\boldsymbol{e}_n$，在图 2-1 中 $\boldsymbol{e}_n$ 与 $\boldsymbol{B}$ 之间的夹角为 θ。

定义通过面 $\boldsymbol{S}$ 的**磁通量**（磁通）ϕ 为

$$\phi=\boldsymbol{B}\cdot\boldsymbol{S}=BS\cos\theta \tag{2-3}$$

在国际单位制中，ϕ 的单位为 Wb（韦伯），$1\text{Wb}=1\text{T}\cdot\text{m}^2$。

如图 2-2 所示，通过任意曲面的磁通量为

$$\phi=\iint_S \mathrm{d}\phi=\iint_S \boldsymbol{B}\cdot\mathrm{d}\boldsymbol{S}=\iint_S B\cos\theta\mathrm{d}S \tag{2-4}$$

式中，θ 为曲面上面积元矢量 $\mathrm{d}\boldsymbol{S}$ 所在处的磁感应强度 $\boldsymbol{B}$ 与单位法线 $\boldsymbol{e}_n$ 之间的夹角。

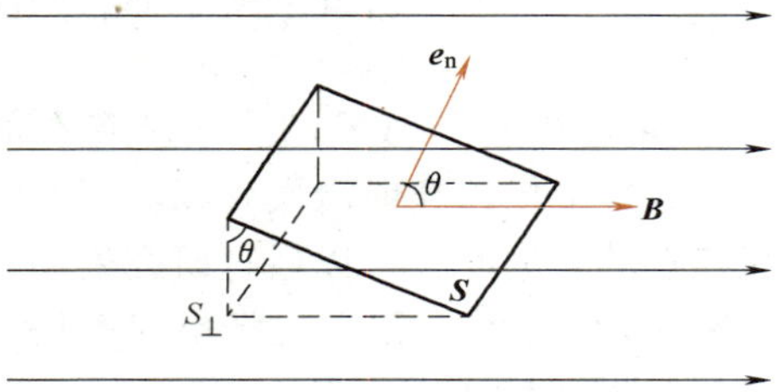

图 2-1 通过平面 S 的磁通量

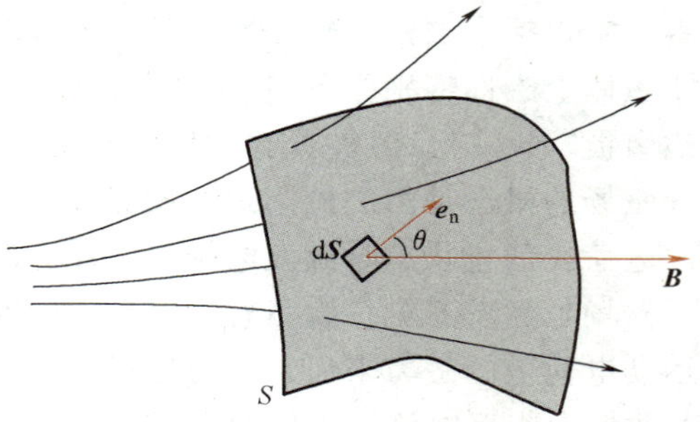

图 2-2 通过任意曲面的磁通量

由于磁感线是闭合的，因此对任一闭合曲面来说，有多少条磁感线进入闭合曲面，就一定有多少条磁感线穿出该闭合曲面。也就是说，通过任意闭合曲面的磁通量必等于零，这也叫作磁场的**高斯定理**或**磁通连续性定理**。高斯定理的一个重要推论是：以任意闭合曲线 L 为边线的所有曲面上有相同的磁通量。

2.1.2 电流的磁效应

1. 毕奥-萨伐尔定律

毕奥和萨伐尔在研究恒定电流激发的磁场时引入电流元的概念，定义流过某一线元矢量 $\mathrm{d}\boldsymbol{l}$ 的电流 I 和 $\mathrm{d}\boldsymbol{l}$ 的乘积 $I\mathrm{d}\boldsymbol{l}$ 为电流元（矢量）。

下面介绍研究电流元激发磁场规律的毕奥-萨伐尔定律。一个任意形状的载流导线，可看成是许多电流元组成的，只要知道了电流元激发磁场的规律，就可依据磁场叠加原理求出任意形状载流导线的磁场分布。

电流元产生的磁场如图 2-3 所示，载流导线上一电流元在真空中某点 P 处的磁感应强度 $\mathrm{d}\boldsymbol{B}$ 的大小，与电流元的大小 $I\mathrm{d}l$ 成正比，与电流元 $I\mathrm{d}\boldsymbol{l}$ 到点 P 的矢量 $\boldsymbol{r}$ 间的夹角 θ 的正弦成正比，并与电流元到点 P 的距离 r 的二次方成反比，即

$$dB=\frac{\mu_0}{4\pi}\frac{Idl\sin\theta}{r^2}\tag{2-5}$$

式中，μ_0 为真空磁导率，$\mu_0=4\pi\times10^{-7}\mathrm{N\cdot A^{-2}}$。

$d\boldsymbol{B}$ 的方向沿矢积 $d\boldsymbol{l}\times\boldsymbol{r}$ 的方向，符合右手螺旋定则。若用矢量式表示，则有

$$d\boldsymbol{B}=\frac{\mu_0}{4\pi}\frac{Id\boldsymbol{l}\times\boldsymbol{e}_r}{r^2}=\frac{\mu_0}{4\pi}\frac{Id\boldsymbol{l}\times\boldsymbol{r}}{r^3}\tag{2-6}$$

式中，$\boldsymbol{e}_r$ 为沿矢量 $\boldsymbol{r}$ 的单位矢量，$\boldsymbol{r}=r\,\boldsymbol{e}_r$。

按照磁场的叠加原理，任一有限长的线电流在场点 P 的合成磁感应强度 $\boldsymbol{B}$ 可以由下式求得

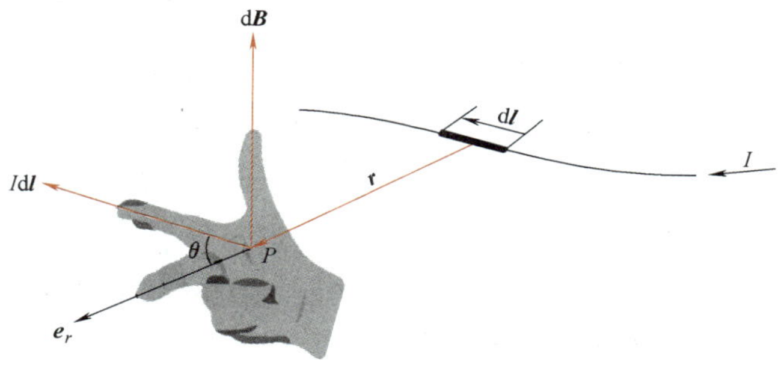

图 2-3　电流元产生的磁场（毕奥-萨伐尔定律）

$$\boldsymbol{B}=\int_l d\boldsymbol{B}=\frac{\mu_0}{4\pi}\int_l\frac{Id\boldsymbol{l}\times\boldsymbol{e}_r}{r^2}\tag{2-7}$$

2. 真空中磁场的安培环路定理

磁场中的磁感应强度 $\boldsymbol{B}$ 沿任意闭合路径的积分等于多少呢？真空中磁场的**安培环路定理**表明：在真空中的稳恒磁场中，磁感应强度 $\boldsymbol{B}$ 沿任一闭合路径的积分的值，等于 μ_0 乘以该闭合路径所包围的各电流的代数和，即

$$\oint_L\boldsymbol{B}\cdot d\boldsymbol{l}=\mu_0\sum_{i=1}^{n}I_i\tag{2-8}$$

它是电流与磁场之间的基本规律之一。若电流流向与积分回路呈右手螺旋关系，电流取正值；反之则取负值。注意，式中的 $\sum I$ 是指被闭合曲线 L 所围绕的电流，即指“穿过以 L 为边线的任一曲面的电流”。

下面结合“闭合曲线包围一条载流直长导线的情况”，从毕奥-萨伐尔定律引证安培环路定理，如图 2-4 所示。

在垂直于导线的平面上取一包围导线的闭合曲线 L，由毕奥-萨伐尔定律，闭合曲线 L 上给定 P 点处载流导线的磁感应强度大小为

$$B=\frac{\mu_0 I}{2\pi a}\tag{2-9}$$

$\boldsymbol{a}$ 表示 P 点的矢径。场点 P 处 $\boldsymbol{B}$ 的方向始终与矢径 $\boldsymbol{a}$ 垂直，正负由右手螺旋定则确定，于是

$$\boldsymbol{B}\cdot d\boldsymbol{l}=\frac{\mu_0}{2\pi}\frac{I}{a}dl\cos\theta\tag{2-10}$$

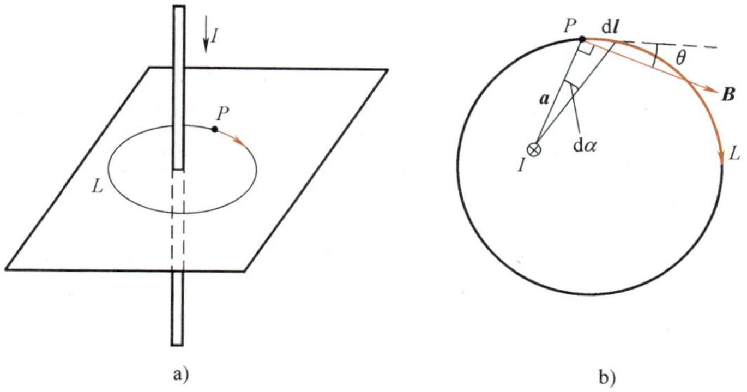

图 2-4　闭合曲线包围一条载流直长导线的情况

式中，θ 为 $\boldsymbol{B}$ 与 $\mathrm{d}\boldsymbol{l}$ 的夹角。易知，$\mathrm{d}l\cos\theta = a\mathrm{d}\alpha$，所以有

$$\boldsymbol{B}\cdot\mathrm{d}\boldsymbol{l}=\frac{\mu_0}{2\pi}\ \frac{I}{a}a\mathrm{d}\alpha=\frac{\mu_0}{2\pi}I\mathrm{d}\alpha \tag{2-11}$$

$$\oint_L \boldsymbol{B}\cdot\mathrm{d}\boldsymbol{l}=\frac{\mu_0 I}{2\pi}\int_0^{2\pi}\mathrm{d}\alpha=\mu_0 I \tag{2-12}$$

式（2-12）在电流正方向与积分方向满足右手螺旋关系时成立。若 I 反向，则 $\boldsymbol{B}$ 也反向，此时则有 $\theta>\pi/2$，$\mathrm{d}l\cos\theta=-a\mathrm{d}\alpha$，于是

$$\oint_L \boldsymbol{B}\cdot\mathrm{d}\boldsymbol{l}=-\mu_0 I \tag{2-13}$$

闭合曲线不包围载流直导线情况和闭合曲线包围多根载流导线情况可以类似证明。更一般地，在电动力学中可以严格证明，安培环路定理对于任意形状和流向的稳恒电流以及磁场中的任意形状和走向的闭合曲线都是适用的。

当磁场 $\boldsymbol{B}$ 分布具有一定的对称性时，在取定的安培环路上 $\boldsymbol{B}$ 处处相等（常量）的情况下，可应用安培环路定理方便地计算出 $\boldsymbol{B}$ 的分布。

利用安培环路定理求磁场分布一般包括两步：首先依据电流的对称性分析磁场分布的对称性，然后再利用安培环路定理计算磁感应强度的数值。此过程中决定性的技巧是选取合适的闭合路径 L（也称安培环路）以便使 $\boldsymbol{B}$ 能以标量形式从积分号中提出来。

例 2-1　如图 2-5 所示，已知无限长螺线管每单位长度绕线匝数为 n，电流强度为 I，求其内外的 $\boldsymbol{B}$ 分布。

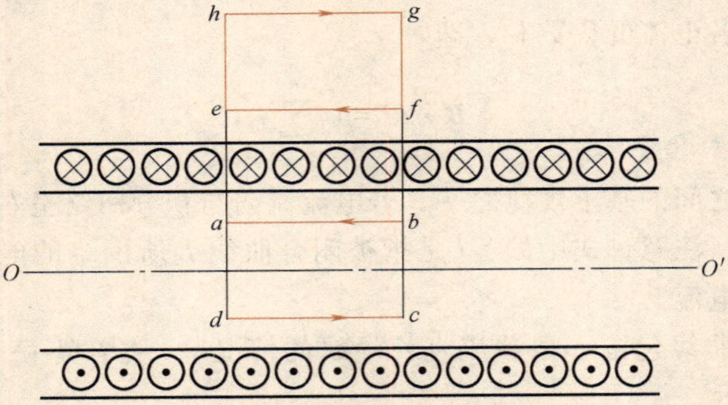

图 2-5　无限长螺线管

解：

1）可以证明螺线管内、外任一点的 $\boldsymbol{B}$ 的方向平行于轴线 OO' 方向。

2）分别选取螺线管内部的安培环路 $abcd$ 和外部的安培环路 $efgh$，因为回路均不包含电流，容易证明螺线管内外部的磁感应强度都是均匀的。考虑到外部无穷远区域，可知无限长螺线管外部 $B=0$。

3）取安培环路 $baef$，环路内部的电流为 $In_{ba}=Inl_{ba}$，由安培环路定理：

$$\oint_{baef}\boldsymbol{B}\cdot\mathrm{d}\boldsymbol{l}=\mu_0 In_{ba}=\mu_0 Inl_{ba} \tag{2-14}$$

考虑到

$$\oint_{baef} \boldsymbol{B} \cdot \mathrm{d}\boldsymbol{l} = \int_{ba} B\mathrm{d}l = Bl_{ba} \tag{2-15}$$

因此，在螺线管内部

$$B = \mu_0 nI \tag{2-16}$$

2.1.3 （电）磁力

1. 洛伦兹力

前面已知，运动的电荷在磁场中受到力的作用，即所谓的**洛伦兹力**。若点 P 处的磁感应强度为 $\boldsymbol{B}$，且电荷为 $+q$ 的带电粒子以速度 $\boldsymbol{v}$ 通过点 P，如图 2-6 所示，那么，作用在带电粒子上的洛伦兹力为

$$\boldsymbol{F} = q\boldsymbol{v} \times \boldsymbol{B} \tag{2-17}$$

洛伦兹力的方向垂直于运动电荷的速度和磁感应强度 $\boldsymbol{B}$ 所组成的平面，其方向按照左手定则判断。

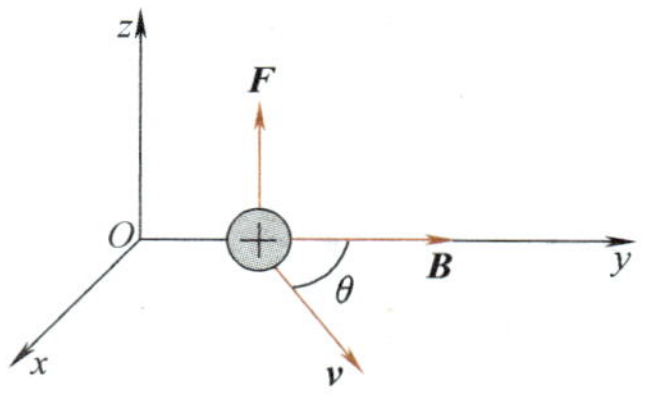

图 2-6 带电粒子在磁场中受力

2. 安培力

载流导线在磁场中也要受到磁场力，这是由安培首先发现并进行了一系列实验研究后给以定量表述的，故称为**安培力**，下面从微观角度予以讨论。

如图 2-7 所示，在平行向下的均匀磁场中有一电流元 $I\mathrm{d}\boldsymbol{l}$，它与磁感应强度 $\boldsymbol{B}$ 之间的夹角为 α。设电流元中自由电子的漂移速度均为$\boldsymbol{v}_\mathrm{d}$，且$\boldsymbol{v}_\mathrm{d}$ 与 $\boldsymbol{B}$ 之间的夹角为 θ，显然 $\theta = \pi - \alpha$。

根据洛伦兹力公式，即式（2-17），电流元中的一个自由电子所受的洛伦兹力的大小为

$$f_\mathrm{e} = ev_\mathrm{d}B\sin\theta \tag{2-18}$$

力的方向垂直纸面向里。如果导体的截面积为 S，单位体积中有 n 个自由电子，那么，电流元中的自由电子数为 $nS\mathrm{d}l$。电流元所受的力等于电流元中 $nS\mathrm{d}l$ 个电子所受的洛伦兹力的总和。因为作用在每个电子上的力的大小和方向都相同，所以磁场作用在电流元上的力为

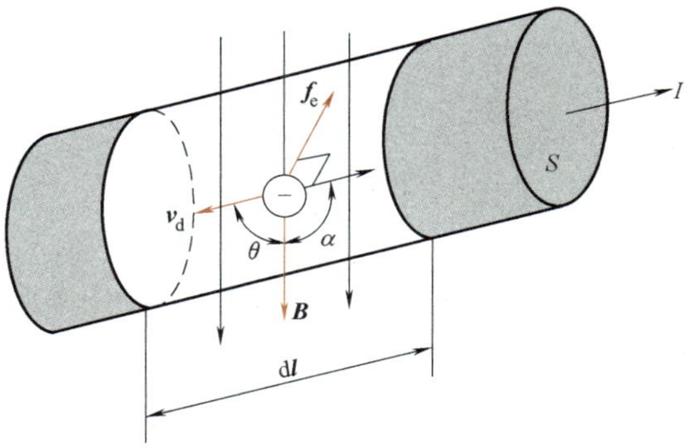

图 2-7 载流导线在磁场中受力

$$\mathrm{d}F = nS\mathrm{d}lf_\mathrm{e} = nS\mathrm{d}lev_\mathrm{d}B\sin\theta \tag{2-19}$$

由于通过导线的电流大小为

$$I = nSv_\mathrm{d}e \tag{2-20}$$

所以式（2-19）可写成

$$\mathrm{d}F = I\mathrm{d}lB\sin\theta = I\mathrm{d}lB\sin\alpha \tag{2-21}$$

式（2-21）表明，磁场对电流元 $I\mathrm{d}\boldsymbol{l}$ 作用的力，在数值上等于电流元的大小、电流元所在处的磁感应强度大小以及电流元 $I\mathrm{d}\boldsymbol{l}$ 和磁感应强度 $\boldsymbol{B}$ 之间的夹角 α 的正弦之乘积，这个规

律叫作安培定律。

安培力的方向可以依据左手定则判定。

若用矢量式表示安培定律，则有

$$\mathrm{d}\boldsymbol{F}=I\mathrm{d}\boldsymbol{l}\times\boldsymbol{B} \tag{2-22}$$

显然，安培力 $\mathrm{d}\boldsymbol{F}$ 垂直于 $I\mathrm{d}\boldsymbol{l}$ 和 $\boldsymbol{B}$ 所组成的平面。

有限长载流导线所受的安培力，等于各电流元所受安培力的矢量叠加，即

$$\boldsymbol{F}=\int_L I\mathrm{d}\boldsymbol{l}\times\boldsymbol{B} \tag{2-23}$$

式（2-23）说明，安培力是作用在整个载流导线上，而不是集中作用于一点的。

3. 载流线圈在磁场中受的力矩

下面用安培定律来研究磁场对载流线圈的作用。

如图 2-8 所示，在磁感应强度为 $\boldsymbol{B}$ 的均匀磁场中，有一刚性矩形载流线圈 $MNKJ$，它的边长分别为 l_1 和 l_2，电流为 I，流向自 $M\to N\to K\to J\to M$，设线圈平面的单位正法向矢量 $\boldsymbol{e}_n$ 的方向与磁感应强度 $\boldsymbol{B}$ 方向之间的夹角为 θ，并且 MN 边及 JK 边均与 $\boldsymbol{B}$ 垂直。

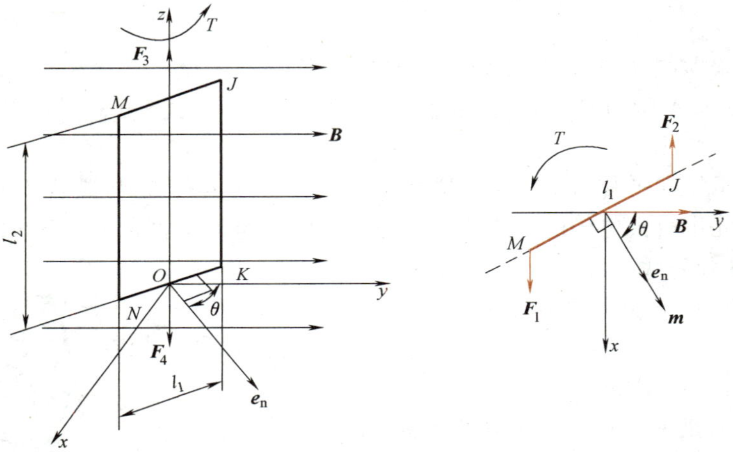

图 2-8 载流线圈在磁场中受的力和力矩

由安培定律可知，磁场对导线 NK 段和 JM 段作用力大小相等，方向相反，并且在同一直线上，所以对整个线圈来讲，它们的合力及合力矩都为零。导线 MN 边及 JK 边受磁场力大小为

$$F_1=F_2=BIl_2 \tag{2-24}$$

这两个力大小相等，方向相反，但不在同一直线上，对线圈要产生磁力矩，即

$$\boldsymbol{T}=F_1l_1\sin\theta=BIl_2l_1\sin\theta=BIS\sin\theta \tag{2-25}$$

式中，$S=l_2l_1$ 为矩形线圈的面积。引入线圈的磁矩 $\boldsymbol{m}=IS\,\boldsymbol{e}_n$，上式用矢量表示为

$$\boldsymbol{T}=\boldsymbol{m}\times\boldsymbol{B} \tag{2-26}$$

如果线圈不止一匝，而是 N 匝，那么线圈所受的磁力矩应为

$$\boldsymbol{T}=N\boldsymbol{m}\times\boldsymbol{B} \tag{2-27}$$

2.2 电磁感应

2.2.1 法拉第电磁感应定律/楞次定律

实验表明，当穿过一个闭合导体回路所围面积内的磁通量发生变化时，在导体回路中都会产生感应电流，这种现象称为电磁感应现象。电磁感应电流的方向由楞次定律给出：闭合回路中感应电流产生的磁通量总是反抗回路中原磁通量的变化。

法拉第电磁感应定律可表述为：当穿过闭合回路所围面积的磁通量发生变化时，无论这种变化是什么原因引起的，回路中都会产生感应电动势，感应电动势的大小与通过该回路的磁通量随时间的变化率成正比。在国际单位制（SI）中，该定律可表示为

$$\varepsilon_i=-\frac{\mathrm{d}\phi_{\mathrm{m}}}{\mathrm{d}t} \tag{2-28}$$

在约定的正负符号规则下，式中的负号反映了感应电动势的方向，它是楞次定律的数学表现。

如果回路是由 N 匝线圈组成的，且通过每匝线圈的磁通量均相等，则线圈中的感应电动势为

$$\varepsilon_i=-N\frac{\mathrm{d}\phi_{\mathrm{m}}}{\mathrm{d}t}=-\frac{\mathrm{d}(N\phi_{\mathrm{m}})}{\mathrm{d}t}=-\frac{\mathrm{d}\psi}{\mathrm{d}t} \tag{2-29}$$

式中，$\psi=N\phi_{\mathrm{m}}$ 为穿过线圈的总磁通量，称为磁通量匝数，简称**磁链**。

法拉第电磁感应定律表明，无论什么原因使回路的磁通量发生变化，回路中必然产生感应电动势。由磁通量的表达式

$$\phi_{\mathrm{m}}=\iint_S \boldsymbol{B}\cdot\mathrm{d}\boldsymbol{S} \tag{2-30}$$

可以看出，穿过回路所围面积 S 的磁通量由磁感应强度、回路面积的大小以及线圈平面在磁场中的取向这三个要素决定，因此，只要三者之一发生变化，都可导致磁通量变化，从而引起感应电动势。通常，把回路所围成的面积变化或面积取向变化而引起的感应电动势称为**动生电动势**（亦称运动电动势），而把由于磁感应强度的大小（或方向）变化而引起的感应电动势称为**感生电动势**（亦称感应电动势）。

2.2.2 动生电动势

如图 2-9 所示，导线 OP 的长度为 l，在磁感应强度为 $\boldsymbol{B}$ 的均匀磁场中以速度 $\boldsymbol{v}$ 向右做匀速直线运动。为简单起见，假定 OP、$\boldsymbol{v}$ 和 $\boldsymbol{B}$ 三者相互垂直，则导线内的每个自由电子受到的洛伦兹力为

$$\boldsymbol{F}_{\mathrm{m}}=(-e)\boldsymbol{v}\times\boldsymbol{B} \tag{2-31}$$

式中，e 为电子电荷量的绝对值。$\boldsymbol{F}_{\mathrm{m}}$ 的方向与 $\boldsymbol{v}\times\boldsymbol{B}$ 的方向相反，即沿导线从 P 指向 O，电子在这个力的作用下，将沿导线向 O 端移动，致使 O 端积累了负电，P 端由于缺少了电子而带上了正电，从而在导线内产生了静电场。当作用在电子上的静电场力$\boldsymbol{F}_{\mathrm{e}}$ 与洛伦兹力$\boldsymbol{F}_{\mathrm{m}}$ 相平衡（即$\boldsymbol{F}_{\mathrm{e}}+\boldsymbol{F}_{\mathrm{m}}=0$）时，导线两端便形成了稳定的电动势差。可见，产生动生电动势的

非静电力是洛伦兹力。在第 3 章中还会结合上述电磁系统分析磁场是如何作为机电能量转换的媒介起作用的。

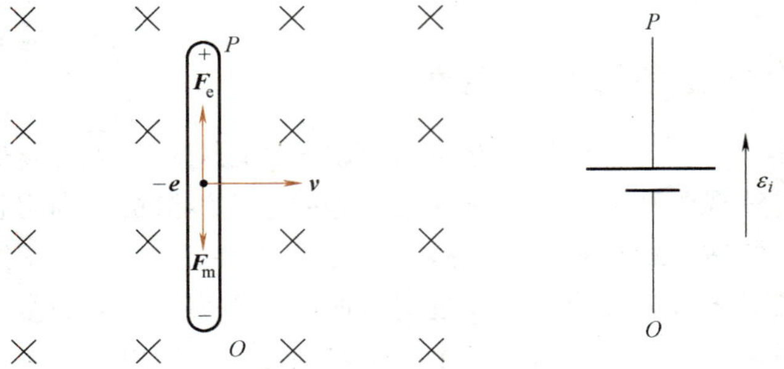

图 2-9　动生电动势

若用$\boldsymbol{E}_k$ 表示电场强度，则有

$$\boldsymbol{E}_k=\frac{\boldsymbol{F}_m}{-e}=\boldsymbol{v}\times\boldsymbol{B} \tag{2-32}$$

所以，$\boldsymbol{E}_k$ 的方向与 $\boldsymbol{v}\times\boldsymbol{B}$ 的方向相同。

按照电动势的定义，导线 OP 所产生的动生电动势 ε_i，是这段导线内电场做功的结果，因此

$$\varepsilon_i=\int_{OP}\boldsymbol{E}_k\cdot \mathrm{d}\boldsymbol{l}=\int_{OP}(\boldsymbol{v}\times\boldsymbol{B})\cdot \mathrm{d}\boldsymbol{l} \tag{2-33}$$

式中，$\boldsymbol{v}$ 和 $\boldsymbol{B}$ 的方向易于确定；$\mathrm{d}\boldsymbol{l}$ 是沿积分路径方向所取的导线微元，而积分路径的方向是可以任意取的。如果积分值为正，表示洛伦兹力推动正电荷沿积分路径运动做正功，使积分路径的末端积累了正电荷，这样 ε_i 的方向与积分路径的方向相同；若积分值为负，表明 ε_i 的方向与积分路径的方向相反。在图 2-9 所考虑的情况中，若取从 O 到 P 为积分路径方向，则 $\mathrm{d}\boldsymbol{l}$ 的方向朝上，它与 $\boldsymbol{v}\times\boldsymbol{B}$ 的方向相同，另外，$\boldsymbol{v}$ 和 $\boldsymbol{B}$ 垂直，且均为恒矢量，于是上式可写成

$$\varepsilon_i=\int_0^l vB\mathrm{d}l=Blv \tag{2-34}$$

必须指出，式（2-34）并不是计算动生电动势的普遍表达式，它是直导线在均匀磁场中以恒定速度垂直磁场平动的特殊条件下得到的动生电动势。对于任意形状的导线在非均匀磁场中运动所产生的动生电动势，则应由式（2-28）来进行计算，即直接用法拉第电磁感应定律计算。

2.2.3　感生电动势

前面指出，除了导线或线圈在磁场中运动时会产生感应电动势外，当导线回路固定不动，磁通量的变化完全由磁场的变化所引起时，导线回路中也要激起感应电动势，称为感生电动势。

在这种情况下，由于导体回路无运动，因此产生感生电动势的非静电力不可能是洛伦兹力。为了解释感应电动势产生的原因，麦克斯韦提出了如下假设：变化的磁场在其周围空间

要激发感生电场，用$\boldsymbol{E}_{\mathrm{k}}$表示。正是这种感生电场迫使导体内的电荷做定向移动而形成感生电动势，也就是说，产生感生电动势的非静电力是导体内电子受到的感生电场力。当闭合导线处在变化的磁场中时，感生电场作用于导体中的自由电荷，从而在导线中形成感应电动势和感应电流。由电动势的定义式知，感生电动势等于感生电场$\boldsymbol{E}_{\mathrm{k}}$沿任意闭合路径的线积分，即

$$E_{\mathrm{i}}=\oint_{l}\boldsymbol{E}_{\mathrm{k}}\cdot\mathrm{d}\boldsymbol{l}=-\frac{\mathrm{d}\phi_{\mathrm{m}}}{\mathrm{d}t}=-\iint_{S}\frac{\partial\boldsymbol{B}}{\partial t}\cdot\mathrm{d}\boldsymbol{S} \tag{2-35}$$

式中，$\partial\boldsymbol{B}/\partial t$为闭合回路所围面积内某点的磁感应强度随时间的变化率。

式（2-35）告诉我们，计算感生电动势有两种方法：一种是直接利用法拉第电磁感应定律，先求穿过回路所围面积的磁通量，再对时间求导；另一种是先求导体内的感生电场，后沿回路积分。

必须指出，无论空间中是否有导体回路存在，变化的磁场总是在空间激发感生电场$\boldsymbol{E}_{\mathrm{k}}$，也就是说，如果有导体回路存在，感生电场便驱使导体中的自由电荷做定向移动，从而产生感应电流；如果空间中无导体回路，就没有感应电流，但感生电场还是客观存在的，电磁波的产生与传播就是感生电场存在的例证。

例 2-2　感生电动势与动生电动势实际上是基于所选择的参考系而言，在一个参考系下的所谓“感生电动势”，在另外一个参考系下可能是“动生电动势”。考虑一个定子上有单匝矩形线圈$abcd$（长、宽分别为l_1、l_2），转子为永磁体（磁感应强度恒为$\boldsymbol{B}$）的简化定转子结构，如图2-10所示。

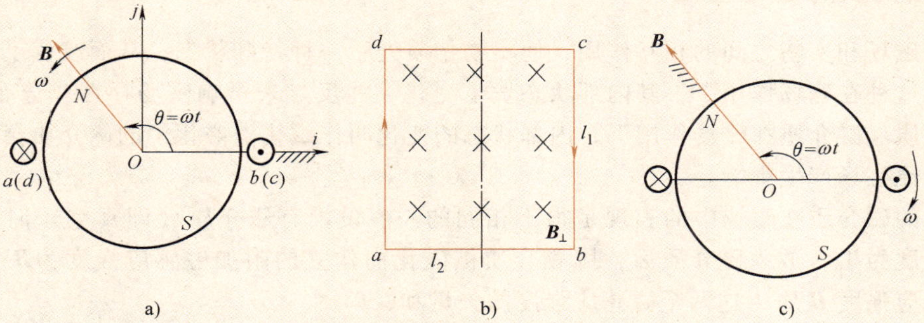

图2-10　简化定转子结构

当转子以角速度ω逆时针旋转时，若站在定子参考系下，在定子线圈平面内，随着转子的旋转，垂直于线圈平面的磁感应强度发生变化，从而穿过闭合线圈的磁通量发生改变，在线圈内产生感生电动势，即

$$E_{\mathrm{i}}=-\frac{\mathrm{d}\phi_{\mathrm{m}}}{\mathrm{d}t}=-S\frac{\mathrm{d}B_{\perp}}{\mathrm{d}t} \tag{2-36}$$

其中，

$$S=l_1 l_2 \tag{2-37}$$

$$B_{\perp}=B\sin\theta \tag{2-38}$$

代入后得到

$$E_i = -\omega\cos\theta BS \tag{2-39}$$

而站在转子参考系下来看，转子静止不动，则定子线圈两边（长度为 l_1）以角速度 ω 绕轴线顺时针切割磁力线，如图 2-10c 所示，从而产生动生电动势，即

$$E_m = \int(\boldsymbol{v} \times \boldsymbol{B}) \cdot \mathrm{d}\boldsymbol{l} \tag{2-40}$$

在线圈旋转过程中，磁感应强度 $\boldsymbol{B}$ 始终保持不变，线圈每边切割磁感线的速度为

$$v = \frac{l_2}{2}\omega \tag{2-41}$$

进而得到

$$\begin{aligned} E_m &= \oint_{abcd} \boldsymbol{v} \times \boldsymbol{B} \cdot \mathrm{d}\boldsymbol{l} = -2\int_{ad} \boldsymbol{v} \times \boldsymbol{B} \cdot \mathrm{d}\boldsymbol{l} = -2B\omega\frac{l_2}{2}\cos\theta l_1 \\ &= -\omega\cos\theta BS \end{aligned} \tag{2-42}$$

通过上述推导可以看出，对于感生电动势和动生电动势，只是站在不同参考系对电磁转换描述的方式不同，所得到的结果是相同的。

2.3 磁 介 质

2.3.1 磁介质和磁化强度

由于磁场和实物之间的相互作用，使实物物质处于一种特殊状态，从而改变了原来磁场的分布。这种在磁场作用下，其内部状态发生变化，并反过来影响磁场存在或分布的物质，称为**磁介质**。磁介质在磁场作用下，内部状态的变化叫作**磁化**。磁化了的磁介质会激起附加磁场，对原磁场产生影响。

不同的磁介质在磁场中的表现是很不相同的。假设没有磁介质（即真空）时，某点的磁感应强度为$\boldsymbol{B}_0$，放入磁介质后，因磁介质被磁化而建立的附加磁感应强度为$\boldsymbol{B}'$，那么该点的磁感应强度 $\boldsymbol{B}$ 应为这两个磁感应强度的矢量和，即

$$\boldsymbol{B} = \boldsymbol{B}_0 + \boldsymbol{B}' \tag{2-43}$$

实验表明，附加磁感应强度$\boldsymbol{B}'$随磁介质而异。有一些磁介质，$\boldsymbol{B}'$的方向与$\boldsymbol{B}_0$ 的方向相同，使得 $\boldsymbol{B}>\boldsymbol{B}_0$，这种磁介质叫作**顺磁质**，如铝、氧、锰等；还有一类磁介质，$\boldsymbol{B}'$的方向与 $\boldsymbol{B}_0$ 的方向相反，使得 $\boldsymbol{B}<\boldsymbol{B}_0$，这种磁介质叫作**抗磁质**，如铜、铋、氢等。但无论是顺磁质还是抗磁质，上述附加磁感应强度$\boldsymbol{B}'$的值都较$\boldsymbol{B}_0$ 要小得多（约几万分之一或几十万分之一），它对原来磁场的影响极为微弱。所以，顺磁质和抗磁质统称为**弱磁性**物质。实验还表明，另外有一类磁介质能显著地增强磁场，是**强磁性**物质，它的附加磁感应强度$\boldsymbol{B}'$的方向与顺磁质一样，和$\boldsymbol{B}_0$ 的方向相同，但$\boldsymbol{B}'$的值却要比$\boldsymbol{B}_0$ 的值大很多（可达 $10^2 \sim 10^4$ 倍），即 $\boldsymbol{B} \gg \boldsymbol{B}_0$，并且 $\boldsymbol{B}$ 和$\boldsymbol{B}_0$ 的比值不是常量，这类磁介质叫作**铁磁质**，如铁、镍、钴及其合金等。

顺磁性和抗磁性的微观机理，与强磁性物质的铁磁性显著不同。可以用安培的分子电流学说简单说明顺磁性和抗磁性的起源。关于铁磁质的铁磁性将在后面详细介绍。

在物质的分子中，每个电子都绕原子核做轨道运动，从而使之具有轨道磁矩；此外，电子本身还有自旋，因而也会具有自旋磁矩。一个分子内所有电子全部磁矩的矢量和，称为分子的固有磁矩，简称分子磁矩，用符号 $\boldsymbol{m}$ 表示。分子磁矩可用一个等效的圆电流 I 来表示。

弱磁性物质中，虽然每个分子都具有磁矩，但在没有外磁场时，所有分子磁矩的矢量和为零，并不显现磁性。

当顺磁性物质处在外磁场中时，各分子磁矩都要受到（外）磁力矩的作用。在磁力矩作用下，各分子磁矩的取向都具有转到与外磁场方向相同的趋势，因磁化而出现的附加磁感应强度$\boldsymbol{B}'$与外磁场的磁感应强度$\boldsymbol{B}_0$ 的方向相同。于是，在外磁场中，顺磁质内的磁感应强度 $\boldsymbol{B}$ 的大小为 $B=B_0+B'$。

对抗磁质来说，在外磁场作用下，分子中每个电子的轨道运动将受到影响，从而引起附加轨道磁矩 $\Delta\boldsymbol{m}$，而且附加轨道磁矩 $\Delta\boldsymbol{m}$ 的方向与外磁场$\boldsymbol{B}_0$ 的方向相反，因此，在抗磁质中，就会出现与外磁场$\boldsymbol{B}_0$ 的方向相反的附加磁场$\boldsymbol{B}'$，称为**抗磁性**。

磁介质的磁化，就其实质来说，或是由于在外磁场作用下分子磁矩的取向发生了变化，或是在外磁场作用下产生附加磁矩，而且前者也可归结为产生附加磁矩。因此，可以用磁介质中单位体积内分子的合磁矩来表示介质的磁化情况，叫作**磁化强度**，用符号 $\boldsymbol{M}$ 表示。在均匀磁介质中取小体积 ΔV，在此体积内分子磁矩的矢量和为 $\sum\boldsymbol{m}$，那么磁化强度可表示为

$$\boldsymbol{M}=\frac{\sum\boldsymbol{m}}{\Delta V} \tag{2-44}$$

在国际单位制中，磁化强度的单位为 $\mathrm{A\cdot m^{-1}}$（安培每米）。

2.3.2 磁介质中的安培环路定理

本节将利用一个特殊的例子来讨论磁介质中的安培环路定理，所得结论同样适用于一般的情形。如图 2-11 所示，有一密绕线圈的长直螺线管，管中充满磁化强度为 $\boldsymbol{M}$ 的各向同性均匀磁介质，线圈中的电流为 I。

取闭合回路 $ABCDA$，由安培环路定理可得磁感应强度 $\boldsymbol{B}$ 沿此闭合回路的积分为

$$\oint_l \boldsymbol{B}\cdot \mathrm{d}\boldsymbol{l}=\int_{AB}\boldsymbol{B}\mathrm{d}\boldsymbol{l}=\mu_0 I_{\mathrm{i}} \tag{2-45}$$

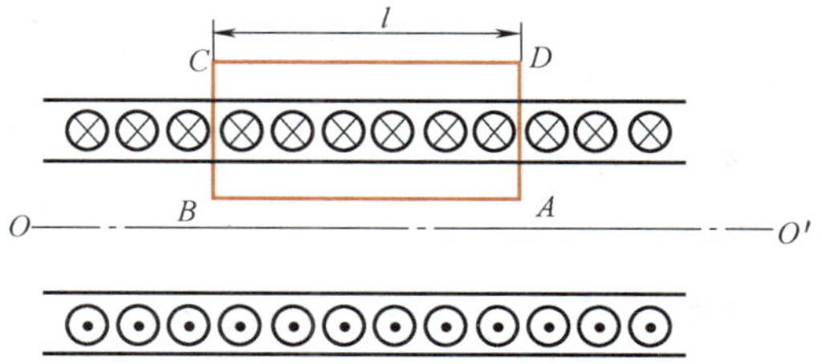

图 2-11 充满均匀磁介质的长直螺线管

式中，I_{i} 为闭合回路所包围的电流，它包括流过线圈的传导电流 $\sum i_{\mathrm{k}}$，以及由分子圆电流对应的分布电流 I_{m}。设路径 AB 的长度为 l，其上共绕有 N 匝线圈，于是 $\sum i_{\mathrm{k}}=NI$，上式可写成

$$\oint_l \boldsymbol{B}\cdot \mathrm{d}\boldsymbol{l}=\int_{AB}\boldsymbol{B}\cdot \mathrm{d}\boldsymbol{l}=\mu_0(NI+I_{\mathrm{m}}) \tag{2-46}$$

易知，长螺线管内磁化强度 $\boldsymbol{M}$ 仅平行于线段 AB，分布电流 I_{m} 和磁化强度的关系如下

$$I_{\mathrm{m}}=\int_{AB}\boldsymbol{M}\cdot \mathrm{d}\boldsymbol{l}=\oint_l \boldsymbol{M}\cdot \mathrm{d}l \tag{2-47}$$

于是

$$\oint_l \boldsymbol{B}\cdot \mathrm{d}\boldsymbol{l}=\mu_0\left(NI+\oint_l \boldsymbol{M}\cdot \mathrm{d}\boldsymbol{l}\right) \tag{2-48}$$

上式两边的线积分都是在同一闭合回路上进行的，因此可以将它们合并得

$$\oint_l\left(\frac{\boldsymbol{B}}{\mu_0}-\boldsymbol{M}\right)\cdot \mathrm{d}\boldsymbol{l}=NI=\sum i_{\mathrm{k}} \tag{2-49}$$

令

$$\boldsymbol{H}=\frac{\boldsymbol{B}}{\mu_0}-\boldsymbol{M} \tag{2-50}$$

式（2-49）可改写成

$$\oint_l \boldsymbol{H}\cdot \mathrm{d}\boldsymbol{l}=\sum i_{\mathrm{k}} \tag{2-51}$$

$\boldsymbol{H}$ 叫作**磁场强度**，它是描述磁场的一个辅助量。式（2-51）就是磁介质中的安培环路定理，它说明：磁场强度沿任何闭合回路的线积分，等于该回路所包围的传导电流的代数和。在国际单位制中，磁场强度 $\boldsymbol{H}$ 的单位是 $\mathrm{A\cdot m^{-1}}$。其中，若电流的正方向与闭合回线的环行方向符合右手螺旋关系时取正号，否则取负号。例如在图 2-12 中，i_2 的正方向向上，取正号；i_1 和 i_3 的正方向向下，取负号；故有

$$\oint_L \boldsymbol{H}\cdot \mathrm{d}\boldsymbol{l}=-i_1+i_2-i_3 \tag{2-52}$$

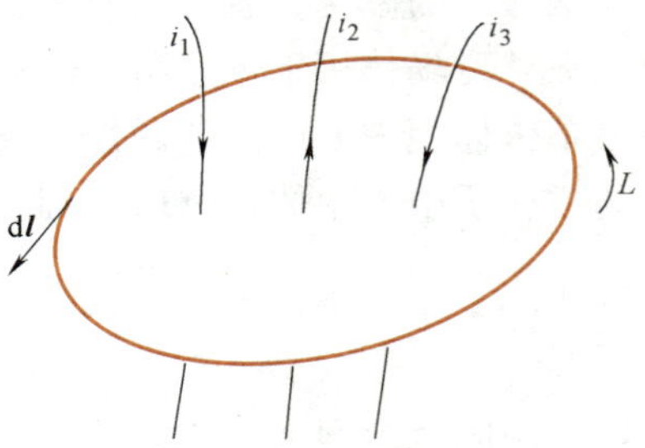

图 2-12　安培环路定理

实验表明，在各向同性磁介质中，任一点的磁化强度 $\boldsymbol{M}$ 与磁场强度 $\boldsymbol{H}$ 成正比，即

$$\boldsymbol{M}=\chi \boldsymbol{H} \tag{2-53}$$

式中，χ 为个量纲一的量，叫作磁介质的磁化率，它随磁介质的性质而异。将上式代入 $\boldsymbol{H}$ 的定义式，有

$$\boldsymbol{H}=\frac{\boldsymbol{B}}{\mu_0}-\boldsymbol{M}=\frac{\boldsymbol{B}}{\mu_0}-\chi \boldsymbol{H} \tag{2-54}$$

或

$$\boldsymbol{B}=\mu_0(1+\chi)\boldsymbol{H} \tag{2-55}$$

可令 $\mu_{\mathrm{r}}=1+\chi$，且称 μ_{r} 为磁介质的**相对磁导率**，则上式可写成

$$\boldsymbol{B}=\mu_0\mu_{\mathrm{r}}\boldsymbol{H}=\mu \boldsymbol{H} \tag{2-56}$$

并称 μ 为**磁导率**。在真空中，$\boldsymbol{M}=0$，故 $\chi=0$，$\mu_{\mathrm{r}}=1$，$\boldsymbol{B}=\mu_0\boldsymbol{H}$；如磁介质为顺磁质，由实验知道，其 $\chi>0$，故 $\mu_{\mathrm{r}}>1$；对抗磁质来说，其 $\chi<0$，故 $\mu_{\mathrm{r}}<1$。

2.3.3　铁磁材料、硬（永）磁材料

从物质的原子结构观点来看，铁磁质内电子间因自旋引起的相互作用是非常强烈的，在这种作用下，铁磁质内形成了一些微小区域，叫作**磁畴**，每一个磁畴中，各个电子的自旋磁矩排列得很整齐，因此它具有很强的磁性，这叫作自发磁化，但在没有外磁场时铁磁质内各个磁畴的排列方向是无序的，所以，对外不显磁性。当处于外磁场中时，铁磁质内各个磁畴的磁矩在外磁场的作用下都趋向于沿外磁场方向排列，也就是说，不是像顺磁质那样使单个

原子、分子发生转向，而是使整个磁畴转向外磁场方向，这时，铁磁质在外磁场中的磁化强度 $\boldsymbol{M}$ 就非常显著，它所建立的附加磁感应强度 $\boldsymbol{B}'$ 比外磁场的磁感应强度 $\boldsymbol{B}_0$ 在数值上一般要大几十倍到数千倍，甚至更大。

从实验中还可以知道，铁磁质的磁化和温度有关，随着温度的升高，它的磁化能力逐渐减小，当升高到某一温度时，铁磁性就完全消失，铁磁质退化成顺磁质，这个温度叫作**居里温度**或居里点。这是因为铁磁质中自发磁化区域因剧烈的分子热运动而遭到破坏，磁畴也就瓦解了，铁磁质的铁磁性消失，过渡到顺磁质。由实验可知，铁的居里温度为 1043K，78%坡莫合金的居里温度是 580K，30%坡莫合金的居里温度是 343K。

顺磁质的磁导率很小，但是一个常量，不随外磁场的改变而变化，故顺磁质的 B 与 H 是线性关系，但铁磁质却不是这样，它的磁导率比顺磁质的磁导率大得多。图 2-13 所示是从实验得出的某一铁磁质起始磁化时的磁化曲线和磁导率变化曲线，也叫初始磁化曲线，当 H 从零逐渐增大时，可以看出 B 也逐渐地增加；到达点 M 以后，H 再继续增加时，B 就急剧地增加，这是因为磁畴在磁场作用下迅速沿外磁场方向排列的缘故；到达点 N 以后，再增大 H 时，B 增加得就比较慢了；当达到点 P 以后，再增加外磁场强度 H 时，B 的增加就十分缓慢，呈现出磁化已达饱和程度。点 P 所对应的 B 值，一般叫作饱和磁感应强度 B_{max}，这时，在铁磁质中，几乎所有磁畴都已沿着外磁场方向排列了，从曲线中可以看出 B 与 H 之间存在着非线性关系。

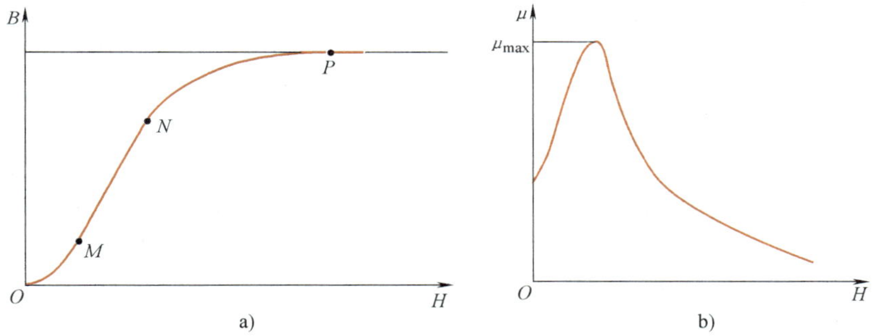

图 2-13　磁化曲线和磁导率变化曲线

a）铁磁质材料的磁化曲线　b）磁导率曲线

从磁导率变化曲线上还可以看出，当 $H=0$ 时，铁磁质的磁导率称为起始磁导率。最初，磁导率随磁场强度 H 的增加而急剧地增加，直到最大值 μ_{max}。此后，μ 则随 H 的增加而减小，显然，μ 与 H 的关系亦是非线性关系。

下面介绍铁磁质的另一重要特性，即磁滞现象。前面讨论磁化曲线时，只研究了起始磁化过程。磁滞回线如图 2-14 所示，当磁场强度从零增加到 $+H_m$ 后若开始减小，那么，在 H 减小的过程中，B-H 曲线是否仍按原初始磁化曲线退回呢？实验表明，当外磁场由 $+H_m$ 逐渐减小时，磁感应强度 B 并不沿初始曲线 OP 减小，而是沿图中另一条曲线 PQ 比较缓慢地减小，这种 B 的变化落后于 H 的变化的现象，叫作磁滞现象，简称**磁滞**。

由于磁滞的缘故，磁场强度减小到零（即 $H=0$）时，磁感应强度 B 并不等于零，而是仍有一定的数值 B_r，B_r 叫作剩余磁感应强度，简称**剩磁**。这是铁磁质所特有的性质，如果一铁磁质有剩磁存在，这就表明它已被磁化过。由图 2-14 可以看出，随着反向磁场的增加，

B 逐渐减小，当达到 H_c 时，B 等于零，这时铁磁质的剩磁就消失了，铁磁质也就不显现磁性，通常把 H_c 叫作**矫顽力**，它表示铁磁质抵抗去磁的能力。当反向磁场继续不断增强到 $-H_m$ 时，材料的反向磁化同样能达到饱和点 P'。此后，反向磁场逐渐减弱到零，B-H 曲线便沿 $P'Q'$ 变化。之后，正向磁场增强到 $+H_m$ 时，B-H 曲线就沿 $Q'P$ 变化，从而完成一个循环。所以，由于磁滞，B-H 曲线就形成一个闭合曲线，这个闭合曲线叫作**磁滞回线**。研究磁滞现象不仅可以了解铁磁质的特性，而且也有实用价值，因为铁磁材料往往是应用于交变磁场中的。需要指出，铁磁质在交变磁场中被反复磁化时，磁滞效应是要损耗能量的，而所损耗的能量与磁滞回线所包围的面积有关，面积越大，能量的损耗也越多。

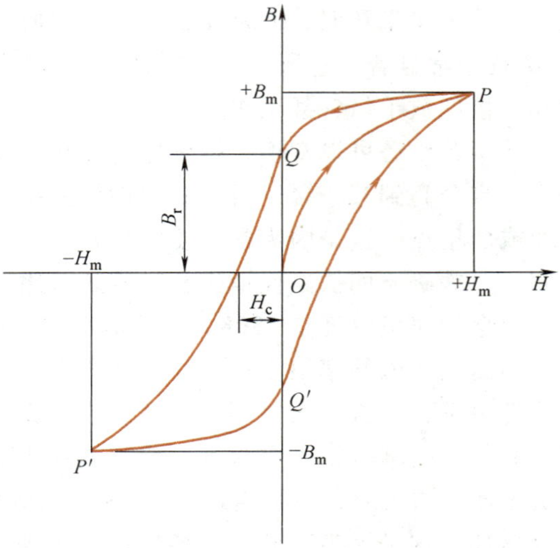

图 2-14 磁滞回线

铁磁材料可分为硬磁、软磁和矩磁材料等。实验表明，不同铁磁性物质的磁滞回线形状有很大差异。图 2-15 给出了三种不同铁磁材料的磁滞回线。其中，软磁材料磁滞回线所包围的面积最小；硬磁材料的矫顽力较大，剩磁也较大；而铁氧体等材料的磁滞回线则近似于矩形，故亦称矩磁材料。

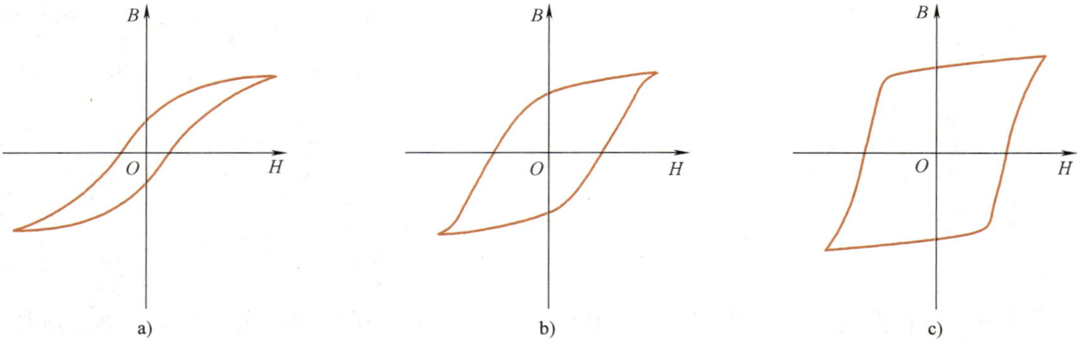

图 2-15 不同铁磁材料的磁滞回线

a）软磁材料 b）硬磁材料 c）矩磁铁氧体材料

软磁材料的特点是相对磁导率 μ_r 和饱和磁感应强度 B_{max} 一般都比较大，矫顽力 H_c 比硬磁材料小得多，磁滞回线所包围的面积很小，磁滞特性不显著，如图 2-15a 所示。软磁材料在磁场中很容易被磁化，而由于它的矫顽力很小，所以也容易去磁，因此，软磁材料适宜用作导磁材料制造电磁铁、变压器、交流电机等电器中的铁心。

硬磁材料又称永磁材料，它的特点是剩磁 B_r 和矫顽力 H_c 都比较大，磁滞回线所包围的面积也就较大，磁滞特性非常显著，如图 2-15b 所示，所以把硬磁材料放在外磁场中充磁后，能保留较强的磁性，并且这种剩余磁性不易被消除，因此硬磁材料适宜于制造永磁体。

在永磁同步电机中，用永磁铁来建立转子磁场。

永磁材料的种类较多，简要叙述以下几种。

1）铸造铝镍钴。这种材料是用浇铸法制成的，其优点是磁性能较高，稳定性较好，价格较便宜；缺点是材料硬而脆，除磨削和电加工外，无法进行其他机械加工。

2）粉末型铝镍钴。由粉末冶金（烧结）或粉末压制（粘结）制成，其优点是可直接制成所需形状，尺寸精度较高，表面光洁，可大批量生产；缺点是磁性能较前者低，且价格较贵。

3）铁氧体。用粉末冶金或粉末压制而成，其优点是矫顽力很高，抗去磁能力强，价格便宜，不需要进行工作稳定性处理；缺点是居里温度低，温度对磁性能影响较大，不适用于温度变化大而要求稳定性高的场合。

4）稀土钴。这种材料的综合磁性能好，有很强的抗去磁能力，稳定性较好，其允许工作温度高；缺点是除磨削加工外，不能进行其他机械加工，另外材料的价格贵，制造成本高。

5）钕铁硼。这是20世纪80年代后期研制成的一种永磁材料，其磁性能优于稀土钴，且价格较低廉，不足之处是允许工作温度略低，使其使用范围受到一定限制。

几种永磁材料的磁性能见表2-1。

表2-1 几种永磁材料的磁性能

永磁材料		铝镍钴	铁氧体	稀土钴 Sm_2Co_{17}	钕铁硼 NdFeB
磁性能	B_r/T	1.35	0.405	1.06	1.12
	$H_c/kA \cdot m^{-1}$	59	294	748	843
	$(BH)_{max}/kJ \cdot m^{-3}$	59.7	30.5	206.9	238.7
	B_r 温度系数/[(%)·℃$^{-1}$]	-0.02	-0.2	-0.025	-0.1

2.3.4 磁场的储能

磁场的强弱是用磁感应强度来表征的。既然如此，那么磁场的能量也可以用磁感应强度来表示。磁场的能量密度定义为

$$w_m = \frac{dW_m}{dV} = \frac{1}{2}\frac{B^2}{\mu} \tag{2-57}$$

w_m 的单位为 $J \cdot m^{-3}$。式（2-57）表明，磁场的能量密度与磁感应强度的二次方成正比，在一定磁感应强度下，介质的磁导率越大，磁场的储能密度就越小，否则相反。对于各向同性的均匀介质，由于 $B=\mu H$，上式又可以写成

$$w_m = \frac{1}{2}\mu H^2 = \frac{1}{2}BH \tag{2-58}$$

在体积 V 中，磁场的总能量为

$$W_m = \int_V w_m dV = \int_V \frac{1}{2}BH dV \tag{2-59}$$

这就是计算磁场储能的一般公式。

例 2-3　如图 2-16a 所示，同轴电缆的金属芯线的半径为 R_1，共轴金属圆筒的半径为 R_2，中间充以磁导率为 μ 的磁介质，若流经芯线与圆筒上的电流大小均为 I、方向相反，求缆芯与圆筒间单位长度上的磁场能量。

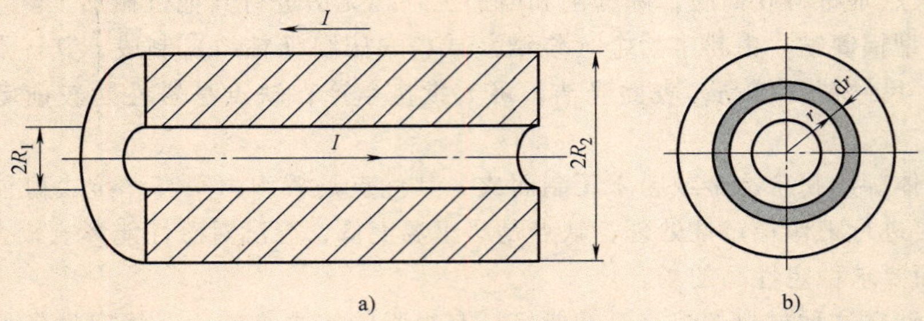

图 2-16　电缆中的磁能

解： 由安培环路定理，可求得在缆芯与圆筒之间离开轴线为 r 处的磁场强度为

$$H=\frac{I}{2\pi r} \tag{2-60}$$

由式（2-58）可得，在缆芯与圆筒之间离开轴线 r 处附近，磁场的能量密度为

$$w_{\mathrm{m}}=\frac{1}{2}\mu H^2=\frac{1}{8}\mu\frac{I^2}{\pi^2 r^2} \tag{2-61}$$

在缆芯与圆筒之间任取一内外半径分别为 r 和 $r+\mathrm{d}r$ 的单位长度薄层圆筒，如图 2-16b 所示，其体积 $\mathrm{d}V=2\pi r\mathrm{d}r$，该体积元内储存的磁场能量为

$$\mathrm{d}W_{\mathrm{m}}=w_{\mathrm{m}}\mathrm{d}V=\frac{1}{8}\mu\frac{I^2}{\pi^2 r^2}2\pi r\mathrm{d}r=\frac{1}{4}\mu\frac{I^2}{\pi r}\mathrm{d}r \tag{2-62}$$

则单位长度同轴电缆的磁场能量为

$$W_{\mathrm{m}}=\int_{R_1}^{R_2}\mathrm{d}W_{\mathrm{m}}=\frac{1}{4}\mu\frac{I^2}{\pi}\ln\frac{R_2}{R_1} \tag{2-63}$$

2.4　磁路及其基本定律

一般地讲，需要用到三维空间坐标描述磁场在空间的分布。不过，很多电磁系统的工作磁场都被导磁材料约束在特定通路中，这样就提供了一个便利，即沿磁通路径“一维”坐标来研究磁场的分布。这就是本节讨论的“磁路”分析。

2.4.1　磁路的基本定律

1. 磁路的概念、磁动势

磁通所通过的路径称为**磁路**，图 2-17 所示为一种常见的变压器的磁路。

在变压器里，把线圈套装在铁心上。当线内通有电流时，在线圈周围的空间（包括铁心内、外）就会形成磁场。由于铁心的磁导率比空气要大得多，所以绝大部分磁通将在铁心内通过，并在能量传递或转换过程中起耦合场的作用，这部分磁通称为**主磁通**。围绕载流线圈、部分铁心和铁心周围的空间，还存在少量分散的磁通，这部分磁通称为**漏磁通**。

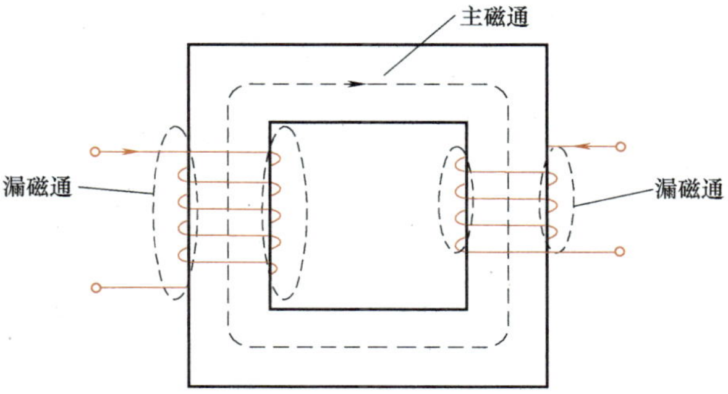

图 2-17　变压器的磁路

主磁通和漏磁通所通过的路径分别构成主磁路和漏磁路，图 2-17 中示意地表示出了这两种磁路。

用以激励磁路中磁通的载流线圈称为励磁线圈，励磁线圈中的电流称为**励磁电流**。若励磁电流为直流，磁路中的磁通是稳定的，不随时间而变化，这种磁路称为直流磁路，直流电磁铁磁路就属于这一类。若励磁电流为交流，磁路中的磁通随时间交变，这种磁路称为交流磁路，变压器和交流电机的磁路都属于交流磁路。

进行磁路分析和计算时，往往要用到以下几条定律，这些定律是磁场基本定理在磁路中的具体化体现。

安培环路定理指出，沿着任何一条闭合回路 L，磁场强度的线积分值等于该闭合回路所包围的总电流值（代数和）。用公式表示，有

$$\oint_L \boldsymbol{H} \cdot \mathrm{d}\boldsymbol{l} = \sum i_{\mathrm{k}} \tag{2-64}$$

若磁场强度的方向总沿闭合回路切线方向，大小处处相等，且闭合回路所包围的总电流是由通有电流 i 的 N 匝线圈所提供，则式（2-64）可简写成

$$HL = Ni \tag{2-65}$$

定义 $F=Ni$ 为作用在铁心磁路上的**磁动势**，单位为 A。

2. 磁路的欧姆定律

图 2-18 所示为一个无分支铁心磁路，铁心上绕有 N 匝线圈，线圈中通有电流 i，铁心面积为 A，磁路的平均长度为 l，材料的磁导率为 μ。若不计漏磁，并认为各截面上的磁通密度

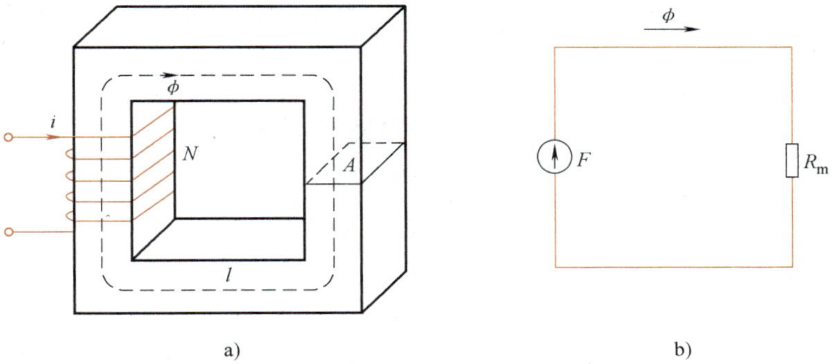

图 2-18　无分支铁心磁路

均匀，并且垂直于各截面，则磁通 ϕ 将等于磁通密度乘以面积，即

$$\phi = \int_A \boldsymbol{B} \cdot \mathrm{d}\boldsymbol{A} = BA \tag{2-66}$$

考虑到磁场强度等于磁通密度除以磁导率，即

$$\boldsymbol{H} = \boldsymbol{B}/\mu \tag{2-67}$$

于是式（2-65）可改写成如下形式

$$F = Ni = \phi R_m = \frac{\phi}{\Lambda} \tag{2-68}$$

$$R_m = \frac{l}{\mu A} \tag{2-69}$$

$$\Lambda = \frac{1}{R_m} \tag{2-70}$$

式中，F 为作用在铁心磁路上的磁动势；R_m 为磁路的磁阻，单位为 A/Wb；Λ 为磁路的磁导，单位为 Wb/A。

式（2-68）表明，作用在磁路上的磁动势 F 等于磁路内的磁通 ϕ 乘以磁阻 R_m，此关系与电路中的欧姆定律在形式上十分相似，因此亦称为**磁路的欧姆定律**。这里，把磁路中的磁动势 F 比拟为电路中的电动势；磁通 ϕ 比拟为电流；磁阻 R_m 和磁导 Λ 分别比拟为电阻 R 和电导 G。

磁阻 R_m 与磁路的平均长度 l 成正比，与磁路的截面积 A 及构成磁路材料的磁导率成反比。需要注意的是，铁磁材料的磁导率不是一个常数，所以由铁磁材料构成的磁路，其磁阻不是常数，而是随着磁路中磁感应强度的大小而变化，这种情况称为磁路的非线性。

图 2-18b 表示等效的模拟电路图。需要指出，磁路和电路的比拟仅是一种数学形式上的类似，而不是物理本质的类似。

例 2-4 有一闭合铁心磁路，铁心的截面积 $A = 9\times10^{-4}\mathrm{m}^2$，磁路的平均长度 $l = 0.3\mathrm{m}$，铁心的磁导率 $\mu_{Fe} = 5000\mu_0$，套装在铁心上的励磁绕组匝数为 $N = 500$，不计漏磁。试求：

1）在铁心中产生 1T 的磁通密度时，需施加的励磁磁动势和励磁电流。

2）磁路的磁阻。

解： 用磁路安培环路定理来求解。

1）磁场强度

$$H = \frac{B}{\mu_{Fe}} = \frac{1}{5000\times4\pi\times10^{-7}}\mathrm{A/m} = 159\mathrm{A/m} \tag{2-71}$$

磁动势

$$F = Hl = 159\times0.3\mathrm{A} = 47.7\mathrm{A} \tag{2-72}$$

励磁电流

$$i = \frac{F}{N} = 9.54\times10^{-2}\mathrm{A} \tag{2-73}$$

2）磁阻

$$R_m = \frac{l}{\mu_{Fe}A} = \frac{0.3}{5000\times4\pi\times10^{-7}\times9\times10^{-4}}\mathrm{A/Wb} = 5.3\times10^4\mathrm{A/Wb} \tag{2-74}$$

2.4.2 磁路的并联和串联

1. 磁路的基尔霍夫定律

如果铁心不是一个简单回路，而是带有并联分支的分支磁路，如图 2-19 所示，则当中间铁心支路上加有磁动势时，磁通的路径将如图中虚线所示。由磁场的高斯定理易知，如令穿出闭合面的磁通为正、进入闭合面的磁通为负，从图 2-19 可见，对闭合面 A 有

$$\sum\phi=-\phi_1+2\phi_2=0 \qquad (2\text{-}75)$$

式（2-75）体现了磁通连续性定理，即穿出（或进入）任一闭合面的总磁通恒等于零，或者说，进入任一闭合面的磁通恒等于穿出该闭合面的磁通。比拟于电路中节点的基尔霍夫第一定律，此规律亦称为磁路的基尔霍夫第一定律。

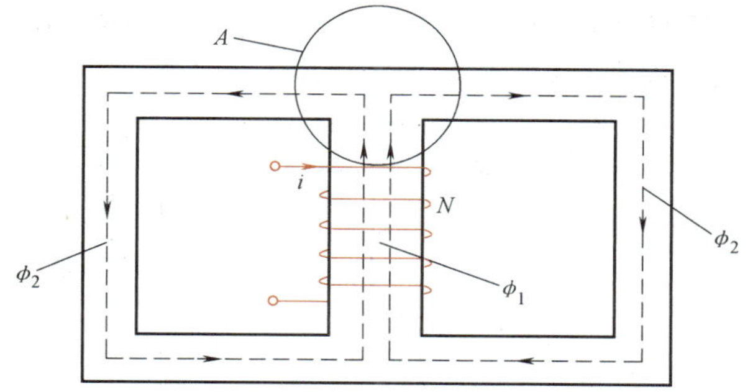

图 2-19 磁路的基尔霍夫第一定律

电机和变压器的磁路总是由数段不同截面、不同铁磁材料铁心组成的，且还可能含有气隙。磁路计算时，需要把整个磁路分成若干段，每段为同一材料且具有相同截面积，段内磁通密度处处相等，从而磁场强度亦处处相等。如图 2-20 所示，磁路由三段组成，其中两段为面积分别为 A_1 和 A_2 的铁磁材料，第三段为气隙。若铁心上的励磁磁动势为 Ni，根据安培环路定理（磁路欧姆定律）可得

$$Ni=\sum_{k=1}^{3}H_k l_k=H_1 l_1+H_2 l_2+H_\delta\delta=\phi_1 R_{m1}+\phi_2 R_{m2}+\phi_\delta R_{m\delta} \qquad (2\text{-}76)$$

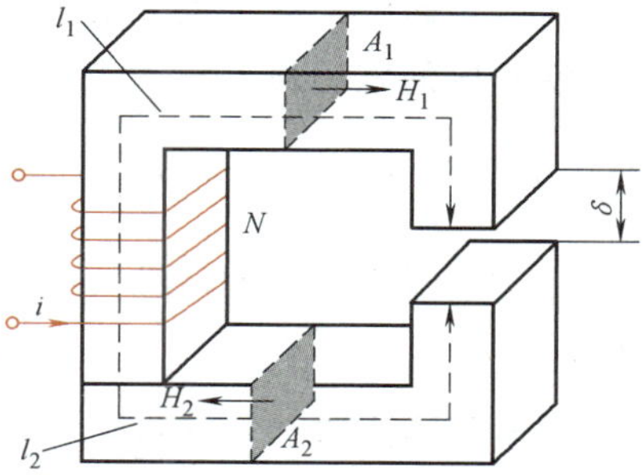

图 2-20 磁路的基尔霍夫第二定律

式中，l_1 和 l_2 分别为 1、2 两段铁心的平均长度，其截面积分别为 A_1 和 A_2；δ 为气隙长度；H_1、H_2 分别为 1、2 段磁路内的磁场强度；H_δ 为气隙内的磁场强度；ϕ_1 和 ϕ_2 分别为 1、2 两段铁心内的磁通；ϕ_δ 为气隙内的磁通；R_{m1} 和 R_{m2} 分别为 1、2 两段铁心磁路的磁阻；$R_{m\delta}$ 为气隙的磁阻。

式（2-76）表明，作用在任何闭合磁路上的总磁动势，恒等于各段磁路中磁位降的代数和。类比于电路中的基尔霍夫第二定律，该定律就称为磁路的基尔霍夫第二定律。不难看出，此定律实际上是安培环路定理的另一种表达形式。

前面介绍了磁路的基本定律，下面将进一步熟悉如何运用上述基本定律完成磁路的分析计算。磁路计算时，常是“由果及因”的逆命题，即先给定磁通“目标工作点”，然后计算所需施加的磁动势。对于少数给定励磁磁动势求磁通的“由因及果”的正向问题，由于磁路的非线性，要进行图解或迭代求解。

2. 简单串联磁路

简单串联磁路就是仅有一个回路的无分支磁路，如图 2-21 所示，若不计漏磁影响，串

联磁路各段的磁通相同，磁阻为各段磁阻之和。这种磁路虽然比较简单，但却是磁路计算的基础。下面举例加以说明。

例 2-5 若在例 2-4 的磁路中，开一个长度为 $\delta=5\times10^{-4}$m 的气隙，问铁心中激励 1T 的磁通密度时，所需的励磁磁动势为多少？已知铁心截面积 $A_{Fe}=3\times3\times10^{-4}\text{m}^2$，铁心的磁导率 $\mu_{Fe}=5000\mu_0$，铁心的长度 $l_{Fe}=0.3$m，考虑到气隙磁场的边缘效应，在计算气隙的有效面积时，通常在长、宽方向各增加一个 δ 值。

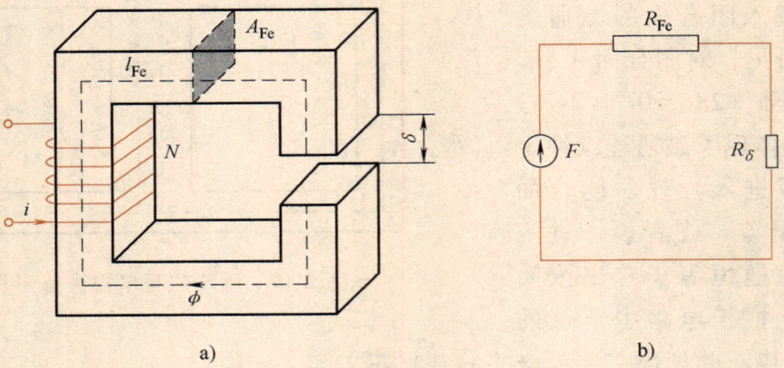

图 2-21 简单串联磁路

解： 用磁路的基尔霍夫第二定律来求解。

铁心内的磁场强度

$$H_{Fe}=\frac{B_{Fe}}{\mu_{Fe}}=\frac{1}{5000\times4\pi\times10^{-7}}\text{A/m}=159\text{A/m} \tag{2-77}$$

考虑到气隙磁场的边缘效应，计算气隙的等效面积

$$A_\delta=(a+\delta)(b+\delta)=9.303\times10^{-4}\text{m}^2 \tag{2-78}$$

由基尔霍夫第一定律可得

$$B_\delta=\frac{B_{Fe}A_{Fe}}{A_\delta}=0.967\text{T} \tag{2-79}$$

气隙磁场强度

$$H_\delta=\frac{B_\delta}{\mu_0}=\frac{0.967}{4\pi\times10^{-7}}\text{A/m}=77\times10^4\text{A/m} \tag{2-80}$$

铁心磁位降

$$H_{Fe}l_{Fe}=159\times(0.3-5\times10^{-4})\text{A}=47.6\text{A} \tag{2-81}$$

气隙磁位降为

$$H_\delta\delta=77\times10^4\times5\times10^{-4}\text{A}=385\text{A} \tag{2-82}$$

励磁磁动势为

$$F=H_{Fe}l_{Fe}+H_\delta\delta=432.6\text{A} \tag{2-83}$$

由此可见，气隙虽然很短，仅 5×10^{-4}m，但其磁位降却占整个磁路的 89%。

3. 简单并联磁路

简单并联磁路是指考虑漏磁影响，或磁回路有两个以上分支的磁路。电机和变压器的磁路大多属于这一类，下面举例说明其分析方法。

例 2-6 图 2-22a 所示并联磁路，铁心所用材料为 DR530 硅钢片，铁心柱和铁轭的面积均为 $A=2\times2\times10^{-4}\text{m}^2$，铁心磁路直线段的平均长度 $l=5\times10^{-2}\text{m}$，气隙长度 $\delta_1=\delta_2=2.5\times10^{-3}\text{m}$，励磁线圈匝数 $N_1=N_2=1000$，不计漏磁，试求在气隙内产生 $B_\delta=1.211\text{T}$ 的磁通密度时，所需的励磁电流 i。

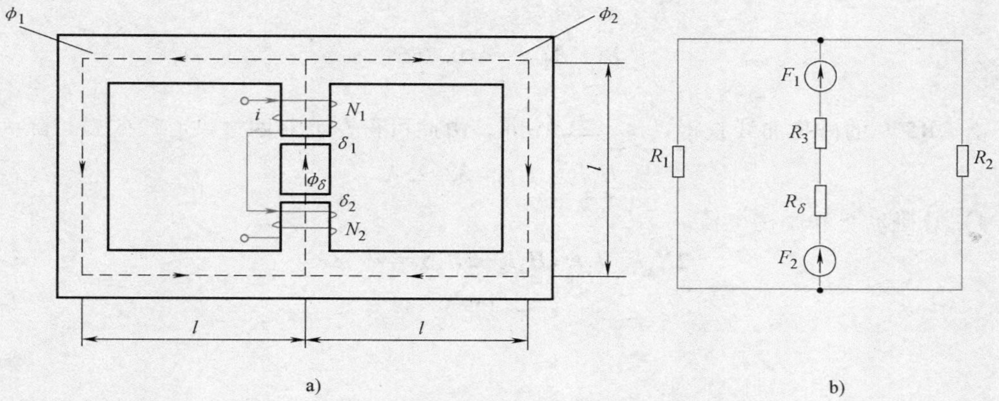

图 2-22 简单并联磁路

解：为便于理解，先画出图 2-22b 所示模拟电路图。由于两条并联磁路是对称的，故只计算其中一个磁路即可。

根据磁路基尔霍夫第一定律，得

$$\phi_\delta=\phi_1+\phi_2=2\phi_1 \tag{2-84}$$

根据磁路基尔霍夫第二定律，有

$$2N_1 i=\sum_{k=1}^{3}H_k l_k=H_1 l_1+H_3 l_3+2H_\delta\delta_1 \tag{2-85}$$

由图 2-22 可知，中间铁心段的磁路长度 $l_3=l-2\delta=4.5\times10^{-2}\text{m}$，左、右两边铁心段的磁路长度均为 $l_1=3l=15\times10^{-2}\text{m}$，由此得到

1）气隙磁位降。

$$2H_\delta\delta_1=2\frac{B_\delta}{\mu_0}\delta_1=2\times\frac{1.211}{4\pi\times10^{-7}}\times2.5\times10^{-3}\text{A}=4818\text{A} \tag{2-86}$$

2）中间铁心段的磁位降。

计算气隙等效截面积

$$A_\delta=(2+0.25)^2\times10^{-4}\text{m}^2 \tag{2-87}$$

磁通密度

$$B_3=\frac{B_\delta A_\delta}{A}=1.533\text{T} \tag{2-88}$$

查 DR530 的磁化曲线可得，对应 $B_3=1.533\text{T}$ 的磁场强度为 $H_3=19.5\times10^2\text{A/m}$。

于是中间铁心段的磁位降为

$$H_3l_3=87.75\text{A} \tag{2-89}$$

3）左、右两边铁心的磁位降。

磁通密度 B_1、B_2 为

$$B_1=B_2=\frac{B_3}{2}=0.766\text{T} \tag{2-90}$$

由 DR530 的磁化曲线查得，$H_1=215\text{A/m}$，由此可得左、右两边铁心段的磁位降为

$$H_1l_1=H_2l_2=32.25\text{A} \tag{2-91}$$

4）总磁动势和励磁电流。

$$2N_1i=H_1l_1+H_3l_3+2H_\delta\delta_1=4938\text{A} \tag{2-92}$$

$$i=2.469\text{A} \tag{2-93}$$

2.5 典型直流磁路

2.5.1 双线圈励磁、磁链

双线圈励磁磁路及其等效电路图如图 2-23 所示，铁心上装有两个线圈 A 和 B，匝数分别为 N_A 和 N_B，主磁路由铁心磁路和气隙磁路串联构成。

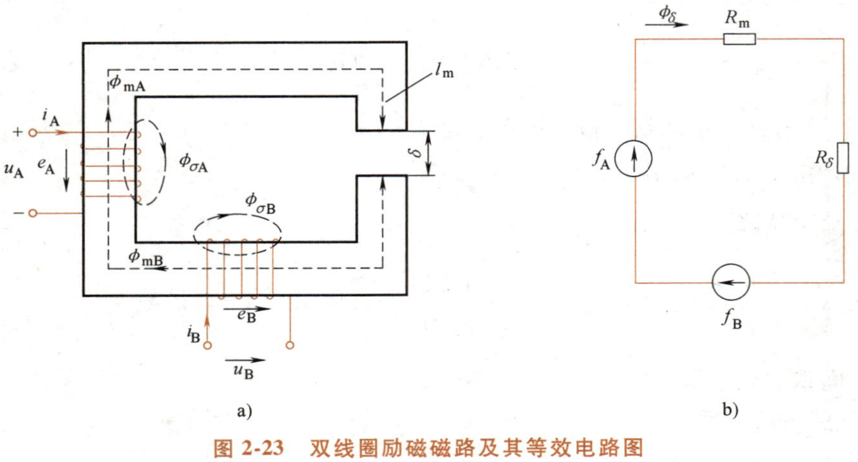

图 2-23 双线圈励磁磁路及其等效电路图

外加电压 u_A 和 u_B 可以为任意波形电压，励磁电流 i_A 和 i_B 亦可为任意波形电流。这里先考虑直流励磁的情况。

1. 仅有线圈 A 励磁的情况、自感

根据安培环路定理，在图 2-23 中，取铁心断面的中心线为闭合回线，环行方向为顺时针方向。由于磁通具有连续性，若不考虑气隙 δ 内磁场的边缘效应，有 $\phi_{mA}=\phi_\delta$。铁心和气隙的磁阻分别为

$$R_m=\frac{l_m}{\mu_{Fe}S} \tag{2-94}$$

$$R_\delta=\frac{\delta}{\mu_0 S} \tag{2-95}$$

由磁路的欧姆定律，得励磁磁动势为

$$f_A=\phi_{mA}R_m+\phi_\delta R_\delta=\phi_{mA}R_{m\delta}=\phi_\delta R_{m\delta} \tag{2-96}$$

式中，$R_{m\delta}$ 为串联磁路的总磁阻，$R_{m\delta}=R_m+R_\delta$。对图 2-23 所示的磁路而言，尽管铁心磁路长度比气隙磁路长得多，但由于 $\mu_{Fe}\gg\mu_0$，气隙磁路磁阻还是要远大于铁心磁路的磁阻。对于这个具有气隙的串联磁路，总磁阻将主要取决于气隙磁路的磁阻，磁动势大部分将降落在气隙磁路上。在很多情况下，为了问题分析的简化，可将铁心磁路的磁阻忽略不计，此时磁动势 f_A 与气隙磁路磁压降相等，即有

$$f_A=\phi_\delta R_\delta \tag{2-97}$$

图 2-23 中，因为主磁通 ϕ_{mA} 是穿过气隙后而闭合的，它提供了气隙磁通，所以又将 ϕ_{mA} 称为**励磁磁通**。

计及绕组匝数，定义线圈 A 的励磁磁链为

$$\psi_{mA}=N_A\phi_{mA} \tag{2-98}$$

由上式可得

$$\psi_{mA}=\frac{N_A^2}{R_{m\delta}}i_A \tag{2-99}$$

定义线圈 A 的励磁电感为

$$L_{mA}=\frac{\psi_{mA}}{i_A}=\frac{N_A^2}{R_{m\delta}} \tag{2-100}$$

L_{mA} 表征了线圈 A 中单位电流产生磁链 ψ_{mA} 的能力，这样，通过电感就将线圈产生磁链的能力表现为一个集中参数。L_{mA} 的大小与线圈 A 的匝数二次方成正比，与串联磁路的总磁导成正比。由于总磁导与铁心磁路的饱和程度（μ_{Fe} 值）有关，因此 L_{mA} 是个与励磁电流 i_A 相关的非线性参数。若将铁心磁路的磁阻忽略不计（假设 $\mu_{Fe}=\infty$），L_{mA} 便是个仅与气隙磁阻和匝数有关的常值，即有 $L_{mA}=N_A^2/R_\delta$。

在磁动势 f_A 作用下，还会产生没有穿过气隙主要经由铁心外空气磁路而闭合的漏磁场。它与线圈 A 交链并且与主磁路并联，产生漏磁链 $\psi_{\sigma A}$，可表示为

$$\psi_{\sigma A}=L_{\sigma A}i_A \tag{2-101}$$

式中，$L_{\sigma A}$ 为线圈 A 的漏电感。$L_{\sigma A}$ 表征了线圈 A 单位电流产生漏磁链 $\psi_{\sigma A}$ 的能力。由于漏磁场主要分布在空气中，因此 $L_{\sigma A}$ 近乎为常值，且在数值上远小于 L_{mA}。

线圈 A 的总磁链为

$$\psi_{AA}=\psi_{\sigma A}+\psi_{mA}=L_{\sigma A}i_A+L_{mA}i_A=L_A i_A \tag{2-102}$$

式中，ψ_{AA} 为线圈 A 电流 i_A 产生的磁场链过自身线圈的磁链，称为**自感磁链**。

定义

$$L_A = L_{\sigma A} + L_{mA} \tag{2-103}$$

式中，L_A 为自感，由漏电感 $L_{\sigma A}$ 和励磁电感 L_{mA} 两部分构成。

2. 线圈 A 和线圈 B 同时励磁的情况、互感

忽略铁心磁路磁阻，磁路为线性，故可以采用叠加原理，分别由磁动势 f_A 和 f_B 计算出各自产生的磁通。

同线圈 A 一样，可求出线圈 B 产生的磁通 $\phi_{\sigma B}$ 和 ϕ_{mB}，此时线圈 B 的自感磁链为

$$\psi_{BB} = \psi_{\sigma B} + \psi_{mB} = L_{\sigma B} i_B + L_{mB} i_B = L_B i_B \tag{2-104}$$

式中，$L_{\sigma B}$、L_{mB} 和 L_B 分别为线圈 B 的漏电感、励磁电感和自感。且有

$$L_B = L_{\sigma B} + L_{mB} \tag{2-105}$$

线圈 B 产生的磁通同时要与线圈 A 交链。这部分相互交链的磁通称为互感磁通。在图 2-23 中，励磁磁通 ϕ_{mB} 全部与线圈 A 交链，则电流 i_B 在线圈 A 中产生的互感磁链 ψ_{mAB} 为

$$\psi_{mAB} = \phi_{mB} N_A = i_B N_B N_A / R_\delta \tag{2-106}$$

定义线圈 B 对线圈 A 的互感 L_{AB} 为

$$L_{AB} = \frac{\psi_{mAB}}{i_B} = \frac{N_A N_B}{R_\delta} \tag{2-107}$$

同理，线圈 A 产生的磁通同时也要与线圈 B 交链，定义线圈 A 对线圈 B 的互感 L_{BA} 为

$$L_{BA} = \frac{\psi_{mBA}}{i_A} = \frac{N_A N_B}{R_\delta} \tag{2-108}$$

可知

$$L_{AB} = L_{BA} = \frac{N_A N_B}{R_\delta} \tag{2-109}$$

亦即线圈 A 和 B 的互感相等，此结论具有一般性。

在图 2-23 中，当电流 i_A 和 i_B 的方向同为正时，两者产生的励磁磁场方向一致，因此两线圈互感为正值。若改变 i_A 或 i_B 的正方向，或者改变其中一个线圈的绕向，则两者的互感便成为负值，表示两线圈的励磁效果代数相消。

值得注意的是，如果 $N_A = N_B$，则有 $L_{mA} = L_{mB} = L_{AB} = L_{BA}$，即两线圈不仅励磁电感相等，且励磁电感又与互感相等。

双线圈励磁时，线圈 A 匝链的全磁链 ψ_A 可表示为

$$\psi_A = L_{\sigma A} i_A + L_{mA} i_A + L_{AB} i_B = L_A i_A + L_{AB} i_B \tag{2-110}$$

同理可得线圈 B 的全磁链为

$$\psi_B = L_{\sigma B} i_B + L_{mB} i_B + L_{BA} i_A = L_B i_B + L_{BA} i_A \tag{2-111}$$

由电磁感应定律知，当上述磁链随时间变化时，会产生感应电动势 e_A 和 e_B，分别为

$$e_A = -\frac{d\psi_A}{dt} \tag{2-112}$$

$$e_B = -\frac{d\psi_B}{dt} \tag{2-113}$$

这里要强调一下感应电动势正方向的标示规则，无论线圈的绕向如何，为满足楞次定律

和上式负号的一致性，线圈感应电动势的正方向标注应与磁化电流（i_A 或 i_B）的正方向保持一致。

2.5.2　永磁磁路的计算特点

1. 永磁磁路及其特点

上述磁路计算主要针对由软磁材料所构成的铁心磁路，下面说明包含永磁体的永磁磁路的计算。

永磁体的特点是，剩余磁通密度 B_r、矫顽力 H_c 很大，磁导率 μ_M 较低。

图 2-24a 表示一个简单的永磁磁路，此磁路由三段组成。第一段是永磁体 M，其作用是代替普通磁路中的励磁线圈，作为磁动势源；第二段是高导磁的铁心；第三段是工作气隙。设永磁体的长度为 l_M，截面积为 A_M；气隙长度为 δ，有效截面积为 A_δ；铁心的磁导率 $\mu_{Fe}=\infty$，因而其磁阻为 0，磁位降也等于 0；漏磁忽略不计。图 2-24b 表示相应的等效磁路图，图中 F_M 为永磁体提供的磁动势；$R_{m\delta}$ 为气隙的磁阻，$R_{m\delta}=\delta/(\mu_0 A_\delta)$；$H_\delta\delta$ 为气隙磁阻中的磁位降。

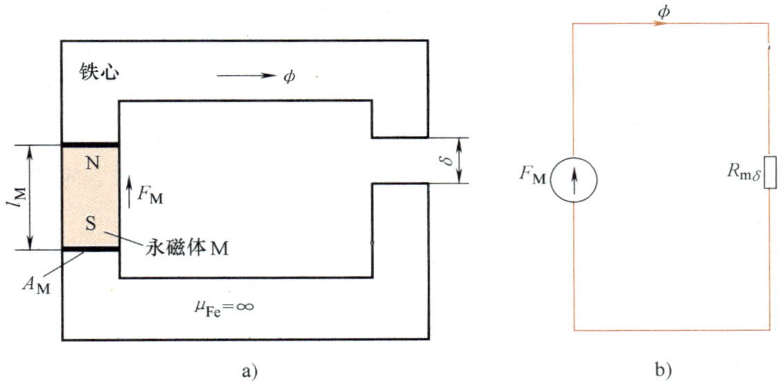

图 2-24　开有气隙的永磁磁路

由于磁路上没有外加的磁动势，铁心内的磁位降又等于 0，所以根据磁路基尔霍夫第二定律有

$$0=H_M l_M+H_\delta\delta \tag{2-114}$$

或

$$-H_M l_M=H_\delta\delta \tag{2-115}$$

式中，H_M 和 H_δ 分别为永磁体和气隙内的磁场强度。式（2-115）表明：

1）气隙内的磁位降 $H_\delta\delta$，是由永磁体内所形成的磁动势 F_M（磁位升）所提供，有

$$F_M=-H_M l_M \tag{2-116}$$

永磁体内的工作磁场强度 H_M 和长度 l_M 越大，永磁体提供的磁动势就越大。

2）永磁体内的磁场强度 H_M 总是负值，也就是说，它总是工作在永磁材料磁滞回线的第二象限这段曲线上，这段曲线通常称为**退磁曲线**，如图 2-25 中 *RC* 段所示。在退磁曲线上，H_M 为负值，而 B_M 则为正值，即 H_M 与 B_M 的方向总是相反，这是永磁体的一个特点。由于 H_M 为负值，表示沿磁路正向积分磁位降增加，所以永磁体能提供磁动势 F_M。

不同永磁体的退磁曲线是不同的，铝镍钴的退磁曲线是一条如图 2-25 所示的曲线。设

永磁体的有效截面积为 A_M，稀土永磁体的退磁曲线近似为一条通过 B_r 和 H_c 两点的倾斜直线。

1）磁路短路。若磁路中没有气隙，$\delta=0$，则 $H_M l_M=0$，于是 $H_M=0$，从退磁曲线可见，此时永磁体内的磁通密度为剩磁 B_r，如图 2-25 中的 R 点所示。此时，磁通最大，$\phi_R=B_r A_M$。

2）磁路开路。磁阻无穷大，且不计漏磁的时候，磁通为 0，$\phi_C=0$，用图中 C 点表示。

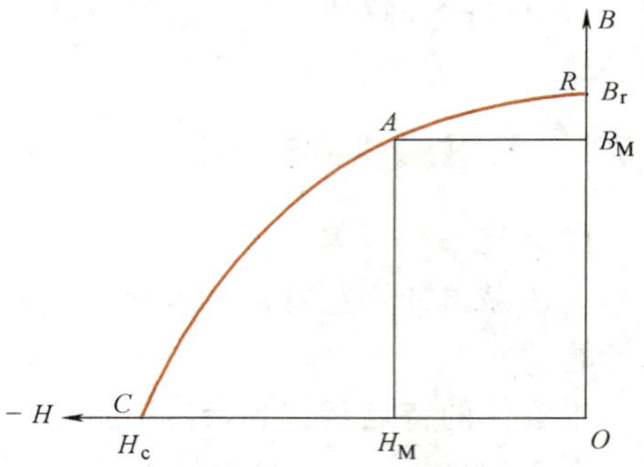

图 2-25　永磁体的退磁曲线

3）当磁路中开有气隙时，由于磁阻增大，磁路内的磁通和磁通密度将要减小；磁路的工作点将从 R 点沿永磁体的退磁曲线下移到 A 点，此时，$\phi_A=B_M A_M$。

2. 工作点的图解法

下面说明求图 2-25 中工作点 A 的图解法。

由于永磁体的退磁曲线不一定是直线，另外，磁路中还可能含有非线性的铁心段，所以这是一个非线性问题，因此用图解法来求解比较方便。图解法的步骤如下。

1）将 B-H 曲线变换为 ϕ-f 曲线。通常永磁体的退磁曲线是用 $B_M=f(H_M)$ 来表示。把各点的 B_M 值乘上永磁体的面积 A_M，可得磁通 ϕ_M，$\phi_M=B_M A_M$，与 B_M 相应的 H_M 乘上永磁体的长度 l_M，可得 F_M，$F_M=-H_M l_M$；用磁通量 ϕ 作为纵坐标，磁动势 F 作为负的横坐标，由此可得用 ϕ_M 和 F_M 表示时永磁体的退磁曲线 $\phi_M=f(F_M)$，此曲线通常称为永磁体的外特性，如图 2-26 的曲线 RC 所示。

2）作与气隙磁阻 $R_{m\delta}$ 相应的磁阻线 $\phi=f(F_\delta)$，若通过气隙的磁通为 ϕ，气隙两端的磁位差为 F_δ，根据磁路的欧姆定律可知

$$\phi=\frac{F_\delta}{R_{m\delta}} \tag{2-117}$$

由于 $R_{m\delta}=\delta/(\mu_0 A_\delta)$ 为一常值，故通过气隙的磁通 ϕ 与气隙两端的磁位差 F_δ 之间为一线性关系，即 $\phi=f(F_\delta)$ 为一直线，此直线称为气隙磁阻线；该线与 OF 线的夹角 α 为

$$\alpha=\arctan\frac{\phi}{F_\delta}=\frac{1}{R_{m\delta}} \tag{2-118}$$

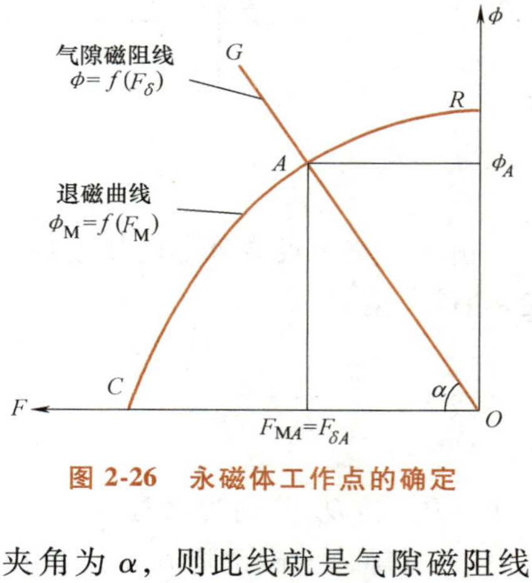

图 2-26　永磁体工作点的确定

于是，通过原点作直线 OG，使 OG 与横坐标 OF 的夹角为 α，则此线就是气隙磁阻线，如图 2-26 所示。

3）确定工作点。退磁线 RC 与气隙磁阻线 OG 的交点 A 处，永磁体所产生的磁动势 F_{MA} 恰好等于气隙两端的磁位降 $F_{\delta A}$，如图 2-26 所示，故 A 点就是工作点。A 点的磁通为 ϕ_A。

从图 2-26 可见，当气隙磁阻 $R_{m\delta}$ 改变时，工作点以及永磁体内的 ϕ_M 和所能提供的磁动势 F_M 将随之而改变；换言之，作为一个磁动势源，永磁体对外磁路所提供的磁动势 F_M 不是一个恒值，而是与外磁路的磁阻有关。这是永磁体的另一个特点。这点也不难理解，其规律与具有内阻的电压源类似。

3. 永磁体最小体积的确定

通常，永磁材料要比铁磁材料贵得多，所以从经济性考虑，在满足性能指标的前提下，希望所用的永磁体体积要尽可能小。

针对图 2-24 中的磁路，考虑到

$$B_\delta A_\delta = B_M A_M \tag{2-119}$$

$$H_\delta \delta + H_M l_M = 0 \tag{2-120}$$

可知气隙磁通密度 B_δ 的二次方为

$$B_\delta^2 = (\mu_0 H_\delta) B_\delta = \mu_0 \left(-\frac{H_M l_M}{\delta}\right)\frac{A_M}{A_\delta} B_M = \mu_0 \frac{V_M}{V_\delta}(-H_M B_M) \tag{2-121}$$

式中，V_M 为永磁体的体积，$V_M = A_M l_M$；V_δ 为气隙的体积，$V_\delta = A_\delta \delta$；$-H_M B_M$ 为磁能积（实质上是磁能密度），负号是由于工作点在永磁体的退磁曲线上，H_M 为负值所引起。由上式可知

$$V_M = \frac{B_\delta^2 V_\delta}{\mu_0(-H_M B_M)} \tag{2-122}$$

式（2-122）表示，为得到所需的气隙磁通密度 B_δ，使永磁体的体积最小，应尽可能把工作点选择在退磁曲线上磁能积$-H_M B_M$ 为最大的这一点，以使永磁体的体积最小。另一方面，对于不同的永磁材料，最大磁能积$-H_M B_M$ 越大，产生同一气隙磁通密度时所需的永磁体体积越小，所以最大磁能积是永磁材料的重要性能指标之一。

小　结

电与磁相互作用，密不可分。磁场是运动电荷所激发的、实际存在的物质。磁场的效应和度量很多都是通过电场/电荷间接表征的，如磁感应强度 B 就是用运动电荷在磁场中的受力大小表征的。

毕奥-萨法尔定律引入“电流元”的概念求取电流所激发的磁场，该定律的价值在于其普遍适用性，对于空间分布对称的情况可以用安培环路定理求解电流引起的磁场。

洛伦兹力和电磁感应现象是电机工作的物理学基础。楞次定律揭示了电磁感应的物理方向，是恒成立的；但是，在感应电动势数学表示中引入的负号一定是与电流、电动势的正方向定义相关的。要注意区分真空中和磁介质中的安培环路定理的区别与联系。

磁路将磁场约束在铁心的通路中，一般漏磁通相对较小，可以忽略。但在特定场合漏磁通的效应是不容忽略的，甚至达到决定性程度。

直流磁路相关章节的重点概念是自感、互感和磁链。本书中，“电感”更多的是一个物理变量，指的是“自感”的数值大小，而不是一个“电感装置”。根据合成磁场是增强还是削弱，互感可正可负。

我国古代很早就对磁现象有过记载和应用，作为我国古代四大发明之一的指南针，就是我国对世界文明所做的重要贡献。据确切记载，先秦时代的中国劳动人民已经积累了对磁现象的认识，在探寻铁矿的时候，常常遇到磁铁矿，即磁石（主要成分是四氧化三铁）。《管子》中记载：“山上有磁石者，其下有金铜。”《吕氏春秋》有云：“慈招铁，或引之也。”关于磁石的指向性，李约瑟在《中国对航海罗盘研制的贡献》一文，有如下结论：“磁石指

向性转移到它吸过的铁块的发现在中国大约在 1 世纪到 6 世纪。在 11 世纪以前的某个时期就已发现，不仅可以用铁块在磁石上磨擦产生磁化现象，而且还可以用烧红的铁片，经过居里点，冷却或淬火而得到磁化，操作时，铁片保持南北方向。”

习　题

2-1　设在真空中，有一半径为 R 的载流导线，通过的电流为 I，通常称作圆电流。试求通过圆心并垂直于圆形导线平面的轴线上任意点 P 处的磁感应强度。

2-2　如图 2-27 所示，边长为 l_1 和 l_2 的矩形导体线框，置于磁感应强度为 $\boldsymbol{B}$ 的水平向右的稳恒均匀磁场中，线框绕通过 ad 边的竖直轴 OO' 以匀角速度 ω 顺时针转动。设 $t=0$ 时，线框平面的法线 $\boldsymbol{e}_n$ 与 $\boldsymbol{B}$ 的夹角为 θ，求以后任一时刻 t 线圈中的感应电动势。

2-3　如图 2-28 所示，一边长为 l 的正方形线圈与载有电流 $I=I_0\sin(\omega t)$ 的长直导线共面。设 $t=0$ 时，线圈的左边与导线重合，线圈以匀速垂直离开导线，求任一时刻线圈中的感应电动势。

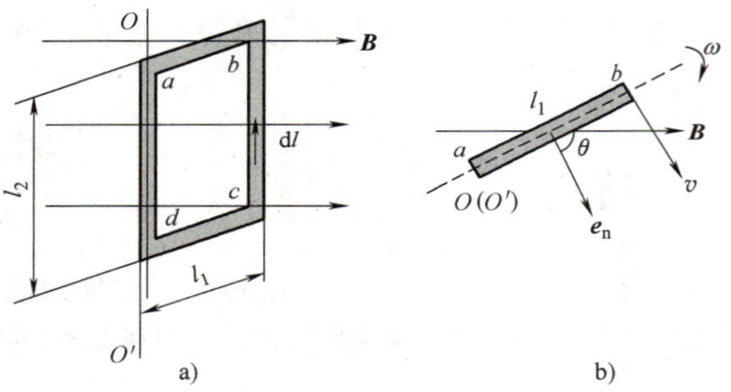

图 2-27　题 2-2 图

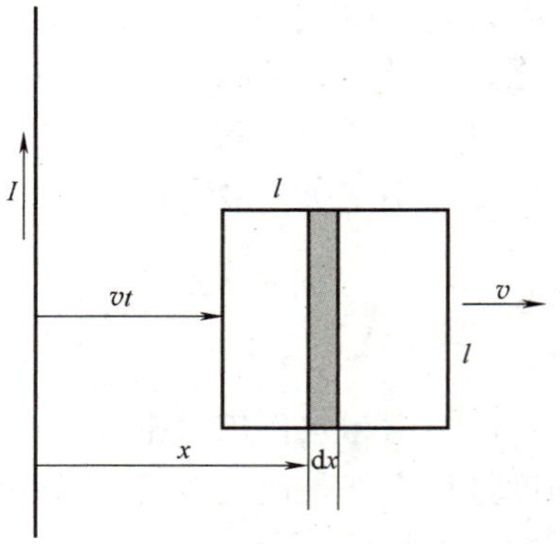

图 2-28　题 2-3 图

2-4　如图 2-29 所示，设有一足够长的同轴电缆，由内、外两个圆筒组成，内筒半径为 R_1，外筒半径为 R_2，其间充满磁导率为 μ 的磁介质。内圆筒载有恒定电流 I，经外圆筒返回形成闭合回路。试计算单位长度电缆上储存的磁能。

2-5　如图 2-30 所示，在竖直面内有一矩形导体回路 $abcd$ 置于均匀磁场 B 中，B 的方向

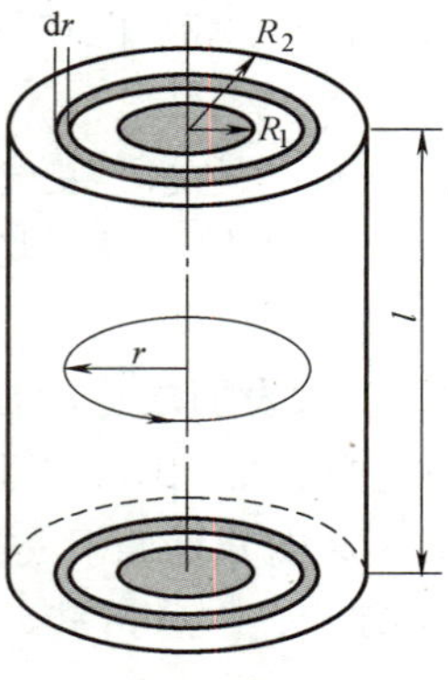

图 2-29　题 2-4 图

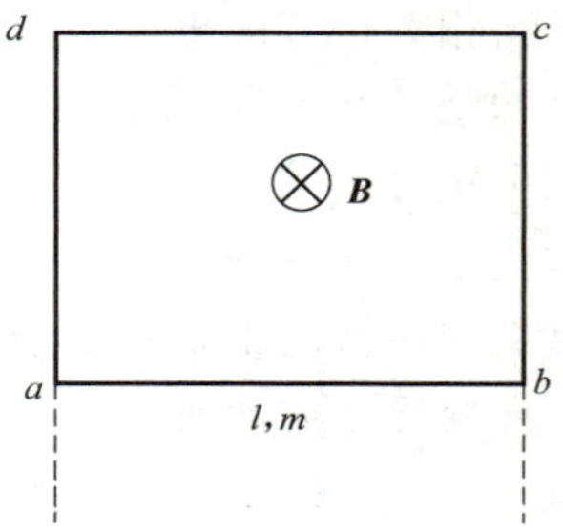

图 2-30　题 2-5 图

垂直于回路平面，$abcd$ 回路中的 ab 边的长为 l，质量为 m，可以在保持良好接触的情况下下滑，且摩擦力不计。ab 边的初速度为零，导体回路电阻 R 集中在 ab 边上。

1）求任一时刻 ab 边的速率 v 和 t 的关系。

2）若两竖直边足够长，求 ab 边下滑最后达到稳定的速率。

2-6　如图 2-31 所示，有一半径为 $r=10\text{cm}$ 的多匝圆形线圈，匝数 $N=100$，置于磁感应强度 $B=0.5\text{T}$ 的均匀磁场中，圆形线圈可绕通过圆心的轴 OO'转动，转速 $n=600\text{r/min}$。若线圈的电阻 R 为 100Ω，且不计自感。当圆线圈自如图所示的初始位置转过 $\pi/2$ 时，试求线圈中的瞬时电流值。

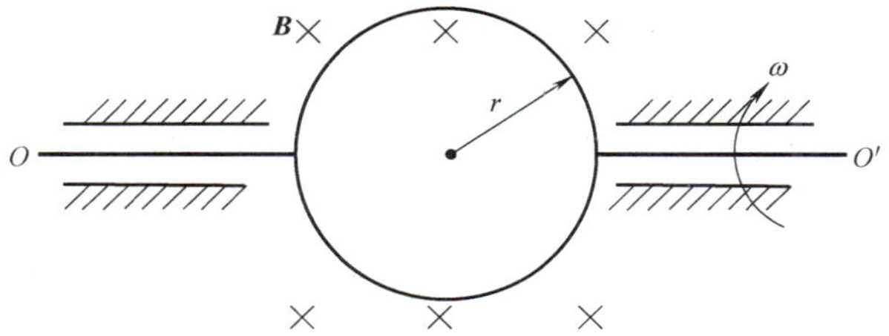

图 2-31　题 2-6 图

2-7　如图 2-32 所示，有一夹角为 θ 角的金属架 COD。垂直于 OD 的导体 MN 以恒定速度 v 运动，v 的方向垂直于 MN 向右。已知磁场的方向垂直图面向外。设 $t=0$ 时，$x=0$。分别求下列情况框架内的感应电动势 ε 的变化规律。

1）磁场分布均匀，且 B 不随时间变化。

2）非均匀的时变磁场 $B=kx\cos\omega t$。

2-8　如图 2-33 所示，有一足够长的长方形 U 形导轨，与水平面成 θ 角。裸导线 ab 可在导轨上无摩擦地下滑，导轨位于磁感应强度 B 竖直向上的均匀磁场中。设导线 ab 的质量为 m，电阻为 R，长度为 l，导轨的电阻略去不计，$abcd$ 形成闭合回路，$t=0$ 时，$v=0$。

1）试求导线 ab 下滑的速率 v 与时间 t 的函数关系。

2）试证明这个结果与能量守恒定律是一致的。

3）若磁场方向竖直向下，那会出现什么情况？

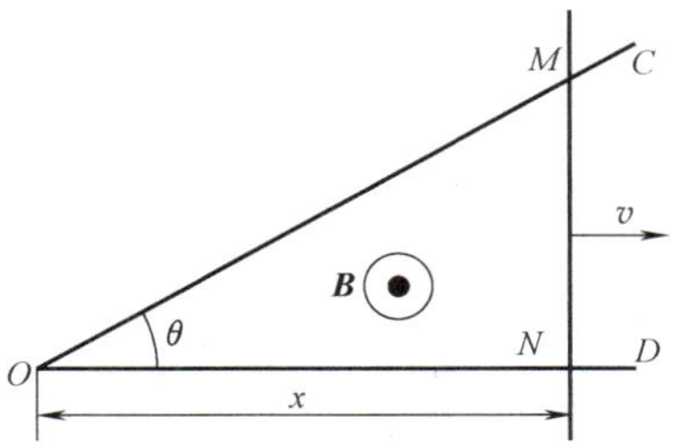

图 2-32　题 2-7 图

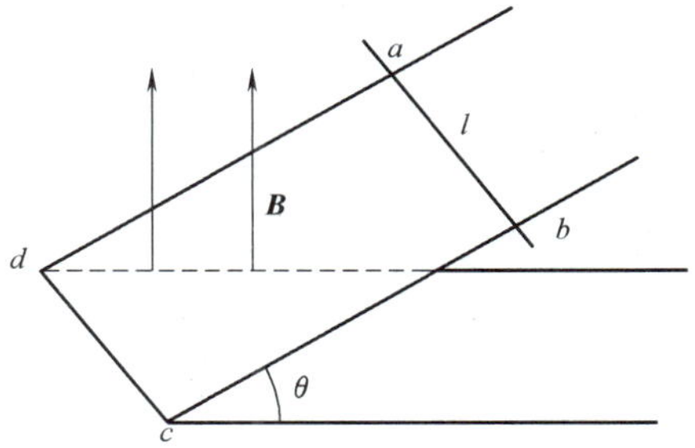

图 2-33　题 2-8 图

2-9　在如图 2-34 所示的交流电路中，求总电流 i，并画出电流相量图，假设

$$i_1=I_{1\text{m}}\sin(\omega t+\psi_1)=100\sin(\omega t+45°)\text{A}$$

$$i_2=I_{2\text{m}}\sin(\omega t+\psi_2)=60\sin(\omega t-30°)\text{A}$$

2-10　已知复数 $A=-8+\mathrm{j}6$ 和 $B=3+\mathrm{j}4$，试求 $A+B$，$A-B$，AB 和 A/B。

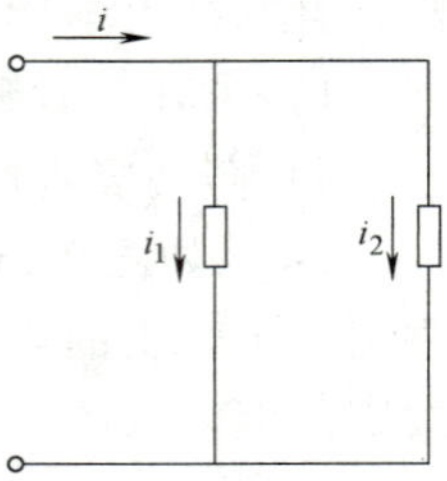

图 2-34　题 2-9 图

2-11　已知相量 $\dot{I}_1=(2\sqrt{3}+\mathrm{j}2)\mathrm{A}$，$\dot{I}_2=(-2\sqrt{3}+\mathrm{j}2)\mathrm{A}$，$\dot{I}_3=(-2\sqrt{3}-\mathrm{j}2)\mathrm{A}$ 和 $\dot{I}_4=(2\sqrt{3}-\mathrm{j}2)\mathrm{A}$，试把它们化为极坐标式，并写成正弦量表示。分别用相量图和正弦波形表示上述电流。

2-12　磁路的磁阻如何计算？磁阻的单位是什么？

2-13　磁路的基本定律有哪几条？当铁心磁路上有几个磁动势同时作用时，磁路能否用叠加原理？为什么？

2-14　基本磁化曲线与初始磁化曲线有何区别？磁路计算时用的是哪一种磁化曲线？

2-15　铁心中的磁滞损耗和涡流损耗是怎样产生的？它们各与哪些因素有关？

2-16　试说明交流磁路和直流磁路的不同点。

2-17　有一环形铁心线圈，其内径为 10cm，外径为 15cm，铁心的相对磁导率 $\mu_r=2600$。磁路中含有一空气隙，其长度等于 0.2cm。设线圈中通有 1A 的电流，如要在气隙中得到 0.9T 的磁感应强度，试求线圈匝数。

2-18　要绕制一个铁心线圈，已知电源电压 $V=220\mathrm{V}$，频率 $f=50\mathrm{Hz}$，今量得铁心截面积为 $30.2\mathrm{cm}^2$，铁心由硅钢片叠成，设叠片系数为 0.91（叠片系数指铁心有效面积与截面积之比，一般取 0.9~0.93）。

1）如取 $B_m=1.2\mathrm{T}$，问线圈匝数应为多少？

2）如磁路平均长度为 60cm，问励磁电流应为多大？

2-19　设螺绕环的平均长度为 50cm，它的截面积是 $4\mathrm{cm}^2$，用磁导率为 $65\times10^{-4}\mathrm{Wb/(A\cdot m)}$ 的材料做成，环上绕线圈 200 匝。试计算产生 $4\times10^{-4}\mathrm{Wb}$ 的磁通需要的电流。若将环切去 1mm，即留一空气隙，欲维持同样的磁通，则需要多大电流？

2-20　如图 2-35 所示，设环式线圈铁心的平均长度 $l=1\mathrm{m}$，环式线圈截面积 $S=3\times10^{-3}\mathrm{m}^2$，总匝数 $N=300$，铁心的相对磁导率 $\mu_r=2600$，欲在铁心中激发 $3\times10^{-3}\mathrm{Wb}$ 的磁通，试求线圈中应通过的电流。

2-21　如图 2-36 所示同步电机的磁结构中，假设转子和定子铁心具有无穷大的磁导率（$\mu\to\infty$），求气隙磁通 ϕ_g 及磁通密度 B_g。本题中，$I=10\mathrm{A}$，$N=1000$ 匝，$g=1\mathrm{cm}$，气隙有效截面积 $A_g=200\mathrm{cm}^2$。

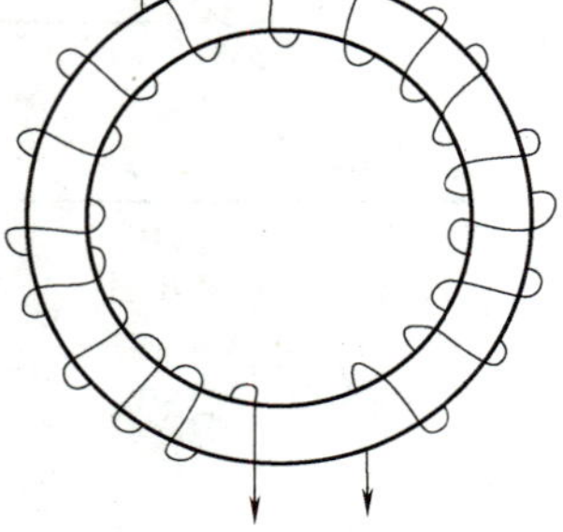
图 2-35　题 2-20 图

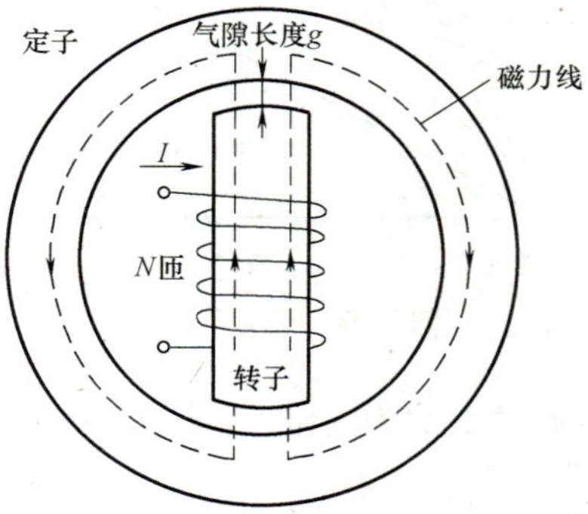

图 2-36　题 2-21 图

2-22 如图 2-37 所示磁路，由具有无穷大磁导率磁性铁心上的 N 匝绕组，以及长度分别为 g_1 和 g_2、面积分别为 A_1 和 A_2 的两个并联气隙组成。求：

1）绕组的电感。

2）当绕组激磁电流为 i 时，气隙 1 中的磁通密度 B_1。

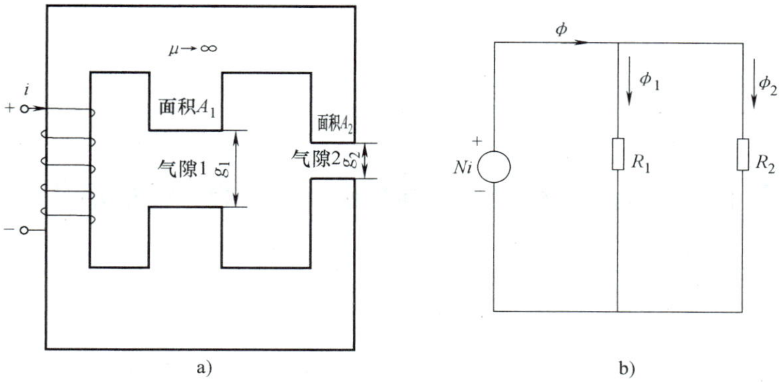

图 2-37 题 2-22 图

2-23 如图 2-38 所示，铁心用 D23 型硅钢片叠成，铁心的叠片系数为 0.91，图中各部分尺寸单位为 cm，N 为 200 匝，试求产生磁通 $\phi=1.8\times10^{-3}$ Wb 时，所需的励磁电流。D23 型硅钢片的磁化曲线数值见表 2-2。

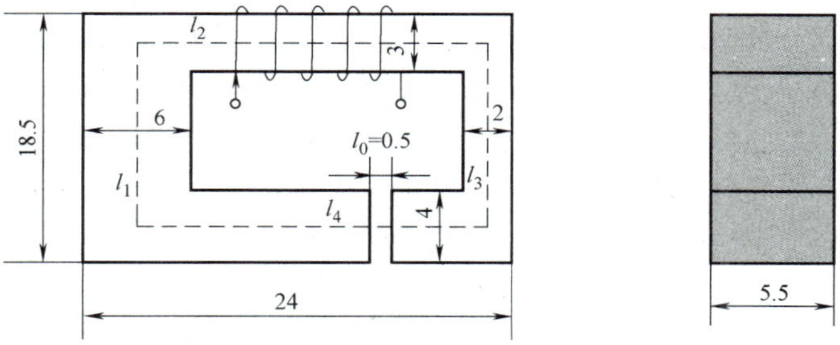

图 2-38 题 2-23 图

表 2-2 D23 型硅钢片磁化曲线数值（50Hz、0.5mm）

H/A·cm^{-1}	1.38	1.81	2.5	3.83	6.52	12.6	37.6	122
B/T	0.4	0.6	0.8	1.0	1.2	1.4	1.6	1.8

第3章

机电能量转换与电磁转矩的生成

3.1 具有机械端口的电磁系统/直线电机模型

运动的电荷在磁场中受到洛伦兹力为

$$\boldsymbol{F}_{\mathrm{L}}=q\boldsymbol{v}\times\boldsymbol{B} \tag{3-1}$$

式中，$\boldsymbol{F}_{\mathrm{L}}$ 为电荷所受洛伦兹力；q 为电荷电量；$\boldsymbol{v}$ 为电荷运动速度；$\boldsymbol{B}$ 为磁感应强度。

洛伦兹力所做功表示为

$$P=\boldsymbol{F}_{\mathrm{L}}\cdot\boldsymbol{v}=q(\boldsymbol{v}\times\boldsymbol{B})\cdot\boldsymbol{v}=0 \tag{3-2}$$

式（3-2）表明，由于电荷的受力方向始终垂直于其运动方向，故洛伦兹力对电荷并不做功，不会改变其动能，只会改变其运动的方向。因此，自由电荷在磁场中做匀速圆周运动。

与自由电荷不同，通电导线中的电荷除受洛伦兹力外还要受到电场力作用。

结合图 3-1 所示的直线电机模型进行分析。图中，直线电机模型包括直流电源、无限长导轨（定子）、与导体垂直跨接的金属导条（动子）、与导轨和导条都垂直的磁场，以及与直线导轨串联的电阻，这个模型很好地体现了磁场在机电能量转换过程中的作用。

设磁感应强度为 $\boldsymbol{B}$，外加电压 V_{B} 作用于导线形成电流 i，电流在磁场中产生安培力，安培力使得通电导线加速运动，这就构成了一个最简单的直线电动机构，在满足特定条件时可以实现电能和机械能的双向转换。假设作用于导条上的负载力为 F_{load}，方向垂直向下。仅考虑稳态电动工况，即导条的驱动力 F_{ind} 与负载力刚好平衡，此时导条处于匀速运动状态，速率为 v。

首先以“电荷”为研究对象，从微观的受力情况进行分析。

通电导线中电荷运动合成及在磁场中受力合成如图 3-2 所示，假设导线横截面积单位时间内通过的电荷电量为 q，受导线中电场作用向右的水平运动速度为 $\boldsymbol{u}$，电流与电荷满足 $i=q|\boldsymbol{u}|$ 的关系。同时，电荷随同导线向上的运动速度分量为 $\boldsymbol{v}$，电荷的合成运动速度为 $\boldsymbol{w}$ 且满足

$$\boldsymbol{w}=\boldsymbol{u}+\boldsymbol{v} \tag{3-3}$$

则导线中电荷 q 在磁场中受到的洛伦兹力为

$$\boldsymbol{F}=q\boldsymbol{w}\times\boldsymbol{B} \tag{3-4}$$

此过程中，磁场力始终与电荷运动方向垂直，不做功。先分析 $\boldsymbol{F}$ 在竖直方向的分力，即

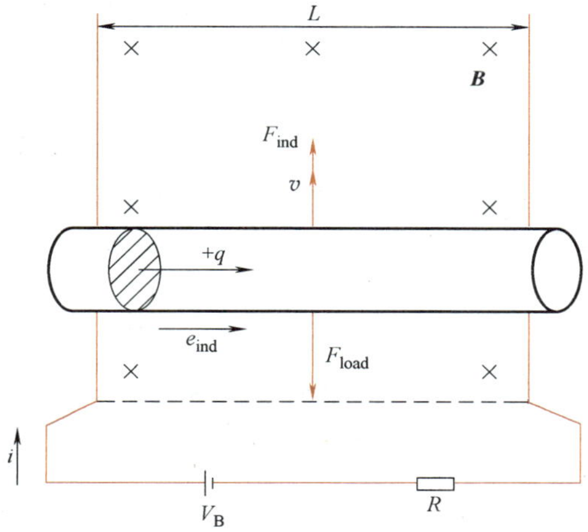

图 3-1　直线电机模型

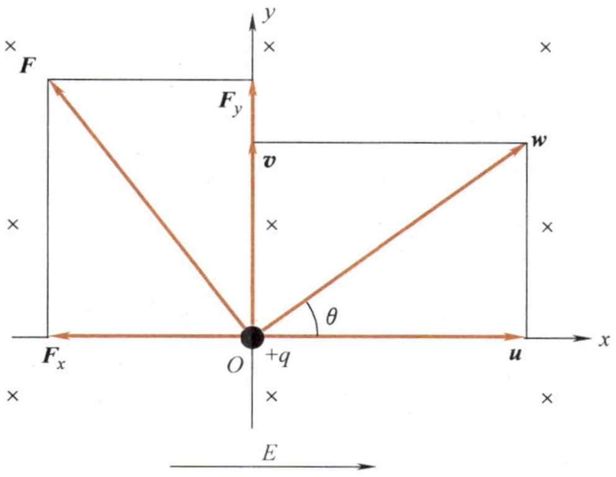

图 3-2　通电导线中电荷运动合成及在磁场中受力合成

$$\boldsymbol{F}_y=\boldsymbol{F}\cos\theta=q\boldsymbol{w}\cos\theta\times\boldsymbol{B}=q\boldsymbol{u}\times\boldsymbol{B} \tag{3-5}$$

分力 $\boldsymbol{F}_y$ 对导线做功，导线中电荷 q（输出的）机械功率为

$$P_{mech}=\boldsymbol{F}_y\cdot\boldsymbol{v}=quBv \tag{3-6}$$

再看水平力分量

$$\boldsymbol{F}_x=-\boldsymbol{F}\sin\theta=-q\boldsymbol{w}\sin\theta\times\boldsymbol{B}=-q\boldsymbol{v}\times\boldsymbol{B} \tag{3-7}$$

在电源侧，电荷 q 在电场作用下水平运动吸收电功率为

$$P_e=-\boldsymbol{F}_x\cdot\boldsymbol{u}=-qvBu \tag{3-8}$$

以电荷 q 为研究对象，其吸收的电功率与释放的机械功率相等，即

$$P_{mech}+P_e=0 \tag{3-9}$$

所有电荷（导线电荷总数为 qL）竖直方向的洛伦兹力分量的合力为

$$\sum_{qL}\boldsymbol{F}_y=qL\boldsymbol{u}\times\boldsymbol{B}=BLi \tag{3-10}$$

此即导线所受的安培力。由此可见，水平方向洛伦兹力分量吸收的电功率，通过垂直方向洛伦兹力分量转化为机械功率对外做功。与自由电荷不同，导体和电场的存在约束了电荷的运动，在磁场的参与下，电能与机械能实现转换。在上述例子中，磁场本身储存的磁能并不会改变。

下面再以导体为研究对象，从宏观的受力情况来分析。

导条上的动生电动势为

$$e_{ind}=-Blv \tag{3-11}$$

导轨的电压方程为

$$V_B+e_{ind}=iR \tag{3-12}$$

导条上所受安培力为

$$F_{ind}=Bli \tag{3-13}$$

考察功率平衡情况，直线电机从电源吸收的电功率为

$$P_{ind}=V_Bi=-e_{ind}i+i^2R=Blvi+i^2R \tag{3-14}$$

输出的机械功率为

$$P_{load}=F_{load}v=F_{ind}v=Bliv \tag{3-15}$$

显然，电源输入功率等于输出机械功率与电阻耗散功率之和，即

$$P_{ind}=P_{load}+i^2R \tag{3-16}$$

上面只分析了稳态模式，直线电机的起动过程和发电运行模式也可以照此分析。

实际电机工作过程的机电能量转换过程比以上过程要复杂很多，但本质上是一样的。通过上述分析，可以发现：

1）洛伦兹力是机电能量转换的微观物理基础。

2）磁场在机电能量转换过程中是重要的媒介，但磁能并不必然增加或减少。

3）机电能量转换要存在机械端口和电端口两个能量耦合端口，且端口上应作用有“有势量”，对于机械端口是力或转矩，而对于电端口是电动势或电场。

4）感应电动势的存在是从电端口获得或回馈电能的必要条件。

注意，在本例中假设工作磁场是恒定的，忽略了导线电流对周围磁场的影响。这没有反映实际电机的工作情况。实际电机中存在电枢反应过程，气隙磁场是电枢磁场与转子磁场的合成磁场。

3.2 电磁系统的储能——磁能与磁共能

3.2.1 电机内部的能量转换过程概述

更一般地看，绝大多数机电装置都由电系统、机械系统和联系两者的耦合磁场组成。考虑能量守恒的物理系统，能量既不能凭空产生也不能凭空消失，而仅能改变其存在形态，能量转换过程中电机内的能量关系为

$$\begin{matrix}\text{由电源输入}\\\text{电机的电能}\end{matrix}=\begin{matrix}\text{耦合场内}\\\text{储能的增加}\end{matrix}+\begin{matrix}\text{电机内部的}\\\text{能量损耗}\end{matrix}+\begin{matrix}\text{由转轴输出的}\\\text{机械能}\end{matrix} \tag{3-17}$$

对于电动机，式中的电能和机械能均为正值；对于发电机，两者均为负值。式中的能量损耗，通常分为三类：一类是电系统（绕组）内部的电阻损耗；一类是机械损耗，包括机械部分的摩擦损耗、通风损耗；一类是耦合磁场在铁磁介质内产生的损耗，包括磁滞和涡流损耗等。

把电机作为一个具有电端口和机械端口的两端口装置，并把电阻损耗和机械损耗分别用电阻 R 和机械阻力系数 R_Ω 产生的损耗来表示，并从电系统和机械系统中移出，不计介质损耗，则装置的中心部分将成为一个“无损耗磁储能系统”，如图 3-3 所示。

把损耗单列，引入“无损耗磁储能系统”，可方便描述磁场储能和机电能量变换规律，并且“无损耗”子系统具有单值、可逆的特征，方便后续分析。该无损耗磁储能系统主要由无铁耗的铁心、气隙和无铜耗的耦合电路所组成。在时间 dt 内，系统输入和输出的能量关系为

$$\mathrm{d}W_e=\mathrm{d}W_m+\mathrm{d}W_{mech} \tag{3-18}$$

式中，dW_e 为系统的净电能输入微分；dW_m 为系统的磁能增量微分；dW_{mech} 为系统的输出机械能微分。

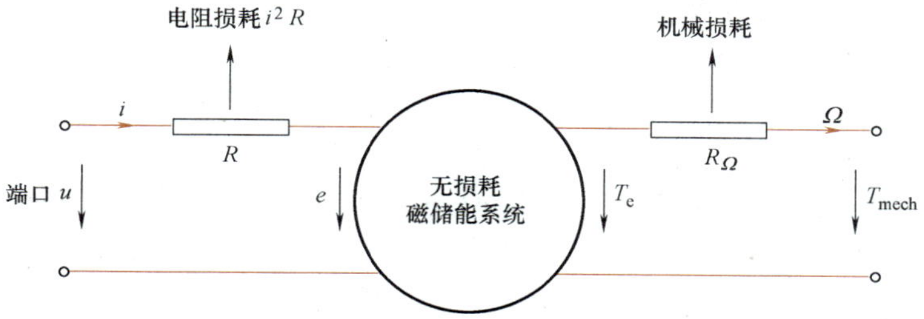

图 3-3 把损耗分离使电机成为“无损耗磁储能系统”

3.2.2 磁路的磁能与磁共能

电磁系统的磁场储能可用第 2 章介绍的磁能密度通过体积分求解。特别地，针对降维的“磁路”问题，也可以用磁路的特征参数来表示磁能，从而得到更易用的数学形式。

双线圈励磁的铁心如图 3-4 所示，铁心上装有线圈 A 和 B，匝数分别为 N_A 和 N_B。主磁路由铁心磁路和气隙磁路串联构成，两段磁路的截面面积均为 S。外加电压 u_A 和 u_B 以及电流 i_A 和 i_B 的正方向如图 3-4 所示。其中 ϕ_{mA} 和 ϕ_{mB} 为主磁通，$\phi_{\sigma A}$ 和 $\phi_{\sigma B}$ 为线圈漏磁通。

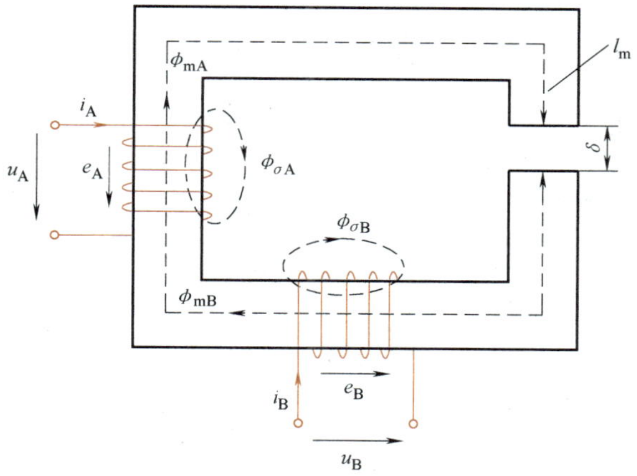

图 3-4 双线圈励磁的铁心

1. 单线圈励磁系统的储能

先讨论仅有线圈 A 励磁的情况。当励磁电流 i_A 发生变化时，磁链 ψ_A 将发生变化，根据法拉第电磁感应定律，ψ_A 的变化将在线圈 A 中产生感应电动势 e_A，即

$$e_A = -\frac{d\psi_A}{dt} \tag{3-19}$$

根据基尔霍夫第二定律，线圈 A 的电压方程为

$$u_A + e_A = R_A i_A \tag{3-20}$$

在时间 dt 内输入铁心线圈 A 的净电能 dW_{eA}（扣除电阻损耗）为

$$dW_{eA} = u_A i_A dt - R_A i_A^2 dt \tag{3-21}$$

将式（3-19）和式（3-20）代入式（3-21）有

$$dW_{eA} = -e_A i_A dt = i_A d\psi_A \tag{3-22}$$

若忽略漏磁场，则有

$$dW_{eA} = i_A d\psi_{mA} \tag{3-23}$$

在没有任何机械运动的情况下，由电源输入的净电能将全部变成磁场能量的增量 dW_m，于是

$$dW_m = dW_{eA} = i_A d\psi_{mA} \tag{3-24}$$

积分后可以得到磁场能量为

$$W_m = \int_0^{\psi_{mA}} i_A d\psi \tag{3-25}$$

式（3-25）是线圈 A 励磁情况下铁心磁路和气隙磁路内总的磁场储能，称 W_m 为磁能。

磁路的 ψ-i 曲线如图 3-5 所示，面积 $OabO$ 就代表了磁路的磁场能量。由于磁链不易测量，以磁链为自变量，将电流表示为磁链的函数会带来很多麻烦。故通常选择以电流为自变量，对磁链进行积分，得到的结果称为磁共能，用 W_c 表示，即

$$W_c = \int_0^{i_A} \psi_{mA} di \tag{3-26}$$

在图 3-5 中，磁共能可用面积 $OacO$ 来表示。显然，在磁路为非线性情况下，磁能和磁共能互不相等。

磁能和磁共能之和等于面积 $OcabO$ 所代表的能量，即

$$W_m + W_c = i_A \psi_{mA} \tag{3-27}$$

若忽略铁心磁路的磁阻，图 3-5 中的 ψ-i 曲线便是一条直线，$W_m = W_c$。考虑

$$\psi_{mA} = L_{mA} i_A \tag{3-28}$$

则有

$$W_c = \int_0^{i_A} \psi_{mA} di = \int_0^{i_A} L_{mA} i'_A di'_A = \frac{1}{2} L_{mA} i_A^2 \tag{3-29}$$

若计及漏磁场储能，则有

$$W_c = \frac{1}{2} i_A \psi_{AA} = \frac{1}{2} L_{AA} i_A^2 \tag{3-30}$$

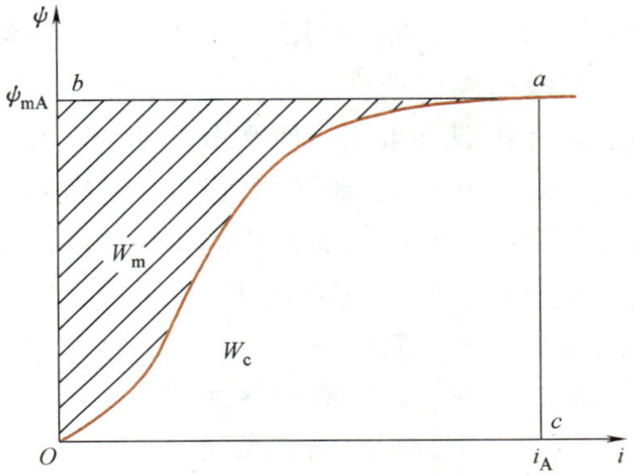

图 3-5 磁路的 ψ-i 曲线

对于图 3-4 所示的电磁装置，由于 $\mu_{Fe} \gg \mu_0$，因此当磁路内的磁感应强度由零开始上升时，大部分磁场能量将储存在气隙中；当磁感应强度减小时，这部分磁能将随之从气隙中释放出来。铁心磁路中的磁能密度很低，铁心储能常可忽略不计，此时磁场能量主要储存在气隙中，由式（3-27）可得

$$W_m = W_c = \frac{1}{2} i_A \psi_{mA} = \frac{1}{2} i_A N_A \phi_\delta = \frac{1}{2} f_A B_\delta S \tag{3-31}$$

将 $f_A = H_\delta \delta$ 代入式（3-31），可得

$$W_m = W_c = \frac{1}{2} H_\delta B_\delta V_\delta = \frac{1}{2} \frac{B_\delta^2}{\mu_0} V_\delta \tag{3-32}$$

式中，V_δ 为气隙体积。根据 2.3.4 节的叙述，可以计算得到

$$W_m = \int w_m dV = \int \frac{1}{2} BH dV = \frac{1}{2} \frac{B_\delta^2}{\mu_0} V_\delta \tag{3-33}$$

式（3-32）与式（3-33）具有相同的形式。

2. 双线圈励磁系统的储能

考虑双线圈励磁情况，感应电动势 e_A 和 e_B 分别为

$$e_A=-\frac{d\psi_A}{dt} \tag{3-34}$$

$$e_B=-\frac{d\psi_B}{dt} \tag{3-35}$$

在时间 dt 内，由外部电源输入铁心线圈 A 和 B 的净电能 dW_e 为

$$dW_e=-(e_Ai_A+e_Bi_B)dt=i_Ad\psi_A+i_Bd\psi_B \tag{3-36}$$

由电源输入的净电能 dW_e 将全部转化为磁场能量的增量，即有

$$dW_m=i_Ad\psi_A+i_Bd\psi_B \tag{3-37}$$

当两个线圈的磁链由 0 分别增长为 ψ_A 和 ψ_B 时，选择如图 3-6 所示的磁能的积分路径，则整个电磁装置的磁场能量为

$$W_m(\psi_A,\psi_B)=\int_0^{\psi_A}i_A(\psi'_A,0)d\psi'_A+\int_0^{\psi_B}i_A(\psi_A,\psi'_B)d\psi'_B \tag{3-38}$$

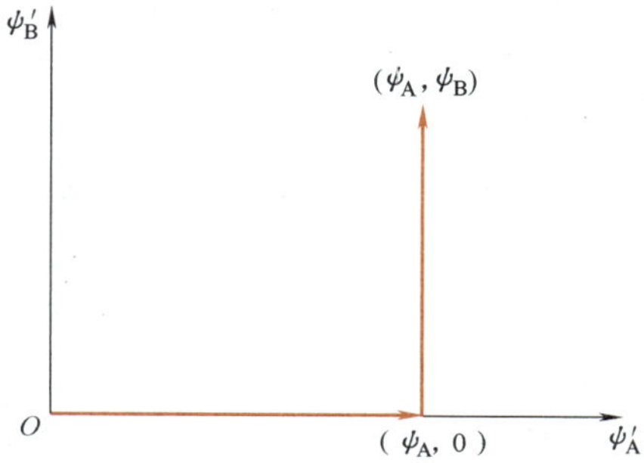

图 3-6 磁能的积分路径

式（3-38）表明，磁能 W_m 为 ψ_A 和 ψ_B 的函数。

对于一个无损的电机系统，以磁链作为系统的状态变量，磁能为表征系统磁状态的状态函数，则磁能将由状态变量唯一决定，与积分路径无关。故可选择一条简单的积分路径来求磁能。若以电流为自变量，类似的选择积分路径可得磁共能 W_c 为

$$W_c(i_A,i_B)=\int_0^{i_A}\psi_A(i'_A,0)di'_A+\int_0^{i_B}\psi_B(i_A,i'_B)di'_B \tag{3-39}$$

式（3-39）表明，磁共能 W_c 是 i_A 和 i_B 的函数。

从数学上可以证明，磁能和磁共能满足如下关系，即

$$W_m(\psi_A,\psi_B)+W_c(i_A,i_B)=i_A\psi_A+i_B\psi_B \tag{3-40}$$

若磁路为线性，则有

$$\psi_A(i_A,i_B)=L_Ai_A+L_{AB}i_B \tag{3-41}$$

$$\psi_B(i_A,i_B)=L_{BA}i_A+L_Bi_B \tag{3-42}$$

代入式（3-39）得到

$$W_c(i_A,i_B)=\int_0^{i_A}L_Ai'_Adi'_A+\int_0^{i_B}(L_{BA}i_A+L_Bi'_B)di'_B \tag{3-43}$$

此时可得

$$W_c=\frac{1}{2}L_Ai_A^2+L_{AB}i_Ai_B+\frac{1}{2}L_Bi_B^2 \tag{3-44}$$

3.3 电磁转矩的生成和统一表达式

3.3.1 电磁转矩的生成

对于图 3-4 所示的电磁装置，当线圈 A 和 B 分别接到电源上时，只能进

行电能和磁能之间的转换，改变电流 i_A 和 i_B，只能增加或减少磁场能量，无法将电能转换为机械能。这是因为装置是静止的，其中没有运动部分。3.1 节讨论过，要完成机电能量转换，前提条件就是要有可运动部件，不仅要有电端口，而且要同时存在机械端口。

现将该电磁装置改造为如图 3-7 所示的机电装置，此时相当于在均匀气隙 δ 中加装一个由铁磁材料构成的转子，再将线圈 B（B-Y，匝数为 N_B）嵌放在转子槽中，成为转子绕组，而线圈 A（A-X，匝数为 N_A）成为定子绕组，且选取 $N_A = N_B$。定、转子间单边气隙长度为 g，总气隙 $\delta = 2g$。

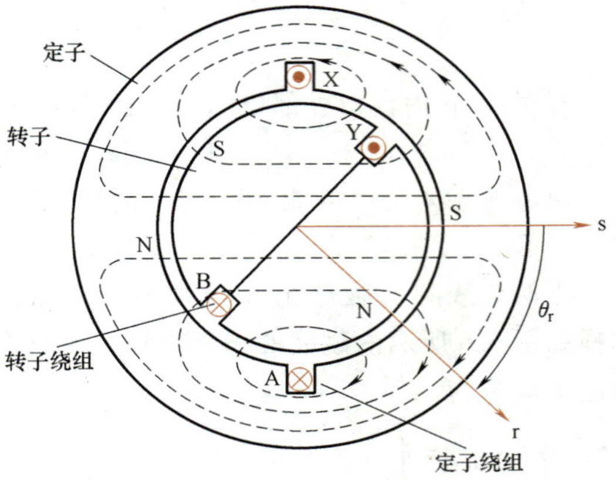

图 3-7　具有定、转子绕组和气隙的机电装置

忽略定、转子铁心磁路的磁阻，这样磁场能量就全部储存在两段气隙中。

图 3-7 中，给出了绕组 A 和 B 中电流的正方向和磁场方向，分别将正向电流 i_A 和 i_B 产生的基波磁场轴线定义为定子磁场中心 s 和转子磁场中心 r。取 s 轴为空间参考轴，电角度 θ_r 为转子位置角，以转子逆时针旋转为正方向。电磁转矩正方向定义为与转速正方向相同，即逆时针方向（电动模式）。

因气隙均匀，故转子在旋转时，定、转子绕组励磁电感 L_{mA} 和 L_{mB} 保持不变，又因线圈 A 和 B 的匝数相同，故有 $L_{mA} = L_{mB}$。但是，此时绕组 A 和 B 间的互感 L_{AB} 不再是常值，而是转子位置角 θ_r 的函数，对于基波磁场而言，可得 $L_{AB}(\theta_r)$ 和 $L_{BA}(\theta_r)$ 为

$$L_{AB}(\theta_r) = L_{BA}(\theta_r) = M_{AB}\cos\theta_r \tag{3-45}$$

式中，M_{AB} 为互感最大值（$M_{AB}>0$）。当 s、r 轴线重合时（$\theta_r = 0$），绕组 A 和 B 处于全耦合状态，两者间的互感 $L_{AB}(\theta_r)$ 达到最大值 M_{AB}，显然有 $M_{AB} = L_{mA} = L_{mB}$。

与图 3-4 所示的电磁装置相比，在图 3-7 所示的机电装置中，因为互感随转子位置变化，故磁能 W_m 不仅是 ψ_A 和 ψ_B 的函数，同时又是转角 θ_r 的函数；磁共能 W_c 不仅为 i_A 和 i_B 的函数，同时还是 θ_r 的函数，即有

$$W_m = W_m(\psi_A, \psi_B, \theta_r) \tag{3-46}$$

$$W_c = W_c(i_A, i_B, \theta_r) \tag{3-47}$$

于是，由于磁链和转子位置变化而引起的磁能变化 dW_m（全微分）应为

$$dW_m = \frac{\partial W_m}{\partial \psi_A}d\psi_A + \frac{\partial W_m}{\partial \psi_B}d\psi_B + \frac{\partial W_m}{\partial \theta_r}d\theta_r \tag{3-48}$$

由式（3-37）可将式（3-48）改写为

$$dW_m = i_A d\psi_A + i_B d\psi_B + \frac{\partial W_m}{\partial \theta_r}d\theta_r \tag{3-49}$$

与式（3-37）相比，式（3-49）多出了第三项，它是由转子角位移引起的磁能变化。这就是说，转子的运动引起气隙储能变化，将导致机械功率的输入或输出。

设想在 dt 时间内转子转过一个微小的电角度 $d\theta_r$（虚位移），这会引起磁能的变化，同时转子上将受到电磁转矩 t_e 的作用，电磁转矩所做的机械功 dW_{mech} 为

$$dW_{mech} = t_e d\theta_r \tag{3-50}$$

且电端口输入电能为

$$dW_e = -(e_A i_A + e_B i_B)dt = i_A d\psi_A + i_B d\psi_B \tag{3-51}$$

考虑到能量守恒关系，有

$$dW_e = dW_m + dW_{mech} \tag{3-52}$$

因此，代入整理则有

$$t_e d\theta_r = i_A d\psi_A + i_B d\psi_B - dW_m \tag{3-53}$$

对于磁共能 W_c，它是 i_A、i_B、θ_r 的函数，$W_c = W_c(i_A,\ i_B,\ \theta_r)$，故其全微分为

$$dW_c = \frac{\partial W_c}{\partial \theta_r}d\theta_r + \frac{\partial W_c}{\partial i_A}di_A + \frac{\partial W_c}{\partial i_B}di_B \tag{3-54}$$

而在电机生成电磁转矩时，考虑的是 θ_r 的虚位移，因此假设 i_A、i_B 均保持不变，即 $di_A = 0$，$di_B = 0$。

$$dW_c\Big|_{i_A, i_B = \text{const}} = \frac{\partial W_c}{\partial \theta_r}d\theta_r \tag{3-55}$$

而磁能和磁共能满足下列关系：

$$W_c = i_A \psi_A + i_B \psi_B - W_m \tag{3-56}$$

所以当 i_A、i_B 均不变时，则有

$$dW_m\Big|_{i_A, i_B = \text{const}} = i_A d\psi_A + i_B d\psi_B - dW_c\Big|_{i_A, i_B = \text{const}} \tag{3-57}$$

代入式（3-53）并考虑到式（3-55），则有：

$$t_e d\theta_r = i_A d\psi_A + i_B d\psi_B - \left(i_A d\psi_A + i_B d\psi_B - \frac{\partial W_c}{\partial \theta_r}d\theta_r\right) \tag{3-58}$$

因而

$$t_e d\theta_r = \frac{\partial W_c}{\partial \theta_r}d\theta_r \tag{3-59}$$

即

$$t_e = \frac{\partial W_c}{\partial \theta_r} \tag{3-60}$$

上式表明，当转子因微小位移引起系统磁共能发生变化时，会受到电磁转矩的作用，转矩方向应为在恒定电流下使系统磁共能增加的方向。

而把式（3-56）代入式（3-60），且 i_A、i_B 均不变，则得到用磁能表示的转矩公式，即

$$t_e = i_A\frac{\partial \psi_A}{\partial \theta_r} + i_B\frac{\partial \psi_B}{\partial \theta_r} - \frac{\partial W_m}{\partial \theta_r} \tag{3-61}$$

上述转矩公式的使用中要注意如下问题：

1）式（3-60）和式（3-61）对线性和非线性磁路均适用，具有普遍性。

2）式（3-60）和式（3-61）中，当 W_m 和 W_c 对 θ_r 求偏导数时，令磁链或电流为常值，这只是因自变量选择带来的一种数学约束，并不是对系统实际的电磁约束。

3）公式考虑的是一对极的情况，即机械角度与电角度相等情况，对于多对极情况，本质上应该对机械角度求偏导，若表示成电角度情况，要乘以极对数，即

$$t_e = p_0 \frac{\partial W_c(i_A, i_B, \theta_r)}{\partial \theta_r} \tag{3-62}$$

4）公式中磁共能的自变量是定义在静止坐标系上，其他情况要考虑坐标变换的影响。

5）要注意转子坐标 θ_r 的定义，要选取转矩的反作用部件（通常为定子）作为参照，指向机械端口的可动部件（通常为转子），其正方向定义与转矩正方向保持一致，本书统一以逆时针方向为正方向。

3.3.2　机电能量转换过程

忽略铁心磁路磁阻，图 3-7 所示机电装置的磁场储能可表示为

$$W_m = W_c = \frac{1}{2} L_A i_A^2 + L_{AB}(\theta_r) i_A i_B + \frac{1}{2} L_B i_B^2 \tag{3-63}$$

对比式（3-45）和式（3-63）可以看出，式（3-63）中的互感 L_{AB} 为转子电角度 θ_r 的函数，此时磁场储能将随转子位移而变化。

显然，对于式（3-63），利用磁共能求取电磁转矩（较磁能转矩公式）更容易。将式（3-63）代入式（3-60），可得

$$t_e = \frac{\partial W_c(i_A, i_B, \theta_r)}{\partial \theta_r} = i_A i_B \frac{\partial L_{AB}(\theta_r)}{\partial \theta_r} = -i_A i_B M_{AB} \sin\theta_r \tag{3-64}$$

在图 3-7 中，已设定电磁转矩 t_e 正方向为逆时针方向，在如图所示的时刻，$\theta_r<0$，式（3-64）给出的转矩值为正值，说明实际转矩方向应为逆时针方向。对比图 3-4 所示的电磁装置和图 3-7 所示的机电装置，可以看出，后者的气隙磁场已作为能使电能与机械能相互转换的媒介，成了两者的耦合场。

若转子不动，则 $dW_{mech}=0$，由电源输入的净电能将全部转换为磁场储能，此时图 3-7 所示的机电装置就与图 3-4 所示的电磁装置相当。

若转子旋转，转子位移将会引起气隙中磁能的变化，并使部分磁场能量释放出来转换为机械能。这样，通过耦合场的作用，就实现了电能和机械能间的转换。

此时，绕组 A 和 B 中产生的感应电动势 e_A 和 e_B 分别为

$$\begin{aligned} e_A &= -\frac{d\psi_A}{dt} = -\frac{d}{dt}[L_A i_A + L_{AB}(\theta_r) i_B] \\ &= -\left[L_A \frac{di_A}{dt} + L_{AB}(\theta_r)\frac{di_B}{dt}\right] - i_B \frac{\partial L_{AB}(\theta_r)}{\partial \theta_r}\frac{d\theta_r}{dt} \end{aligned} \tag{3-65}$$

$$\begin{aligned} e_B &= -\frac{d\psi_B}{dt} = -\frac{d}{dt}[L_B i_B + L_{AB}(\theta_r) i_A] \\ &= -\left[L_B \frac{di_B}{dt} + L_{AB}(\theta_r)\frac{di_A}{dt}\right] - i_A \frac{\partial L_{AB}(\theta_r)}{\partial \theta_r}\frac{d\theta_r}{dt} \end{aligned} \tag{3-66}$$

式（3-65）和式（3-66）中，等式右端括号内是当 θ_r 为常值时，即绕组 A 和 B 相对静止时，由电流变化所引起的感生电动势，也称为变压器电动势；括号外是因转子运动使绕组 A 和 B 相对位置发生变化（θ_r 变化）而引起的动生电动势，称为运动电动势。

由式（3-65）和式（3-66）可得，在 dt 时间内，由电源输入绕组 A 和 B 的净电能为

$$
\begin{aligned}
\mathrm{d}W_{\mathrm{e}} &= -(i_{\mathrm{A}}e_{\mathrm{A}}+i_{\mathrm{B}}e_{\mathrm{B}})\mathrm{d}t \\
&= [\psi_{\mathrm{A}}\mathrm{d}i_{\mathrm{A}}+\psi_{\mathrm{B}}\mathrm{d}i_{\mathrm{B}}]+2i_{\mathrm{A}}i_{\mathrm{B}}\frac{\partial L_{\mathrm{AB}}(\theta_{\mathrm{r}})}{\partial\theta_{\mathrm{r}}}\mathrm{d}\theta_{\mathrm{r}}
\end{aligned} \tag{3-67}
$$

上式也可以由式（3-36）和磁链表达式推导得出。

由式（3-64）可得，dt 时间内由磁场储能转换的机械能为

$$
\begin{aligned}
\mathrm{d}W_{\mathrm{mech}} &= t_{\mathrm{e}}\mathrm{d}\theta_{\mathrm{r}} \\
&= i_{\mathrm{A}}i_{\mathrm{B}}\frac{\partial L_{\mathrm{AB}}(\theta_{\mathrm{r}})}{\partial\theta_{\mathrm{r}}}\mathrm{d}\theta_{\mathrm{r}}
\end{aligned} \tag{3-68}
$$

由式（3-67）和式（3-68）可得

$$
\begin{aligned}
\mathrm{d}W_{\mathrm{m}} &= \mathrm{d}W_{\mathrm{e}}-\mathrm{d}W_{\mathrm{mech}} \\
&= [\psi_{\mathrm{A}}\mathrm{d}i_{\mathrm{A}}+\psi_{\mathrm{B}}\mathrm{d}i_{\mathrm{B}}]+i_{\mathrm{A}}i_{\mathrm{B}}\frac{\partial L_{\mathrm{AB}}(\theta_{\mathrm{r}})}{\partial\theta_{\mathrm{r}}}\mathrm{d}\theta_{\mathrm{r}}
\end{aligned} \tag{3-69}
$$

式（3-69）表示了时间 dt 内磁场的能量变化。可见，绕组 A 和 B 中变压器电动势从电源所吸收的全部电能均转换为磁场能量增量；而运动电动势从电源所吸收的电能一半转换为磁能增量，另外一半则转换为机械功率（有效转换功率）。由此可见，产生感应电动势是耦合场从电源吸收电能的必要条件；产生运动电动势是通过耦合场实现机电能量转换的关键。

由此可见，运动电动势和电磁转矩分别是电端口和机械端口的“有势量”，构成了一对机电耦合项，是机电能量转换的核心部分。在能量转换过程中，作为耦合场的磁场既可以从电系统输入或输出能量，也可以对机械系统输出或输入能量，其状态主要取决于对磁链和转子的角位移所加的约束。

1）若装置的转子静止不动，$\mathrm{d}\theta_{\mathrm{r}}=0$，则 $\mathrm{d}W_{\mathrm{mech}}=0$，于是 $\mathrm{d}W_{\mathrm{e}}=\mathrm{d}W_{\mathrm{m}}$。此时没有机械能输出，通过磁链的变化从电系统输入的电能，将全部转换为耦合场内的磁能。

2）若装置的磁链不变，$\mathrm{d}\psi=0$，则 $\mathrm{d}W_{\mathrm{e}}=0$，于是 $\mathrm{d}W_{\mathrm{mech}}=-\mathrm{d}W_{\mathrm{m}}$。此时装置无电能输入，随着转子的转动，储存在装置中的磁能将逐步释放出来，变为输出的机械能。

3）一般情况下，一方面磁链发生变化，另一方面转子又有角位移，此时由角位移所引起的磁能变化将产生电磁力，并使部分磁场储能释放出来变为机械能；由磁链变化所引起的磁能变化，将通过线圈内的感应电动势从电源输入等量的电能而不断地得到补充。这样，通过耦合磁场的作用，电能将不断地转换为机械能，反之亦然。电能变换与机械能变换同步进行。

总之，机电能量转换过程是以气隙中的耦合磁场为中心，从电能转换为磁能，再从磁能转换为机械能的过程，反之亦然。如果没有耦合磁场，或者耦合场不具备这种特定的性质，磁场储能发生变化时对电系统和机械系统做出一定的反应（产生感应电动势和电磁转矩），使电能输入、机械能输出，则机电能量间的转换就无法实现。

3.3.3 磁阻转矩

下面讨论磁阻转矩的生成。

在图 3-7 中，如果将转子绕组去除，由于不存在转子励磁磁场，且气隙是均匀的，转子位置变化不会导致磁能改变，因此不会有电磁转矩生成。

$$W_{m}=W_{c}=\frac{1}{2}L_{A}i_{A}^{2} \tag{3-70}$$

$$t_{e}=\frac{\partial W_{c}}{\partial \theta_{r}}=0 \tag{3-71}$$

现将图 3-7 中的圆柱形转子改造为凸极式转子，磁阻转矩的生成如图 3-8 所示。与图 3-7 比较，此时电机气隙不再是均匀的。当 $\theta_r=0°$时，转子轴线 d 与定子绕组轴线 s 重合，此时气隙磁导最小，将转子在此位置时的定子绕组的自感定义为直轴电感 L_d。

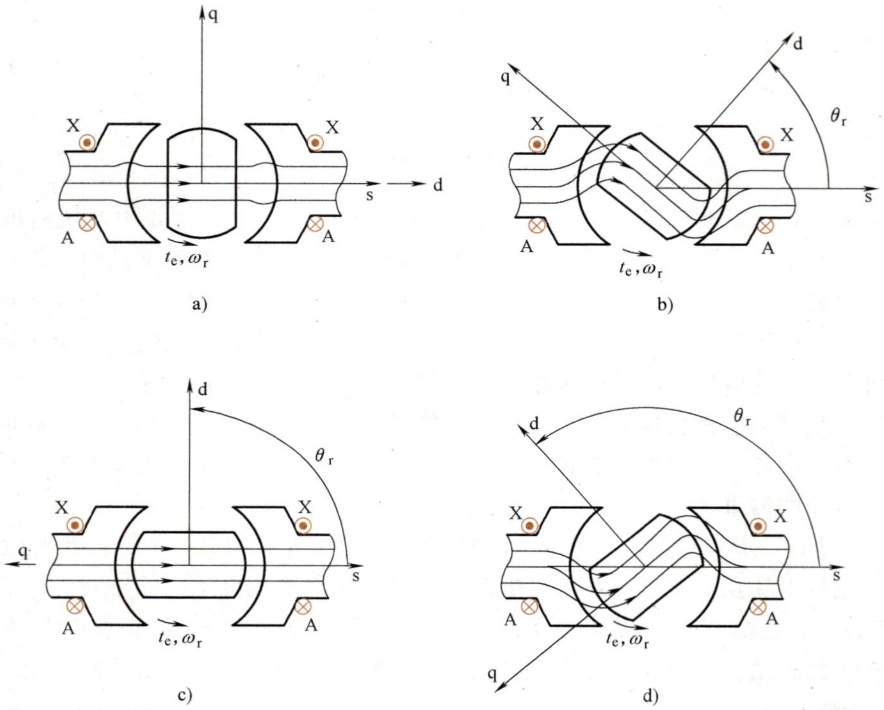

图 3-8　磁阻转矩的生成

a) $\theta_r=0$　b) $\theta_r<\frac{\pi}{2}$　c) $\theta_r=\frac{\pi}{2}$　d) $\theta_r>\frac{\pi}{2}$

转子按逆时针方向旋转，气隙逐步减小，当 $\theta_r=90°$时，转子交轴 q 与定子绕组轴线 s 反向重合，此时气隙磁导最大，将转子在此位置时定子绕组的自感定义为交轴电感 L_q。转子在旋转过程中，定子绕组自感 L_A 值在 L_d 和 L_q 间变化，其变化曲线如图 3-9 所示。当 $\theta_r=0°$或 180°时，L_A 达到最小值 L_d；当 $\theta_r=90°$或 270°时，L_A 达到最大值 L_q。当仅计及 L_A 基波分量时，可认为其随转子电角度 θ_r 按余弦规律变化，即有

$$L_A(\theta_r)=L_0-\Delta L\cos 2\theta_r \tag{3-72}$$

式中，$L_0=(L_d+L_q)/2$，$\Delta L=(L_q-L_d)/2$。

式（3-72）表明，定子绕组电感为一个平均值 L_0 和一个幅值为 ΔL 的余弦变化量，其中 L_0 与气隙平均磁导相对应（这里假定定子漏磁导不变），ΔL 与气隙磁导的变化幅度相对应，气隙磁导的变化周期为 π。

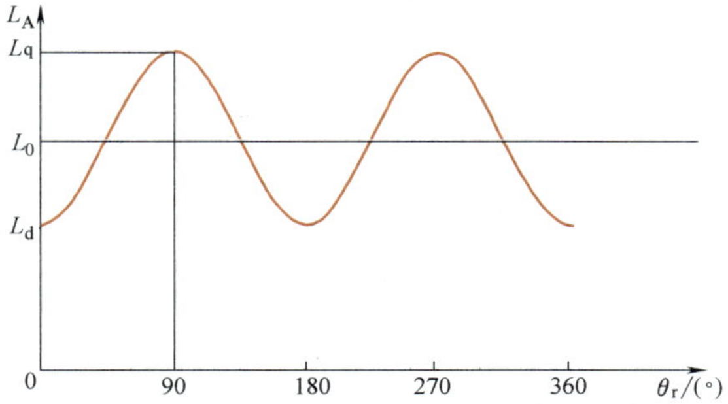

图 3-9 定子绕组自感的变化曲线

对于图 3-8 所示的机电装置，将式（3-72）代入式（3-30），可得

$$W_c = \frac{1}{2}L_A(\theta_r)i_A^2 \tag{3-73}$$

在定子电流一定的情况下，磁共能与自感随转子位置变化规律相同。将式（3-73）代入式（3-60），可得

$$t_e = \Delta L i_A^2 \sin 2\theta_r = \frac{1}{2}(L_q - L_d)i_A^2 \sin 2\theta_r \tag{3-74}$$

转矩方向应为使系统磁共能增大的方向。此转矩不是由于转子绕组励磁引起的，而是由于转子运动使气隙磁导发生变化引起的，将由此产生的电磁转矩称为**磁阻转矩**。相应地将由转子励磁产生的电磁转矩称为**励磁转矩**。

如图 3-8 所示，式（3-74）中的 θ_r 和转矩的正方向是按转子逆时针方向旋转而确定的。在图 3-8b 所示的时刻，式（3-74）给出的转矩为正值，表示实际转矩方向为逆时针方向，实际转矩应使 θ_r 增大。

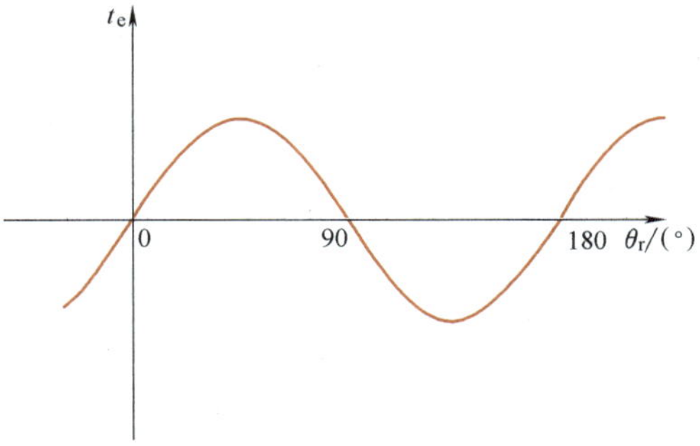

图 3-10 磁能和磁阻转矩随转子位置变化规律

磁能和磁阻转矩随转子位置变化规律如图 3-10 所示，由图可以看出：

1）当 $\theta_r = 90°$时，如图 3-8c 所示，$t_e = 0$，气隙磁场的轴线没有产生偏移，即气隙磁场没发生畸变，不会产生电磁转矩。

2）当 $0° < \theta_r < 90°$时，$t_e > 0$，如图 3-8b 所示，由于磁力线总是力图由磁导最大处穿过，使气隙磁场轴线产生偏移，因此产生了电磁转矩，电磁转矩的方向应为使转子趋向于 $\theta_r = 90°$的位置的方向。

3）当 $\theta_r = 0°$时，如图 3-8a 所示，$t_e = 0$，虽然气隙磁场轴线没有偏移，不会产生电磁转矩，但是此时转子将处于不稳定状态。

4）当 $90° < \theta_r < 180°$时，如图 3-8d 所示，$t_e < 0$，电磁转矩使转子顺时针旋转，力图恢复到 $\theta_r = 90°$的稳定位置。

5）当 $\theta_r = 180°$时，转子凸极轴线 d 轴与 s 轴相反，此时情形与 $\theta_r = 0°$时完全相同。

可见，凸极转子的位置变化使气隙磁场的磁力线发生了扭曲，而磁场的磁力线总是力图取直（磁能最小），q 轴总是要靠向 s 轴，以此可以判断磁阻转矩的作用方向。磁阻转矩的最大值取决于 L_d 和 L_q 的差值以及定子电流 i_A 的二次方。

若电流保持不变，则磁阻转矩为周期变化的脉动转矩，若要产生稳定的转矩，定子侧应通入交流电流，与转子位置同步旋转变化。

例 3-1 图 3-11 中，假设线圈通有交流激磁电流 $i(t)=\sqrt{2}I\cos\omega t$，求电磁转矩的瞬时值和平均值，设转子的机械角速度为 Ω，$t=0$ 时，转子直轴与定子绕组轴线间的初相角为 β（$L_q>L_d$）。

解： 转子的角度随时间的变化规律为

$$\theta_r(t)=\Omega t+\beta \tag{3-75}$$

考虑磁阻转矩表达式为

$$t_e=\frac{1}{2}(L_q-L_d)i_s^2\sin 2\theta_r \tag{3-76}$$

代入电流时间函数，磁阻转矩大小为

$$t_e=\frac{1}{2}(L_q-L_d)(\sqrt{2}I\cos\omega t)^2\sin 2(\Omega t+\beta) \tag{3-77}$$

进一步化简得到电磁转矩的瞬时值，即

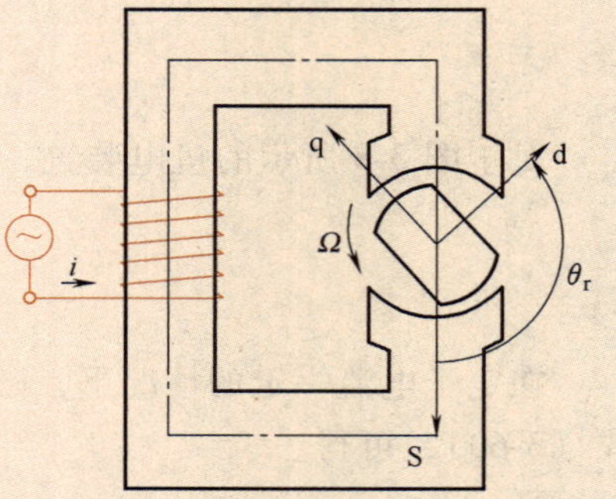

图 3-11　磁阻转矩的产生与电感曲线

$$t_e=\frac{1}{2}I^2(L_q-L_d)\left[\sin 2(\Omega t+\beta)+\frac{1}{2}\sin 2(\Omega t+\omega t+\beta)+\frac{1}{2}\sin 2(\Omega t-\omega t+\beta)\right] \tag{3-78}$$

不难看出，若交流激磁电流与机械角速度不同步，即 $\omega\neq\Omega$，则电磁转矩为脉振转矩，一个周期内的平均转矩为 0；若二者同步，即 $\omega=\Omega$，则平均转矩为

$$t_{eav}=\frac{1}{4}I^2(L_q-L_d)\sin 2\beta \tag{3-79}$$

由例 3-1 可知，磁阻电机产生的是一种同步转矩，它仅在同步转速且交直轴磁阻不相等时才能引起磁阻转矩。β 表示转子空间角度与定子磁场交变相位之间的关系，若 $\beta=\pi/4$，则平均转矩最大且为正（逆时针方向）。

另外，瞬时转矩中除平均转矩外还存在 2 次和 4 次脉振转矩，这是因为定子磁场轴线是固定不动的，只有大小周期变化。而实际同步电机的定子磁场是随转子同步旋转的，为达到这个目的，定子绕组需要由至少两组空间方位不重合的线圈构成，即满足所谓的“定、转子电流的频率约束”。

3.4　空间矢量的定义

3.4.1　单轴线圈的励磁磁动势

如图 3-12 所示，对于轴线固定的单轴线圈来说，磁场方向由线圈法向方向决定，磁场

强弱可用磁链 ψ_A 表征，其为标量。通入频率为 ω 的交流电 $i_A=I_s\cos(\omega t)$，则励磁磁链幅值为

$$\psi_A=L_A i_A \tag{3-80}$$

式中，L_A 为单轴线圈的励磁电感。

若以线圈的垂直轴线（称为磁极中心线）为空间角度 ϑ 的原点，逆时针为正方向，则沿定子内缘，在 $-\pi/2<\vartheta\leqslant\pi/2$ 范围内，磁场由转子指向定子内缘；在 $\pi/2<\vartheta\leqslant3\pi/2$ 范围内，磁场由定子内缘指向转子，如图 3-13 所示。

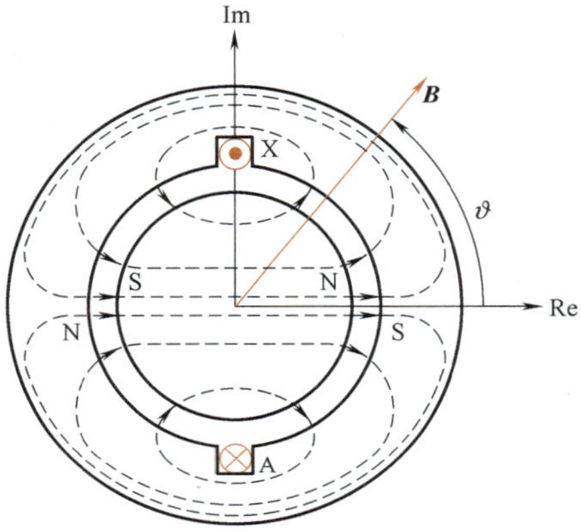

图 3-12　单轴线圈的励磁磁场

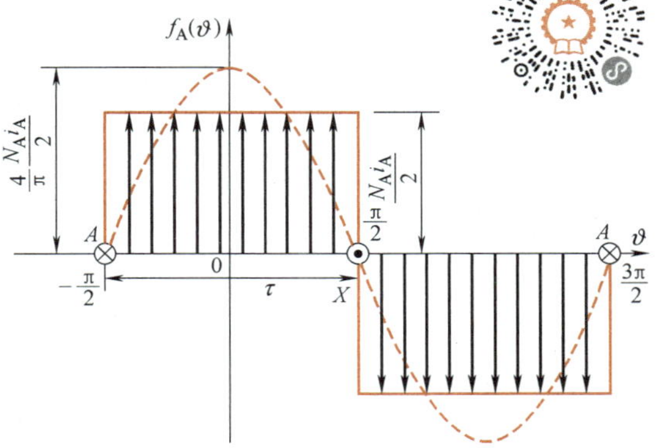

图 3-13　单轴线圈的磁动势空间分布图

磁动势可表示为如下分段函数：

$$f_A(\vartheta)=\begin{cases}\dfrac{N_Ai_A}{2}, & -\dfrac{\pi}{2}<\vartheta\leqslant\dfrac{\pi}{2}\\[2ex] -\dfrac{N_Ai_A}{2}, & \dfrac{\pi}{2}<\vartheta\leqslant\dfrac{3\pi}{2}\end{cases} \tag{3-81}$$

图 3-13 为沿气隙平面展开时，以空间角度为自变量的磁动势的空间分布图。整距线圈在气隙内形成一个前正后负、矩形分布的磁动势波，矩形波的峰值等于 $N_Ai_A/2$，沿纵轴对称为偶函数。

把单个线圈所生成的周期性矩形磁动势波分解为基波和一系列空间谐波，根据傅里叶级数计算公式，基波的幅值应为矩形波幅值的 $4/\pi$。其峰值位于线圈的轴线处，仍以线圈垂直轴线处作为空间坐标 ϑ 的原点，基波磁动势可以写成余弦函数，即

$$f_A(\vartheta,t)=\frac{4}{\pi}\frac{N_Ai_A}{2}\cos\vartheta=F_\phi\cos\omega t\cos\vartheta \tag{3-82}$$

式中，ϑ 与电角度对应；F_ϕ 为单个整距线圈基波磁动势的幅值，$F_\phi=(2N_AI_s)/\pi$。易知，此脉振磁动势波同时为时间 t 和空间 ϑ 的函数，是一个方位不变但大小随时间变化的“驻波”。

3.4.2　正交双轴线圈的合成磁动势波

单轴线圈所产生的磁场空间方位由线圈位置决定。与之不同，多个线圈的合成磁场方位与线圈之间是允许存在相对运动的。因此对多线圈电磁系统，区分线圈及其合成磁场就非常必要了。

显然，要产生空间旋转磁场，需要至少两个非平行的励磁线圈。如图 3-14 所示，在空间布置两个正交线圈，并规定逆时针为正方向，β 线圈在空间上超前 α 线圈 90°电角度。线圈正交意味着两线圈产生的磁场在空间上不存在耦合。若在两个线圈上分别通以 i_α 和 i_β 的电流，则可以通过控制其电流实现磁场的空间调制。其基本数学基础就是利萨如曲线，即正交线圈励磁电流合成一个空间运动曲线，在励磁电流的频率相等、相位相差 90°的情况下，合成励磁磁动势为圆形。

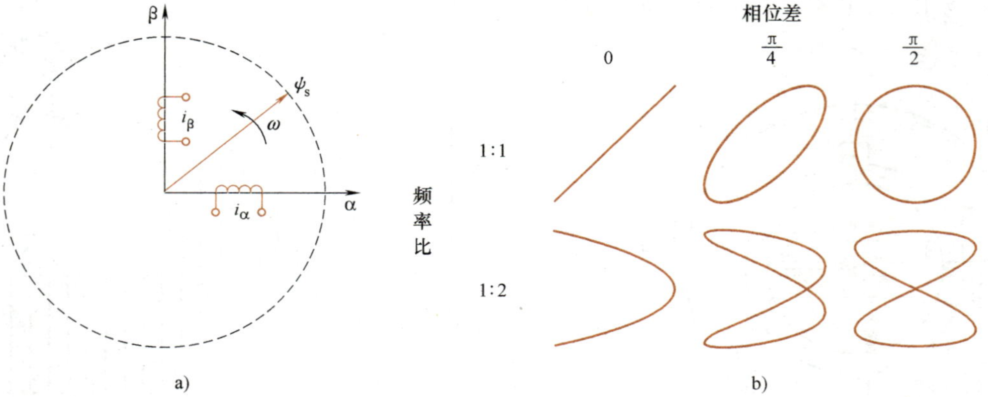

图 3-14　正交双轴线圈及其合成磁场

a）正交双轴线圈合成旋转磁链　b）利萨如曲线

假设，α 线圈和 β 线圈通入的交变电流的频率相同均为 ω，相位正交，即两个线圈的电流分别为

$$i_\alpha = I_s \cos(\omega t) \tag{3-83}$$

$$i_\beta = I_s \sin(\omega t) = I_s \cos\left(\omega t - \frac{\pi}{2}\right) \tag{3-84}$$

双线圈空间合成磁动势为二者空间叠加，即

$$\begin{aligned} f(\vartheta,t) &= f_\alpha(\vartheta,t) + f_\beta(\vartheta,t) \\ &= F_\phi\left[\cos\vartheta\cos(\omega t) + \cos\left(\vartheta - \frac{\pi}{2}\right)\cos\left(\omega t - \frac{\pi}{2}\right)\right] \\ &= F_\phi \cos(\vartheta - \omega t) \end{aligned} \tag{3-85}$$

上述磁场调制过程的推导过程表明，基于两相正交磁动势“驻波”，可以叠加出绕中心旋转的合成磁动势“行波”。

关于磁动势行波传播过程，可简要分析如下。对比时间 $t=0$ 和 $t=t_1$，即

$$f(\vartheta_s, 0) = F_\phi \cos(\vartheta) \tag{3-86}$$

$$f(\vartheta_s, t_1) = F_\phi \cos(\vartheta - \omega t_1) \tag{3-87}$$

把这两个瞬间的磁动势波画出并加以比较，磁动势的幅值未变，但 $f(\vartheta,\ t_1)$ 比 $f(\vartheta,\ 0)$ 向前推进了一个角度 $\beta = \omega t_1$，所以 $f(\vartheta,\ t)$ 是一个恒幅、空间余弦分布的正向行波。磁动势波推移的角速度与激励电流的角频率相等。

由于定子内腔为圆柱形，所以 $f(\vartheta,\ t)$ 实质上是一个沿着气隙圆周连续推移的旋转磁动势波，如图 3-15 所示。

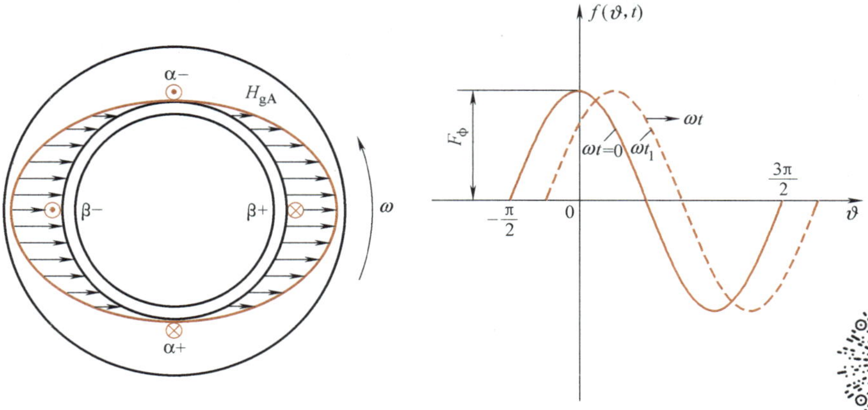

图 3-15 磁动势波的传播过程

以上分析表明，正交双轴线圈基波合成磁动势是一个余弦分布、以同步转速向前推移的正向旋转磁动势波。

其中 ϑ 代表空间分布坐标，ω 为时间频率。在电机内，各物理量的变化既是时间的函数，更应是空间角度坐标的函数。考虑到电机的频率约束，时间变量的变化规律必须服从于空间坐标，这就是电机的时空一致性原则。并且，在推导过程中，空间上超前的 β 线圈对应的励磁电流时间上滞后，体现了旋转电机中的时空对应关系，具有普遍性，这个与行车过程中前方的目的地总是滞后抵达是同一个道理。

3.4.3 空间矢量及其复数表征

磁动势行波的基本特征可以用其“幅值”和“相位”来表征，这样就可以避免对波函数直接进行分析，为此引入“空间矢量”分析方法。

电机中，与空间坐标关联的物理量有两大类，其一如前所述磁动势波，它是在空间按余弦分布的场量，类似的还有磁场强度和磁感应强度；其二如定子电压、电流和磁链，它们虽然不是场量而是集中变量，但因为与具有特定空间位置的绕组相关联，也可以描述成空间的函数。这两类变量均可用“空间矢量”来表征。

图 3-16 是电机与转轴垂直的空间断面，将其作为空间复平面，基于此来表示电机内部的空间矢量。在电机断面内，可任取一正交坐标系 Re-Im 来表示空间复平面，现取 α 相绕组的（N 极）磁极中心线作为实轴，以逆时针方向为正方向，则任一空间矢量 $\overrightarrow{OG}$ 可表示为极坐标形式或者直角坐标形式，即

$$\boldsymbol{r}=R\mathrm{e}^{\mathrm{j}\theta}=a+\mathrm{j}b=R\cos\theta+\mathrm{j}R\sin\theta \tag{3-88}$$

式中，R 为空间矢量的模（幅值）；θ 为空间矢量轴线与参考轴 Re 间的空间电角度，即空间矢量的相位。上述直角坐标与极坐标换算会用到欧拉公式，即

$$\mathrm{e}^{\mathrm{j}\theta}=\cos\theta+\mathrm{j}\sin\theta \tag{3-89}$$

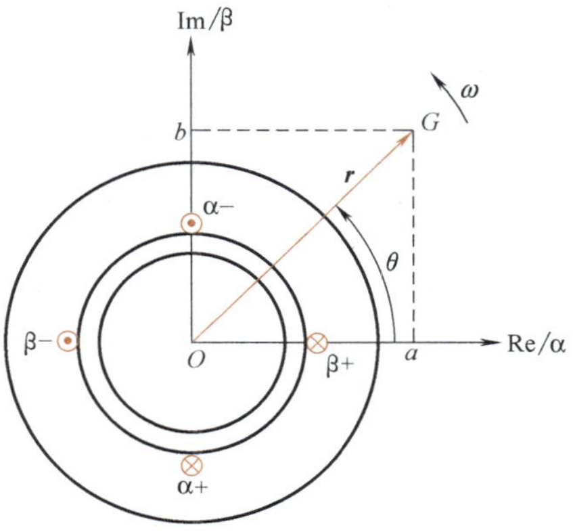

图 3-16 电机轴向断面对应的空间复平面

如我们所知，任一复数乘以 $e^{j\alpha}$ 代表幅值不变，相角增加 α 的逆时针旋转变换。在电机学中，常用的单位旋转空间矢量 $\boldsymbol{a}=e^{j120°}$ 表示幅值不变的情况下，逆时针旋转 120°。

注意，电机气隙内磁场是按余弦分布的，这是能够运用空间矢量理论分析电机的前提和基础。特别注意，行波波函数中的空间相位（ωt）前符号为负，对应着逆时针旋转（空间超前），如图 3-17 所示。

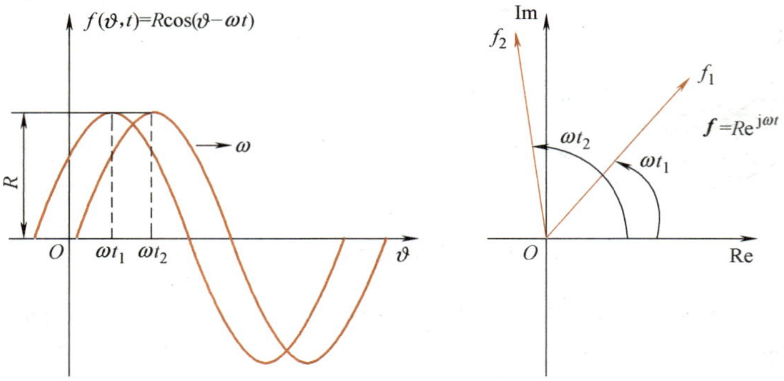

图 3-17　磁动势行波与空间矢量的对照关系

空间矢量运用过程中，特别要注意如下几点。

1）一个复数由模和辐角两个特征来确定。而余弦波函数由幅值、初相位和频率三个特征来确定。但在很多分析场合，频率是确定或者是已知的，此时一个余弦量由幅值和相位就可确定。

2）注意，空间矢量只是表示余弦量，而不是等于余弦量。矢量表示应明确对应余弦函数，不能正弦、余弦混用。

3）对于空间矢量图，约定逆时针为空间角度的正方向。当 $\varphi=\pm90°$ 时，$e^{\pm j90°}=\cos90°\pm j\sin90°=\pm j$。因此任意一个矢量乘上+j 后，即向前（逆时针）旋转 90°；乘上−j 后，即向后（顺时针）旋转 90°。

4）要注意区分**最大值矢量**和**有效值矢量**表示的差异，本书不作特别说明时，所指的矢量均为最大值矢量，即空间矢量的模对应余弦波函数的峰值。

如图 3-18 所示，将 α 相绕组产生的余弦分布的磁动势波沿 ϑ 展开，其在气隙内产生了

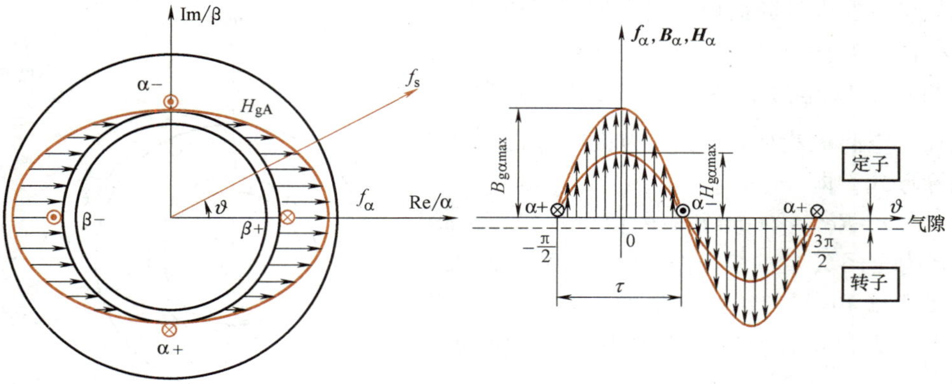

图 3-18　磁场的空间波函数

余弦分布的径向磁场强度 $\boldsymbol{H}_{gA}$，进而在气隙内产生的径向磁感应强度（磁通密度）$\boldsymbol{B}_{gA}$ 亦为余弦分布，两者的轴线都与磁动势空间矢量 $\boldsymbol{f}_A$ 一致。可用矢量 $\boldsymbol{\psi}_{gA}$ 来表示这个余弦磁场，其大小与磁场幅值成正比，当它为正值时，表示磁场轴线与 α 轴一致，否则与 α 轴相反。

引入空间矢量后，磁动势的合成运算可以得到简化。在正交两相电流激励下，可得

$$\boldsymbol{f}_s=\boldsymbol{f}_\alpha+\boldsymbol{f}_\beta=F_\phi\cos\omega t\cdot 1+F_\phi\cos\left(\omega t-\frac{\pi}{2}\right)\cdot \mathrm{j}=F_\phi \mathrm{e}^{\mathrm{j}\omega t} \tag{3-90}$$

$$\boldsymbol{f}_s=F_\phi \mathrm{e}^{\mathrm{j}\omega t} \tag{3-91}$$

式（3-91）表明，$\boldsymbol{f}_s$ 的运动轨迹为圆形，$\boldsymbol{f}_s$ 旋转的电角速度 ω 就是电源角频率。

因为两个线圈空间上正交，若磁阻均匀，不考虑磁路饱和，二者的互感满足 $L_{\alpha\beta}=L_{\beta\alpha}=0$，励磁磁链可以分别表示为

$$\psi_\alpha=L_\alpha i_\alpha \tag{3-92}$$

$$\psi_\beta=L_\beta i_\beta \tag{3-93}$$

在 αβ 坐标系中，磁链空间矢量可以表示为

$$\boldsymbol{\psi}_s^{\alpha\beta}=\psi_\alpha+\mathrm{j}\psi_\beta \tag{3-94}$$

上式中，右上角标 αβ 表示该矢量是在 αβ 坐标系下的表示。假设沿着气隙弧线空间上的磁阻是均匀的，则 α、β 轴上的励磁电感相同，即 $L_\alpha=L_\beta=L_s$，则合成的磁链可以表示成

$$\boldsymbol{\psi}_s^{\alpha\beta}=L_s\boldsymbol{i}_s^{\alpha\beta} \tag{3-95}$$

式中，电流矢量 $\boldsymbol{i}_s^{\alpha\beta}=i_\alpha+\mathrm{j}i_\beta$。

此电流矢量也可视作合成磁链空间位置处一个运动单轴线圈 s 的单轴励磁效果，如图 3-19 所示。

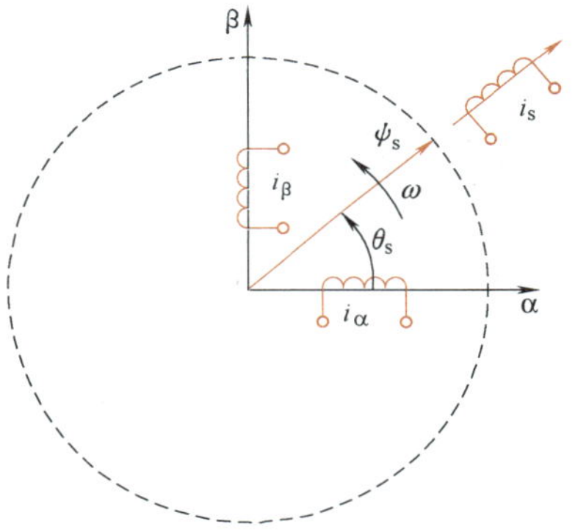

图 3-19 等效旋转单轴线圈

作为轴电流被表示成空间矢量后，就与磁动势矢量相当。可得

$$\boldsymbol{i}_s(t)=I_s\mathrm{e}^{\mathrm{j}(\omega t+\varphi_i)} \tag{3-96}$$

在图 3-19 中，可以通过调节相电压改变相电流，进而改变作用于相绕组轴线上的磁动势和磁场，因此也可以将这种轴电压表示成空间矢量。

可见，通过电流的磁动势的空间效果相关联，与电流类似地，我们也赋予电压空间含义，并统一用空间矢量来表征，即

$$\boldsymbol{u}_s(t)=U_s\mathrm{e}^{\mathrm{j}(\omega t+\varphi_u)} \tag{3-97}$$

3.5 转矩的空间矢量表示

在 3.3 节中基于能量法，结合图 3-7 建立了电磁转矩的标量表达式，本节对图 3-7 所示的均匀气隙电机物理模型用空间矢量加以分析和描述，得到转矩的空间矢量表达式。

设定、转子绕组磁动势空间矢量分别为 $\boldsymbol{f}_s$ 和 $\boldsymbol{f}_r$，其合成气隙磁动势空间矢量为 $\boldsymbol{f}_g$，三者的关系如图 3-20 所示。

即满足：

$$\boldsymbol{f}_g=\boldsymbol{f}_s+\boldsymbol{f}_r \tag{3-98}$$

在气隙均匀，忽略铁心磁压降等理想假设条件下，气隙中的磁场强度亦为正弦分布的径向磁场，可表示为空间角度 ϑ 的波函数，即

$$H_g(\vartheta)=\frac{F_g}{g}\cos\vartheta \tag{3-99}$$

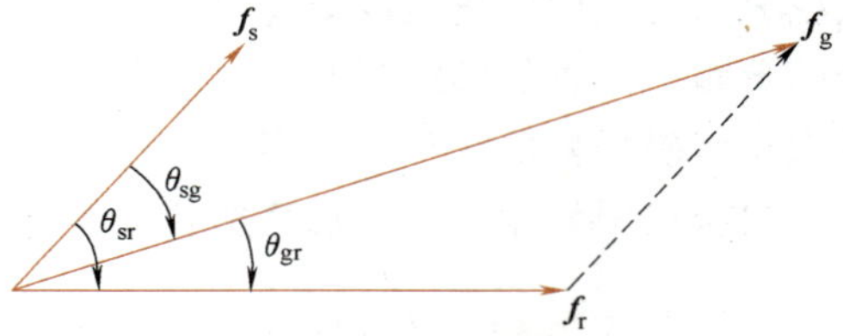

图 3-20　单线圈电机模型的矢量表达

式中，g 为等效气隙长度；F_g 为空间磁动势矢量的幅值。

根据磁能密度公式，即式（2-58），并考虑线性磁路假设，可以得到气隙磁能表达式，即

$$W_c=\frac{\mu_0}{2}\left(\frac{F_g}{g\sqrt{2}}\right)^2V_g \tag{3-100}$$

式中，V_g 为气隙体积，满足

$$V_g=\pi Dlg \tag{3-101}$$

式中，l 为气隙轴向长度；D 为气隙的平均直径。

$$W_c=\frac{\mu_0\pi Dl}{4g}F_g^2=\frac{1}{2R_g}[F_s^2+F_r^2-2F_sF_r\cos(\pi-\theta_{sr})] \tag{3-102}$$

式中，R_g 为气隙磁阻，注意闭合磁路要两次穿过气隙。

$$R_g=\frac{2g}{\mu_0\pi Dl} \tag{3-103}$$

则由转矩公式求得

$$t_e=\frac{\partial W_c}{\partial\theta_{sr}}=-\frac{1}{R_g}F_sF_r\sin\theta_{sr} \tag{3-104}$$

式中，$|F_r\sin\theta_{sr}|$是 $\boldsymbol{f}_r$ 与 $\boldsymbol{f}_s$ 的正交分量，因此**转矩正比于两个相互作用的磁场的正交分量之积**，即正比于相互作用的磁场幅值以及它们轴线夹角的正弦。写成矢量叉积的形式为

$$\boldsymbol{t}_e=\frac{1}{R_g}\boldsymbol{f}_r\times\boldsymbol{f}_s \tag{3-105}$$

转矩矢量 $\boldsymbol{t}_e$ 的正方向按照右手螺旋定则定义，垂直纸面朝外。

电磁转矩的物理方向是力图使得定、转子磁场对齐，即使 θ_{sr} 绝对值减小，其中 θ_{sr} 定义为定子为基准，指向转子。转矩的正方向与 θ_{sr} 的正方向定义均为逆时针。因此，图示位置 θ_{sr} 为负，转子磁场滞后于定子磁场，转矩为正，电磁转矩牵引转子靠拢定子磁场，处于电动状态；θ_{sr} 为正值时，即转子磁场超前定子磁场，转矩为负，电磁转矩对转子制动，处于发电状态。

式（3-105）也可用气隙磁动势表示为

$$\boldsymbol{t}_e=\frac{1}{R_g}\boldsymbol{f}_g\times\boldsymbol{f}_s=\frac{1}{R_g}\boldsymbol{f}_r\times\boldsymbol{f}_g \tag{3-106}$$

或表示成标量形式，即

$$t_e=-\frac{1}{R_g}F_sF_g\sin\theta_{sg}=-\frac{1}{R_g}F_rF_g\sin\theta_{gr} \tag{3-107}$$

考虑磁动势与电流的关系，即

$$\boldsymbol{f}_{\mathrm{s}}=N_{\mathrm{s}}\boldsymbol{i}_{\mathrm{s}} \tag{3-108}$$

$$\boldsymbol{f}_{\mathrm{r}}=N_{\mathrm{r}}\boldsymbol{i}_{\mathrm{r}} \tag{3-109}$$

参考式（2-109）可以得到定转子之间的互感 M_{sr}，即

$$M_{\mathrm{sr}}=\frac{N_{\mathrm{r}}N_{\mathrm{s}}}{R_{\mathrm{g}}} \tag{3-110}$$

据此，可以得到

$$\boldsymbol{t}_{\mathrm{e}}=M_{\mathrm{sr}}\boldsymbol{i}_{\mathrm{r}}\times\boldsymbol{i}_{\mathrm{s}}=\boldsymbol{\psi}_{\mathrm{rg}}\times\boldsymbol{i}_{\mathrm{s}}=\boldsymbol{i}_{\mathrm{r}}\times\boldsymbol{\psi}_{\mathrm{sg}} \tag{3-111}$$

式中，$\boldsymbol{\psi}_{\mathrm{rg}}$ 表示转子电流引起的励磁磁链，$\boldsymbol{\psi}_{\mathrm{rg}}=M_{\mathrm{sr}}\boldsymbol{i}_{\mathrm{r}}$；$\boldsymbol{\psi}_{\mathrm{sg}}$ 表示定子电流引起的励磁磁链，$\boldsymbol{\psi}_{\mathrm{sg}}=M_{\mathrm{sr}}\boldsymbol{i}_{\mathrm{s}}$。上述反映了转矩是定子磁场和转子磁场交互作用的基本规律。

实际上，**转矩也可用全磁链表示，全磁链中同时包含自感磁链和互感磁链。**

以转子磁链为例，

$$\boldsymbol{\psi}_{\mathrm{r}}=L_{\mathrm{r}}\boldsymbol{i}_{\mathrm{r}}+M_{\mathrm{sr}}\boldsymbol{i}_{\mathrm{s}}=L_{\mathrm{r}}\boldsymbol{i}_{\mathrm{r}}+\boldsymbol{\psi}_{\mathrm{sg}} \tag{3-112}$$

所以有

$$\boldsymbol{t}_{\mathrm{e}}=\boldsymbol{i}_{\mathrm{r}}\times\boldsymbol{\psi}_{\mathrm{sg}}=\boldsymbol{i}_{\mathrm{r}}\times(L_{\mathrm{r}}\boldsymbol{i}_{\mathrm{r}}+\boldsymbol{\psi}_{\mathrm{sg}})=\boldsymbol{i}_{\mathrm{r}}\times\boldsymbol{\psi}_{\mathrm{r}} \tag{3-113}$$

依次类推，也可以得到类似的用定子磁链表示的转矩公式，即

$$\boldsymbol{t}_{\mathrm{e}}=\boldsymbol{\psi}_{\mathrm{s}}\times\boldsymbol{i}_{\mathrm{s}} \tag{3-114}$$

或者用电枢磁场表示如下：

$$\boldsymbol{t}_{\mathrm{e}}=\frac{1}{M_{\mathrm{sr}}}\boldsymbol{\psi}_{\mathrm{rg}}\times\boldsymbol{\psi}_{\mathrm{sg}}=\frac{1}{M_{\mathrm{sr}}}\boldsymbol{\psi}_{\mathrm{rg}}\times\boldsymbol{\psi}_{\mathrm{r}}=\frac{1}{M_{\mathrm{sr}}}\boldsymbol{\psi}_{\mathrm{s}}\times\boldsymbol{\psi}_{\mathrm{sg}} \tag{3-115}$$

3.6 电机的电磁负荷

如图 3-21 所示的简单电机模型中，转子为永磁励磁，线圈元件 1、2 作为定子绕组的组成部分。

电机转矩可视作定子绕组电流在转子（径向）磁场中所受安培力的合力，因为单个导体受力可以用 $B_{\mathrm{r}}LI$ 公式计算，所以

$$t_{\mathrm{e}}=N\cdot B_{\mathrm{r}}IL\cdot R \tag{3-116}$$

式中，R 为气隙半径；N 为总导体数；I 为绕组通电电流；B_{r} 为气隙径向磁通密度；L 为电机轴向长度。总导体数由相数、每相匝数决定。

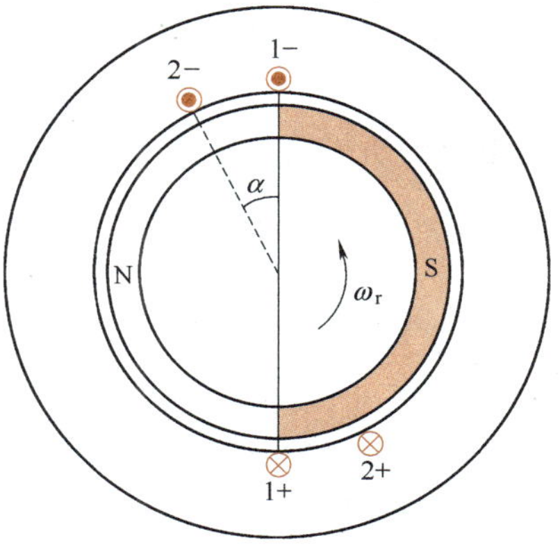

图 3-21 简单电机模型

可见，三类变量直接影响电磁转矩大小，分别是电（$N\cdot I$）、磁（B_{r}）和结构尺寸（$L\cdot R$）。考虑到电机电枢绕组是均匀分布在气隙圆周方向，所以定义电机的“线电流密度”，也称为（线）电负荷，即

$$A=\frac{NI}{2\pi R} \tag{3-117}$$

式中，电负荷 A 的单位为 A/m。考虑电机体积 $V=\pi R^2L$，则转矩表达式为

$$t_e = B_r \cdot A \cdot 2\pi R^2 L = 2 \cdot B_r \cdot A \cdot V \tag{3-118}$$

式中，径向气隙磁密 B_r 也称为电机的磁负荷，电负荷 A 与磁负荷 B_r 并称电磁负荷。

给定电机体积，电磁负荷就决定了电机的输出转矩能力；换言之，对于期望输出转矩，电磁负荷越大，则电机体积越小。提高转矩输出能力主要取决于磁负荷和电负荷，提高电磁负荷是实现电机的小型化和轻量化的有效手段。

选取电磁负荷主要考虑的因素包括：

1）电机的冷却条件。

2）电机所用的材料与绝缘结构的等级。

3）电机的功率及转速。

电磁负荷选择时要考虑的因素很多，很难单纯从理论上来确定。通常主要参考电机工业长期积累的经验数据，并分析对比所设计电机与已有电机之间在材料、结构、技术要求等方面的异同后进行选取。

受限于磁性材料的物理特性以及电机的机械结构，一般电机磁负荷选为 0.6T 至 0.9T 之间，取值区间相对变动不大。所以，对于给定设计输出转矩，电机结构尺寸主要取决于（线）电负荷。电负荷选值与电机的适用环境、负载特性和散热方式有关，总体来说，线电流密度选得大，转子体积就小，线电流密度选得小，转子体积就大。

此外，对于给定体积，可以设计得细长，也可以设计得短粗，这就要引入另外一个关键结构参数——长径比 λ，其定义为

$$\lambda = \frac{L}{2R} \tag{3-119}$$

长径比 λ 决定了电机是修长还是矮胖。如果电机设计得细长，则绕组端部占比更小，由于端部绕组不产生力矩，显然细长的电机铜的利用率更高。但是过细的电机叠片加工、绕制以及刚度都会变差。给定长径比后，易知

$$R = \sqrt[3]{\frac{1}{4\pi\lambda} \cdot \frac{t_e}{B_r A}} \tag{3-120}$$

电机的机械输出功率等于转矩 t_e、旋转机械角速度 ω_r 的乘积，即

$$P_m = t_e \cdot \omega_r \tag{3-121}$$

$$\omega_r = \frac{2\pi n_r}{60} \tag{3-122}$$

式中，P_m 为电机输出机械功率，单位为 W；n_r 为电机转速，单位为 r/min。

显见，在转矩容量一定的情况下，提高电机转速可有效提高电机的功率；也就是说，在给定体积重量条件下，可有效提高电机的功率密度。注意，提高转速本质上是提高了机电能量转换频率。

基于上述原则，车用电机不断追求更高的工作转速。当然，机械转速的提高受制于机械强度等，比如某些车用高速电机采用碳纤维缠绕转子结构，就是为了解决转子高速旋转引起的离心力对转子铁心的应力问题。

小　　结

本章将电机看作一个同时具有机械端口和电端口的电磁系统，从能量的角度去分析电机内部的机电能量转换过程。

电机作为最常见的机电能量转换装置，要想实现机电能量转换，机电装置中首先要有电系统、机械系统以及联系两者的耦合场。绝大多数实用的电机都以磁场为电系统和机械系统的耦合场，因为单位体积内空气中的磁场储能要比电场大得多。其次，所谓的机电能量转换过程，就是一个涉及耦合场及其对电系统与机械系统相互作用的过程，其中感应电动势是耦合场与电系统之间的耦合项，电磁转矩则为耦合场与机械系统之间的耦合项，上述机电耦合项的存在是机电能量转换的必要条件。

本书给出的电机转矩公式是基于虚位移原理得到的，即磁共能对转子机械坐标的偏导。这一公式对于很多机电装置都适用，如电磁铁的电磁力。这里特别指出，本章给出的转矩公式都是未考虑多极电机的一对极情况。

结合单线圈的励磁磁动势波函数，本章建立了空间矢量的概念，这一数学工具将是贯穿全书分析的基本手段，一定要充分理解和掌握。

本章还初步建立了电机分析的一些基础概念，包括正交两相绕组空间合成磁动势波函数及其空间矢量等价描述、转矩的矢量表达式及电磁负荷的定义。

习　　题

3-1　磁能和磁共能有什么关系？

3-2　试述耦合磁场在机电能量转换中的作用。电磁系统中哪些项是“机电耦合项”？它们在机电能量转换中起什么作用？

3-3　根据定义推导，线性磁路两绕组系统的磁能公式 $W_m = L_{11}i_1^2/2 + L_{12}i_1i_2 + L_{22}i_2^2/2$，式中 i_1、i_2 为绕组中的电流，L_{11}、L_{22} 为绕组的自感，L_{12} 为互感。

3-4　某一线性机电装置上装有两个绕组，其中绕组 1 装在定子上，绕组 2 装在转子上。设绕组的电感分别为 $L_{11}=2\text{H}$，$L_{22}=1\text{H}$，$L_{12}=1.4\cos\theta\text{H}$，$\theta$ 为定、转子绕组轴线间的夹角，绕组的电阻忽略不计，极数 $2p=2$。试求：

1）两个绕组串联，通入电流 $i=\sqrt{2}I\sin\omega t$ 时，作用在转子上的电磁转矩的瞬时值 t_e 和平均值 $T_{e(av)}$。

2）转子不动、绕组 2 短路，绕组 1 内通以电流 $i_1=14\sin\omega t$ 时，作用在转子上的电磁转矩值。

3-5　如果电动机气隙内的磁场不是正弦分布的（或者不取基波），是否还可采用空间矢量理论对电动机进行分析？为什么？

第4章

牵连运动电动势与原型电机模型

4.1 运动参考系及其牵连运动电动势

4.1.1 运动参考系及矢量变换

引入恰当的运动参考系进行空间矢量分析，可更方便地描述电机的内部电磁过程。

转子同步 DQ 坐标系是常用的运动参考系，设其旋转速度为 ω_r，对于同步电机，定子电流矢量 $\boldsymbol{i}_s$ 与转子同步旋转，满足 $\omega_s=\omega_r$。

在 DQ 同步旋转坐标系下，空间合成磁链的坐标分解表达式为

$$\boldsymbol{\psi}_s^D=\psi_D+j\psi_Q \tag{4-1}$$

上述公式中，右上角标 D 表示该矢量是在 DQ 坐标系下的表示。相对线圈固结 αβ 坐标系，DQ 坐标系的旋转角速度与磁链 $\boldsymbol{\psi}_s$ 的旋转角速度同为 ω_s，坐标系 DQ 与静止坐标系 αβ 之间的空间角度为 θ_D，可以通过积分求得

$$\theta_D=\int\omega_s dt+\rho_0 \tag{4-2}$$

式中，ρ_0 为 DQ 坐标系相对静止 αβ 坐标系的初始相位角。

易知，上述两个不同坐标系下磁链表达式之间满足矢量变换关系，即

$$\boldsymbol{\psi}_s^{\alpha\beta}=e^{j\theta_D}\boldsymbol{\psi}_s^D \tag{4-3}$$

并且，上述空间矢量变换关系对于电压、电流同样适用。以电流矢量为例，

$$\boldsymbol{i}_s^{\alpha\beta}=e^{j\theta_D}\boldsymbol{i}_s^D \tag{4-4}$$

式（4-4）表示的即为 αβ 坐标系与 DQ 坐标系间的矢量变换。其中，$e^{j\theta_D}$ 为 DQ 坐标系到 αβ 坐标系的变换因子。

依据欧拉公式和磁动势等效原则，由图 4-1 可得坐标分量之间的关系

$$i_D=i_\alpha\cos\theta_D+i_\beta\sin\theta_D \tag{4-5}$$

$$i_Q=-i_\alpha\sin\theta_D+i_\beta\cos\theta_D \tag{4-6}$$

假设固定坐标系下的励磁电流为

$$i_\alpha=I_s\cos(\omega t+\varphi_1) \tag{4-7}$$

$$i_\beta=I_s\sin(\omega t+\varphi_1)=I_s\cos\left(\omega t-\frac{\pi}{2}+\varphi_1\right) \tag{4-8}$$

式中，I_s 为相电流峰值。

在正弦稳态下，DQ 坐标系恒速旋转，θ_D 可表示为 $\theta_D=\omega_s t+\rho_0$，由于 ρ_0 可取任意值，

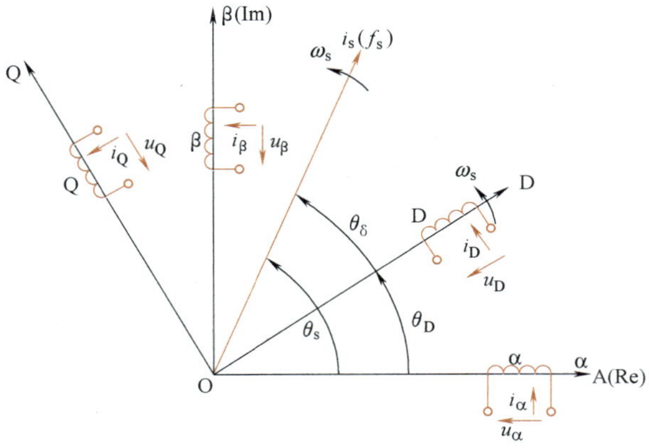

图 4-1　静止 αβ 坐标系与转子同步旋转 DQ 坐标系

因此图 4-1 中的 DQ 同步旋转坐标系理论上有多种不同的选择方式。现将式（4-7）、式（4-8）所示的定子电流 i_α 和 i_β 代入到 DQ 坐标系中，可得

$$\begin{pmatrix} i_D \\ i_Q \end{pmatrix} = \begin{pmatrix} I_s\cos(\varphi_1 - \rho_0) \\ I_s\sin(\varphi_1 - \rho_0) \end{pmatrix} \tag{4-9}$$

上式表明，i_D 和 i_Q 已变为直流量，即通过 αβ 坐标系到任意同步旋转 DQ 坐标系的变换，已将定子二相绕组中的对称正弦电流变换为 DQ 坐标系定子二相绕组中的恒定直流。

现由同步旋转的 DQ 坐标系来产生这个矢量，自然双轴线圈 DQ 中的电流 i_D 和 i_Q 也应为直流。或者说，i_D 和 i_Q 是 $\boldsymbol{i}_s$ 分解在 DQ 坐标系上的两个分量，自然 i_D 和 i_Q 也应为直流量。静止 αβ 坐标系到同步旋转 DQ 坐标系的变换是一种“频率变换”。

4.1.2　牵连运动诱导的动生电动势

根据法拉第电磁感应定律，单轴线圈的电压方程可以表示为

$$u_A = R_A i_A + \frac{d}{dt}\psi_A \tag{4-10}$$

所以，两个正交线圈上的电压方程可以分别表示成

$$u_\alpha = R_s i_\alpha + \frac{d}{dt}\psi_\alpha \tag{4-11}$$

$$u_\beta = R_s i_\beta + \frac{d}{dt}\psi_\beta \tag{4-12}$$

或统一用空间矢量表示为

$$\boldsymbol{u}_s^{\alpha\beta} = R_s \boldsymbol{i}_s^{\alpha\beta} + \frac{d}{dt}\boldsymbol{\psi}_s^{\alpha\beta} \tag{4-13}$$

式（4-13）中，各空间矢量均是空间上不断旋转的交变量，旋转的角速度为 ω_s，相对 αβ 线圈始终存在相对运动状态。

引入磁场同步旋转的 DQ 运动坐标系后，基于 DQ 运动坐标系的视角，各空间矢量 $\boldsymbol{u}_s^D$、$\boldsymbol{i}_s^D$、$\boldsymbol{\psi}_s^D$ 与 DQ 坐标系同步旋转，变为相对静止的直流量。但此时的法拉第电磁感应定律不能直接适用，具体体现为

$$\boldsymbol{u}_s^D \neq R_s \boldsymbol{i}_s^D + \frac{d\boldsymbol{\psi}_s^D}{dt} \tag{4-14}$$

问题出现的原因是在运动坐标系下对磁链的求导，应同时包含“相对变化率”和“牵连运动变化率”，上式主要缺失了因坐标系运动引起的牵连运动的数学表达，因为 DQ 运动坐标系与线圈存在旋转运动关系。具体分析如下。

考虑 DQ 运动坐标系，其旋转角速度为 ω_s，则磁链满足如下矢量变换关系：

$$\boldsymbol{\psi}_s^{\alpha\beta} = \psi_s e^{j\theta_s} = e^{j\theta_D}\boldsymbol{\psi}_s^D = e^{j\theta_D}\psi_s e^{j\theta_\delta} \tag{4-15}$$

其中，$\boldsymbol{\psi}_s^D = \psi_s e^{j\theta_\delta}$，为磁链空间矢量在 DQ 运动参考坐标系下的表达，其相对 DQ 坐标系不限于静止状态。

磁链对时间的微分推导如下：

$$\begin{aligned}\frac{d}{dt}\boldsymbol{\psi}_s^{\alpha\beta} &= \frac{d}{dt}(e^{j\theta_D}\boldsymbol{\psi}_s^D)\\ &= \frac{d\boldsymbol{\psi}_s^D}{dt}e^{j\theta_D} + \boldsymbol{\psi}_s^D\frac{d(e^{j\theta_D})}{dt}\\ &= \frac{d\boldsymbol{\psi}_s^D}{dt}e^{j\theta_D} + j\omega_s\boldsymbol{\psi}_s^D e^{j\theta_D}\end{aligned} \tag{4-16}$$

代入式（4-13）从而得到 DQ 坐标系下的电压方程应为

$$\boldsymbol{u}_s^D = R_s \boldsymbol{i}_s^D + \frac{d\boldsymbol{\psi}_s^D}{dt} + j\omega_s\boldsymbol{\psi}_s^D \tag{4-17}$$

或

$$\boldsymbol{u}_s^D + (-j\omega_s\boldsymbol{\psi}_s^D) = R_s \boldsymbol{i}_s^D + \frac{d\boldsymbol{\psi}_s^D}{dt} \tag{4-18}$$

电动势 $-j\omega_s\boldsymbol{\psi}_s^D$ 就是表示运动参考系下，由于参考坐标系牵连运动引入的动生电动势项。

上述分析表明，要明确区分线圈与坐标系之间的相对运动关系。为此，定义相对线圈静止坐标系为“法拉第参考坐标系”，此时法拉第电磁感应定律是直接适用的，简称“法拉第系”；定义相对线圈存在相对运动的坐标系为“非法拉第参考坐标系”，这意味着，法拉第电磁感应定律（在数学上）不直接适用于该坐标系的变量表达形式，简称“非法拉第系”。

显然，αβ 坐标系与线圈固结，属于“法拉第系”，法拉第电磁感应定律直接成立，见式（4-13）。但相对线圈运动的 DQ 运动坐标系为“非法拉第系”，法拉第电磁感应定律不再直接适用。此时，磁链的“绝对变化率”应该考虑由坐标系牵连运动引起的附加动生电动势项，将其定义为“牵连运动电动势”，其数学形式为

$$\boldsymbol{e}_{ms}^D = -j\omega_s\boldsymbol{\psi}_s^D \tag{4-19}$$

式中，ω_s 为运动参考系相对线圈的旋转角速度。

其作用是，在非法拉第系下推导电压方程时，将坐标系的牵连运动效果等效为作用在线圈上的一个“虚拟电势”，在线圈端电压上补足该电势，然后才列写法拉第电磁感应定律。

“牵连运动电动势”引入后，无须经过矢量/坐标变换，可以直接在运动坐标系（非法拉第系）下建立线圈的电压方程，即

$$\boldsymbol{u}_s^D + \boldsymbol{e}_{ms}^D = R_s \boldsymbol{i}_s^D + \frac{d}{dt}\boldsymbol{\psi}_s^D \tag{4-20}$$

显然，形式上，上述公式在法拉第系下也是成立的，此时牵连运动电动势 $\boldsymbol{e}_{\mathrm{ms}}^{\mathrm{D}}$ 为 0。

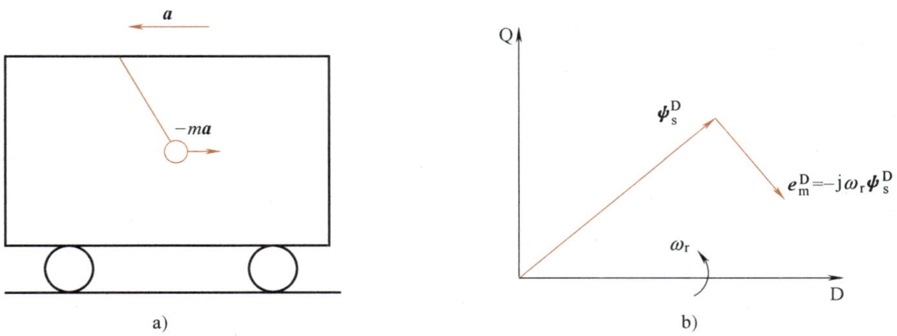

图 4-2　非惯性参考系及惯性力与非法拉第参考系及牵连运动电动势的对照关系

a）非惯性参考系及惯性力　b）非法拉第参考系及牵连运动电动势

上述做法借鉴了非惯性坐标系下引入“惯性力”后列写力平衡关系式的“达朗贝尔”原理，二者的数学基础也是完全一致的。牛顿力学中区分惯性参考系和非惯性参考系。惯性参考系定义为“牛顿运动定律在其中有效的参考系”，简称惯性系。非惯性参考系是相对某惯性参考系做非匀速直线运动的参考系，简称非惯性系。

以质点直线运动为例，为分析方便，非惯性系中须引入附加“惯性力”，即

$$\boldsymbol{f}_{\mathrm{a}}=-m\boldsymbol{a} \tag{4-21}$$

式中，$\boldsymbol{a}$ 为非惯性系相对惯性系的加速度；m 为质点的质量。引入惯性力后，形式上，在非惯性坐标系中也可以完全按照牛顿定律进行物体的力学分析了。非惯性参考系及惯性力与非法拉第参考系及牵连运动电动势的对照关系如图 4-2 所示。

附录中完整对比了机械与电磁系统的类比分析，特别的，磁链具有保持其既有状态的“惯性属性”，也就是在无外部电动势作用下，保持不变。这一点与质量所具有的保持其既有运动状态的属性类似。而牵连运动电动势也是这一“惯性属性”的一个具体表现。

4.2　四线圈原型电机模型

4.2.1　拓展四线圈原型电机模型

电机的机电能量转换过程可视作定、转子空间磁场的相互作用。建立一个合理的、适当抽象简化的原型电机模型对于理解这一过程是非常有帮助的。

据此，在 G. Kron 和 B. Adkins 等人提出的原型电机的基础上，提出如图 4-3 所示的拓展四线圈原型电机模型：定子等效为静止的正交 α、β 线圈，转子等效为旋转的正交 d、q 线圈。并定义，直角坐标系 αβ 与定子线圈固结，转子同步坐标系 DQ 与转子线圈固结。

上述电机模型附加假设如下：

1）极对数为 1。

2）定子为隐极设计，即不考虑定子绕组的凸极性。相应的，定子等效正交 α、β 线圈的合成励磁作用（磁动势）可以在任意旋转坐标系下等效表达。

3）转子可为隐极或凸极设计。针对转子凸极或者永磁励磁情况，转子等效正交 d、q

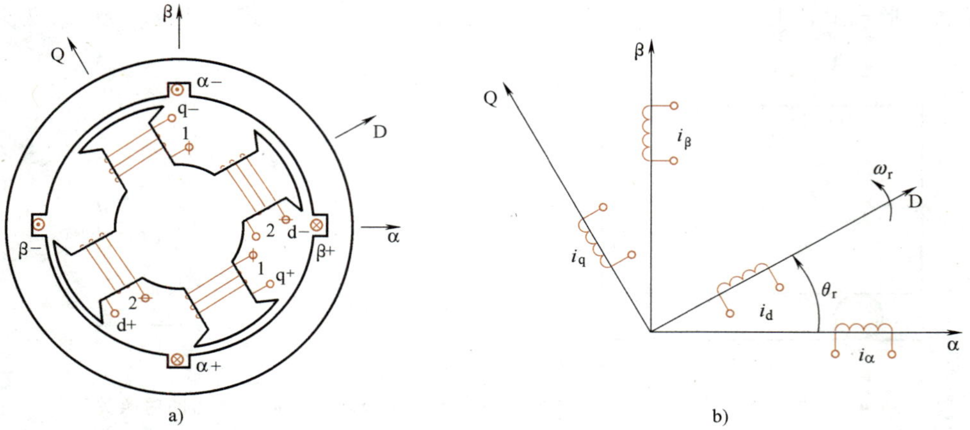

图 4-3 四线圈原型电机结构原理和物理模型

a）结构原理 b）物理模型

线圈的取向应明确规定为 d 线圈沿转子电枢磁链轴线方向；对于隐极转子，转子线圈的方向也可不做特殊规定，且转子磁链的表达也可在任意旋转坐标系中实现。

转子同步坐标系 DQ 与转子 d、q 线圈均以角速度 ω_r 旋转，记转子同步 DQ 坐标系与静止坐标系 αβ 之间的空间角度为 θ_r，设初始相位角为 ρ_0，则有如下积分关系式，即

$$\theta_r = \int \omega_r \mathrm{d}t + \rho_0 \tag{4-22}$$

这里所提到的隐极与凸极绕组，主要是指气隙长度均匀与否，如图 4-4 所示。如果空间上绕组的铁心形状是均匀的，则气隙磁阻可视作恒定，此为隐极绕组结构；反之，若绕组的铁心形状空间上是不均匀的，则气隙磁阻空间上不对称，此为凸极绕组结构，体现为不同方向上的磁阻和电感不一致。

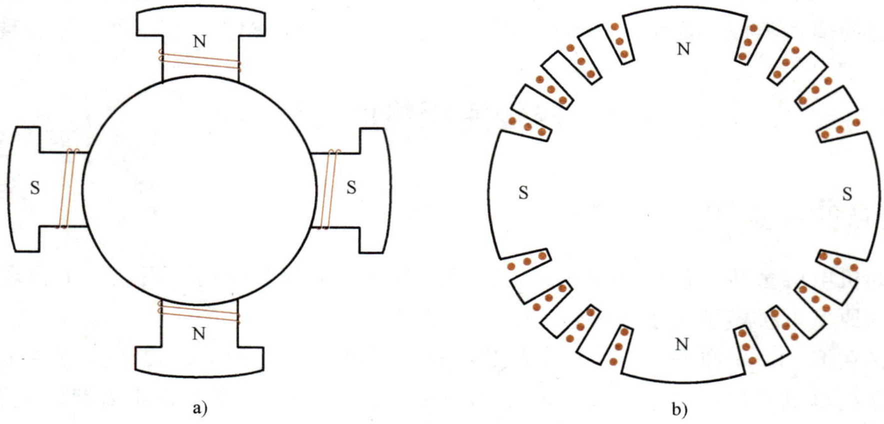

图 4-4 隐极与凸极绕组

a）凸极绕组 b）隐极绕组

4.2.2 磁链矢量表达式、同步电感

上述原型电机的定、转子均为正交两相绕组，借由磁链和电流空间矢量，可以将其看作是双端口的电磁系统，在 2.5 节有关标量分析的基础上可以建立磁链的矢量表达式。

定子侧的全磁链 $\boldsymbol{\psi}_s$ 包括 3 部分，定、转子电流矢量 $\boldsymbol{i}_s$ 和 $\boldsymbol{i}_r$ 激励的定、转子励磁磁链（穿过气隙），分别用 $\boldsymbol{\psi}_{sg}$ 和 $\boldsymbol{\psi}_{rg}$ 表示；定子电流矢量 $\boldsymbol{i}_s$ 激励的未穿过气隙的定子漏磁链矢量 $\boldsymbol{\psi}_{s\sigma}$，即

$$\boldsymbol{\psi}_s=\boldsymbol{\psi}_{s\sigma}+\boldsymbol{\psi}_{sg}+\boldsymbol{\psi}_{rg} \tag{4-23}$$

类似的，转子侧的全磁链 $\boldsymbol{\psi}_r$ 也包括 3 部分，除定、转子电流矢量 $\boldsymbol{i}_s$ 和 $\boldsymbol{i}_r$ 激励的定、转子励磁磁链（穿过气隙），即 $\boldsymbol{\psi}_{sg}$ 和 $\boldsymbol{\psi}_{rg}$ 外，还包括转子电流矢量 $\boldsymbol{i}_r$ 激励的未穿过气隙的转子漏磁链矢量 $\boldsymbol{\psi}_{r\sigma}$，即

$$\boldsymbol{\psi}_r=\boldsymbol{\psi}_{r\sigma}+\boldsymbol{\psi}_{rg}+\boldsymbol{\psi}_{sg} \tag{4-24}$$

$\boldsymbol{\psi}_{sg}$ 与 $\boldsymbol{\psi}_{rg}$ 的合成矢量为 $\boldsymbol{\psi}_g$，此即气隙磁链矢量，对应定、转子励磁磁场的合成气隙磁场，即

$$\boldsymbol{\psi}_g=\boldsymbol{\psi}_{sg}+\boldsymbol{\psi}_{rg} \tag{4-25}$$

上述磁链矢量与对应励磁电流之间的关联关系可以用对应的电感来表示。注意，此处所述电感并非实际意义上物理线圈之间的励磁电感，而是描述电流矢量与磁链矢量关系的“虚拟”电感量。

对于隐极转子而言，气隙均匀，电流矢量在各方向投影的励磁效果一致，故磁链矢量与对应电流矢量的方向相同，换言之，对应的电感为实数。在定、转子匝数一致等效的条件下，励磁磁链和漏磁链分别表示为

$$\boldsymbol{\psi}_{sg}=M_{sr}\boldsymbol{i}_s \tag{4-26}$$

$$\boldsymbol{\psi}_{rg}=M_{sr}\boldsymbol{i}_r \tag{4-27}$$

$$\boldsymbol{\psi}_{s\sigma}=L_{s\sigma}\boldsymbol{i}_s \tag{4-28}$$

$$\boldsymbol{\psi}_{r\sigma}=L_{s\sigma}\boldsymbol{i}_r \tag{4-29}$$

其中，M_{sr} 为定、转子间的互感，$L_{s\sigma}$ 和 $L_{r\sigma}$ 对应定、转子的漏电感。记定、转子的全电感分别为 $L_r=M_{sr}+L_{r\sigma}$，$L_s=M_{sr}+L_{s\sigma}$，则定、转子磁链矢量可以表示为

$$\boldsymbol{\psi}_s=L_s\boldsymbol{i}_s+M_{sr}\boldsymbol{i}_r \tag{4-30}$$

$$\boldsymbol{\psi}_r=M_{sr}\boldsymbol{i}_s+L_r\boldsymbol{i}_r \tag{4-31}$$

与气隙磁链矢量对应，将定、转子电流的合成矢量定义为等效气隙励磁电流 $\boldsymbol{i}_g$，即

$$\boldsymbol{i}_g=\boldsymbol{i}_s+\boldsymbol{i}_r \tag{4-32}$$

则气隙磁链可以表示为

$$\boldsymbol{\psi}_g=M_{sr}\boldsymbol{i}_g \tag{4-33}$$

上述磁链与电流矢量的关系可以用图 4-5 表示。

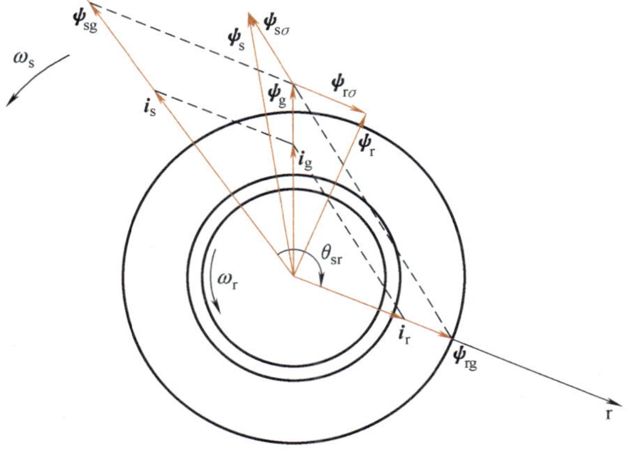

图 4-5 电动机内定、转子电流和各磁链矢量

但是，若转子为凸极结构，气隙不均匀，电流矢量在不同空间方位投影的励磁效果不同，存在凸极效应，合成磁链矢量与励磁电流矢量存在相位差，换言之，对应的电感不再为实数。理论上，若将电感拓展为复数，上述矢量表达关系式仍可成立，这是一个非常有效的推导凸极电机磁链矢量的方法，但这超出

了本书的讨论范畴，仅在附录 B 中略作介绍，供拓展阅读。

分析凸极电机通常的做法是，引入所谓“双反应（双轴）”理论。其基本逻辑是将磁链矢量和电流矢量沿特定坐标轴分解，并分别引入交、直轴电感表征电流分量的不同励磁效果，这样可以回避复数电感的问题。换言之，不再将原型电机作为双端口励磁装置分析，而是作为四端口励磁装置来看待。

在转子凸极的情况下，引入转子固结 DQ 坐标系，定子电流和磁链矢量分别按坐标分量表示为

$$\boldsymbol{i}_s^D = i_D + \mathrm{j} i_Q \tag{4-34}$$

$$\boldsymbol{\psi}_s^D = \psi_D + \mathrm{j}\psi_Q \tag{4-35}$$

其中，i_D 和 i_Q 为 DQ 坐标系下的定子电流分量，ψ_D 和 ψ_Q 为 DQ 坐标系下的定子磁链分量。

在转子固结 DQ 坐标系下，沿着 D 轴和 Q 轴方向，气隙的大小不随转子旋转而改变，因此对应的电感量为常值，一般称为“同步电感”。根据电流、磁链关系式，坐标分解后的磁链与电流的关系记为

$$\psi_D = L_D i_D + L_{Dd} i_d \tag{4-36}$$

$$\psi_Q = L_Q i_Q + L_{Qq} i_q \tag{4-37}$$

上式中，L_D、L_Q 为坐标分解后的定子自感，其分别包含励磁电感 L_{DD} 和 L_{QQ}，及漏感 $L_{D\sigma}$ 和 $L_{Q\sigma}$，且 $L_D = L_{DD} + L_{D\sigma}$，$L_Q = L_{QQ} + L_{Q\sigma}$。$L_{Dd}$、$L_{Qq}$ 为定转子相应轴向的互感。

类似的，也可得到转子磁链表达式，即

$$\psi_d = L_d i_d + L_{dD} i_D \tag{4-38}$$

$$\psi_q = L_q i_q + L_{qQ} i_Q \tag{4-39}$$

其中，L_d 和 L_q 分别为坐标分解后的转子自感，其分别包含励磁电感 L_{dd} 和 L_{qq}，及漏感 $L_{d\sigma}$ 和 $L_{q\sigma}$，且 $L_d = L_{dd} + L_{d\sigma}$，$L_q = L_{qq} + L_{q\sigma}$。$L_{Dd}$、$L_{Qq}$ 亦为坐标分解引入的同步电感，满足

$$L_{dD} = L_{Dd} \tag{4-40}$$

$$L_{qQ} = L_{Qq} \tag{4-41}$$

用矩阵表示，四端口的磁链表达式如下：

$$\begin{pmatrix} \psi_d \\ \psi_q \\ \psi_D \\ \psi_Q \end{pmatrix} = \begin{pmatrix} L_d & 0 & L_{dD} & 0 \\ 0 & L_q & 0 & L_{qQ} \\ L_{Dd} & 0 & L_D & 0 \\ 0 & L_{Qq} & 0 & L_Q \end{pmatrix} \begin{pmatrix} i_d \\ i_q \\ i_D \\ i_Q \end{pmatrix} \tag{4-42}$$

在满足特定匝数关系的前提下，D 轴定、转子的自感与互感之间存在如下关系：

$$L_{dd} = L_{DD} = L_{Dd} \tag{4-43}$$

$$L_{qq} = L_{Qq} = L_{qQ} \tag{4-44}$$

上述分析理论上对于隐极电机也是成立的，此时交直轴的电感相同。

同步电感虽为虚拟电感量，但在电机处于特定状态下也是可以测量或者间接推算得到的，并且同步电感与线圈物理电感量之间也存在确定的对应关系，有关推导参见附录 B。

4.2.3 转子固结 DQ 坐标系下的电压方程

DQ 坐标系与转子固结，对于转子线圈而言，其属于法拉第参考系，所以在 DQ 旋转坐

标系下转子的电压方程为

$$\boldsymbol{u}_{\mathrm{r}}^{\mathrm{D}}=\boldsymbol{i}_{\mathrm{r}}^{\mathrm{D}}R_{\mathrm{r}}+\frac{\mathrm{d}}{\mathrm{d}t}\boldsymbol{\psi}_{\mathrm{r}}^{\mathrm{D}} \tag{4-45}$$

其中，R_{r} 为转子电阻。对于定子而言，转子 DQ 坐标系相对定子线圈存在相对运动，属于非法拉第系，所以在 DQ 旋转坐标系下定子的电压方程应补充牵连运动电动势项，最终表述为

$$\boldsymbol{u}_{\mathrm{s}}^{\mathrm{D}}+\boldsymbol{e}_{\mathrm{ms}}^{\mathrm{D}}=\boldsymbol{i}_{\mathrm{s}}^{\mathrm{D}}R_{\mathrm{s}}+\frac{\mathrm{d}}{\mathrm{d}t}\boldsymbol{\psi}_{\mathrm{s}}^{\mathrm{D}} \tag{4-46}$$

式中，牵连运动电动势 $\boldsymbol{e}_{\mathrm{ms}}^{\mathrm{D}}=-\mathrm{j}\omega_{\mathrm{r}}\boldsymbol{\psi}_{\mathrm{s}}^{\mathrm{D}}$。

4.2.4 任意旋转 MT 坐标系下的电压方程

对于定、转子都为隐极情况，电压方程也可在任意 MT 旋转坐标系下直接建立。

如图 4-6 所示，设任意旋转 MT 坐标系相对定子线圈的旋转角频率为 ω_{s}，相对转子线圈的旋转角频率为 ω_{f}（称为转差频率）。当转子旋转频率为 ω_{r} 时，满足如下频率约束关系：

$$\omega_{\mathrm{s}}=\omega_{\mathrm{f}}+\omega_{\mathrm{r}} \tag{4-47}$$

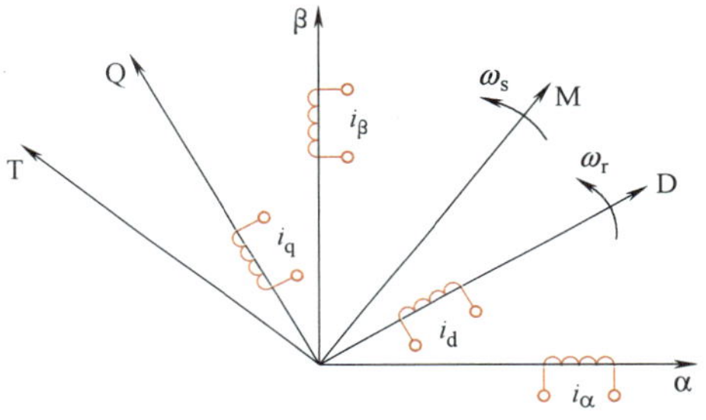

图 4-6 任意 MT 旋转坐标系

定义 $\boldsymbol{i}_{\mathrm{s}}^{\mathrm{M}}$、$\boldsymbol{i}_{\mathrm{r}}^{\mathrm{M}}$、$\boldsymbol{\psi}_{\mathrm{s}}^{\mathrm{M}}$ 和 $\boldsymbol{\psi}_{\mathrm{r}}^{\mathrm{M}}$ 分别为 MT 坐标下的定、转子电流矢量和定、转子磁链矢量，其坐标分解形式为

$$\boldsymbol{i}_{\mathrm{s}}^{\mathrm{M}}=i_{\mathrm{M}}+\mathrm{j}i_{\mathrm{T}} \tag{4-48}$$

$$\boldsymbol{i}_{\mathrm{r}}^{\mathrm{M}}=i_{\mathrm{m}}+\mathrm{j}i_{\mathrm{t}} \tag{4-49}$$

$$\boldsymbol{\psi}_{\mathrm{s}}^{\mathrm{M}}=\psi_{\mathrm{M}}+\mathrm{j}\psi_{\mathrm{T}} \tag{4-50}$$

$$\boldsymbol{\psi}_{\mathrm{r}}^{\mathrm{M}}=\psi_{\mathrm{m}}+\mathrm{j}\psi_{\mathrm{t}} \tag{4-51}$$

式中，i_{M}、i_{T} 分别为定子电流的 M、T 轴分量；i_{m}、i_{t} 分别为转子电流的 M、T 轴分量。

基于 4.2.2 节的推导过程，将 MT 坐标系下的磁链与电流用电感矩阵表示为

$$\begin{pmatrix}\psi_{\mathrm{m}}\\ \psi_{\mathrm{t}}\\ \psi_{\mathrm{M}}\\ \psi_{\mathrm{T}}\end{pmatrix}=\begin{pmatrix}L_{\mathrm{m}} & 0 & L_{\mathrm{mM}} & 0\\ 0 & L_{\mathrm{t}} & 0 & L_{\mathrm{tT}}\\ L_{\mathrm{Mm}} & 0 & L_{\mathrm{M}} & 0\\ 0 & L_{\mathrm{Tt}} & 0 & L_{\mathrm{T}}\end{pmatrix}\begin{pmatrix}i_{\mathrm{m}}\\ i_{\mathrm{t}}\\ i_{\mathrm{M}}\\ i_{\mathrm{T}}\end{pmatrix} \tag{4-52}$$

其中，$L_{\mathrm{m}}=L_{\mathrm{mm}}+L_{\mathrm{m}\sigma}$、$L_{\mathrm{t}}=L_{\mathrm{tt}}+L_{\mathrm{t}\sigma}$，$L_{\mathrm{mm}}$ 和 L_{tt} 分别对应转子映射到 M、T 轴的等效励磁电感，$L_{\mathrm{m}\sigma}$ 和 $L_{\mathrm{t}\sigma}$ 分别为转子映射到 M、T 轴的等效漏感。$L_{\mathrm{mM}}=L_{\mathrm{Mm}}$，$L_{\mathrm{tT}}=L_{\mathrm{Tt}}$，二者均为互感。定子侧变量可采用类似定义。

在 MT 坐标系选为磁场同步坐标系的情况下，亦称电感矩阵各元素为同步电感。考虑到定、转子均为隐极的假设，MT 坐标系下，电感矩阵都为常数。

由于转差频率的存在，同步磁场相对于定、转子均存在相对运动，即 MT 坐标系对于定、转子线圈而言均为非法拉第系。电压方程中均须考虑坐标系相对旋转引起的牵连运动电动势，即

$$\boldsymbol{u}_{\mathrm{s}}^{\mathrm{M}}+\boldsymbol{e}_{\mathrm{ms}}^{\mathrm{M}}=\boldsymbol{i}_{\mathrm{s}}^{\mathrm{M}}R_{\mathrm{s}}+\frac{\mathrm{d}}{\mathrm{d}t}\boldsymbol{\psi}_{\mathrm{s}}^{\mathrm{M}} \tag{4-53}$$

$$\boldsymbol{u}_{\mathrm{r}}^{\mathrm{M}}+\boldsymbol{e}_{\mathrm{mr}}^{\mathrm{M}}=\boldsymbol{i}_{\mathrm{r}}^{\mathrm{M}}R_{\mathrm{r}}+\frac{\mathrm{d}}{\mathrm{d}t}\boldsymbol{\psi}_{\mathrm{r}}^{\mathrm{M}} \tag{4-54}$$

式中，MT 坐标系运动引起的定、转子侧牵连运动电动势分别为

$$\boldsymbol{e}_{\mathrm{ms}}^{\mathrm{M}}=-\mathrm{j}\omega_{\mathrm{s}}\boldsymbol{\psi}_{\mathrm{s}}^{\mathrm{M}} \tag{4-55}$$

$$\boldsymbol{e}_{\mathrm{mr}}^{\mathrm{M}}=-\mathrm{j}\omega_{\mathrm{f}}\boldsymbol{\psi}_{\mathrm{r}}^{\mathrm{M}} \tag{4-56}$$

根据上述磁链电压方程，针对稳态工况，可做出四线圈电机模型的磁链与电压方程对应的空间矢量图。

考虑电压方程后，得到四线圈电机为隐极时如图 4-7 所示的空间矢量图。

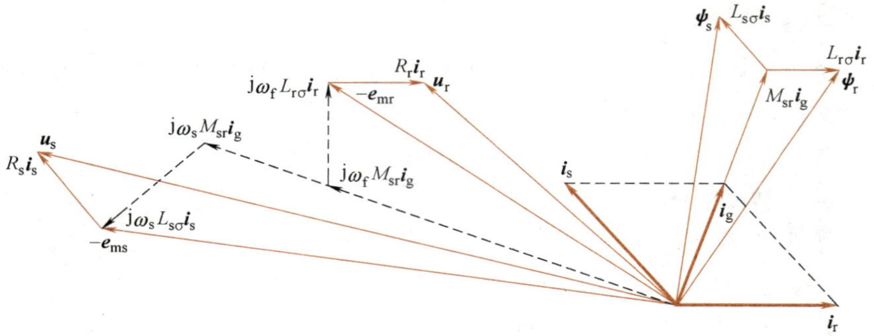

图 4-7 隐极电机空间矢量图

四线圈电机为凸极的情况空间矢量图要考虑的因素更多，且仅在转子同步坐标系下为稳态，有兴趣的读者可自行绘制比较。

4.2.5 转矩方程

原型电机的电磁转矩可直接引用转矩的矢量方程，即电磁转矩等于定、转子磁链正交分量之积，亦可换算为定子磁链矢量与电流矢量的矢量积（叉乘）形式。

在 MT 坐标系下，有

$$t_{\mathrm{e}}=|\boldsymbol{\psi}_{\mathrm{s}}^{\mathrm{M}}\times\boldsymbol{i}_{\mathrm{s}}^{\mathrm{M}}|=\psi_{\mathrm{M}}i_{\mathrm{T}}-\psi_{\mathrm{T}}i_{\mathrm{M}} \tag{4-57}$$

代入磁链表达式，可得到如下原型电机转矩基本方程，即

$$t_{\mathrm{e}}=(L_{\mathrm{M}}-L_{\mathrm{T}})i_{\mathrm{M}}i_{\mathrm{T}}+L_{\mathrm{Mm}}i_{\mathrm{m}}i_{\mathrm{T}}-L_{\mathrm{Tt}}i_{\mathrm{t}}i_{\mathrm{M}} \tag{4-58}$$

这是一个非常重要的基础表达式。对于隐极转子，其适用范围为任意 MT 坐标系，此时，考虑到 $L_{\mathrm{M}}=L_{\mathrm{T}}\triangleq L_{\mathrm{s}}$，$L_{\mathrm{Mm}}=L_{\mathrm{Tt}}\triangleq M_{\mathrm{sr}}$，转矩方程可简化为

$$t_{\mathrm{e}}=M_{\mathrm{sr}}(i_{\mathrm{m}}i_{\mathrm{T}}-i_{\mathrm{t}}i_{\mathrm{M}}) \tag{4-59}$$

对于凸极转子，其适用于转子固结坐标系（即 DQ 坐标系）。针对四线圈原型电机，考虑转子同步 DQ 坐标系坐标分解，得到

$$t_{\mathrm{e}}=|\boldsymbol{\psi}_{\mathrm{s}}^{\mathrm{D}}\times\boldsymbol{i}_{\mathrm{s}}^{\mathrm{D}}|=\psi_{\mathrm{D}}i_{\mathrm{Q}}-\psi_{\mathrm{Q}}i_{\mathrm{D}}=(L_{\mathrm{D}}-L_{\mathrm{Q}})i_{\mathrm{D}}i_{\mathrm{Q}}+L_{\mathrm{Dd}}i_{\mathrm{d}}i_{\mathrm{Q}}-L_{\mathrm{Qq}}i_{\mathrm{q}}i_{\mathrm{D}} \tag{4-60}$$

当然，上述转矩表达式，也可以根据磁共能直接对转子坐标求偏导得到。

选转子电流定向的 DQ 坐标系，D 轴和 Q 轴磁共能均为两线圈储能，磁共能分别表示为

$$W_{\mathrm{cD}}=\frac{1}{2}L_{\mathrm{D}}i_{\mathrm{D}}^{2}+L_{\mathrm{Dd}}i_{\mathrm{d}}i_{\mathrm{D}}+\frac{1}{2}L_{\mathrm{d}}i_{\mathrm{d}}^{2} \tag{4-61}$$

$$W_{cQ}=\frac{1}{2}L_Q i_Q^2+L_{Qq}i_q i_Q+\frac{1}{2}L_q i_q^2 \tag{4-62}$$

转矩表达式为

$$t_e=\frac{\partial W_c}{\partial\theta_{sr}}=\frac{\partial}{\partial\theta_{sr}}(W_{cD}+W_{cQ}) \tag{4-63}$$

$$\frac{\partial W_c}{\partial\theta_{sr}}=\frac{\partial W_c}{\partial i_D}\frac{\partial i_D}{\partial\theta_{sr}}+\frac{\partial W_c}{\partial i_Q}\frac{\partial i_Q}{\partial\theta_{sr}}+\frac{\partial W_c}{\partial i_d}\frac{\partial i_d}{\partial\theta_{sr}}+\frac{\partial W_c}{\partial i_q}\frac{\partial i_q}{\partial\theta_{sr}} \tag{4-64}$$

考虑到电流的极坐标表示，$i_D=I_s\cos\beta$，$i_Q=I_s\sin\beta$，得到如下关系式：

$$\frac{\partial}{\partial\theta_{sr}}\beta=-1 \tag{4-65}$$

$$\frac{\partial}{\partial\theta_{sr}}i_D=i_Q \tag{4-66}$$

$$\frac{\partial}{\partial\theta_{sr}}i_Q=-i_D \tag{4-67}$$

$$\frac{\partial}{\partial\theta_{sr}}I_s=\frac{\partial}{\partial\theta_{sr}}i_d=\frac{\partial}{\partial\theta_{sr}}i_q=0 \tag{4-68}$$

可以得到与式（4-60）完全一样的转矩表达式。

4.3 四线圈原型电机的输入、输出特性

上面介绍了四线圈原型电机物理模型，并推导了不同坐标系下的磁链、电压以及转矩表达式。进一步可以给出四线圈原型电机的基本输入、输出特性，即四个电端口的电流、电压的约束以及机械端口的转矩输出性能。

4.3.1 输入端口电流、电压约束

电机由逆变器供电，逆变器输出电流的能力受到本身容量的限制，因此定、转子电流受供电极限值 I_{sm}、I_{rm} 制约，用任意 MT 坐标系下的定子以及转子电流矢量表示电流极限圆约束关系为

$$i_M^2+i_T^2\leqslant I_{sm}^2 \tag{4-69}$$

$$i_m^2+i_t^2\leqslant I_{rm}^2 \tag{4-70}$$

逆变器向电机所能提供的定、转子电压极限值 U_{sm}、U_{rm} 受到电源输出电压的限制。在任意 MT 坐标系下，定、转子电压约束可以表示成

$$u_M^2+u_T^2\leqslant U_{sm}^2 \tag{4-71}$$

$$u_m^2+u_t^2\leqslant U_{rm}^2 \tag{4-72}$$

根据前面的分析，电机在稳态工况下，忽略电阻压降，当转速恒定，即定子电角频率 ω_s 和转子转差频率 ω_f 恒定时，在电流相平面上，电压约束表现为如下椭圆方程：

$$(L_M i_M+L_{Mm}i_m)^2+(L_T i_T+L_{Tt}i_t)^2\leqslant\left(\frac{U_{sm}}{\omega_s}\right)^2 \tag{4-73}$$

$$(L_m i_m + L_{mM} i_M)^2 + (L_t i_t + L_{tT} i_T)^2 \leqslant \left(\frac{U_{rm}}{\omega_f}\right)^2 \tag{4-74}$$

其实电压约束本质上是对磁链变化率的约束，在给定磁链幅值情况下就是对磁链旋转角频率的约束。所以电压约束关系也可选磁链为状态变量表示为如下圆方程：

$$\psi_M^2 + \psi_T^2 \leqslant \left(\frac{U_{sm}}{\omega_s}\right)^2 \tag{4-75}$$

$$\psi_m^2 + \psi_t^2 \leqslant \left(\frac{U_{rm}}{\omega_f}\right)^2 \tag{4-76}$$

4.3.2　不同磁场定向方式下的 MTPA 运行

MT 坐标系在选作与磁场同步旋转的前提下，可将各电磁量表示为（准）直流量，便于分析。进一步，MT 坐标系可选取不同的“磁场定向控制（FOC）”方位，以进一步便利矢量控制，比如实现定子电流的最大转矩电流比（Maximum Torque Per Ampere，MTPA）运行控制。常见的磁场定向方式包括转子电流定向、定子电流定向、转子磁场定向等。

1. 转子电流定向

采用转子电流定向，MT 同步坐标系的直轴取向与转子电流同方向，此时定、转子电流矢量的关系如图 4-8 所示。

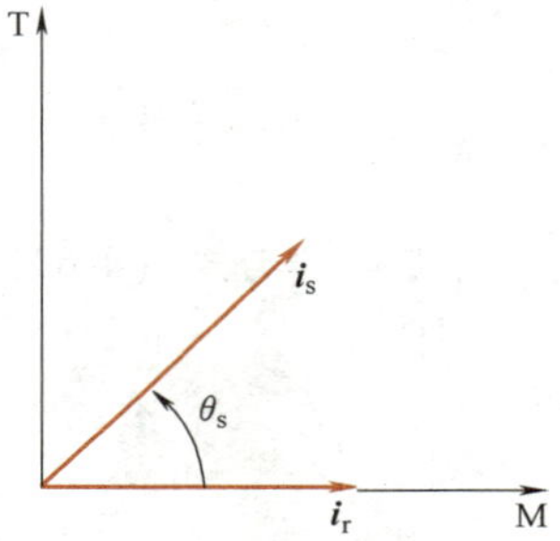

图 4-8　转子电流定向

其中，θ_s 为 MT 坐标系下定子电流的相角，图示状态 $\theta_s>0$。采用转子电流定向，定、转子电流满足

$$\begin{cases} i_m = I_r \\ i_t = 0 \end{cases} \tag{4-77}$$

$$\begin{cases} i_M = I_s \cos\theta_s \\ i_T = I_s \sin\theta_s \end{cases} \tag{4-78}$$

此时，四线圈原型电机模型的转矩基本方程可简化为

$$t_e = (L_M - L_T) i_M i_T + L_{Mm} i_m i_T \tag{4-79}$$

当定子电流幅值 I_s 和转子电流幅值 I_r 给定时，满足 MTPA 的定子电流曲线满足

$$\frac{\partial t_e}{\partial \theta_s} = 0 \tag{4-80}$$

即

$$(L_M - L_T)\frac{\partial i_M}{\partial \theta_s} i_T + (L_M - L_T) i_M \frac{\partial i_T}{\partial \theta_s} + L_{Mm} i_m \frac{\partial i_T}{\partial \theta_s} = 0 \tag{4-81}$$

考虑到

$$\frac{\partial i_T}{\partial \theta_s} = i_M,\ \frac{\partial i_M}{\partial \theta_s} = -i_T \tag{4-82}$$

若转子为凸极式转子，即 $L_M \neq L_T$，上式化简后可以求得

$$i_T = \pm\sqrt{i_M^2 + \frac{L_{Mm} i_m i_M}{(L_M - L_T)}} \tag{4-83}$$

若转子为隐极式转子，即 $L_M = L_T$，MTPA 控制电流选取规则为 $i_M = 0$。

2. 定子电流定向

采用定子电流定向，MT 同步坐标系的直轴取向与定子电流同方向。此时，MT 同步坐标系中定、转子电流矢量的关系如图 4-9 所示。

类似的，θ_r 为 MT 坐标系下转子电流的相角，图示状态 $\theta_r < 0$。采用定子电流定向，定转子电流满足条件：

$$\begin{cases} i_m = I_r \cos\theta_r \\ i_t = I_r \sin\theta_r \end{cases} \tag{4-84}$$

$$\begin{cases} i_M = I_s \\ i_T = 0 \end{cases} \tag{4-85}$$

此时，四线圈原型电机的转矩基本方程可简化为

$$t_e = -L_{Tt} i_t i_M \tag{4-86}$$

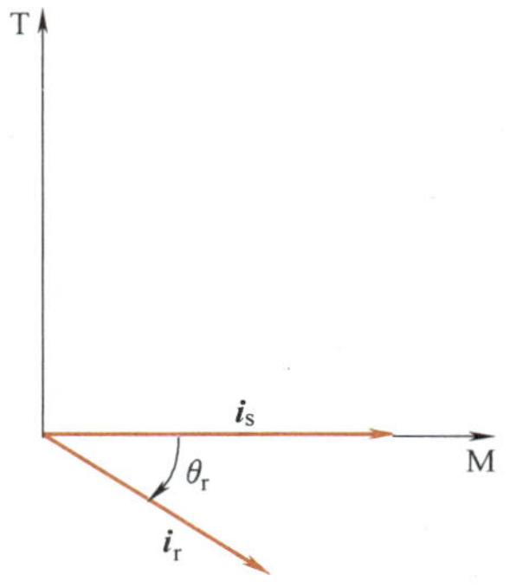

图 4-9　定子电流定向

定子电流定向，就意味着需要控制转子电流来实现最大转矩的输出。当转子电流幅值 I_r 和定子电流幅值 I_s 给定时，满足 MTPA 的转子电流曲线满足

$$\frac{\partial t_e}{\partial \theta_r} = 0 \tag{4-87}$$

考虑到$\partial i_t / \partial \theta_r = i_m$，即

$$i_m = 0 \tag{4-88}$$

3. 转子磁场定向

转子磁场定向时，MT 同步坐标系的直轴取向与转子气隙磁场取向一致。此时，MT 同步坐标系中定、转子电流矢量的关系如图 4-10 所示，图中 θ_{gs}、θ_{gr} 分别表示定、转子电流的相角。

任意 MT 坐标系下，转子的磁链方程可以表示成

$$\boldsymbol{\psi}_r^M = \psi_m + j\psi_t = L_m i_m + L_{mM} i_M + j(L_t i_t + L_{tT} i_T) \tag{4-89}$$

沿转子磁场轴线定向，就意味着转子磁链的 T 轴分量 $\psi_t = 0$，据此可以得到

$$i_t = -\frac{L_{tT}}{L_t} i_T \tag{4-90}$$

该式体现了，为维持转子磁场定向约束，T 轴磁动势的平衡关系。此时，四线圈原型电机的转矩基本方程可简化为

$$t_e = (L_M - L_T) i_M i_T + L_{Mm} i_m i_T + \frac{L_{tT}^2}{L_{tt} + L_{r\sigma}} i_T i_M \tag{4-91}$$

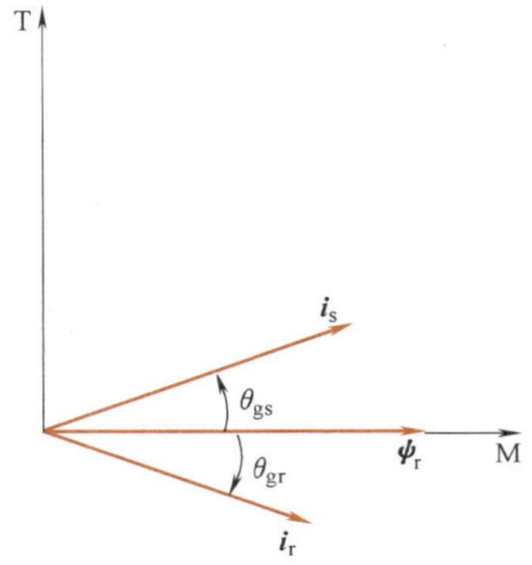

图 4-10　转子磁场定向

可见，以转子磁场定向，转矩同时受定、转子电流各分量的影响。当定子电流幅值 I_s 给定时，满足 MTPA 的定子电流曲线满足

$$\frac{\partial t_e}{\partial \theta_{gs}} = 0 \tag{4-92}$$

可推算出

$$(L_M - L_T)(i_M^2 - i_T^2) + L_{Mm} i_m i_M + L_{Mm} \frac{\partial i_m}{\partial \theta_{gs}} i_T + \frac{L_{tT}^2}{L_{tt} + L_{r\sigma}} (i_M^2 - i_T^2) = 0 \tag{4-93}$$

对于转子隐极情况，满足 $L_M = L_T$、$L_{Mm} = L_{tT} = M_{sr}$ 以及 $L_t = L_m = L_r$。进一步假设

$$\frac{\partial i_m}{\partial \theta_{gr}} = 0 \tag{4-94}$$

即维持 $\boldsymbol{i}_r$ 在 M 轴的投影不变，这相当于转子励磁电流分量恒定约束。化简后得到此时的 MTPA 电流条件满足如下约束关系：

$$i_T = \pm \sqrt{i_M^2 + \frac{L_r i_m i_M}{M_{sr}}} \tag{4-95}$$

上述推导了四线圈原型电机模型的电流极限圆、电压极限椭圆以及不同磁场定向下的转矩表达式和 MTPA 曲线的求解。对于不同拓扑结构的电机，可以根据转子是否有励磁绕组以及励磁绕组的特点来选择磁场定向方式进行分析，上述推导具有一定的普适性。

4.3.3 功率特性

1. 单相交流电路中的有功功率和功率因数

单相交流电的瞬时功率不是定值，功率在一个周期内的平均值称为**有功功率**，也称为**平均功率**，单位为瓦（W），即

$$P = \frac{1}{2} U_m I_m \cos\varphi \tag{4-96}$$

式中，U_m、I_m 分别为电压和电流的最大值。有功功率是保持用电设备正常运行所需的电功率，也就是将电能转换为其他形式（机械能、光能、热能）的电功率。

在具有电感和电容的交流电路里，电感或电容的储能特性造成电压和电流存在相位差，由此引起电能在电源与用电设备之间往复交换但不做功，为此，定义**无功功率**，单位为乏（Var），即

$$Q = \frac{1}{2} U_m I_m \sin\varphi \tag{4-97}$$

在具有电阻和电抗的电路内，电压与电流有效值的乘积叫作**视在功率**，以字母 S 表示，单位为伏安（VA）。视在功率 S 与有功功率 P、无功功率 Q 的关系式为

$$S = \frac{1}{2} U_m I_m = \sqrt{P^2 + Q^2} \tag{4-98}$$

功率因数用来表示有功功率所占的比率，其计算公式为

$$\cos\varphi = \frac{P}{S} \tag{4-99}$$

视在功率、有功功率和无功功率满足功率三角形，如图 4-11 所示。

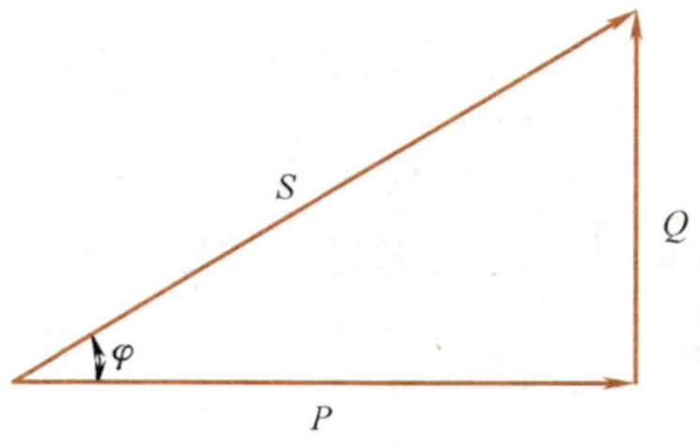

图 4-11　交流电功率的功率三角形

2. 用空间矢量表示正交两相电路中的功率

由空间矢量的定义可知，空间矢量表达与相电流、电压和功率因数之间存在直接的映射关联关系。

设定子侧输入两相正交电流 $i_\alpha = I_s \cos(\omega t)$，$i_\beta = I_s \sin(\omega t)$，

对应的两相正交电压 $u_\alpha = U_s\cos(\omega t+\varphi)$，$u_\beta = U_s\sin(\omega t+\varphi)$，容易验证，电压、电流矢量的夹角满足

$$<\boldsymbol{i}_s, \boldsymbol{u}_s> = \varphi \tag{4-100}$$

对于上述的正交两相电路，由于其每相的相电流、相电压有效值均相等，且功率因数角也相等，故每相的有功功率和无功功率均相等，即

$$P_\phi = \frac{1}{2}U_s I_s\cos\varphi \tag{4-101}$$

$$Q_\phi = \frac{1}{2}U_s I_s\sin\varphi \tag{4-102}$$

而对于两（多）相电机而言，电功率是各相的电功率的叠加，故有

$$P_s = 2P_\phi = U_s I_s\cos\varphi \tag{4-103}$$

$$Q_s = 2Q_\phi = U_s I_s\sin\varphi \tag{4-104}$$

考虑到，$|\boldsymbol{u}_s| = \sqrt{u_\alpha^2+u_\beta^2} = U_s$，$|\boldsymbol{i}_s| = \sqrt{i_\alpha^2+i_\beta^2} = I_s$，且功率因数角就是电压矢量和电流矢量的夹角，因此有

$$P_s = U_s I_s\cos\varphi = |\boldsymbol{u}_s||\boldsymbol{i}_s|\cos<\boldsymbol{i}_s, \boldsymbol{u}_s> = \boldsymbol{u}_s \cdot \boldsymbol{i}_s \tag{4-105}$$

$$Q_s = U_s I_s\sin\varphi = |\boldsymbol{u}_s||\boldsymbol{i}_s|\sin<\boldsymbol{i}_s, \boldsymbol{u}_s> = |\boldsymbol{i}_s\times\boldsymbol{u}_s| \tag{4-106}$$

这就是功率的空间矢量表达式。

3. 原型电机的功率特性

四线圈电机模型的有功功率流如图 4-12 所示。

定义功率流的正方向如下：

1）设（定、转子）电源电能向气隙磁场传递为功率流正方向。

2）气隙磁场生成电磁转矩，使转子输出机械功为功率流正方向。

因此，可以列出定子侧、转子侧以及总体的功率平衡方程。

对于定、转子绕组，有

$$P_s = P_{es} + P_{Rs} \tag{4-107}$$

$$P_r = P_{er} + P_{Rr} \tag{4-108}$$

对于气隙侧，

$$P_{em} = P_{es} + P_{er} \tag{4-109}$$

对于总体，

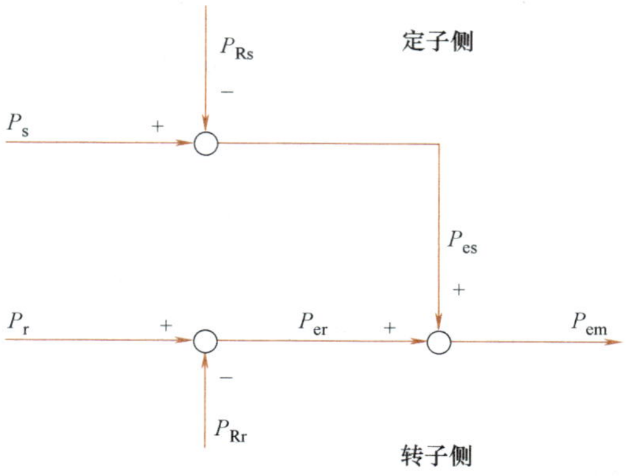

图 4-12 四线圈电机模型的有功功率流

$$P_s + P_r = P_{em} + P_{Rs} + P_{Rr} \tag{4-110}$$

式中，P_{Rs}、P_{Rr} 为定、转子侧耗散功率，假设四线圈电机为隐极结构，设 α 是 $\boldsymbol{i}_s$ 与 $\boldsymbol{i}_r$ 的夹角，且 $\boldsymbol{i}_s$ 超前 $\boldsymbol{i}_r$ 时 α 为正，设 R_s、R_r 分别为定、转子等效电阻（包括铁损、铜损等分量在内），则有功功率表达式如下：

$$\begin{aligned} P_s &= \boldsymbol{u}_s \cdot \boldsymbol{i}_s \\ &= R_s\boldsymbol{i}_s \cdot \boldsymbol{i}_s + \omega_s L_{s\sigma}(\mathrm{j}\boldsymbol{i}_s) \cdot \boldsymbol{i}_s + \omega_s M_{sr}(\mathrm{j}\boldsymbol{i}_s) \cdot \boldsymbol{i}_s + \omega_s M_{sr}(\mathrm{j}\boldsymbol{i}_r) \cdot \boldsymbol{i}_s \end{aligned}$$

$$=R_{s}i_{s}^{2}+\omega_{s}M_{sr}i_{r}i_{s}\sin\alpha \tag{4-111}$$

$$P_{Rs}=R_{s}i_{s}^{2} \tag{4-112}$$

$$P_{es}=\omega_{s}M_{sr}i_{r}i_{s}\sin\alpha \tag{4-113}$$

由上述推导可知，定子侧的漏磁通和主磁通的自感部分不参与有用功传递，而主磁通的互感部分做有用功，将定子侧电能向气隙磁场传递，且该有功功率可通过 α 调节。类似的，

$$\begin{aligned}P_{r}&=\boldsymbol{u}_{r}\cdot\boldsymbol{i}_{r}\\&=R_{r}\boldsymbol{i}_{r}\cdot\boldsymbol{i}_{r}+\omega_{f}L_{r\sigma}(j\boldsymbol{i}_{r})\cdot\boldsymbol{i}_{r}+\omega_{f}M_{sr}(j\boldsymbol{i}_{r})\cdot\boldsymbol{i}_{r}+\omega_{f}M_{sr}(j\boldsymbol{i}_{s})\cdot\boldsymbol{i}_{r}\\&=R_{r}i_{r}^{2}-\omega_{f}M_{sr}i_{r}i_{s}\sin\alpha\end{aligned} \tag{4-114}$$

$$P_{Rr}=R_{r}i_{r}^{2} \tag{4-115}$$

$$P_{er}=-\omega_{f}M_{sr}i_{r}i_{s}\sin\alpha \tag{4-116}$$

同理，转子侧的漏磁通和主磁通的自感部分也不做有用功，而主磁通的互感部分做有用功，将转子侧电能向气隙磁场传递。且该有功功率可通过 α 调节，即

$$P_{em}=P_{es}+P_{er}=\omega_{r}M_{sr}i_{r}i_{s}\sin\alpha=\omega_{r}t_{e} \tag{4-117}$$

可见，气隙磁场生成电磁转矩，使得转子向外输出机械功的功率与其转矩公式相互对应。

若四线圈电机为凸极，则有

$$\begin{aligned}P_{s}&=\boldsymbol{u}_{s}\cdot\boldsymbol{i}_{s}\\&=u_{D}i_{D}+u_{Q}i_{Q}\\&=R_{s}i_{s}^{2}+\omega_{s}(L_{DD}-L_{QQ})i_{D}i_{Q}+\omega_{s}(L_{Dd}i_{d}i_{Q}-L_{Qq}i_{q}i_{D})\end{aligned} \tag{4-118}$$

$$P_{es}=\omega_{s}(L_{DD}-L_{QQ})i_{D}i_{Q}+\omega_{s}(L_{Dd}i_{d}i_{Q}-L_{Qq}i_{q}i_{D}) \tag{4-119}$$

$$\begin{aligned}P_{r}&=\boldsymbol{u}_{r}\cdot\boldsymbol{i}_{r}\\&=u_{d}i_{d}+u_{q}i_{q}\\&=R_{r}i_{r}^{2}+\omega_{f}(L_{dd}-L_{qq})i_{d}i_{q}-\omega_{f}(L_{Qq}i_{d}i_{Q}-L_{Dd}i_{q}i_{D})\end{aligned} \tag{4-120}$$

$$P_{er}=\omega_{f}(L_{dd}-L_{qq})i_{d}i_{q}-\omega_{f}(L_{Qq}i_{d}i_{Q}-L_{Dd}i_{q}i_{D}) \tag{4-121}$$

当然，凸极电机的转差频率一般为 0，则

$$P_{em}=\omega_{s}(L_{DD}-L_{QQ})i_{D}i_{Q}+\omega_{s}(L_{Dd}i_{d}i_{Q}-L_{Qq}i_{q}i_{D})=\omega_{s}t_{e} \tag{4-122}$$

可见，气隙磁场生成电磁转矩，使得转子向外输出机械功的功率与其转矩公式相互对应。

4. 无功功率和功率因数角

仍假设四线圈电机为隐极，则有

$$\begin{aligned}Q_{s}&=|\boldsymbol{i}_{s}\times\boldsymbol{u}_{s}|\\&=|\boldsymbol{i}_{s}\times[R_{s}\boldsymbol{i}_{s}+\omega_{s}L_{s\sigma}(j\boldsymbol{i}_{s})+\omega_{s}M_{sr}(j\boldsymbol{i}_{s})+\omega_{s}M_{sr}(j\boldsymbol{i}_{r})]|\\&=\omega_{s}L_{s\sigma}i_{s}^{2}+\omega_{s}M_{sr}i_{s}^{2}+\omega_{s}M_{sr}i_{r}i_{s}\cos\alpha\end{aligned} \tag{4-123}$$

$$\begin{aligned}Q_{r}&=|\boldsymbol{i}_{r}\times\boldsymbol{u}_{r}|\\&=|\boldsymbol{i}_{r}\times[R_{r}\boldsymbol{i}_{r}+\omega_{f}L_{r\sigma}(j\boldsymbol{i}_{r})+\omega_{f}M_{sr}(j\boldsymbol{i}_{r})+\omega_{f}M_{sr}(j\boldsymbol{i}_{s})]|\\&=\omega_{f}L_{r\sigma}i_{r}^{2}+\omega_{f}M_{sr}i_{r}^{2}+\omega_{f}M_{sr}i_{r}i_{s}\cos\alpha\end{aligned} \tag{4-124}$$

由上述推导可知，定、转子的漏磁通、主磁通的自感部分全部生成无功功率，即它们全

部用于建立磁场；而主磁通的互感部分也会生成无功功率，且该无功功率可通过 α 调节。

若四线圈电机为凸极，则有

$$\begin{aligned} Q_s &= |\boldsymbol{i}_s \times \boldsymbol{u}_s| = u_Q i_D - u_D i_Q \\ &= \omega_s L_{s\sigma} i_s^2 + \omega_s L_{DD} i_D^2 + \omega_s L_{QQ} i_Q^2 + \omega_s (L_{Dd} i_d i_D + L_{Qq} i_q i_Q) \end{aligned} \tag{4-125}$$

$$\begin{aligned} Q_r &= |\boldsymbol{i}_r \times \boldsymbol{u}_r| = u_q i_d - u_d i_q \\ &= \omega_f L_{r\sigma} i_r^2 + \omega_f L_{dd} i_d^2 + \omega_f L_{qq} i_q^2 + \omega_f (L_{Dd} i_d i_D + L_{Qq} i_q i_Q) \end{aligned} \tag{4-126}$$

当然，凸极电机的转差频率一般为 0，故 $Q_r = 0$。

四线圈电机的定、转子侧功率因数角分别定义为

$$\tan\varphi_s = \frac{Q_s}{P_s} \tag{4-127}$$

$$\tan\varphi_r = \frac{Q_r}{P_r} \tag{4-128}$$

若四线圈电机为隐极，则

$$\tan\varphi_s = \frac{L_{s\sigma} i_s^2 + M_{sr} i_s^2 + M_{sr} i_r i_s \cos\alpha}{\dfrac{R_s i_s^2}{\omega_s} + M_{sr} i_r i_s \sin\alpha} \tag{4-129}$$

$$\tan\varphi_r = \frac{L_{r\sigma} i_r^2 + M_{sr} i_r^2 + M_{sr} i_r i_s \cos\alpha}{\dfrac{R_r i_r^2}{\omega_f} - M_{sr} i_r i_s \sin\alpha} \tag{4-130}$$

若四线圈电机为凸极，则

$$\tan\varphi_s = \frac{L_{s\sigma} i_s^2 + L_{DD} i_D^2 + L_{QQ} i_Q^2 + L_{Dd} i_d i_D + L_{Qq} i_q i_Q}{\dfrac{R_s i_s^2}{\omega_s} + (L_{DD} - L_{QQ}) i_D i_Q + (L_{Dd} i_d i_Q - L_{Qq} i_q i_D)} \tag{4-131}$$

$$\tan\varphi_r = \frac{L_{r\sigma} i_r^2 + L_{dd} i_d^2 + L_{qq} i_q^2 + (L_{Dd} i_d i_D + L_{Qq} i_q i_Q)}{\dfrac{R_r i_r^2}{\omega_f} + (L_{dd} - L_{qq}) i_d i_q - (L_{Qq} i_d i_Q - L_{Dd} i_q i_D)} \tag{4-132}$$

当然，凸极电机的转差频率一般为 0，故 $\tan\varphi_r = 0$。

4.4　基于原型电机分析直流电机和变压器

前面基于四线圈原型电机物理模型分析了定转子磁链、电压方程和转矩的表达式，并分析了原型电机的电端口的输入约束条件，以及不同磁场定向下的转矩表达和 MTPA 电流约束关系。

下面介绍四线圈原型电机物理模型与典型电机的等效转换关系。参照电机学的表述，后续尽可能用“绕组”代替线圈，以体现电机的真实部件属性。

电机中最常见的空间矢量等效原则是磁动势等效原则。在空间上分布的多相绕组通入特定顺序的电流，则会产生一个合成磁动势，该磁动势可以表示成一个空间矢量，对于电机来说，该磁动势是一个旋转的磁动势波。根据前述分析，可以用一套正交的两相绕组通以特定

的电流产生等效的合成旋转磁动势，并用空间矢量指代和表征。

同理，三相或者多相绕组中的其他变量如电压和磁链产生的空间矢量，也可以通过空间矢量的形式等效到两相绕组。因此空间矢量的合成与等效原则是本章提出四线圈原型电机推广到不同类型的多相交流电机的数理基础。

在此先简要介绍直流电机和变压器的原型电机等效表征，后续章节会更详细地讨论永磁同步电机和感应电机的原型电机等效。

4.4.1 直流电机

直流电机的定子为永磁体励磁或直流励磁。转子为直流供电，但是通过换向器使得转子固结电枢绕组励磁电流“逆变”为交流，并且转子基波磁场的轴线在空间上也是静止的，与定子磁场保持确定的相位关系。选择定子励磁绕组（α 绕组）的轴线为 M 轴，则 MT 坐标系在空间上静止，与定子励磁绕组固结，如图 4-13 所示。

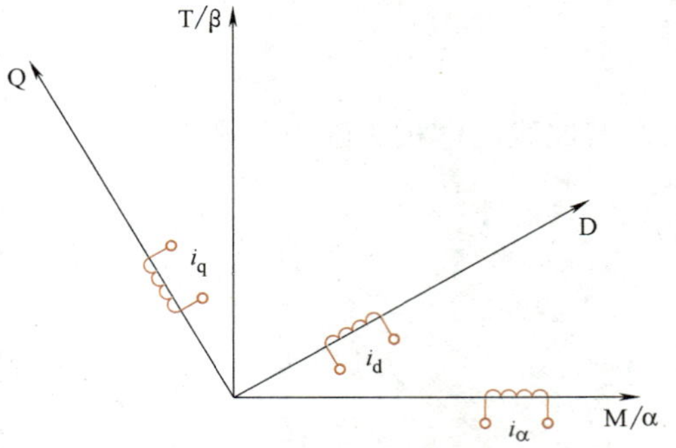

图 4-13 直流电机等效四线圈物理模型

定子励磁电流只有 M 轴分量 i_M，$i_T=0$，定子磁链可以表示成

$$\psi_M = L_M i_M + M_{sr} i_m \tag{4-133}$$

在 MT 坐标系下，转子的磁链方程可以写成

$$\boldsymbol{\psi}_r^M = \psi_m + j\psi_t \tag{4-134}$$

式中，$\psi_m = L_r i_m + M_{sr} i_M$，$\psi_t = L_r i_t$。

对于直流电机来说，转子电枢电流在几何中心线上产生的磁场为 0，也就意味着转子 M 轴磁链分量中的 $L_r i_m = 0$，即 $i_m = 0$，也可认为转子 m 轴绕组始终开路。

由于静止 MT 坐标系对于转子绕组存在相对运动且旋转角频率为$-\omega_r$，为非法拉第系，所以建立转子电压方程时须考虑牵连运动电动势，即

$$\boldsymbol{u}_r^M + \boldsymbol{e}_{mr}^M = \boldsymbol{i}_r^M R_r + \frac{d}{dt}\boldsymbol{\psi}_r^M \tag{4-135}$$

式中，$\boldsymbol{u}_r^M = u_m + ju_t$，$\boldsymbol{i}_r^M = ji_t$。将转子的牵连运动电动势展开

$$\boldsymbol{e}_{mr}^M = -j(-\omega_r)\boldsymbol{\psi}_r^M = j\omega_r\boldsymbol{\psi}_r^M = j\omega_r(\psi_m + j\psi_t) \tag{4-136}$$

对电压方程进行化简，得到

$$u_m = \omega_r L_r i_t + M_{sr}\frac{d}{dt}i_M \tag{4-137}$$

$$u_t = \omega_r M_{sr} i_M + i_t R_r + L_r\frac{d}{dt}i_t \tag{4-138}$$

式中，i_M 为直流，稳态情况下 $di_M/dt=0$，最终的 t 轴电压方程为

$$u_t = \omega_r M_{sr} i_M + i_t R_r + L_r\frac{d}{dt}i_t \tag{4-139}$$

m 轴的开路电压为

$$u_m = \omega_r L_r i_t \tag{4-140}$$

基于四线圈原型电机的转矩基本方程，可以写出直流电机的转矩表达式，即

$$t_e = M_{sr}(i_m i_T - i_t i_M) = -M_{sr} i_t i_M = -\psi_m i_t \tag{4-141}$$

4.4.2　两相正交变压器

变压器是典型的交流磁路。变压器的种类很多，但各种变压器的工作过程基本类似。单相变压器的工作原理如图 4-14 所示。在绕组 1 上外施一交流电压 u_1，便有电流 i_1 流入，因而在铁心中激励一交变磁通 ϕ。磁通 ϕ 同时也与绕组 2 相匝链，由于磁通 ϕ 的交变作用，在绕组 2 中便感应出电势 e_2。绕组的感应电势正比于它的匝数，因此只要改变绕组 2 的匝数，便能改变感应电势 e_2 的数值。如果绕组 2 接上用电设备，绕组 2 便有电能输出，这就是变压器的工作原理。因此变压器就是以磁场为媒介，利用电磁感应原理将绕组 1 中的电能传递给绕组 2 的一种静止的电能转换器。

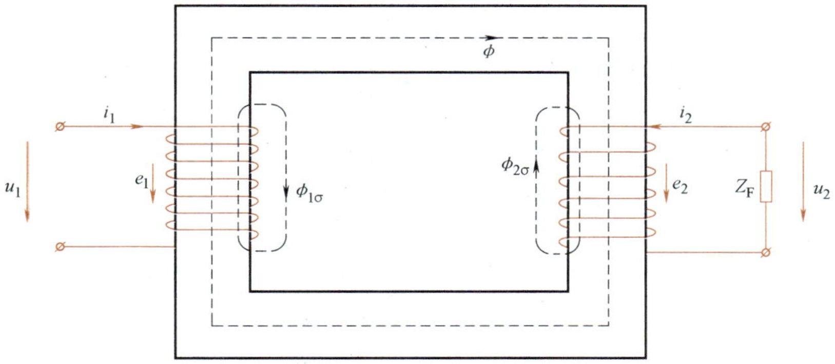

图 4-14　单相变压器的工作原理

绕组 1 吸收电能，被称为一次绕组，亦称为初级或原边，有关一次绕组的各量均以下标“1”来表示，例如一次侧的功率、电流、电阻分别为 P_1、i_1、R_1。绕组 2 输出电能，被称为二次绕组，亦称为次级或副边，有关二次绕组的各量均以下标“2”来表示，例如二次侧的功率、电流、电阻分别为 P_2、i_2、R_2。

机械端口固结的电机可与变压器等效，本章所提出的四线圈原型电机物理模型可以用于分析两相正交变压器，此时转子与定子对齐固定不动，并且保证气隙磁阻尽可能小或者彻底取消气隙，其结构原理如图 4-15 所示。

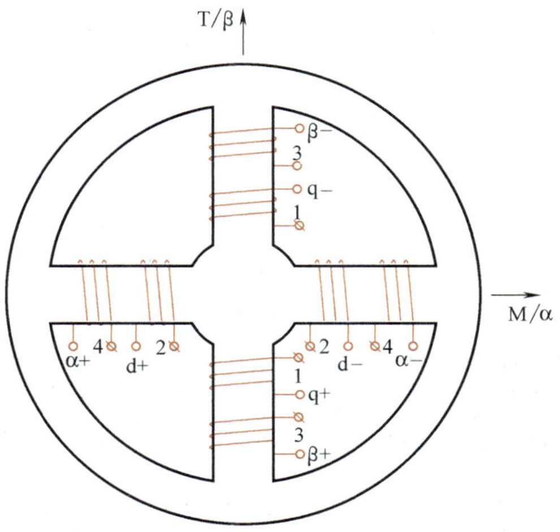

图 4-15　两相正交变压器等效四线圈结构原理

选取磁场同步 MT 坐标系进行分析。变压器一次（定子）、二次（转子）的磁链方程与四线圈原型电机的磁链方程基本一致。

假设 $L_M = L_T = L_1 = L_{11} + L_{1\sigma}$，$L_m = L_t = L_2 = L_{22} + L_{2\sigma}$，且定义变压器的电压比为

$$\kappa = \frac{N_1}{N_2} \tag{4-142}$$

设磁路的磁阻为 R_g，则 $L_{11}=N_1^2/R_g$，$L_{22}=N_2^2/R_g$，$M_{sr}=N_1N_2/R_g$，故满足 $L_{11}=\kappa M_{sr}$，$L_{22}=M_{sr}/\kappa$。变压器的一次、二次线圈的磁链方程为

$$\boldsymbol{\psi}_1=L_1\boldsymbol{i}_1+M_{sr}\boldsymbol{i}_2=L_{1\sigma}\boldsymbol{i}_1+\kappa M_{sr}\left(\boldsymbol{i}_1+\frac{1}{\kappa}\boldsymbol{i}_2\right) \tag{4-143}$$

$$\boldsymbol{\psi}_2=L_2\boldsymbol{i}_2+M_{sr}\boldsymbol{i}_1=L_{2\sigma}\boldsymbol{i}_2+M_{sr}\left(\boldsymbol{i}_1+\frac{1}{\kappa}\boldsymbol{i}_2\right) \tag{4-144}$$

仍定义等效励磁电流为

$$\boldsymbol{i}_g=\boldsymbol{i}_1+\frac{1}{\kappa}\boldsymbol{i}_2 \tag{4-145}$$

故有

$$\boldsymbol{\psi}_1=L_{1\sigma}\boldsymbol{i}_1+\kappa M_{sr}\boldsymbol{i}_g \tag{4-146}$$

$$\boldsymbol{\psi}_2=L_{2\sigma}\boldsymbol{i}_2+M_{sr}\boldsymbol{i}_g \tag{4-147}$$

可见，变压器与基础四线圈模型的主要特别之处体现在一次、二次的匝数不同，相差电压比 κ。

对于两相正交变压器而言，磁场同步 MT 坐标系与一次和二次线圈均存在相对运动，故 MT 坐标系对于一次和二次线圈来说属于非法拉第系，其两相电压方程中存在牵连运动电动势，可以表示为

$$\boldsymbol{u}_1^M+\boldsymbol{e}_{m1}^M=R_1\boldsymbol{i}_1^M+\frac{d}{dt}\boldsymbol{\psi}_1^M \tag{4-148}$$

$$\boldsymbol{u}_2^M+\boldsymbol{e}_{m2}^M=R_2\boldsymbol{i}_2^M+\frac{d}{dt}\boldsymbol{\psi}_2^M \tag{4-149}$$

式中，$\boldsymbol{e}_{m1}^M=-j\omega_\phi\boldsymbol{\psi}_1^M$，$\boldsymbol{e}_{m2}^M=-j\omega_\phi\boldsymbol{\psi}_2^M$。$\omega_\phi$ 为 MT 坐标系相对定子 αβ 坐标系的旋转角速度，也就是一次供电频率。

考虑稳态情况，则

$$\frac{d}{dt}\boldsymbol{\psi}_1^M=\frac{d}{dt}\boldsymbol{\psi}_2^M=0 \tag{4-150}$$

此时的空间矢量图如图 4-16 所示。

通过如上分析可以发现：

1）一次电压激励铁心磁场，磁场诱导的“牵连运动电动势”与一次电压实现电动势平衡，变压器一次电压基本恒定，因此具有恒磁通特性。

2）旋转的磁场在二次侧诱导“牵连运动电动势”，其通过与二次电压平衡对负载做功。

3）磁动势平衡机理体现在电流的合成上，一次、二次的电流平行分量互相抵消，即为磁动势平衡。

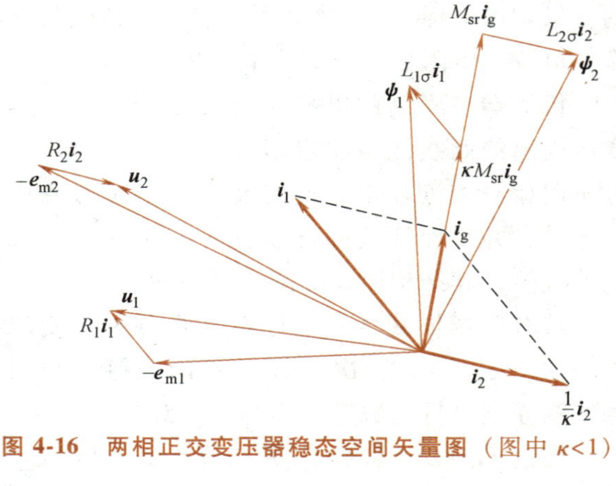

图 4-16　两相正交变压器稳态空间矢量图（图中 $\kappa<1$）

后面结合具体运行工况进一步分析变压器的工作过程。

1. 变压器空载运行

当变压器空载时，二次侧电流 $\boldsymbol{i}_2=0$，变压器二次侧开路，一次侧施加一交流电压 u_1 时，一次绕组中便有空载电流 i_0 流过，产生磁势 $F_0=i_0N_1$，其中 N_1 为一次绕组匝数。在磁势 F_0 的作用下，变压器内部将建立磁通。磁通可以分成两类：铁心中同时与一次、二次绕组相匝链的主磁通 ϕ_{m} 和只与一次绕组相匝链的一次侧漏磁通 $\phi_{1\sigma}$。其中主磁通同时匝链一次及二次绕组，是一次侧到二次侧的能量传递的媒介。

空载，一次侧稳态电压方程为

$$\boldsymbol{u}_1^{\mathrm{M}}+\boldsymbol{e}_{\mathrm{m}1}^{\mathrm{M}}=R_1\boldsymbol{i}_{10}^{\mathrm{M}} \tag{4-151}$$

其中，$\boldsymbol{e}_{\mathrm{m}1}^{\mathrm{M}}=-\mathrm{j}\omega_{\phi}\boldsymbol{\psi}_1^{\mathrm{M}}$，考虑到一次侧自感 $L_1=L_{11}+L_{1\sigma}$ 和磁链 $\boldsymbol{\psi}_1^{\mathrm{M}}=L_1\boldsymbol{i}_{10}^{\mathrm{M}}$，得到

$$\boldsymbol{e}_{\mathrm{m}1}^{\mathrm{M}}=-\mathrm{j}\omega_{\phi}L_{11}\boldsymbol{i}_{10}^{\mathrm{M}}-\mathrm{j}\omega_{\phi}L_{1\sigma}\boldsymbol{i}_{10}^{\mathrm{M}}=\boldsymbol{e}_1+\boldsymbol{e}_{1\sigma} \tag{4-152}$$

其中，$\boldsymbol{e}_1=-\mathrm{j}\omega_{\phi}L_{11}\boldsymbol{i}_{10}^{\mathrm{M}}$，为主磁通所感应的电势；$\boldsymbol{e}_{1\sigma}=-\mathrm{j}\omega_{\phi}L_{1\sigma}\boldsymbol{i}_{10}^{\mathrm{M}}$，为漏磁通所感应的电势，其远小于主磁通；在一般变压器中，一次侧空载电流的电阻压降也很小，故一次侧的电势平衡方程式可以近似地写为 $\boldsymbol{u}_1^{\mathrm{M}}+\boldsymbol{e}_1=0$，即一次绕组的感应电势 $\boldsymbol{e}_1$ 近似地与外加电压 $\boldsymbol{u}_1$ 相平衡。

实际上 $R_1\boldsymbol{i}_{10}^{\mathrm{M}}-\boldsymbol{e}_{1\sigma}=\boldsymbol{i}_{10}^{\mathrm{M}}(R_1+\mathrm{j}\omega_{\phi}L_{1\sigma})=\boldsymbol{i}_{10}^{\mathrm{M}}Z_{1\sigma}$，对应一次的阻抗压降。

当变压器空载时，忽略漏磁通分量，此时的空载电流全部用来产生主磁通，此空载电流亦称为磁化电流，用 $\boldsymbol{i}_{\phi}$ 表示，即 $\boldsymbol{i}_{\phi}=i_{10}$。

空载条件下，二次电流 $\boldsymbol{i}_2=0$，二次电压方程为

$$\boldsymbol{u}_2^{\mathrm{M}}+\boldsymbol{e}_{\mathrm{m}2}^{\mathrm{M}}=0 \tag{4-153}$$

考虑到 $\boldsymbol{e}_{\mathrm{m}2}^{\mathrm{M}}=-\mathrm{j}\omega_{\phi}\boldsymbol{\psi}_2^{\mathrm{M}}=\boldsymbol{e}_2$，$\boldsymbol{\psi}_2^{\mathrm{M}}=M_{\mathrm{sr}}\boldsymbol{i}_{10}^{\mathrm{M}}$，故二次开路电压满足

$$\boldsymbol{u}_2^{\mathrm{M}}=-\boldsymbol{e}_2=-\frac{1}{\kappa}\boldsymbol{e}_1 \tag{4-154}$$

考虑当铁心尚未饱和时的情况，并且忽略漏感压降 $\boldsymbol{i}_{10}^{\mathrm{M}}Z_{1\sigma}$。磁化电流 $\boldsymbol{i}_{\phi}$ 产生主磁链 $L_{11}\boldsymbol{i}_{10}^{\mathrm{M}}$，感应出电势 $\boldsymbol{e}_1$，因此，不考虑铁耗的影响，在图 4-17 中，磁化电流 $\boldsymbol{i}_{\phi}$ 与电势 $\boldsymbol{e}_1$ 之间的夹角是 90°，因此磁化电流（与电压矢量垂直）是一个纯粹的无功电流。

但当铁心中存在有交变磁通时，一定伴随有涡流损耗和磁滞损耗。为了供给这两部分损耗，电网必须向变压器输送有功电流 $\boldsymbol{i}_{\mathrm{y}}$，与 $\boldsymbol{u}_1^{\mathrm{M}}$ 同相。此时，励磁电流由两部分构成，即

$$\boldsymbol{i}_{\mathrm{g}}=\boldsymbol{i}_{\phi}+\boldsymbol{i}_{\mathrm{y}} \tag{4-155}$$

矢量关系如图 4-18 所示。空载时，变压器是一个带有铁心的线圈，无功电流落后于有功电流 90°，因此，考虑铁心损耗的影响后，励磁所必需的激磁电流 $\boldsymbol{i}_{\mathrm{g}}$ 便超前主磁通一个角度。

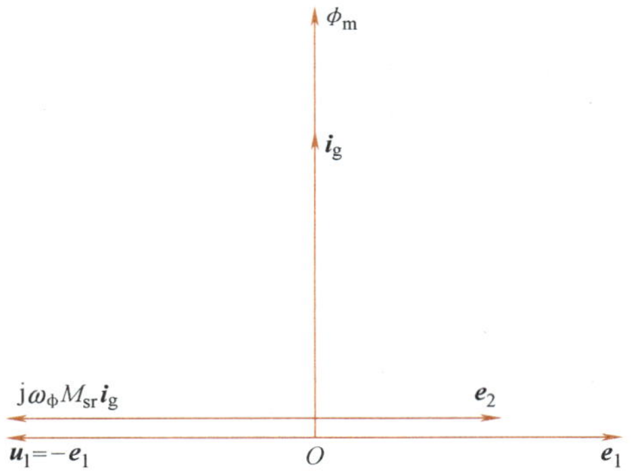

图 4-17　变压器的空载磁化电流矢量

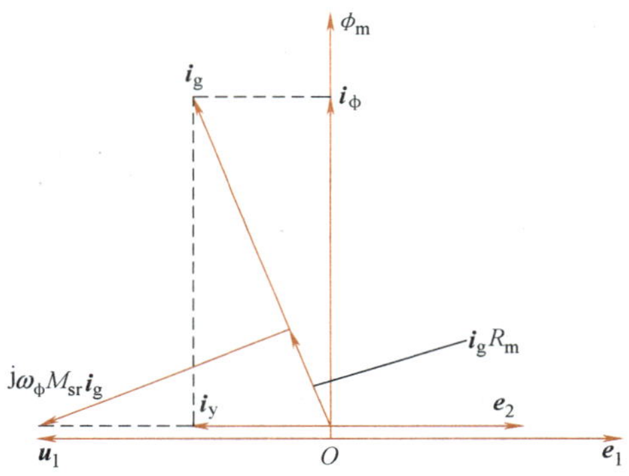

图 4-18　考虑铁心损耗后变压器的激磁电流

考虑变压器的铁损，则引入铁损电阻 R_m，稳态电压方程变为

$$u_1=(j\omega_\phi L_{11}+R_m)i_g=i_g Z_m \tag{4-156}$$

式中，R_m 对应于铁耗的一个等值电阻；$Z_m=R_m+j\omega_\phi L_{11}$，称为激磁阻抗，在饱和情况下，它是个变数，随饱和程度的增加而减小。

2. 变压器的负载运行

在图 4-14 中，如果二次绕组通过负载阻抗 Z_F 而闭合，则二次侧回路中便有电流 i_2 流过，此时称为变压器的负载运行。

负载以后变压器内部的电磁过程，可以分别从磁动势平衡和电动势平衡的视角来讨论。

负载条件下，

$$\psi_1=L_1 i_1+M_{sr}i_2 \tag{4-157}$$

二次电流 i_2 所产生的磁势也作用在铁心中，它倾向于改变铁心中的主磁通 ϕ_m，因而也改变了一次侧的感应电势 e_1，破坏了一次侧的电势平衡关系。在电源电压 u_1 和一次阻抗 $Z_{1\sigma}$ 不变的情况下，从式（4-151）、式（4-152）可知，e_1 的变化便会引起一次电流的改变，此时一次绕组中会增加一个电流分量 i_{1F}，以产生磁势 $N_1 i_{1F}$ 去抵偿二次磁势 $N_2 i_2$ 的作用，使一次磁势关系得到新的平衡。因此，当二次电流增加时，一次电流一定会伴随增加，以使

$$N_1 i_{1F}+N_2 i_2=0 \tag{4-158}$$

$$i_{1F}=-\frac{1}{\kappa}i_2 \tag{4-159}$$

因此，变压器负载运行以后，一次电流可以看成由两部分所组成：其中一部分为激磁电流 i_g，它在铁心中维持负载时所必需的主磁通；另一部分为 i_{1F}，它被称为一次电流中的负载分量。所以负载以后，一次电流为

$$i_1=i_g+i_{1F} \tag{4-160}$$

因此，在变压器从空载变化到负载的过程中，一次电流由 i_{10} 增至 i_1，二次电流由 0 增至 i_2，则该过程由于主磁通恒定，满足下列的磁动势和电流平衡关系

$$N_1 i_1+N_2 i_2=N_1 i_g \tag{4-161}$$

$$i_g=i_1+\frac{1}{\kappa}i_2 \tag{4-162}$$

则一次、二次的稳态电压方程为

$$u_1^M=R_1 i_1^M+j\omega_\phi \psi_1^M=(R_1+j\omega_\phi L_{1\sigma})i_1^M+j\omega_\phi \kappa M_{sr}i_g^M=Z_{1\sigma}i_1^M-e_1 \tag{4-163}$$

$$u_2^M=R_2 i_2^M+j\omega_\phi \psi_2^M=(R_2+j\omega_\phi L_{2\sigma})i_2^M+j\omega_\phi M_{sr}i_g^M=Z_{2\sigma}i_2^M-e_2 \tag{4-164}$$

其中，R_1，R_2 分别为一次与二次绕组的电阻，$L_{1\sigma}$ 及 $L_{2\sigma}$ 分别表示一次与二次绕组的漏感，它们分别为一次侧与二次侧的磁势所单独产生。电阻压降与漏感共同构成阻抗压降，一次绕组和二次绕组的漏阻抗分别为

$$Z_{1\sigma}=R_1+j\omega_\phi L_{1\sigma} \tag{4-165}$$

$$Z_{2\sigma}=R_2+j\omega_\phi L_{2\sigma} \tag{4-166}$$

变压器合理的设计均应保证上述漏阻抗控制在很小的数值。

负载以后变压器内部的磁链关系如图 4-16 所示。

正交两相变压器中，两个变压器的磁路正交，即相互独立，所以完全可以分解为两个独

立变压器，故上述分析结果可适用于单相变压器，此时空间矢量主要是体现各电磁量的“时间相位”关系。或者可以说，退化为时间“相量”，并且直轴为余弦相量，交轴为正弦相量。

根据空间矢量的合成与等效原理，该四线圈正交两相变压器的分析方式可以拓展到三相或者多相变压器。

小 结

电机内部的状态变量与磁场的周期变化密切相关，因此引入运动参考系，特别是磁场同步参考系对于电机分析具有重要价值。针对运动参考系引起的牵连运动及其动生电动势，本章引入“法拉第参考系”和“牵连运动电动势”的概念，以期实现线圈固结坐标系与运动坐标系下电压矢量方程的一致表达，并为统一电机模型理论提供了一个有效的理论方法。

在此基础上，本章提出拓展四线圈原型电机模型，借此统一表征电机的机电能量变换过程。基于空间矢量数学手段，具体推导了所述原型电机的磁链、电压、转矩表达式，讨论了原型电机的基本输入、输出特性。

结合理论推导证明，通过设置附加约束条件，所述原型电机可推广表征常见典型电机。本章初步探讨了原型电机的基本拓展应用，主要是分析了直流电机和两相正交变压器的工作过程。后续章节中将结合具体交流电机类型进一步展开原型电机与各类电机的等效表征。

习 题

4-1 在转子同步坐标系下，请绘制四线圈电机为凸极的情况下的空间矢量图。

4-2 什么是变压器空载电流？它有何作用？受哪些因素影响？

4-3 变压器负载时，一、二次绕组中各有哪些电动势或电压降？它们产生的原因是什么？写出它们的表达式，并写出电动势平衡方程。

4-4 一台变压器主磁通的正方向如图4-19所示，设 $\phi=\phi_m\sin\omega t$，已知线圈 AX 感应电动势的有效值为 E_1。

1）写出 e_1 的瞬时值表达式，画出 ϕ、e_1 的波形图及 ϕ_m。

2）说明在 ωt 为 $0\sim\pi/2$ 的时间内，铁心中主磁通的变化规律，以及线圈端 A 与 X 中哪点的电位高。

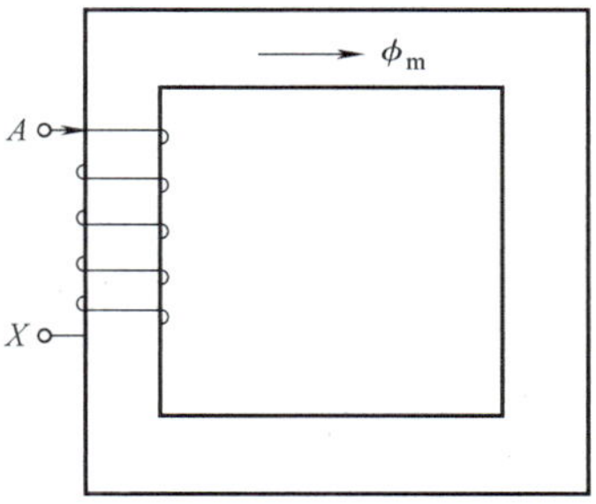

图4-19 题4-4图

4-5 A 和 B 两台单相变压器，额定电压都是220V/10V，且高压绕组匝数相等。当将高压绕组接220V的电源做空载试验时，测得它们的励磁电流相差1倍。设磁路为线性，现将两台变压器的高压绕组串联起来接到440V的电源上，二次绕组开路，求两台变压器的主磁通的数量关系，其二次电压各为多少？

4-6 已知四线圈原型电机的参数如下：转子励磁电流恒定为 $I_r=500\text{A}$，不计转子漏感，定转子互感 $M_{sr}=144\mu\text{H}$，转子相电阻 $R_r=8.3\text{m}\Omega$；定子相电阻 $R_s=8.3\text{m}\Omega$，定子绕组相漏

电感 $L_{\sigma}=30\mu H$，D 轴励磁电感 $L_{D}=174\mu H$，Q 轴励磁电感 $L_{Q}=293\mu H$，定子峰值电流 $I_{sm}=500A$，定子峰值供电电压为$U_{sm}=280V$。

用 MATLAB 进行电机稳态分析，试：

1）画出电流极限圆。

2）计算额定转速，在电流相平面（I_{D}，I_{Q}）上绘制电压极限椭圆（簇）。

3）绘制额定转速、最大转矩工作点的电流、磁链、电压空间矢量图（参考图 4-7）。

4）考虑转子电流定向，最大转矩电流比（MTPA）曲线，画出 MTPA 对应的最佳电流分配曲线（I_{D}，I_{Q}）。

5）画出恒转矩曲线（渐近线），并求出峰值转矩。

6）画出不同定子电流幅值下的“矩角特性”（分别绘制励磁转矩、磁阻转矩和合成转矩分量）。

第5章

三相交流绕组及其磁场

第 3 章的分析表明，磁场是实现机电能量转换的重要媒介。对于旋转电机而言，气隙磁场是工作磁场，也是定子磁场和转子磁场的合成磁场。

交流旋转电机的转子磁场建立方式是区别不同电机的重要依据。车用电机转子磁场的建立方式一般有永磁体、电磁感应式、电励磁绕组等，分别对应于永磁同步电机、感应异步电机和电励磁同步电机类型。转子磁场相关内容将在后续章节中分别描述。在本章的介绍中，转子磁极统一简化用永磁体表征，N 代表北极，S 代表南极。转子磁极对数用 p 表示，因为每对极有南北两个极，所以总的极数为 $2p$。

交流旋转电机的定子绕组的作用主要是产生空间上持续旋转的定子磁场，不同电机的交流绕组构造也大同小异，所以本章专门介绍交流绕组的构成及其合成磁动势。绕组是电机中重要的部件，是能量转换的主要部件，定子铁心与转子铁心只是为了减少磁阻、增大磁通的磁路。

5.1 三相交流电路基础

本节简要回顾三相交流电路的基本知识。

三相电路是由三相电源、三相负载和三相传输线路组成的电路。这种电路最基本的结构特点是具有一组或多组电源，每组电源由 3 个幅值相等、频率相同、彼此间相位差 120°的正弦电源构成，且电源和负载采用特定的联结方式。三相电路在发电、输电、配电以及大功率用电设备等电力系统中应用广泛。

交流电路可以用正弦表示或者余弦表示，本书统一用余弦表示。

三相电源及三相负载都有星形和三角形两种联结方式。对称三相电源是由 3 个等幅值、同频率、初相依次相差 120°的余弦电压源联结成星形（Y）或三角形（△）组成的电源，如图 5-1 所示。

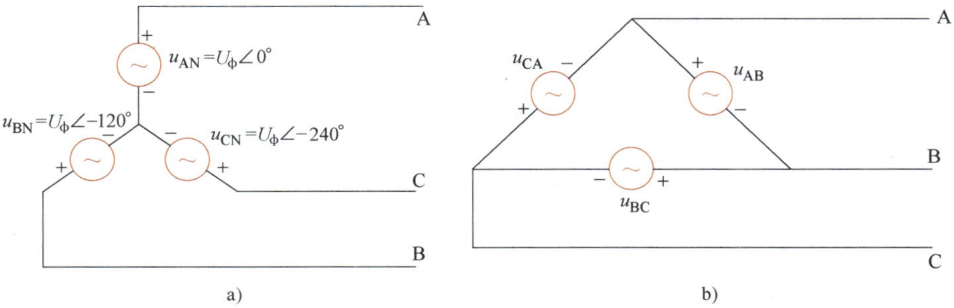

图 5-1　三相电源的不同联结方式

a）星形　b）三角形

电压定义为电路中某一点与参考点之间的电势差，对于单相电路，电压参考点为地，对于三相电路，电压参考点选取为中性点时，每相上的电压称为相电压。对称三相电压用相电压表示如下：

$$\begin{cases}u_{AN}(t)=U_{\phi}\cos\omega t=U_{\phi}\angle 0^{\circ}\\ u_{BN}(t)=U_{\phi}\cos(\omega t-120^{\circ})=U_{\phi}\angle -120^{\circ}\\ u_{CN}(t)=U_{\phi}\cos(\omega t-240^{\circ})=U_{\phi}\angle -240^{\circ}\end{cases} \tag{5-1}$$

上述三相电压的相序（次序）A、B、C称为正序或顺序。与此相反，称为反序或逆序。电力系统一般采用正序，对应时间波形如图5-2所示。

若电压参考点选取为相，则相与相之间的电压称为线电压。当三相电路的Y联结中性点不接地，或采用△联结时，相电压往往难以测量，此时采用线电压反而更为直接。对于Y联结，线电压大小为相电压的$\sqrt{3}$倍，相位超前30°，即

$$\begin{cases}u_{AB}=u_{AN}-u_{BN}=\sqrt{3}U_{\phi}\angle 30^{\circ}\\ u_{BC}=u_{BN}-u_{CN}=\sqrt{3}U_{\phi}\angle -90^{\circ}\\ u_{CA}=u_{CN}-u_{AN}=\sqrt{3}U_{\phi}\angle -210^{\circ}\end{cases} \tag{5-2}$$

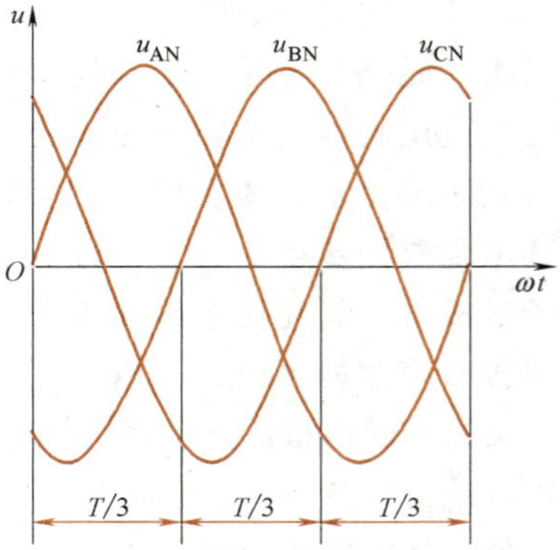

图5-2 对称三相电源表示

类似于相电压与线电压的定义，定义流过某一相的电流为相电流，定义两相之间的电流差为线电流，则对于对称三相电路，采用Y联结，线电流等于相电流，二者一致。

5.2 典型交流绕组结构

5.2.1 交流绕组的分类和主要设计参数

1. 交流绕组的分类

要分析交流电机的原理和运行问题，必须先对交流绕组的构成和连接规律有一个基本的了解。交流绕组的形式虽然各不相同，但它们的构成原则却基本相同，这些原则是：

1）合成电动势和合成磁动势的波形要接近于正弦波，幅值要大。

2）对多相绕组，各相的电动势和磁动势要对称，电阻、电感要平衡。

3）绕组的铜耗要小，用铜量省。

4）绝缘可靠，机械强度、散热条件好，制造方便。

定子绕组由线圈在开槽的定子铁心上按照一定规律连接组成。一般采用表面绝缘的铜材料导体先绕制成多匝线圈（也称为**线圈元件**），再将线圈放置在合适的定子槽中。一个线圈是由多圈导线绕制而成的多匝线圈，嵌在铁心槽内的部分称为有效边，在铁心两边的称为端部。线圈的端部会增加铜耗和占用轴向空间，因此要尽可能优化。除导电材料外，需要用各种绝缘材料将线圈之间及其与铁心之间隔离开，同时起到初步固定线圈的作用。

线圈元件跨越的槽数称为线圈节距，一般用y表示，如图5-3所示。

在单个线圈元件的基础上，首先将同一磁极下同一相绕组的线圈元件（串联）连接起

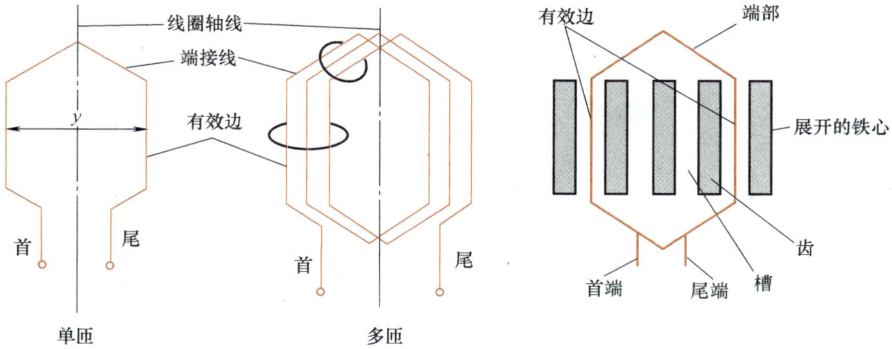

图 5-3　线圈元件（单匝线圈、多匝线圈表示）

来，然后将不同磁极下同一相绕组的线圈串联或并联后引出，从而构成一相**绕组**。

交流绕组可按相数、每极下每相槽数、槽内层数、线圈的节距和绕法来分类。从相数上看，交流绕组可分为单相和多相绕组。现代车用驱动交流电机的定子绕组大多为三相绕组。一般用 m 表示电机定子绕组相数。按每极下每相槽数，可分为整数槽和分数槽绕组。根据槽内层数，分为单层和双层绕组。双层绕组的每个槽内有上、下两个线圈边，线圈的一条边放在某一槽的上层，另一条边则放在相隔 y 槽的下层，双层绕组在槽内的布置和典型结构如图 5-4 所示。因为每个线圈元件有两个有效边，所以双层绕组的线圈元件数恰好等于定子槽数。

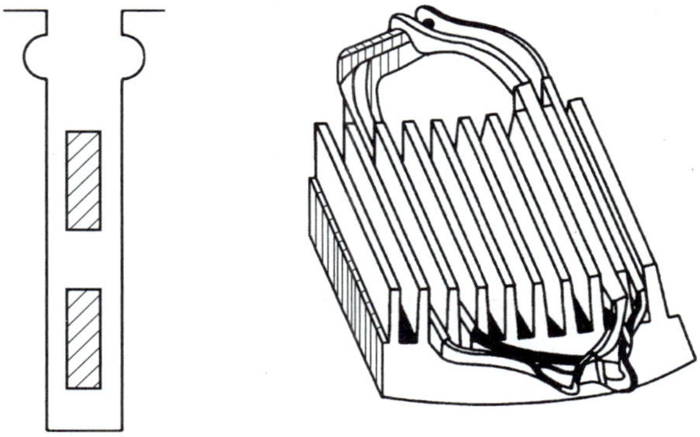

图 5-4　双层绕组在槽内的布置和典型结构

双层绕组的主要优点为：

1）可以选择最有利的节距，并同时采用分布绕组，来改善电动势和磁动势的波形。

2）所有线圈具有同样的尺寸，便于制造。

3）端部形状排列整齐，有利于散热和增强机械强度。

按线圈的节距可以分为**集中式绕组**和**分布式绕组**，节距等于 1 的绕组为集中绕组，反之，则为分布绕组。两种形式的定子绕组如图 5-5 所示。分布式绕组的定子没有凸形极掌，每个磁极由一个或几个线圈按照一定的规律嵌装布线组成线圈组。分布式绕组一般希望分布在定子槽中的定子绕组产生的磁动势为理想正弦波，然而实际绕组只能产生近似的正弦波磁动势。

集中式绕组应用于凸极式定子，通常绕制成矩形线圈，经纱带包扎定型，再经浸漆烘干处理后，嵌装在凸极的铁心上。与分布式绕组相比较，集中式绕组的端部较短，工艺相对简单，结构更加紧凑。采用集中式绕组后，绕组端部的铜耗量可以显著减少，特别是电机的轴向长度很短的时候，效果更加明显。如图 5-5b 所示，集中式绕组永磁电机的每个线圈只绕在一个齿上，绕线简单且可以自动绕线。图 5-5 中电机极对数均为 $p=2$。

绕组还可以按绕法分为叠绕组和波绕组。叠绕组的优点为，短距时端部可以节约部分用

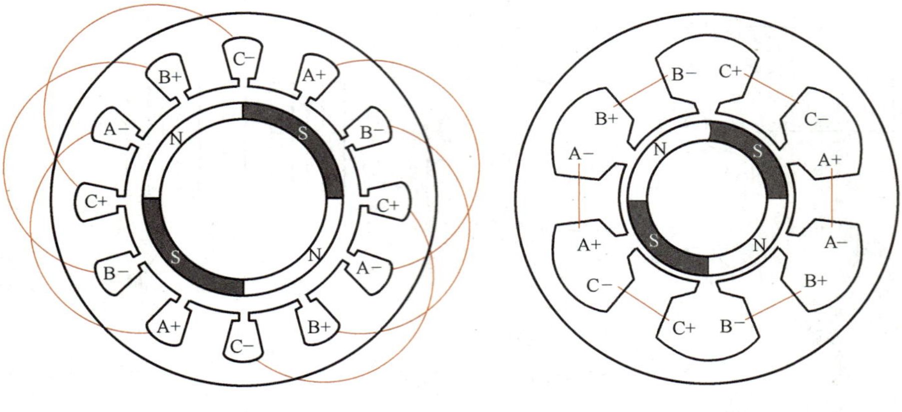

图 5-5　两种形式的定子绕组

a）整数槽分布式绕组　b）分数槽集中式绕组

铜量；缺点是，一台电机的最后几个线圈的嵌线较为困难，极间连线较长，在极数较多时相当费铜。

2. 绕组/线圈的主要几何参数

定子的槽数一般用 Z 表示，Z 为整数。显然，定子铁心槽的个数决定了绕组空间离散化的分辨率。因此，绕组的几何尺寸基本都可以用槽数的倍数来表示。如线圈的节距 y，就是表示一个线圈元件的两个有效边之间所跨过的槽数，这一定是一个整数。

转子的几何参数与定子独立设置，这就意味着，转子的几何参数有可能不是槽数的整数倍，这是允许的，此时用槽数的分数倍来表示。其中很重要的一个设计变量就是**极距** τ，指的是（转子）每磁极对应的定子槽数，显然极距与槽数的关系满足

$$Z=2p\tau \tag{5-3}$$

对于多相电机，每极对应的定子槽数还要均匀分配给每一相，所以定义**每极每相槽数**

$$q=\frac{1}{m}\tau=\frac{Z}{2pm} \tag{5-4}$$

显然，极距和每极每相槽数都可以是分数。电机转子极数与定子槽数的配合对于电机的性能影响很大，这就是通常所说的“极槽配合问题”。依据 q 为整数还是分数，定子绕组可分为“整数槽”和“分数槽”两大类。

为了使得匝链磁通最大，理想情况下线圈元件的节距应该与极矩相等，此时称为等距绕组，即 $y=\tau$。但在实际中，考虑到谐波抑制、端部长度等因素，常用线圈的节距小于极距，称为**短距绕组**，此时 $y<\tau$。

电机极对数的存在，使得转子每旋转一周，气隙磁场波动 p 周。因此，引入电角度作为电机的空间坐标。电角度 θ_e 与机械角度 θ_m 的关系为

$$\theta_e=p\theta_m \tag{5-5}$$

铁心相邻两个槽相差的电角度称为槽距角，定义为

$$\alpha=\frac{p}{Z}\times360° \tag{5-6}$$

通常把每极下每相所占的（连续）槽区域称为“相带”。三相电机相带所占据的空间电

角度可以是120°或者60°。对于车用交流电机绕组，通常每个相带各占60°电角度，称为60°相带绕组。易知，60°相带区域包含 q 个槽。

旋转电机绕组的主要几何参数见表5-1。

表5-1 旋转电机绕组的主要几何参数

名称	符号	公式表述	6槽单层绕组的参数数值	定义
相数	m	—	3	定子引出电端口相数
极对数	p	—	1	电机磁场极对数
槽数	Z	—	6	定子开槽总数
线圈节距	y	—	3	线圈元件跨越的槽数
极距	τ	$Z=2p\tau$	3	（转子）每磁极对应的定子槽数
每极每相槽数	q	$qm=\tau, 2pqm=Z$	1	每极下每相所占的槽区域
槽距角	α	$Z\alpha=p\times360°$	60°	相邻两个槽相差的空间电角度

下面着重介绍车用驱动电机最常用的三相双层分布绕组。先以一个简单的情况为例，绕组为3相1对极6槽定子单层分布绕组，可以得到绕组的设计参数表，见表5-1。

采用相带划分来设计绕组是一种常用的方法，简单易行，主要步骤为：

1）绘出所有槽的圆图（逆时针为正方向）。

2）划分相带（U、V、W，60°相带，并假设当前时刻1、2、3槽为N极，4、5、6槽为S极）。

3）连接端部，构成线圈［分别是A-X（U相）、B-Y（V相）、C-Z（W相），三个元件空间对称布置］。

4）连接线圈，构成绕组（线圈的末端X、Y、Z连接在一起，构成星形联结方式）。

最后得到的6槽单层绕组接线图和绕组展开图如图5-6所示。

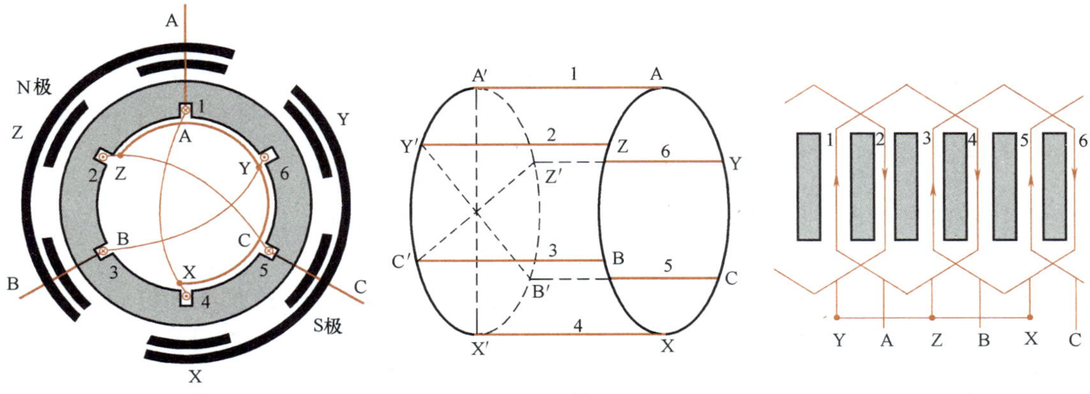

图5-6 6槽单层绕组接线图和绕组展开图（$m=3$，$Z=6$，$p=1$，$q=1$，$y=3$）

2极6槽绕组的相带划分和槽号分配见表5-2。

表 5-2　2 极 6 槽绕组的相带划分和槽号分配（60°相带）

相带	A	Z	B	X	C	Y
槽号	1	2	3	4	5	6

对于更复杂的绕组，绕组展开图可以更好地描述绕组的连接关系，如图 5-6c 所示。

5.2.2　典型三相分布绕组

1. 2 极 12 槽单层绕组

6 槽电机的铁心利用率太低，提高铁心利用率的手段之一是在定子铁心上多开槽，增加嵌线匝数。这更有利提高第 3 章中描述的“电机线负荷”。槽数增加的直接效果是在其他设计参数不变的情况下增加每极每相槽数。

2 极 12 槽三相电机的单层绕组的极距 $\tau=6$，每极每相槽数 $q=2$。2 极 12 槽绕组的相带划分和槽号分配见表 5-3。得到 12 槽单层绕组接线图如图 5-7 所示，绕组展开图如图 5-8 所示。

表 5-3　2 极 12 槽绕组的相带划分和槽号分配（60°相带）

相带	A	Z	B	X	C	Y
槽号	1,2	3,4	5,6	7,8	9,10	11,12

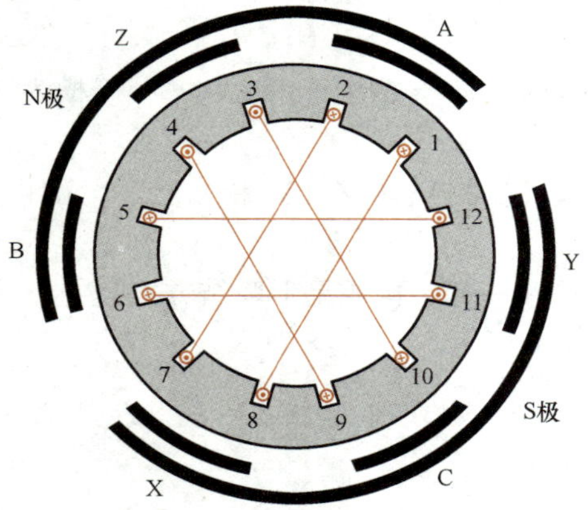

图 5-7　12 槽单层绕组接线图（$m=3$，$Z=12$，$p=1$，$q=2$，$y=5$）

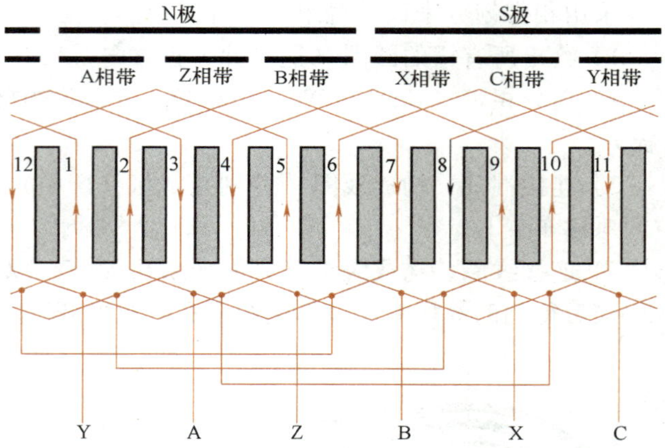

图 5-8　12 槽单层绕组展开图（$m=3$，$Z=12$，$p=1$，$q=2$，$y=5$）

取 1~6 槽为 N 极，7~12 槽为 S 极。在 N 极与 S 极下各有 A、Z、B 和 X、C、Y 三个相带，把 N 极与 S 极下的同一个相带的槽连成线圈。

以 B 相绕组为例，槽 5 与槽 12 为一个线圈元件，槽 5 为首端；槽 6 与槽 11 为一个线圈元件，槽 6 为首端。5/12 线圈和 6/11 线圈首尾连接组成一个支路，连接时应保证同一绕组在异性磁极下的绕向相反。本例中，B 相绕组只有一个支路。

A 相绕组与 C 相绕组按相同方法连接组成。各相绕组的电源引出线应相隔 120°的电角度，在 2 极电机中电角度与机械角度相同。

对于这类 $q>1$ 的情况，同一相带下的不同槽在空间上错开一定角度，与 $q=1$ 的情况相比，由于槽距角的存在，绕组中通以相同电流的条件下，所产生的磁动势矢量合成后的幅值要小于代数相加的数值，为此需引入“分布因数”进行描述。

2. 4 极 36 槽双层绕组

如前所述，为了进一步优化绕组磁动势波形，车用电机普遍采用双层绕组，即每个槽内具有上、下两个线圈有效边。

下面结合一台 3 相 4 极 36 槽的绕组来具体说明。易知，对于双层绕组，线圈元件数等于槽数。

因为槽数 $Z=36$，极数 $2p=4$，相数 $m=3$，所以定子的每极每相槽数为

$$q=\frac{Z}{2pm}=3 \tag{5-7}$$

相邻两槽间的电角度 α 为

$$\alpha=p\frac{360°}{Z}=20° \tag{5-8}$$

此角度 α 亦是相邻槽中导体感应电动势的相位差，交流绕组的感应电动势通常为正弦交流电动势，故可用“向量”来表示合成运算。

图 5-9 表示 36 个槽内导体感应电动势的空间矢量图，由于各个槽的槽向量呈星形分布，故图 5-9 亦称为槽电动势（槽向量）星形图，简称“槽星形图”。

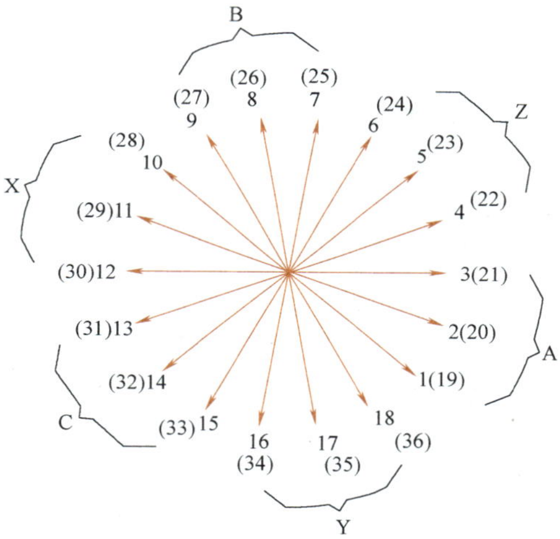

图 5-9 三相双层绕组的槽电动势（槽向量）星形图

由于 $\alpha=20°$，故图中第 2 号槽向量超前 1 号槽 20°，3 号槽的槽向量又超前 2 号槽 20°，以此类推，一直到第 18 号槽，经过了一对极，在向量图上恰好转过 360°电角度。

注意，若严格按槽电动势的时间相位关系，该图应为顺时针标注，即 3 号槽电动势滞后 2 号槽 20°，以此类推。但根据电机时空一致性原则，时空滞后与空间超前对应，所以本书统一按槽向量的空间相位关系，逆时针标注。槽向量按照逆时针标注的另外一个原因是电压空间向量的正方向与磁链的正方向一致，而根据楞次定律，反电动势与磁链的正方向相反，数值上应为负数。

从第 19 号槽开始到第 36 号槽，这 18 个槽位于第二对极下，在槽向量图 5-9 中，这 18 个向量属第二圈。由于第 19 号槽的电角度是 18×20° = 360°，故在向量图中，第 19 号槽向量与第 1 号槽向量的位置重合。同理，第 20 号槽向量与第 2 号槽向量重合，以此类推。

首先进行相带划分。

以 A 相为例，由于 $q=3$，故每个极下 A 相应有三个槽，整个定子中 A 相共有 $2pq=12$ 个槽（A 相带和 X 相带各 6 槽）。这个绕组的每个相带各占 60°电角度，为 60°相带绕组。

1、2、3 三个为相邻槽，向量间的夹角最小，故合成电动势最大，所以在第一个 N 极下选取 1、2、3 号槽作为 A 相带；同理，在第一个 S 极下选取 10、11、12 号槽作为 X 相带（A 相的负相带）。10、11、12 三个槽分别与 1、2、3 三个槽相差 180°电角度，这两个相带

中的线圈组（称为极相组）反接以后，合成电动势代数相加，其值亦为最大，由此构成 A 相绕组的一个支路。

对于第二对极下 A 相的另一个支路，选取 19、20、21 三个槽作为 A 相带，28、29、30 三个槽作为 X 相带，各个相带的槽号分配（60°相带）见表 5-4。最后，把不同对极下的两个线圈支路按照一定的规律连接起来，即可得到 A 相绕组。

表 5-4　各个相带的槽号分配（60°相带）

极对/相带	A	Z	B	X	C	Y
第一对极下（1~18 槽）	1,2,3	4,5,6	7,8,9	10,11,12	13,14,15	16,17,18
第二对极下（19~36 槽）	19,20,21	22,23,24	25,26,27	28,29,30	31,32,33	34,35,36

同理，在距离 A 相 120°电角度处（相隔 6 个槽）选取 7、8、9 和 16、17、18 槽作为第一对极下的 B 相带和 Y 相带（即 B 相的负相带）构成第一 B 相支路；25、26、27 槽和 34、35、36 作为第二对极下的 B 相带和 Y 相带，构成第二 B 相支路，两个支路连接后组成 B 相绕组。

最后，在离 A 相 240°电角度处选定 13、14、15 槽和 4、5、6 槽分别作为 C 相带和 Z 相带（即 C 相的负相带），构成 C 相第一支路；31、32、33 槽和 22、23、24 槽构成 C 相第二支路。两个支路连接组成 C 相绕组。

至此，通过 A、B、C 三相可以得到一个对称的三相绕组。

槽号确定后，根据线圈的节距，就可以嵌线和连接。在绕组展开图中，用上层边所在的槽号指代线圈元件。

下面重点介绍车用电机常用的叠绕组。绕组嵌线时，相邻的两个串联线圈中，后一个线圈紧“叠”在前一个线圈上，这种绕组称为叠绕组。

图 5-10 所示为三相 4 极 36 槽的双层叠绕组展开图，为清楚起见，图中只画出 A 相绕组。图中上层线圈边用实线表示，下层线圈边用虚线表示，每一个线圈都由一根实线和一根虚线组成。线圈号用上层边的槽号表示，标在线圈顶部。其中取线圈的节距 $y=8$，该绕组的极距为 $\tau=9$，$y<\tau$ 为短距绕组。

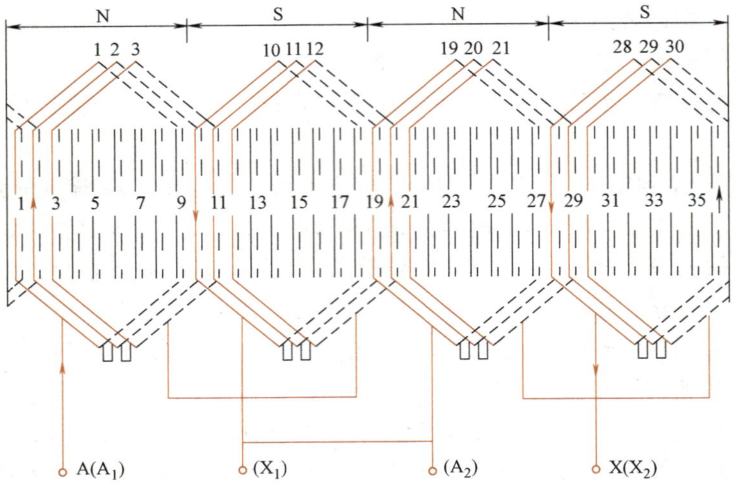

图 5-10　三相双层叠绕组中 A 相绕组的展开图（$Z=36$，$p=2$，$m=3$，$y=8$，一条支路）

从图 5-10 可见，由于线圈的节距 $y=8$，所以 1 号线圈的一条线圈边嵌放在 1 号槽的上层时，另一条线圈边应在 9 号槽的下层。同理，2 号线圈的一条线圈边嵌放在 2 号槽的上层，另一条线圈边则在 10 号槽的下层，以此类推。

在叠绕组中，每一个极相组内部的线圈是依次串联的。线圈组 1、2、3，线圈组 10、11、12 分别串联起来构成第一对主磁极下的 A_1、X_1 相带。

由于极相组 A 的电动势方向与极相组 X 的电动势方向相反，电流方向亦相反，为避免电动势互相抵消或者电流所形成的磁场互相抵消，串联时应把极相组 A 和极相组 X 反向串联，即首首相连把尾端引出，或尾尾相连把首端引出。两个线圈组反相串联，构成第一支路（极相组）。例如在图 5-10 中，3 号线的尾端应与 12 号线圈的尾端相连，21 号线圈的尾端应与 30 号线圈的尾端相连。

19、20、21 串联起来，28、29、30 串联起来，分别组成第二个磁极下的 A_2、X_2 相带，两个相带反向串联构成第二支路。

不同磁极下的各个极相组之间的不同支路视具体需要既可接成串联，亦可接成并联。前文第一支路与第二支路按要求接成串联或并联，就可以构成 A 相绕组。

若整个绕组仅为一条支路，只要把 10 号线圈的首端和 19 号线圈的首端相连，把 1 号线圈的首端引出作为 A 相绕组的首端 A，28 号线圈的首端引出作为 A 相绕组的尾端 X 即可。此时 A 相绕组内 12 个线圈的连接如图 5-11 所示。

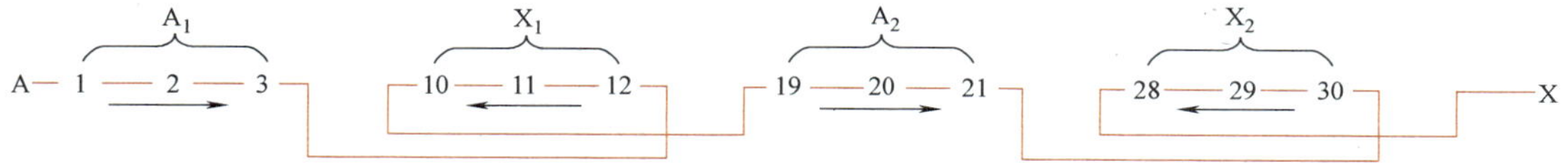

图 5-11　A 相绕组内 12 个线圈的连接（一条支路）

B、C 两相绕组可用同样办法构成。

如果希望获得两条（并联）支路，则把 A_1、X_1 组作为一条支路，A_2、X_2 组作为另一条支路，然后把这两条支路的首端（1 号线圈与 19 号线圈的首端）相连，作为 A 相绕组的首端 A，尾端（10 号线圈与 28 号线圈的首端）相连，作为 A 相绕组的尾端 X。此时 A 相绕组内 12 个线圈的连接如图 5-12 所示。

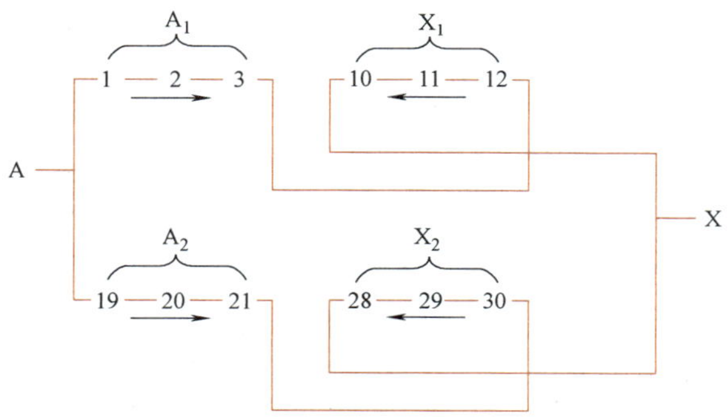

图 5-12　A 相绕组内 12 个线圈的连接（两条支路）

由于每相的极相组数等于极数，所以双层叠绕组的最大并联支路数等于 $2p$。实际支路

数 a 通常小于 $2p$，且 $2p$ 必须是 a 的整数倍。

5.3　余弦电流激励单相绕组的磁动势

绕组中流过电流时，将产生磁动势和磁场。交流绕组连接时，应使它所形成的定、转子磁场极数相等，这是使绕组的合成电动势不等于零、电机的合成电磁转矩不等于零的基本约束条件。

5.3.1　单相绕组的磁动势

本节依次分析“单个线圈元件”“单个极相组”“单相绕组”在线圈内通有交流励磁电流时的磁动势。

为简化分析，假设：

1）定、转子铁心的磁导率无穷大，即认为铁心内的磁位降可以忽略不计。

2）定、转子之间的气隙为均匀。

3）槽开口的影响忽略不计，槽内电流集中于槽中心处。

1. 整距线圈的矩形波磁动势

整距线圈的磁动势与 3.4.1 节单轴线圈的励磁磁动势的分析方法和结论相同。一个 N_c 匝的整距定子线圈，电流 i_c 从线圈边 A 流入（用⊗表示），从 X 流出（用⊙表示），由于对称关系，此载流线圈所产生的磁场如图 5-13a 所示，线圈所产生的磁场为两极磁场。

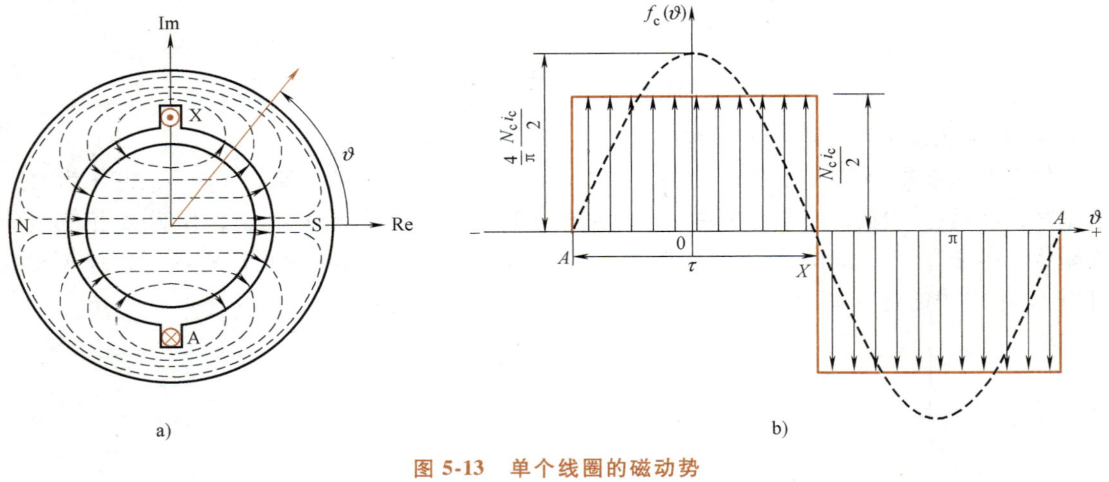

图 5-13　单个线圈的磁动势

a）整距线圈所产生的磁场（调整正方向保持一致）　b）整距线圈的磁动势波函数

若以线圈的垂直轴线（称为磁极中心线）为空间坐标 ϑ 的原点，逆时针为正方向，则沿定子内缘，在 $-\pi/2<\vartheta\leqslant\pi/2$ 范围内，磁场由转子指向定子内缘，故为（定子磁场）S 极；在 $\pi/2<\vartheta\leqslant 3\pi/2$ 范围内，磁场由定子内缘指向转子，故为 N 极。若为多对极情况，空间坐标 ϑ 应为电角度。

由于忽略铁心内的磁位降，所以线圈的磁动势 $N_c i_c$ 将全部消耗在两个气隙内。若气隙为均匀，则气隙各处的磁动势数值均应等于 $N_c i_c/2$。考虑到磁场的极性时，一个极下的磁动

势应为

$$f_c(\vartheta)=\begin{cases}\dfrac{N_c i_c}{2}, & -\dfrac{\pi}{2}<\vartheta\leqslant\dfrac{\pi}{2}\\[2mm] -\dfrac{N_c i_c}{2}, & \dfrac{\pi}{2}<\vartheta\leqslant\dfrac{3\pi}{2}\end{cases}\tag{5-9}$$

图 5-13b 为把定子和转子展开时，以空间角度为自变量磁动势的空间分布图。从图可见，整距线圈在气隙内形成一个前正后负、矩形分布的磁动势波，矩形波的峰值等于 $N_c i_c/2$，沿纵轴对称为偶函数。若槽内电流为理想集中情况，则磁动势波在经过载流圈边 A 和 X 处，将发生大小为 $N_c i_c$ 的跃变。

把单个线圈所生成的周期性矩形磁动势波分解为基波和一系列空间谐波，则基波的幅值应为矩形波幅值的 $4/\pi$。仍以线圈垂直轴线处作为空间坐标 ϑ 的原点，基波磁动势可以写成余弦函数，即

$$f_c(\vartheta)=\frac{4}{\pi}\frac{N_c i_c}{2}\cos\vartheta=F_c\cos\vartheta\tag{5-10}$$

其峰值位于线圈的轴线处。式中，ϑ 对应电角度；F_c 为单个整距线圈基波磁动势幅值。

2. 单相分布绕组的合成磁动势

单匝线圈的两条有效边分置于 N、S 极下，故单匝电动势应为两个有效边电动势之差，若线圈有 N_c 匝，则线圈的电动势为

$$\boldsymbol{e}_c=N_c(\boldsymbol{e}_N-\boldsymbol{e}_S)\tag{5-11}$$

匝数相同，两个有效边电动势的大小相同，假设线圈两个有效边的槽向量的夹角为 γ。整距与短距绕组如图 5-14 所示。

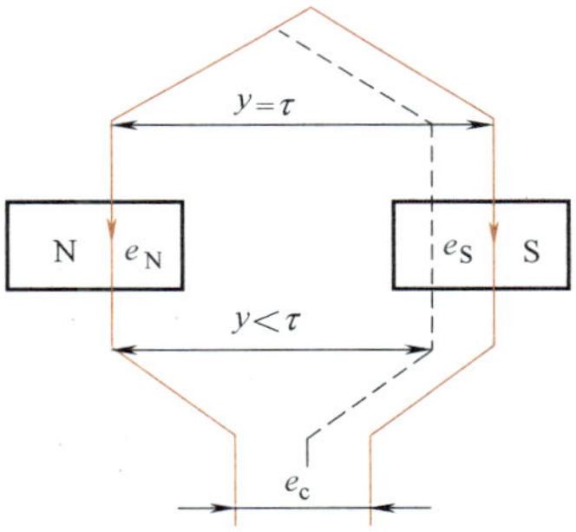

图 5-14 整距与短距绕组

当 $y=\tau$（整距线圈）时，在一对极下，线圈的一侧有效边导体位于 N 极下的最大磁密处，另一侧有效边位于 S 极下的最大磁密处。此时 $\boldsymbol{e}_N$ 与 $\boldsymbol{e}_S$ 之间的夹角为 180°，线圈电动势的有效值为 $\boldsymbol{e}_c=N_c(\boldsymbol{e}_N-\boldsymbol{e}_S)=2\boldsymbol{e}_N$。

当 $y<\tau$（短距线圈）时，线圈有效边的夹角可以表示成

$$\gamma=\frac{180^\circ}{\tau}y\tag{5-12}$$

此时，线圈电动势的有效值可以表示成

$$\boldsymbol{e}_c=2N_c\boldsymbol{e}_N\cos\left(\frac{180^\circ-\gamma}{2}\right)=2N_c\boldsymbol{e}_N\sin\left(\frac{y}{\tau}90^\circ\right)\tag{5-13}$$

式中，定义 $k_p=\sin\left(\dfrac{y}{\tau}90^\circ\right)$，为线圈的（基波）短距因数。显然，对于整距线圈，短距因数 $k_p=1$。

图 5-15 为一个由 $q=3$ 的整距线圈所组成的极相组，极相组的三个线圈依次分布在相邻的三个槽内，构成整距分布绕组。

每个整距线圈产生的磁动势都是一个矩形波，把三个整距线圈所产生的矩形磁动势波逐点相加，即可得到该极相组的合成磁动势。由于每个线圈的匝数相等，通过的电流亦相同，

故各个线圈的磁动势具有相同的幅值；由于线圈是均匀分布的，相邻线圈在空间彼此相差 α 电角度，所以各个线圈的矩形磁动势波在空间亦相隔 α 电角度。从图 5-15a 可见，把各个矩形波相加，所得合成磁动势是一个阶梯形波，用粗实线表示。

图 5-15b 为三个整距线圈的基波磁动势矢量，其幅值相等、空间各相差 α 电角度。把三个线圈的基波磁动势合成，即可求得基波合成磁动势。由于基波磁动势在空间按余弦规律分布，故可用空间矢量表示和运算。

显然，因为相位差的存在，矢量合成的幅值小于代数和。为此，引入“分布因数” k_d 表征线圈分布的影响。于是单层整距分布绕组的基波合成磁动势表示为

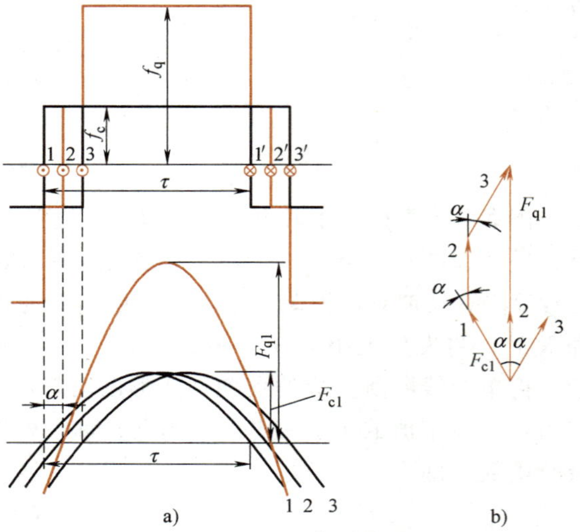

图 5-15　同一极相组的分布绕组的磁动势（$q=3$）

a）合成磁动势波　b）基波合成磁动势

$$f_q(\vartheta)=k_d\frac{4}{\pi}\frac{qN_c i_c}{2}\cos\vartheta \tag{5-14}$$

式中，qN_c 为 q 个线圈的总匝数。对于双层绕组，上式应乘以 2，以计及上、下两层的作用。考虑到并联支路数 a，双层绕组的每相总串联匝数

$$N_s=2qN_c\frac{p}{a} \tag{5-15}$$

考虑到相电流与线圈电流之间的关系：

$$i_\phi=ai_c \tag{5-16}$$

故式（5-14）可改写成

$$f_q(\vartheta)=\frac{4}{\pi}\frac{k_d N_s}{2p}i_\phi\cos\vartheta \tag{5-17}$$

上式的坐标原点取在线圈组的轴线处，即磁极中心线处。注意，上述公式仅限于整距绕组，短距绕组则考虑短距因数 k_p。

由于各对极下的磁动势和磁阻组成一个对称的分支磁路，所以一相绕组的磁动势就等于一个极相组的磁动势，即

$$f_\phi(\vartheta)=f_q(\vartheta)=\frac{4}{\pi}\frac{k_d k_p N_s}{2p}i_\phi\cos\vartheta \tag{5-18}$$

上式表明，基波磁动势的幅值正比于每极下每相的有效串联匝数（$k_d k_p N_s$）/2p 和相电流 i_ϕ。

5.3.2　余弦电流激励下单相绕组的（脉振）磁动势

若相电流随时间做余弦变化，假设为 $i_\phi(t)=I_\phi\cos\omega t$，则单相绕组的基波磁动势可写成

$$f_\phi(\vartheta,t)=\frac{4}{\pi}\frac{N_s k_d k_p}{2p}I_\phi\cos\vartheta\cos\omega t=F_\phi\cos\vartheta\cos\omega t \tag{5-19}$$

式中，F_{ϕ} 为单相绕组所激励的基波磁动势的幅值

$$F_{\phi}=\frac{4}{\pi}\frac{N_{s}k_{d}k_{p}}{2p}I_{\phi} \tag{5-20}$$

式（5-19）表明，单相绕组的基波磁动势在空间随 ϑ 角按余弦规律分布，在时间上随 ωt 按余弦规律脉振，这种从空间上看轴线固定不动，从时间上看其瞬时值不断地随电流的交变而在正、负幅值之间脉振的磁动势（磁场），称为脉振磁动势（磁场）。脉振磁动势的脉振频率取决于电流的频率。图 5-16 所示为不同瞬间单相绕组的基波脉振磁动势波（驻波）。

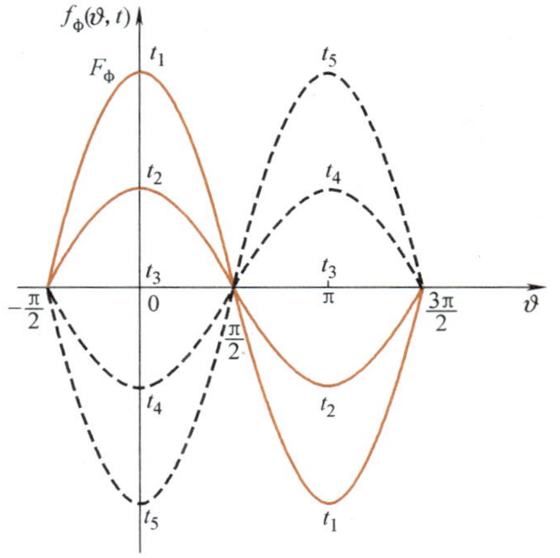

图 5-16 不同瞬间单相绕组的基波脉振磁动势波（驻波）

从物理上看，脉振磁动势属于驻波。这里，要注意把磁动势的空间分布规律与随时间而变化的规律区别清楚。空间分布规律用空间位置角 ϑ 的函数来表达，随时间变化的规律用时间 t 的函数来表达。

单个线圈所产生的矩形磁动势波和绕组合成阶梯形磁动势波中，除基波磁动势外，还有一系列高次（奇次）谐波磁动势，其中，ν 次谐波分量可以表示为

$$f_{\phi\nu}(\vartheta,t)=\frac{1}{\nu}\frac{4}{\pi}\frac{Nk_{d\nu}k_{p\nu}}{2p}I_{\phi}\cos(\nu\vartheta)\cos\omega t=F_{\phi\nu}\cos(\nu\vartheta)\cos\omega t \tag{5-21}$$

谐波磁动势的幅值为

$$F_{\phi\nu}=\frac{1}{\nu}\frac{4}{\pi}\frac{Nk_{d\nu}k_{p\nu}}{2p}I_{\phi} \tag{5-22}$$

不同瞬间单相绕组的谐波磁动势是一个按 ν 次谐波做余弦空间分布，从时间上看仍按电流激励频率 ω、按 ωt 的余弦规律脉振的（高次）脉振磁动势，如图 5-17 所示。

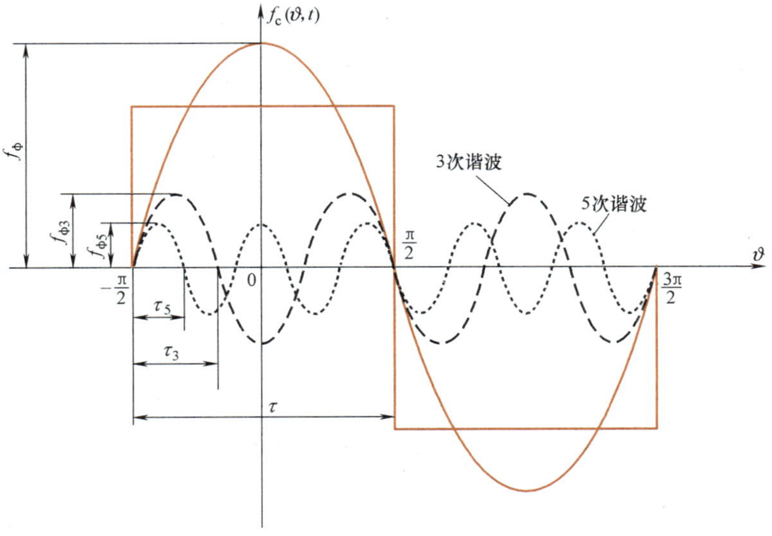

图 5-17 谐波磁动势的空间分布

这里应特别强调由相绕组磁动势反映出的时空关系，也就是磁动势空间矢量的时空特征。

1）相绕组磁动势的实际波形（矩形波或梯形波）取决于空间因素，用自变量 ϑ 描述，即仅取决于绕组的分布形式，而与激磁电流无关。

2）相绕组匝数和分布形式确定后，相绕组基波磁动势的幅值和方向仅取决于相电流（时间变量）的大小和方向，用自变量 t 描述；或者说，任意波形的相电流都可产生沿气隙中心线（余弦）分布的磁动势波，只是某时刻（基波）磁动势的幅值和方向取决于相电流的瞬时值。

5.4 对称三相电流激励三相绕组的磁动势

5.4.1 三相绕组的基波合成磁动势

上面分析了单相绕组的磁动势。在此基础上，把 A、B、C 三个单相绕组所产生的磁动势波逐点相加，就可以得到三相绕组的合成磁动势。磁动势合成分析与第 4 章正交两相绕组的情况类似，既可以用磁动势波函数分析，也可以用空间矢量方法分析。本节先用波函数方法分析三相绕组的合成磁动势波。

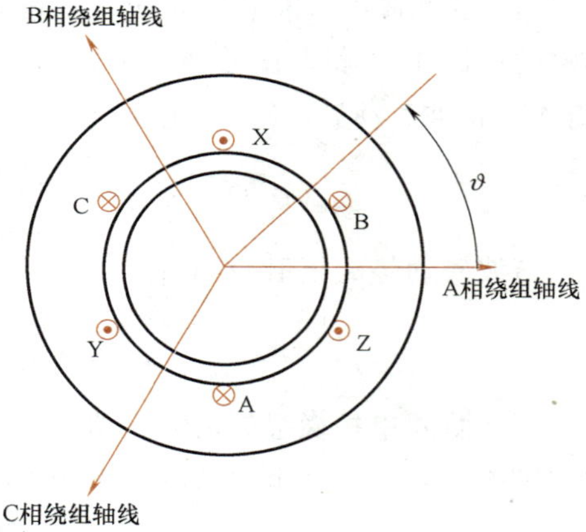

图 5-18 两极三相交流电机的定子绕组示意图

图 5-18 为一台两极三相交流电机的定子绕组示意图。简明起见，图中各相绕组均用一个集中线圈来表示，各相绕组的轴线中，B 相绕组轴线空间上超前于 A 相绕组轴线 120°电角度，C 相绕组轴线又超前于 B 相绕组轴线 120°电角度。由于三相绕组在空间互差 120°电角度，所以三相基波磁动势在空间亦互差 120°电角度。

若三相绕组中通过有效值为 I_ϕ 的对称正序电流，则各相的脉振磁动势在时间上亦将互相相差 120°电角度。注意，ABC 三相电流时间上依次滞后，即

$$\begin{cases} i_A(t)=I_\phi\cos\omega t \\ i_B(t)=I_\phi\cos(\omega t-120°) \\ i_C(t)=I_\phi\cos(\omega t-240°) \end{cases} \tag{5-23}$$

把 A、B、C 三个单相基波脉振磁动势叠加，即可得到三相绕组的基波合成磁动势。以 A 相绕组的轴线处作为空间坐标 ϑ 的原点，并以逆时针方向作为空间角度（以电角度计）的正方向。

由式（5-23），在某一瞬间 t，距离 A 相绕组轴线 ϑ 处，各相的基波磁动势分别为

$$
\begin{cases}
f_A(\vartheta,t)=F_{\phi}\cos\vartheta\cos\omega t \\
f_B(\vartheta,t)=F_{\phi}\cos(\vartheta-120°)\cos(\omega t-120°) \\
f_C(\vartheta,t)=F_{\phi}\cos(\vartheta-240°)\cos(\omega t-240°)
\end{cases}
\tag{5-24}
$$

上面三个式子中，空间的120°相角是由三相绕组轴线在空间互相相差120°电角度所引起的，时间上的120°相角则是由对称三相电流在时间上互相相差120°电角度所引起的。把A相、B相及C相三个单相的脉振磁动势相加，可得

$$
f_1(\vartheta,t)=f_A+f_B+f_C=F_{\phi}\cos\vartheta\cos\omega t+
F_{\phi}\cos(\vartheta-120°)\cos(\omega t-120°)+F_{\phi}\cos(\vartheta-240°)\cos(\omega t-240°)
\tag{5-25}
$$

将上式右端中的每一项利用“余弦函数积化和差”的规则分解为两项并合并，可得

$$
f_1(\vartheta,t)=\frac{3}{2}F_{\phi}\cos(\vartheta-\omega t)
\tag{5-26}
$$

式（5-26）就是三相绕组基波合成磁动势的表达式。$f_1(\vartheta,\ t)$ 是以空间角度 ϑ 为自变量的余弦波函数，其任意时刻的相位是 ωt。如图5-19所示，随着时间的推移，磁动势波不断地向 $+\vartheta$ 方向移动，所以 $f_1(\vartheta,\ t)$ 是一个恒幅、空间余弦分布的正向行波。由于定子内腔为圆柱形，所以 $f_1(\vartheta,\ t)$ 实质上是一个沿着气隙圆周连续推移的旋转磁动势波，如图5-20所示。

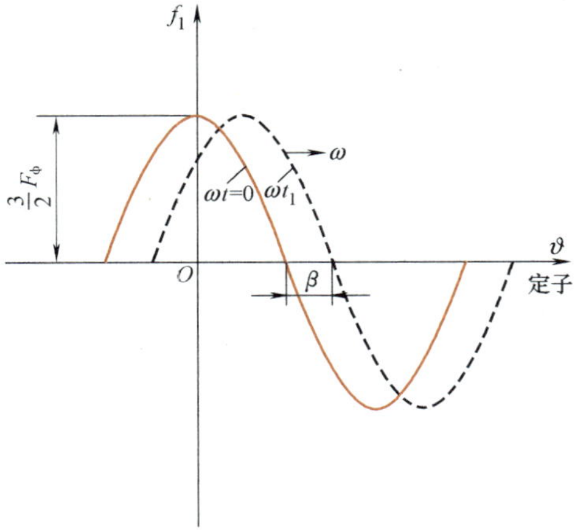

图5-19　不同时刻的三相绕组基波合成磁动势波

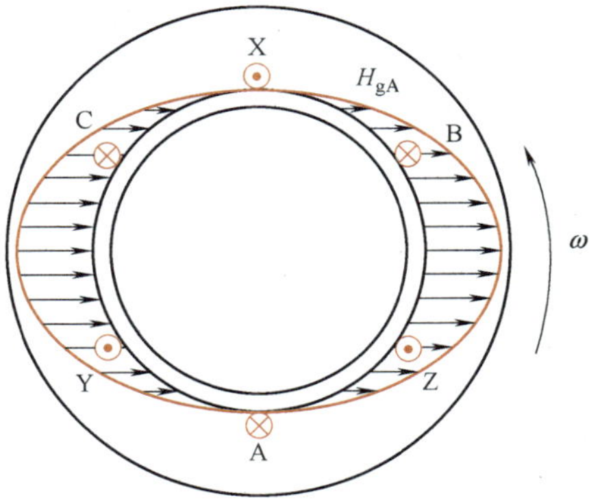

图5-20　旋转磁动势波

$f_1(\vartheta,\ t)$ 的推移速度，可从波上任意一点（例如波峰这一点）的推移速度来确定。

对于波峰这一点，其振幅恒为 $3F_{\phi}/2$，波峰的空间位置 ϑ^{P} 对应当前余弦函数的相位，即 $\vartheta^{P}=\omega t$，该式对时间求导，可得波峰推移的角速度为

$$
\frac{d}{dt}\vartheta^{P}=\omega
\tag{5-27}
$$

上式表明，磁动势波推移的角速度与激励电流的角频率相等。

从式（5-26）还可以看出，当某相电流达到交流的最大值时，基波合成旋转磁动势波的波峰就将与该相绕组的轴线重合。例如 $\omega t=0$ 时，A相电流达到最大值，基波合成磁动势为

$$
f_1(\vartheta,0)=\frac{3}{2}F_{\phi}\cos(\vartheta)
\tag{5-28}
$$

可见合成磁动势的幅值位于 $\vartheta=0$ 处，即在 A 相绕组的（N 极中心）轴线处。同理，当 $\omega t=120°$时，B 相电流达到最大值，此时基波合成磁动势为

$$f_1\left(\vartheta,\frac{120°}{\omega}\right)=\frac{3}{2}F_\phi\cos(\vartheta-120°) \tag{5-29}$$

其幅值位于 120°处，即位于 B 相绕组轴线；同理，当 $\omega t=240°$时，C 相电流达到最大值，此时基波合成磁动势的幅值位于 C 相绕组轴线，即

$$f_1\left(\vartheta,\frac{240°}{\omega}\right)=\frac{3}{2}F_\phi\cos(\vartheta-240°) \tag{5-30}$$

以上分析表明，对称三相绕组中通有对称三相正序电流时，基波合成磁动势是一个余弦分布、以同步转速向前推移的正向旋转磁动势波，基波合成磁动势的幅值为单相基波磁动势幅值的 3/2 倍。

不难推导，如果在三相对称绕组中通以对称的负序电流，将得到反向推移的旋转磁动势波。

5.4.2　平面旋转磁动势的空间矢量表达

式（5-19）表明，电机的每一相绕组磁动势基波是一个在空间确定方位的驻波，则

$$f_A(\vartheta,t)=F_\phi\cos\vartheta\cos(\omega t-\phi_A) \tag{5-31}$$

若定义磁动势空间矢量 $\boldsymbol{f}_\phi(t)$，其模等于基波幅值，空间位置位于驻波波峰的位置，则有

$$\boldsymbol{f}_A(t)=F_\phi\cos\omega t\mathrm{e}^{\mathrm{j}0°}=F_A(t)\mathrm{e}^{\mathrm{j}0°} \tag{5-32}$$

$$\boldsymbol{f}_B(t)=F_\phi\cos(\omega t-120°)\mathrm{e}^{\mathrm{j}120°}=F_B(t)\mathrm{e}^{\mathrm{j}120°} \tag{5-33}$$

$$\boldsymbol{f}_C(t)=F_\phi\cos(\omega t-240°)\mathrm{e}^{\mathrm{j}240°}=F_C(t)\mathrm{e}^{\mathrm{j}240°} \tag{5-34}$$

为了更好地将空间分布磁动势与集中参数的空间矢量表示对应起来，引入轴线圈这一物理模型，如图 5-21 所示。图 5-21a 所示为轴线圈的物理模型，图 5-21b 所示为等效电路图，

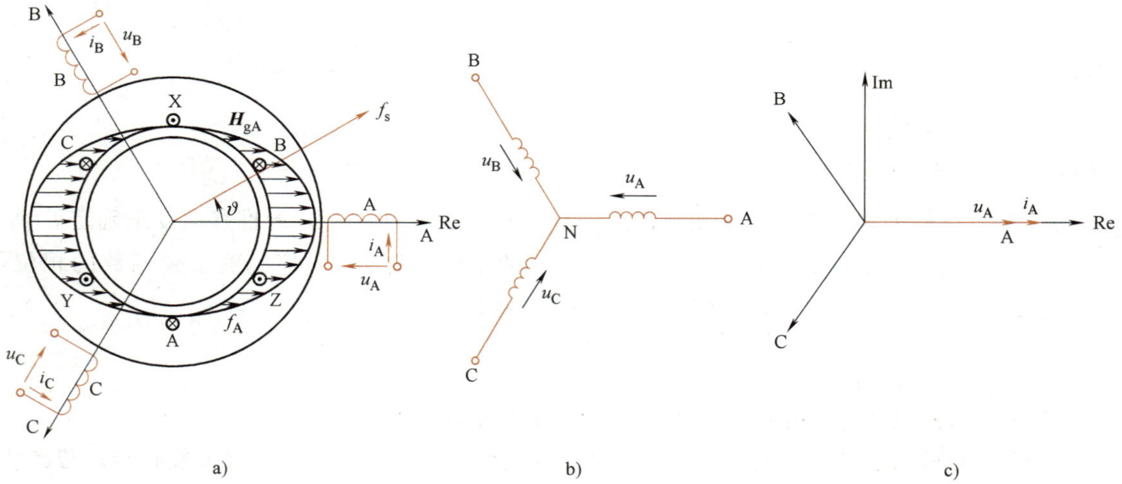

图 5-21　轴线圈及其对应的原理图、对应空间矢量图画法

a）轴线圈的物理模型　b）等效电路图　c）轴线圈电流、电压的空间矢量表征

图 5-21c 所示为轴线圈电流、电压的空间矢量表征。

注意这里电流、电压和磁动势的正方向定义。图 5-21a 中定子三相绕组被表示成三个轴线圈，它们位于各自绕组的轴线上，通入相电流后，会产生与实际相绕组等同的磁动势矢量，三个轴线圈的磁动势矢量合成后即为磁动势矢量 $\boldsymbol{f}_s$。图中，i_A、i_B 和 i_C 方向为相电流正方向，电流方向与磁动势矢量的正方向按右手定则确定。

图 5-21b 等效电路图中电流正方向的定义保持与电机控制器正方向的定义一致，与图 5-21c 复平面的正方向定义刚好相反。轴线圈电流、电压的空间矢量表征将在下一节具体描述。

在 $\boldsymbol{f}_A$、$\boldsymbol{f}_B$ 和 $\boldsymbol{f}_C$ 作用下，三相绕组可以产生各气隙余弦分布的磁场。磁动势空间矢量 $\boldsymbol{f}_A$、$\boldsymbol{f}_B$ 和 $\boldsymbol{f}_C$ 沿 A、B、C 轴线脉动的规律取决于相电流 $i_A(t)$、$i_B(t)$ 和 $i_C(t)$ 随时间变化的规律。

显然，由三相绕组产生的基波合成磁动势也为空间矢量，将其记为 $\boldsymbol{f}_s$。于是有

$$
\begin{aligned}
\boldsymbol{f}_s &= \boldsymbol{f}_A + \boldsymbol{f}_B + \boldsymbol{f}_C \\
&= F_A(t) + F_B(t)\mathrm{e}^{\mathrm{j}120^\circ} + F_C(t)\mathrm{e}^{\mathrm{j}240^\circ} \\
&= F_A(t) + \boldsymbol{a}F_B(t) + \boldsymbol{a}^2 F_C(t)
\end{aligned} \tag{5-35}
$$

式中，$\boldsymbol{a}$ 和 $\boldsymbol{a}^2$ 为空间算子，$\boldsymbol{a}=\mathrm{e}^{\mathrm{j}120^\circ}$，$\boldsymbol{a}^2=\mathrm{e}^{\mathrm{j}240^\circ}$。

在式（5-35）中，若 $i_A(t)>0$，即 $F_A(t)>0$，则 $\boldsymbol{f}_A$ 与 A 轴方向一致，否则相反；对于 $\boldsymbol{f}_B$ 和 $\boldsymbol{f}_C$ 亦如此。$\boldsymbol{f}_s$ 为矢量 $F_A(t)$、$\boldsymbol{a}F_B(t)$ 和 $\boldsymbol{a}^2F_C(t)$ 的合成矢量，在任一给定时刻，由 $i_A(t)$、$i_B(t)$ 和 $i_C(t)$ 的瞬时值可确定 $\boldsymbol{f}_s$ 的位置和幅值，即 $i_A(t)$、$i_B(t)$ 和 $i_C(t)$ 的变化规律决定了 $\boldsymbol{f}_s$ 的运动轨迹。

由式（5-35），在三相对称电流激励下，可得

$$
\boldsymbol{f}_s(t) = \boldsymbol{f}_A(t) + \boldsymbol{f}_B(t) + \boldsymbol{f}_C(t) = \frac{3}{2}F_\phi \mathrm{e}^{\mathrm{j}\omega} \tag{5-36}
$$

式（5-36）表明，$\boldsymbol{f}_s$ 的运动轨迹为圆形，圆的半径为每相基波磁动势最大幅值的 3/2 倍，$\boldsymbol{f}_s$ 旋转的电角速度 ω 就是电源角频率，旋转方向为逆时针方向，即从 A 轴到 B 轴再到 C 轴，当时间参考轴与复平面的实轴 Re(A) 重合时，$\boldsymbol{f}_s$ 的空间相位与 A 相电流 $i_A(t)$ 的时间相位相同。$\boldsymbol{f}_s$ 在气隙内产生了圆形旋转磁场，这是一个幅值和转速均恒定的余弦分布磁场。

在动态情况下，定子三相电流是非正弦电流（任意波形），此时

$$
\boldsymbol{f}_s = \frac{4}{\pi}\frac{1}{2p}N_s k_{d1} K_p \left[i_A(t) + \boldsymbol{a}i_B(t) + \boldsymbol{a}^2 i_C(t) \right] \tag{5-37}
$$

$\boldsymbol{f}_s$ 的运动轨迹不再为圆形，可以是任意的，具体的运动轨迹将取决于 $i_A(t)$、$i_B(t)$ 和 $i_C(t)$ 的时变规律。换句话说，如图 5-22 所示，通过控制 $i_A(t)$、$i_B(t)$ 和 $i_C(t)$ 可以达到控制 $\boldsymbol{f}_s$ 运动轨迹的目的。反之，可由 $\boldsymbol{f}_s$ 的期望运动轨迹来确定 $i_A(t)$、$i_B(t)$ 和 $i_C(t)$ 的时变规律，这为交流电机的矢量控制提供了有效方法。

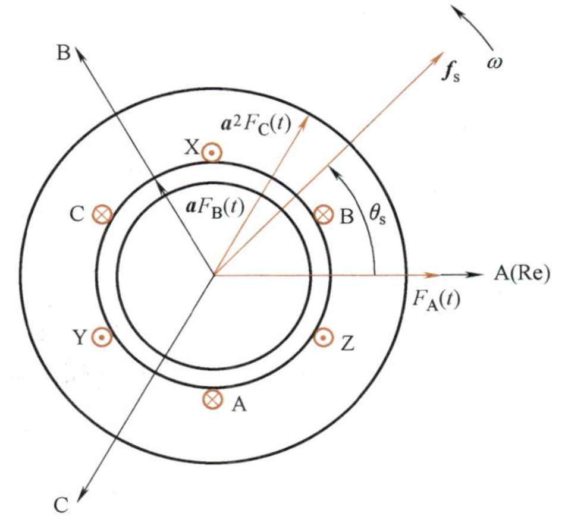

图 5-22 定子磁动势矢量 f_s 及其运动轨迹

5.5 定子电压、电流及磁链矢量

5.5.1 定子电流矢量和电压矢量

前面的分析过程中，电流均作为时间变量处理。正弦稳态情况下，有

$$i_N(t)=i_A(t)+i_B(t)+i_C(t)=0 \tag{5-38}$$

如果把各相电流幅值及其绕组空间坐标关联起来，即可得到电流空间矢量，即

$$\begin{cases}\boldsymbol{i}_A(t)=i_A(t)\mathrm{e}^{\mathrm{j}0°}\\ \boldsymbol{i}_B(t)=i_B(t)\mathrm{e}^{\mathrm{j}120°}\\ \boldsymbol{i}_C(t)=i_C(t)\mathrm{e}^{\mathrm{j}240°}\end{cases} \tag{5-39}$$

注意，这里电流矢量的相位取轴线中线的空间坐标位置，也就是各相绕组磁场中心线，矢量的幅值与电流幅值一致。

电流合成矢量可表示为

$$\boldsymbol{i}_\Sigma(t)=\boldsymbol{i}_A(t)+\boldsymbol{i}_B(t)+\boldsymbol{i}_C(t) \tag{5-40}$$

该矢量表征了三相电流共同作用下的等效励磁电流，为了更直观，我们设想，在 $\boldsymbol{f}_s$ 轴线上设置一个“轴线圈”，与 $\boldsymbol{f}_s$ 一道旋转，并且满足磁动势等效，即

$$\boldsymbol{f}_s(t)=F_s\boldsymbol{i}_\Sigma(t)=\frac{4}{\pi}\frac{k_d k_p}{2p}N_\Sigma\boldsymbol{i}_\Sigma(t)=\frac{4}{\pi}\frac{k_d k_p}{2p}N_s\boldsymbol{i}_s(t) \tag{5-41}$$

其中，N_Σ 代表单轴线圈的匝数等效系数，显然乘积不变的情况下单轴线圈匝数和电流幅值有无数组合，取“等幅值变换”，即 $N_\Sigma=2N_s/3$。此时，可得等幅值变换下定子电流空间矢量，即

$$\boldsymbol{i}_s(t)=\frac{N_\Sigma}{N_s}\boldsymbol{i}_\Sigma(t)=\frac{2}{3}[\boldsymbol{i}_A(t)+\boldsymbol{i}_B(t)+\boldsymbol{i}_C(t)] \tag{5-42}$$

采用等幅值变换的优点是合成电流矢量的幅值与相电流的峰值一致，便于运用和记忆。除等幅值变换外，常用的空间矢量定义还有“恒功率变换”，此时匝数等效系数设定为 $N_\Sigma=\sqrt{2/3}N_s$。

显然，式（5-41）的两种表述是等同的，且 $\boldsymbol{i}_s$ 与 $\boldsymbol{f}_s$ 方向一致。因为绕组磁动势和绕组电流间仅存在固定的倍比关系，所以式（5-42）实质上表示的是 ABC 轴系内三相绕组磁动势矢量的合成。前面已指出，当绕组匝数和分布形式确定后，相绕组磁动势矢量 $\boldsymbol{f}_A$、$\boldsymbol{f}_B$ 和 $\boldsymbol{f}_C$ 在 ABC 轴线上的幅值和方向就仅取决于相电流 $i_A(t)$、$i_B(t)$ 和 $i_C(t)$，从这个意义上说，原本是时间变量的 $i_A(t)$、$i_B(t)$ 和 $i_C(t)$ 在式（5-42）中就被赋予了空间含义，作为轴电流被表示成空间矢量后就与磁动势矢量相当。

在正弦稳态下，定子三相电流瞬时值可表示为

$$i_A(t)=I_s\cos(\omega_s t+\varphi_1) \tag{5-43}$$

$$i_B(t)=I_s\cos(\omega_s t+\varphi_1-120°) \tag{5-44}$$

$$i_C(t)=I_s\cos(\omega_s t+\varphi_1-240°) \tag{5-45}$$

式中，I_s 为电流最大值。此时，将式（5-43）~式（5-45）分别代入式（5-42），可得

$$\boldsymbol{i}_s(t)=\frac{2}{3}[i_A(t)+\boldsymbol{a}i_B(t)+\boldsymbol{a}^2i_C(t)]=I_s\mathrm{e}^{\mathrm{j}(\omega_s t+\varphi_1)} \tag{5-46}$$

对比式（5-36）和式（5-46）可知，此时 $\boldsymbol{i}_s$ 的幅值恒定，等于相电流的峰值，此即"等幅值变换"的含义，即

$$|\boldsymbol{i}_s(t)|=I_s \tag{5-47}$$

式（5-47）表明，通过式（5-42），实际上将静止的三相绕组中的正弦电流变换为了旋转的单轴线圈中的直流。亦即，实际电机是向三相对称绕组通以三相对称的正弦电流来产生磁动势矢量 $\boldsymbol{f}_s$，其旋转速度为 ω_s，现在可向虚拟的以 ω_s 速度旋转的单轴线圈通以恒定的直流来产生这个旋转磁动势矢量 $\boldsymbol{f}_s$。两者产生的是同一个定子磁动势矢量，只是产生的方式不同而已。

在图 5-23 中，外加定子相电压 $\boldsymbol{u}_A$、$\boldsymbol{u}_B$ 和 $\boldsymbol{u}_C$ 对于电机系统而言，相当于外部激励，可以通过调节相电压改变相电流，进而改变作用于相绕组轴线上的磁动势和磁场，因此也可以将这种轴电压表示成空间矢量。

对于定子绕组 A、B、C 和等效旋转绕组 S-S′，我们均定义对应的激励电压空间矢量，即

$$\boldsymbol{u}_A(t)=u_A(t)\mathrm{e}^{\mathrm{j}0°} \tag{5-48}$$

$$\boldsymbol{u}_B(t)=u_B(t)\mathrm{e}^{\mathrm{j}120°} \tag{5-49}$$

$$\boldsymbol{u}_C(t)=u_C(t)\mathrm{e}^{\mathrm{j}240°} \tag{5-50}$$

$$\boldsymbol{u}_s(t)=\frac{2}{3}[\boldsymbol{u}_A(t)+\boldsymbol{u}_B(t)+\boldsymbol{u}_C(t)] \tag{5-51}$$

可见，通过磁动势的空间效果相关联，与电流类似地，我们也赋予电压空间含义，并统一用空间矢量来表征。

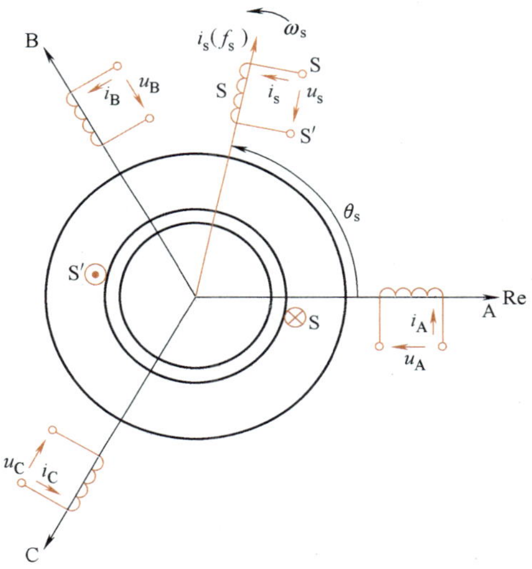

图 5-23　定、转子电流矢量与"轴线圈"等效

5.5.2　定子磁链矢量

电机气隙内磁场是按余弦分布的，这是能够运用空间矢量理论分析电机的前提和基础。如图 5-24 所示，将 A 相绕组产生的余弦分布的磁动势波沿 θ 展开，其在气隙内产生了余弦分布的径向磁场强度 $\boldsymbol{H}_{gA}$，进而在气隙内产生的径向磁感应强度（磁通密度）$\boldsymbol{B}_{gA}$ 亦为余弦分布，两者的轴线都与磁动势空间矢量 $\boldsymbol{f}_A$ 一致。

对于隐极电机，由于气隙均匀，余弦磁场轴线与产生该磁场的磁动势矢量的轴线总是一致的，因此当用磁链矢量表示这个余弦分布的磁场时，磁链矢量轴线应与产生该磁场的磁动势矢量轴线一致。

同样取等幅值变换，将定子磁链矢量 $\boldsymbol{\psi}_s$ 定义为

$$\boldsymbol{\psi}_s=\frac{2}{3}(\psi_A+\boldsymbol{a}\psi_B+\boldsymbol{a}^2\psi_C) \tag{5-52}$$

式中，ψ_A、ψ_B 和 ψ_C 为 A 相、B 相和 C 相绕组的全磁链。全磁链不仅计及了相绕组的自感

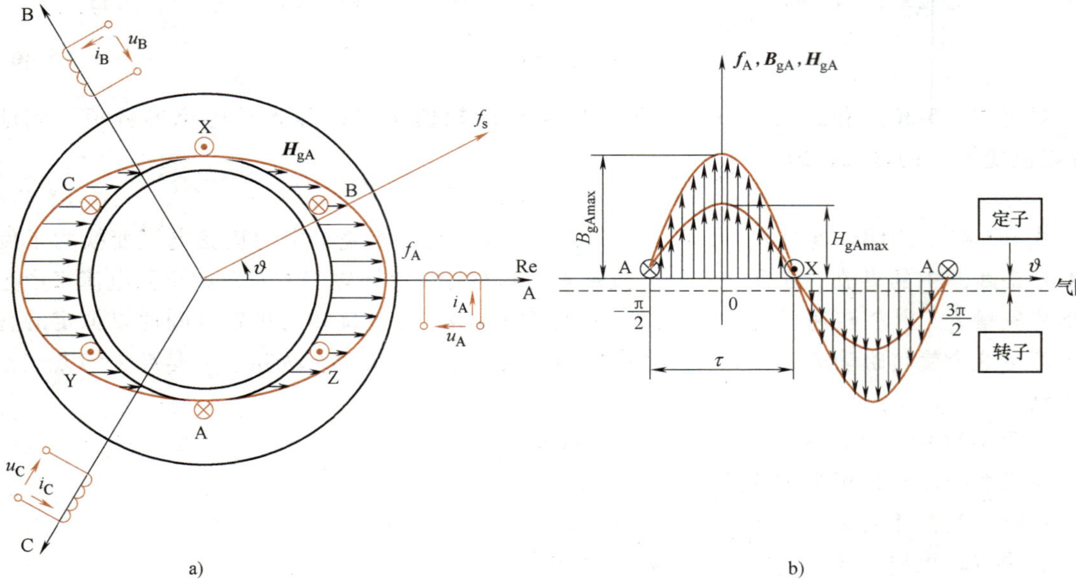

图 5-24 A 相绕组产生的余弦分布磁场

a）余弦分布磁动势波 b）余弦分布磁场

磁链还计及了其他绕组对其产生的互感磁链。同理，在 ABC 轴系中，将转子磁链矢量 $\boldsymbol{\psi}_r$ 定义为

$$\boldsymbol{\psi}_r=\frac{2}{3}(\psi_a+\boldsymbol{a}\psi_b+\boldsymbol{a}^2\psi_c)e^{j\theta_{sr}} \tag{5-53}$$

式中，ψ_a、ψ_b 和 ψ_c 为 a 相、b 相和 c 相绕组的全磁链；θ_{sr} 为转子的空间方位角。

5.6 空间矢量在对称三相与正交两相之间的变换

5.6.1 矢量变换与坐标变换

空间矢量的旋转、合成与缩放运算均属于矢量变换。矢量变换如果用其不同轴系下的坐标分量表示，则得到另外一种数学表达，即不同轴系间的坐标变换。矢量变换与坐标变换实质是一样的，只是采取的数学工具不同，前者是复变函数，后者是线性代数。

磁动势等效是坐标变换的基础和准则。因为只有这样，坐标变换后才不会改变电机内的气隙磁场分布，才不会影响机电能量转换和电磁转矩生成的表述。为满足幅值不变约束，在图 5-25 中，设定 αβ 轴系中定子线圈 α、β 以及转子线圈 d、q 的有效匝数均为 ABC 坐标系每相绕组有效匝数的 3/2 倍。

ABC 坐标系定子三相电流 i_A、i_B 和 i_C 产生的磁动势与两相定子电流 i_α 和 i_β 产生的磁动势，需要满足一定关系，使得两个轴系描述的电流矢量产生的是同一个定子磁动势矢量 $\boldsymbol{f}_s$，即有基于磁动势等效原则，由 $\boldsymbol{i}_s=i_\alpha+ji_\beta$ 和 $\boldsymbol{i}_s=2/3(i_A+\boldsymbol{a}i_B+\boldsymbol{a}^2i_C)$，可直接得到

$$i_\alpha+ji_\beta=\frac{2}{3}(i_A+\boldsymbol{a}i_B+\boldsymbol{a}^2i_C) \tag{5-54}$$

利用关系式 $e^{j\theta}=\cos\theta+j\sin\theta$，并令式（5-54）左右两边虚、实部相等，可以得到坐标分量之间的对应关系，即

$$\begin{cases} i_\alpha=\dfrac{2}{3}\left(i_A-\dfrac{1}{2}i_B-\dfrac{1}{2}i_C\right) \\ i_\beta=\dfrac{2}{3}\left(\dfrac{\sqrt{3}}{2}i_B-\dfrac{\sqrt{3}}{2}i_C\right) \end{cases} \tag{5-55}$$

在正弦稳态下，设定子三相电流为

$$i_A=I_s\cos(\omega_s t+\varphi_1) \tag{5-56}$$

$$i_B=I_s\cos(\omega_s t+\varphi_1-120°) \tag{5-57}$$

$$i_C=I_s\cos(\omega_s t+\varphi_1-240°) \tag{5-58}$$

式中，φ_1 为定子 A 相电流初始相位角。

将式（5-56）~式（5-58）代入式（5-54），可得

$$\begin{pmatrix} i_\alpha \\ i_\beta \end{pmatrix}=\begin{pmatrix} I_s\cos(\omega_s t+\varphi_1) \\ I_s\sin(\omega_s t+\varphi_1) \end{pmatrix} \tag{5-59}$$

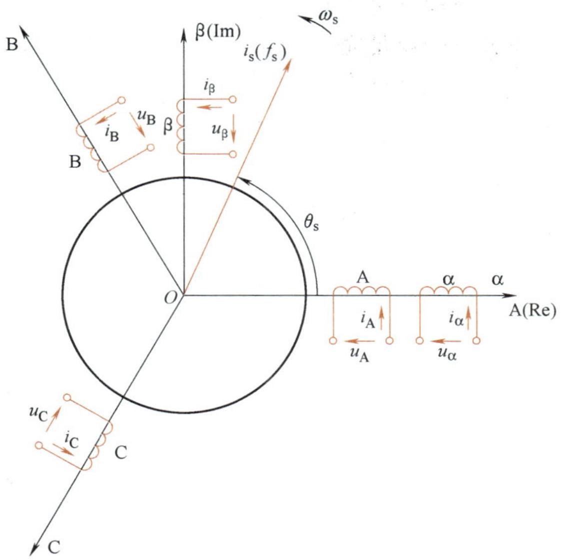

图 5-25 静止 ABC 坐标系与静止 αβ 坐标系

式（5-59）表明，ABC 坐标系到 αβ 坐标系的变换，仅是一种相数的变换，只是将对称的三相正弦电流变换为正交两相正弦电流，就产生圆形旋转磁动势而言，两者没有本质的区别，都是在静止的空间对称绕组内通以时间对称的交流电流，在满足式（5-54）的变换要求后，两者产生了同一个磁动势矢量。

由式（5-59）可以证明，设定 αβ 坐标系中每相绕组有效匝数为 ABC 坐标系每相匝数的 3/2 倍，满足了幅值不变条件。

利用矢量变换也可将图 5-25 中的 $\boldsymbol{i}_s(\boldsymbol{f}_s)$ 由 ABC 坐标系直接变换到转子同步 DQ 坐标系（记为 $\boldsymbol{i}_s^D$），即

$$\boldsymbol{i}_s^D=e^{-j\theta_D}\boldsymbol{i}_s \tag{5-60}$$

或者

$$\boldsymbol{i}_s=e^{j\theta_D}\boldsymbol{i}_s^D \tag{5-61}$$

若将 $\boldsymbol{i}_s^D=i_D+ji_Q$ 和 $\boldsymbol{i}_s=2/3(i_A+\boldsymbol{a}i_B+\boldsymbol{a}^2i_C)$ 分别代入式（5-60），则有

$$i_D+ji_Q=\frac{2}{3}\left(i_A e^{-j\theta_D}+i_B e^{j\left(\frac{2\pi}{3}-\theta_D\right)}+i_C e^{j\left(\frac{4\pi}{3}-\theta_D\right)}\right) \tag{5-62}$$

利用关系式 $e^{j\theta}=\cos\theta+j\sin\theta$，并令式（5-62）左右两边虚、实部相等，可得坐标分量之间的关系式，即

$$\begin{cases} i_D=\dfrac{2}{3}\left(i_A\cos\theta_D+i_B\cos\left(\theta_D-\dfrac{2\pi}{3}\right)+i_C\cos\left(\theta_D-\dfrac{4\pi}{3}\right)\right) \\ i_Q=\dfrac{2}{3}\left(-i_A\sin\theta_D-i_B\sin\left(\theta_D-\dfrac{2\pi}{3}\right)-i_C\sin\left(\theta_D-\dfrac{4\pi}{3}\right)\right) \end{cases} \tag{5-63}$$

应注意的是，虽然可以将 $\boldsymbol{i}_s$ 由 ABC 坐标系直接变换到了 DQ 坐标系，但可理解为是先将 $\boldsymbol{i}_s$ 由 ABC 坐标系变换到了 αβ 坐标系，再由 αβ 坐标系变换到了 DQ 坐标系。

上述坐标分量之间的关系可以进一步写成矩阵和矢量的形式，此即“坐标变换”。坐标变换与矢量变换是完全等价的，只是数学基础不同，根据不同的分析需要可互换使用。本书的分析以矢量变换为主。

首先在等幅值变换的约束下，将模型由三相静止 ABC 坐标系变换到两相静止直角坐标 αβ 坐标系。

以相电流为例，静止 ABC 坐标系到静止 αβ 坐标系的坐标变换（也称“Clark 变换”）为

$$\begin{pmatrix} i_\alpha \\ i_\beta \\ i_0 \end{pmatrix} = \frac{2}{3}\begin{pmatrix} 1 & -\frac{1}{2} & -\frac{1}{2} \\ 0 & \frac{\sqrt{3}}{2} & -\frac{\sqrt{3}}{2} \\ \frac{1}{2} & \frac{1}{2} & \frac{1}{2} \end{pmatrix}\begin{pmatrix} i_A \\ i_B \\ i_C \end{pmatrix} \tag{5-64}$$

记矩阵

$$\boldsymbol{C}_{\alpha\beta 0}^{ABC} = \frac{2}{3}\begin{pmatrix} 1 & -\frac{1}{2} & -\frac{1}{2} \\ 0 & \frac{\sqrt{3}}{2} & -\frac{\sqrt{3}}{2} \\ \frac{1}{2} & \frac{1}{2} & \frac{1}{2} \end{pmatrix} \tag{5-65}$$

为 Clark 变换矩阵。

三相对称正弦电流下，三相绕组中线电流 $i_0=0$，此时 Clark 变换可写为

$$\begin{pmatrix} i_\alpha \\ i_\beta \end{pmatrix} = \frac{2}{3}\begin{pmatrix} 1 & -\frac{1}{2} & -\frac{1}{2} \\ 0 & \frac{\sqrt{3}}{2} & -\frac{\sqrt{3}}{2} \end{pmatrix}\begin{pmatrix} i_A \\ i_B \\ i_C \end{pmatrix} \tag{5-66}$$

两相静止 αβ 直角坐标系到三相静止 ABC 坐标系的变换关系为

$$\begin{pmatrix} i_A \\ i_B \\ i_C \end{pmatrix} = \begin{pmatrix} 1 & 0 \\ -\frac{1}{2} & \frac{\sqrt{3}}{2} \\ -\frac{1}{2} & -\frac{\sqrt{3}}{2} \end{pmatrix}\begin{pmatrix} i_\alpha \\ i_\beta \end{pmatrix} \tag{5-67}$$

αβ 坐标系到 DQ 坐标系的变换如图 5-26 所示，由欧拉公式和磁动势等效原则可得

$$\begin{pmatrix} i_\alpha \\ i_\beta \end{pmatrix} = \begin{pmatrix} \cos\theta_D & -\sin\theta_D \\ \sin\theta_D & \cos\theta_D \end{pmatrix}\begin{pmatrix} i_D \\ i_Q \end{pmatrix} \tag{5-68}$$

做两相静止 αβ 坐标系到同步旋转 DQ 坐标系的坐标变换（也称“Park 变换”）为

$$\begin{pmatrix} i_D \\ i_Q \\ i_0 \end{pmatrix} = \begin{pmatrix} \cos\theta_D & \sin\theta_D & 0 \\ -\sin\theta_D & \cos\theta_D & 0 \\ 0 & 0 & 1 \end{pmatrix}\begin{pmatrix} i_\alpha \\ i_\beta \\ i_0 \end{pmatrix} \tag{5-69}$$

记矩阵

$$C_{DQ0}^{\alpha\beta0}=\begin{pmatrix}\cos\theta_D & \sin\theta_D & 0\\ -\sin\theta_D & \cos\theta_D & 0\\ 0 & 0 & 1\end{pmatrix} \quad (5\text{-}70)$$

为 Park 变换矩阵。

不考虑中性电流，Park 变换可写为

$$\begin{pmatrix}i_D\\ i_Q\end{pmatrix}=\begin{pmatrix}\cos\theta_D & \sin\theta_D\\ -\sin\theta_D & \cos\theta_D\end{pmatrix}\begin{pmatrix}i_\alpha\\ i_\beta\end{pmatrix} \quad (5\text{-}71)$$

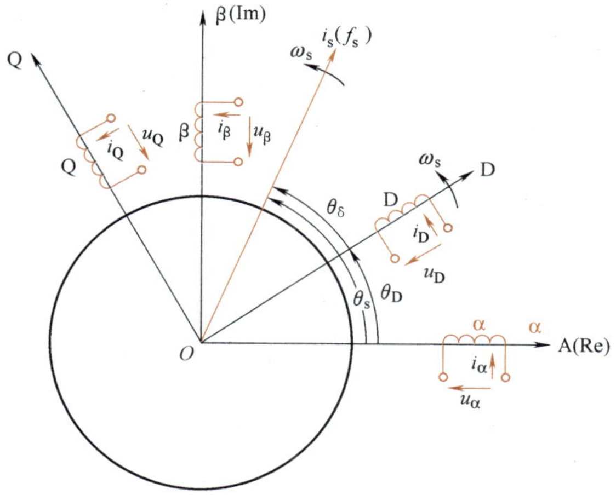

图 5-26　静止 αβ 坐标系与任意同步旋转 DQ 坐标系

同样地，ABC 坐标系直接到同步坐标系的变换可以写成坐标变换矩阵的形式，即

$$\begin{pmatrix}i_D\\ i_Q\end{pmatrix}=\frac{2}{3}\begin{pmatrix}\cos\theta_D & \cos\left(\theta_D-\frac{2\pi}{3}\right) & \cos\left(\theta_D-\frac{4\pi}{3}\right)\\ -\sin\theta_D & -\sin\left(\theta_D-\frac{2\pi}{3}\right) & -\sin\left(\theta_D-\frac{4\pi}{3}\right)\end{pmatrix}\begin{pmatrix}i_A\\ i_B\\ i_C\end{pmatrix} \quad (5\text{-}72)$$

对应的逆变换为

$$\begin{pmatrix}i_A\\ i_B\\ i_C\end{pmatrix}=\begin{pmatrix}\cos\theta_D & -\sin\theta_D\\ \cos\left(\theta_D-\frac{2\pi}{3}\right) & -\sin\left(\theta_D-\frac{2\pi}{3}\right)\\ \cos\left(\theta_D-\frac{4\pi}{3}\right) & -\sin\left(\theta_D-\frac{4\pi}{3}\right)\end{pmatrix}\begin{pmatrix}i_D\\ i_Q\end{pmatrix} \quad (5\text{-}73)$$

5.6.2　等幅值线性变换前后的磁共能计算

与等功率变换不同，等幅值线性变换前后的磁共能数值上也要考虑变换系数。以三相静止 ABC 坐标系变换到两相静止 αβ 直角坐标系为例进行分析。此时有如下坐标变换关系：

$$\begin{pmatrix}i_A\\ i_B\\ i_C\end{pmatrix}=\begin{pmatrix}1 & 0\\ -\frac{1}{2} & \frac{\sqrt{3}}{2}\\ -\frac{1}{2} & -\frac{\sqrt{3}}{2}\end{pmatrix}\begin{pmatrix}i_\alpha\\ i_\beta\end{pmatrix} \quad (5\text{-}74)$$

$$\begin{pmatrix}\psi_\alpha\\ \psi_\beta\end{pmatrix}=\frac{2}{3}\begin{pmatrix}1 & -\frac{1}{2} & -\frac{1}{2}\\ 0 & \frac{\sqrt{3}}{2} & -\frac{\sqrt{3}}{2}\end{pmatrix}\begin{pmatrix}\psi_A\\ \psi_B\\ \psi_C\end{pmatrix} \quad (5\text{-}75)$$

计算磁共能时，在两相坐标系中，积分路径如下：$(0,0)$—$(i_\alpha,0)$—(i_α,i_β)。首先，由路径 Ⅰ：$(0,0)$—$(i_\alpha,0)$ 积分求磁共能，在此路径下，有：$i_\beta=0$，则

$$\begin{pmatrix} \mathrm{d}i_A \\ \mathrm{d}i_B \\ \mathrm{d}i_C \end{pmatrix} = \begin{pmatrix} 1 \\ -\dfrac{1}{2} \\ -\dfrac{1}{2} \end{pmatrix} \mathrm{d}i_\alpha \tag{5-76}$$

计算磁共能：

$$\begin{aligned} W_{c1,ABC} &= \int_0^{i_A} \psi_A(i'_\alpha,0)\,\mathrm{d}i'_A + \int_0^{i_B} \psi_B(i'_\alpha,0)\,\mathrm{d}i'_B + \int_0^{i_C} \psi_C(i'_\alpha,0)\,\mathrm{d}i'_C \\ &= \int_0^{i_\alpha} \left[\psi_A(i'_\alpha,0) - \frac{1}{2}\psi_B(i'_\alpha,0) - \frac{1}{2}\psi_C(i'_\alpha,0)\right] \mathrm{d}i'_\alpha = \frac{3}{2}\int_0^{i_\alpha} \psi_\alpha(i'_\alpha,0)\,\mathrm{d}i'_\alpha \end{aligned} \tag{5-77}$$

再考虑路径Ⅱ：$(i_\alpha,0)$—(i_α,i_β)，积分得磁共能，在此路径下有：$\mathrm{d}i_\alpha=0$，则

$$\begin{pmatrix} \mathrm{d}i_A \\ \mathrm{d}i_B \\ \mathrm{d}i_C \end{pmatrix} = \begin{pmatrix} 1 \\ \dfrac{\sqrt{3}}{2} \\ -\dfrac{\sqrt{3}}{2} \end{pmatrix} \mathrm{d}i_\beta \tag{5-78}$$

计算磁共能：

$$\begin{aligned} W_{c2,ABC} &= \int_0^{i_A} \psi_A(i_\alpha,i'_\beta)\,\mathrm{d}i'_A + \int_0^{i_B} \psi_B(i_\alpha,i'_\beta)\,\mathrm{d}i'_B + \int_0^{i_C} \psi_C(i_\alpha,i'_\beta)\,\mathrm{d}i'_C \\ &= \int_0^{i_\beta} \left[\psi_A(i_\alpha,i'_\beta) + \frac{\sqrt{3}}{2}\psi_B(i_\alpha,i'_\beta) - \frac{\sqrt{3}}{2}\psi_C(i_\alpha,i'_\beta)\right] \mathrm{d}i'_\beta \\ &= \frac{3}{2}\int_0^{i_\beta} \psi_\beta(i_\alpha,i'_\beta)\,\mathrm{d}i'_\beta \end{aligned} \tag{5-79}$$

综合式（5-77）、式（5-79）得到

$$W_{c,ABC} = \frac{3}{2}\int_0^{i_\alpha} \psi_\alpha(i'_\alpha,0)\,\mathrm{d}i'_\alpha + \frac{3}{2}\int_0^{i_\beta} \psi_\beta(i_\alpha,i'_\beta)\,\mathrm{d}i'_\beta = \frac{3}{2}W_{c,\alpha\beta} \tag{5-80}$$

上述计算表明，等幅值变换条件下，两相坐标系积分计算得到磁共能是（实际）三相磁共能的2/3。可以类似证明，对于旋转两相坐标系计算得到的磁共能也是三相磁共能的2/3。

根据转矩的虚位移产生机理，磁共能在三相与两相电磁系统之间的系数会直接反映在转矩表达式上。此外，在多极电机中，整个圆周内的磁场分布每经过一对极重复一次，因此可将两极电机作为基本单元，多级电机的电磁转矩在其上乘以极对数 p_0。

据此，对于三相多对极电机，第3章基于磁共能和基于空间矢量的转矩表达式分别具有如下表示形式：

$$t_e = p_0 \frac{\partial W_{c,ABC}}{\partial \theta_r} = \frac{3}{2}p_0 \frac{\partial W_{c,\alpha\beta}}{\partial \theta_r} \tag{5-81}$$

和

$$\boldsymbol{t}_e = \frac{3}{2}p_0(\boldsymbol{\psi}_s \times \boldsymbol{i}_s) \tag{5-82}$$

再次强调，上述转矩表达式都是以等幅值变换为前提。

5.6.3　等幅值线性变换前后的功率换算

在三相电路中，三相负载的连接方式取决于负载每相的额定电压和电源的线电压。由于对称三相电路中每相的响应都是与激励同相序的对称量，所以每相不但相电压的有效值相等，相电流的有效值也相等，而且每相电压与电流的相位差也相等，从而每相的有功功率相等。设 U_ϕ、I_ϕ 分别为每相电压、电流的峰值，φ 是功率因数角，则每相的有功功率为

$$P_\phi=\frac{1}{2}U_\phi I_\phi\cos\varphi \tag{5-83}$$

星形联结对称三相电路的总功率等于三相电路的总和，则有

$$P_3=3P_\phi=\frac{3}{2}U_\phi I_\phi\cos\varphi \tag{5-84}$$

三相电路的无功表示如下：

$$Q_3=3Q_\phi=\frac{3}{2}U_\phi I_\phi\sin\varphi \tag{5-85}$$

第 4 章中已经给出，空间矢量表征的电压、电流空间夹角就等于功率因数角。在等幅值条件下，满足如下关系：

$$|\boldsymbol{u}_{\rm s}|=U_\phi \tag{5-86}$$

$$|\boldsymbol{i}_{\rm s}|=I_\phi \tag{5-87}$$

所以通过空间矢量计算得到的有功功率满足：

$$P_{\rm s}=\boldsymbol{u}_{\rm s}\cdot\boldsymbol{i}_{\rm s}=U_\phi I_\phi\cos\varphi=\frac{2}{3}P_3 \tag{5-88}$$

即等幅值变换下，空间矢量计算得到的功率是三相原始功率的 2/3。无功功率满足同样的换算关系，即

$$Q_{\rm s}=|\boldsymbol{i}_{\rm s}\times\boldsymbol{u}_{\rm s}|=U_\phi I_\phi\sin\varphi=\frac{2}{3}Q_3 \tag{5-89}$$

当然，上述换算关系也可将电流、电压空间矢量的定义式直接代入推导得出。

三相与两相功率之间的变换关系与磁共能的换算关系的产生机理是一致的，因为磁共能的换算关系直接体现在转矩上，而转角不受相数变换影响，功率等于转矩与角速度的乘积。

5.6.4　三相电感矩阵及其坐标变换

我们需要在不同坐标系下建立磁链方程，这就要涉及电感在不同坐标系下的表示问题。此处引用有关文献的结论，直接对电感进行矢量变换。

电感，本质上是电流激磁的一种度量。不同坐标系之间的磁链和电流可以通过坐标变换进行计算，所以理论上，不同坐标系下的电感对应关系也可以由坐标系之间的矢量变换表示出来。本节基于此进行表述，但是要注意，这类直接变换的方法有严格的适用条件。

当然，一个更普遍适用的推导过程，还是直接从磁链与电流之间的关系进行推导，这样更能反映电感的物理本质，附录中给出了永磁同步电机和感应电机定子电感的推导过程。

考虑定子单边励磁的情况，即只考虑定子电枢磁链，可得到磁链表达式：

$$\begin{pmatrix}\psi_{Ag}\\ \psi_{Bg}\\ \psi_{Cg}\end{pmatrix}=\begin{pmatrix}L_A & L_{AB} & L_{AC}\\ L_{BA} & L_B & L_{BC}\\ L_{CA} & L_{CB} & L_C\end{pmatrix}\begin{pmatrix}i_A\\ i_B\\ i_C\end{pmatrix}=\boldsymbol{L}_s\begin{pmatrix}i_A\\ i_B\\ i_C\end{pmatrix} \tag{5-90}$$

式（5-90）中的电感矩阵中，对角线上的元素为自感，非对角元素为互感。相绕组自感分为励磁电感和漏电感两部分。励磁电感与励磁磁场相对应。

首先考察 αβ 坐标系到 ABC 坐标系的变换，磁链方程满足

$$\begin{pmatrix}\psi_\alpha\\ \psi_\beta\\ \psi_0\end{pmatrix}=\begin{pmatrix}L_\alpha & L_{\alpha\beta} & L_{\alpha0}\\ L_{\beta\alpha} & L_\beta & L_{\beta0}\\ L_{0\alpha} & L_{0\beta} & L_{00}\end{pmatrix}\begin{pmatrix}i_\alpha\\ i_\beta\\ i_0\end{pmatrix} \tag{5-91}$$

考虑到

$$\begin{pmatrix}\psi_\alpha\\ \psi_\beta\\ \psi_0\end{pmatrix}=\boldsymbol{C}_{\alpha\beta0}^{ABC}\begin{pmatrix}\psi_{Ag}\\ \psi_{Bg}\\ \psi_{Cg}\end{pmatrix} \tag{5-92}$$

$$\begin{pmatrix}i_\alpha\\ i_\beta\\ i_0\end{pmatrix}=\boldsymbol{C}_{\alpha\beta0}^{ABC}\begin{pmatrix}i_A\\ i_B\\ i_C\end{pmatrix} \tag{5-93}$$

则

$$\begin{pmatrix}L_\alpha & L_{\alpha\beta} & L_{\alpha0}\\ L_{\beta\alpha} & L_\beta & L_{\beta0}\\ L_{0\alpha} & L_{0\beta} & L_{00}\end{pmatrix}=\boldsymbol{C}_{\alpha\beta0}^{ABC}\begin{pmatrix}L_A & L_{AB} & L_{AC}\\ L_{BA} & L_B & L_{BC}\\ L_{CA} & L_{CB} & L_C\end{pmatrix}(\boldsymbol{C}_{\alpha\beta0}^{ABC})^{-1} \tag{5-94}$$

忽略铁心磁路的磁阻，故定子各相绕组主磁路（励磁磁通路径）磁阻都仅与气隙有关。由于气隙是均匀的，所以各相绕组的励磁电感相等，均记为 $L_{m\phi}$，定子相绕组的自感分别为

$$L_A=L_B=L_C=L_{s\phi} \tag{5-95}$$

记定子漏感为 $L_{s\sigma}$，则

$$L_{s\phi}=L_{m\phi}+L_{s\sigma} \tag{5-96}$$

定子相绕组间的互感，因相绕组彼此在空间间隔 120°电角度，且因定子相绕组产生的励磁磁场均为正弦分布，故有

$$L_{AB}=L_{BA}=L_{AC}=L_{CA}=L_{BC}=L_{CB}=L_{m\phi}\cos120°=-\frac{1}{2}L_{m\phi} \tag{5-97}$$

于是，可将式（5-94）中的电感矩阵表示成

$$\boldsymbol{L}_{\mathrm{s}}=\begin{pmatrix} L_{\mathrm{s}\sigma}+L_{\mathrm{m}\phi} & -\frac{1}{2}L_{\mathrm{m}\phi} & -\frac{1}{2}L_{\mathrm{m}\phi} \\ -\frac{1}{2}L_{\mathrm{m}\phi} & L_{\mathrm{s}\sigma}+L_{\mathrm{m}\phi} & -\frac{1}{2}L_{\mathrm{m}\phi} \\ -\frac{1}{2}L_{\mathrm{m}\phi} & -\frac{1}{2}L_{\mathrm{m}\phi} & L_{\mathrm{s}\sigma}+L_{\mathrm{m}\phi} \end{pmatrix} \tag{5-98}$$

利用 $i_{\mathrm{A}}+i_{\mathrm{B}}+i_{\mathrm{C}}=0$ 的关系（三相绕组为Y联结，且没有中性线），由式（5-94）和式（5-98），可得

$$\begin{pmatrix} L_{\alpha} & L_{\alpha\beta} & L_{\alpha 0} \\ L_{\beta\alpha} & L_{\beta} & L_{\beta 0} \\ L_{0\alpha} & L_{0\beta} & L_{00} \end{pmatrix}=\begin{pmatrix} L_{\mathrm{s}\sigma}+\frac{3}{2}L_{\mathrm{m}\phi} & 0 & 0 \\ 0 & L_{\mathrm{s}\sigma}+\frac{3}{2}L_{\mathrm{m}\phi} & 0 \\ 0 & 0 & L_{\mathrm{s}\sigma} \end{pmatrix} \tag{5-99}$$

定义 M_{sr} 为**等效励磁电感**

$$M_{\mathrm{sr}}=\frac{3}{2}L_{\mathrm{m}\phi} \tag{5-100}$$

同理，针对正交直角坐标系，可以得到

$$\begin{pmatrix} L_{\mathrm{D}} & L_{\mathrm{DQ}} \\ L_{\mathrm{QD}} & L_{\mathrm{Q}} \end{pmatrix}=\begin{pmatrix} \cos\theta_{\mathrm{D}} & \sin\theta_{\mathrm{D}} \\ -\sin\theta_{\mathrm{D}} & \cos\theta_{\mathrm{D}} \end{pmatrix}\begin{pmatrix} L_{\alpha} & L_{\alpha\beta} \\ L_{\beta\alpha} & L_{\beta} \end{pmatrix}\begin{pmatrix} \cos\theta_{\mathrm{D}} & \sin\theta_{\mathrm{D}} \\ -\sin\theta_{\mathrm{D}} & \cos\theta_{\mathrm{D}} \end{pmatrix}^{-1} \tag{5-101}$$

整理得到

$$\begin{pmatrix} L_{\mathrm{D}} & L_{\mathrm{DQ}} \\ L_{\mathrm{QD}} & L_{\mathrm{Q}} \end{pmatrix}=(L_{\mathrm{s}\sigma}+M_{\mathrm{sr}})\begin{pmatrix} 1 & 0 \\ 0 & 1 \end{pmatrix} \tag{5-102}$$

小　　结

交流旋转电机定子绕组的作用主要是产生空间上持续旋转的定子磁场。绕组是电机中重要的部件，在发电机中绕组是产生电动势的部件，在电动机中绕组是产生机械力的部件。交流绕组可按相数、绕组层数、每极下每相槽数和绕法来分类。车用电机典型的绕组形式为三相、双层、分布绕组。

分析和设计绕组，首先要对绕组进行几何参数化表征。铁心定子槽的个数决定了绕组空间离散化的分辨率。因此，绕组的几何尺寸基本都可以用槽数的倍数来表示。如线圈的节距，就是表示一个线圈元件的两个有效边跨的槽数，这一定是一个整数。转子的几何参数与定子独立设置，这就意味着，转子的几何参数有可能不是槽数的整数倍。

采用相带划分来设计绕组是一种基本的方法。3 相 1 对极 6 槽定子单层分布绕组是最简单的绕组拓扑，是学习更复杂绕组的基础。绕组展开图和槽动势星形图是两种主要的绕组设计和表示方法。

每个整距线圈产生的磁动势都是一个矩形波，把每极每相下各整距线圈所产生的矩形磁动势波逐点相加，即可得到该极相组的合成磁动势。由于每个线圈的匝数相等，

通过的电流亦相同，故各个线圈的磁动势具有相同的幅值；由于相邻线圈在空间彼此相差 α 电角度，所以各个线圈的矩形磁动势波在空间亦相隔 α 电角度。基波合成磁动势满足矢量叠加原理。

在随时间做余弦变化的相电流激励下，单相绕组的基波磁动势是空间上轴线固定不动、时间瞬时值不断地随电流的交变而在正、负幅值之间脉振的脉振磁动势波。脉振磁动势属于驻波。对称三相绕组中通有对称三相正序电流时，基波合成磁动势是一个余弦分布、以同步转速向前推移的正向旋转磁动势波，基波合成磁动势的幅值为单相基波磁动势幅值的 3/2 倍。

电机中，与空间坐标关联的物理量有两大类，其一如前所述的磁动势波，它是在空间按余弦分布的场量，类似的还有磁场强度和磁感应强度；其二如定子电压、电流和磁链，它们虽然不是场量而是集中变量，但因为与具有特定空间位置的绕组相关联，也可以描述成空间的函数。这两类变量均可用“空间矢量”来表征。

空间矢量的旋转、合成与缩放运算均属于矢量变换。矢量变换如果用其不同轴系下的坐标分量表示，则得到另外一种数学表达，即不同轴系间的坐标变换。矢量变换与坐标变换实质是一样的，只是采取的数学工具不同，前者是复变函数，后者是线性代数。

在西方工业界电气化革命开始的 40 余年之后，中国的电机工业才蹒跚起步，举步维艰。新中国成立后，中国电机工业与祖国的现代化建设共成长，以恽震、褚应璜为代表的老一辈电机人为中国电机工业的长期发展做出了卓越贡献。近 70 年来，经过几代人持续不断的努力，我国的电机工业已经达到世界领先水平。在大型水电机组、核电、风电、轨道交通、电动汽车等行业应用领域实现了产业自主和成套装备出口。以车用驱动电机为例，伴随新能源汽车产业的快速发展，我国自主开发的永磁同步电机、交流异步电机和开关磁阻电机均实现了产业化整车配套，系列化产品的功率范围覆盖了各类新能源汽车用电驱动系统，功率密度、效率等关键技术指标达到国际先进水平。

习　题

5-1　如图 5-27 所示，单相绕组在气隙内形成矩形分布的磁动势波，幅值为 $N_S i_A(t)/2$，设气隙长度为 g，磁场强度为 H_g。该磁动势波可分解为基波和一系列谐波。试证明：基波磁动势幅值 $F_A(t)=4N_S i_A(t)/2\pi$。

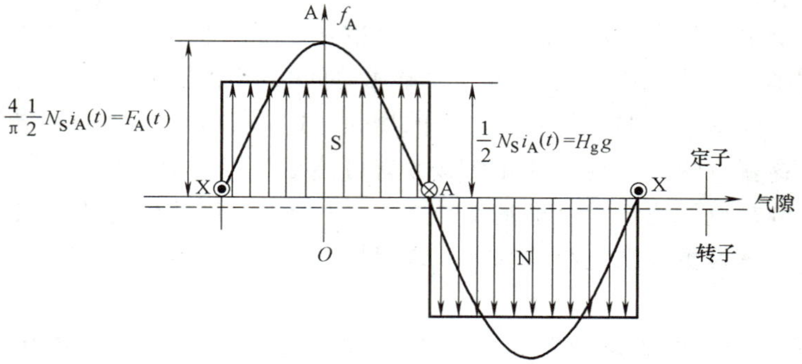

图 5-27　题 5-1 图

5-2　什么叫作槽动势星形图？如何利用槽动势星形图来进行相带划分？

5-3　为什么极相组 A 和极相组 X 串联时必须反接？如果正接将引起什么后果？

5-4　有一三相双层绕组，$Q=48$，$2p=4$，$y_1=10\tau/12$，试分别画出支路数 $a=1$ 时：

1）叠绕组的 A 相展开图。

2）波绕组的 A 相展开图。

3）支路数 $a=2$ 时叠绕组的 A 相接线图。

5-5　交流绕组的感应电动势公式是如何导出的？它与变压器的电动势公式有何相似和不同之处？

5-6　试述谐波电动势产生的原因和抑制谐波电动势的方法。

5-7　为什么旋转电机中定子和转子的极数必须相等？

5-8　有一台两极电机，定子表面有两根导体，其有效长度为 l，两根导体相距 α 电角度，转子的主磁极在气隙中形成正弦分布的气隙磁场，转子转速为 n，极距为 τ。试求：

1）这两根导体中感应电动势的幅值和相位有何关系？

2）分别写出两根导体中感应电动势瞬时值的表达式。

3）若这两根导体组成一匝线圈，写出线圈感应电动势瞬时值的表达式。

5-9　试计算下列三相两极 50Hz 同步发电机的定子基波绕组因数和空载相电动势、线电动势。已知定子槽数 $Q=48$，每槽内有两根导体，支路数 $a=1$，线圈节距 $y=20$，绕组为双层、星形联结，基波磁通量 $\Phi_1=1.11\text{Wb}$。

5-10　试求题 5-8 中的发电机通有额定电流时，一相和三相绕组所产生的基波磁动势幅值。发电机的容量为 12000kW，$\cos\varphi_N=0.8$，额定电压（线电压）为 6.3kV，星形联结。

5-11　为什么说交流绕组的磁动势既是时间的函数又是空间的函数？

5-12　交流绕组所产生的磁动势相加时为什么能用矢量来运算？有什么条件？

5-13　单相绕组的磁动势具有什么性质？它的幅值等于什么？

5-14　三相基波旋转磁动势的幅值、转向和转速各取决于什么？为什么？

5-15　旋转磁动势与脉振磁动势之间有什么关系？

5-16　为什么用于计算交流绕组感应电动势的绕组因数，也适用于计算交流绕组的磁动势？

5-17　试分析图 5-28 所示的情况下是否会产生旋转磁动势，转向怎样？

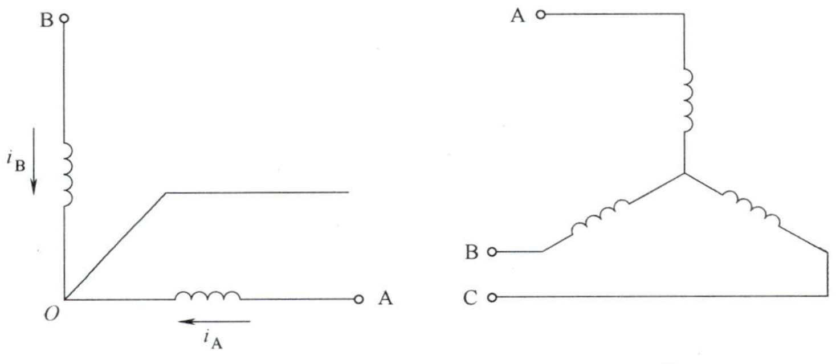

图 5-28　题 5-17 图

1）对称两相绕组内通以对称两相正序电流时（图 5-28a）。

2）三相绕组一相（如 C 相）断线时（图 5-28b），通以三相正序电压激励。

5-18　两相绕组 A 和 B，其匝数和绕组因数均相同，A 相绕组在空间超前于 B 相 $90°+\alpha$ 电角度，若 $i_A=I_m\cos\omega t$，问要使 A 和 B 两相的基波合成磁动势成为正向推移（从 A 到 B）恒幅的圆形旋转磁动势时，i_B 的表达式应是怎样的？

5-19　试分析对称三相绕组中通过幅值相等、相位相同的交流电流 $i_A=i_B=i_C=I_m\cos\omega t$ 时（这种电流称为零序电流），所产生的基波和三次谐波合成磁动势。

5-20　试用空间矢量方法证明：三相绕组通以对称负序电流时，将形成反向推移的基波旋转磁动势。

第6章

永磁同步电机的空间矢量分析

6.1 永磁同步电机转子结构及物理模型

永磁同步电机（Permanent Magnet Synchronous Motor，PMSM）是通过安装在转子上的永磁体建立起随转子同步旋转的转子磁场。PMSM 的定子绕组激励电枢磁场，转子磁场与电枢磁场叠加，形成最终的气隙（工作）磁场。

永磁材料的类别对 PMSM 的性能影响很大，目前车用电机采用较多的是钕铁硼等永磁材料。PMSM 的转子结构按永磁体安装形式分类，主要有面装式、内置式两大类，如图 6-1、图 6-2 所示。

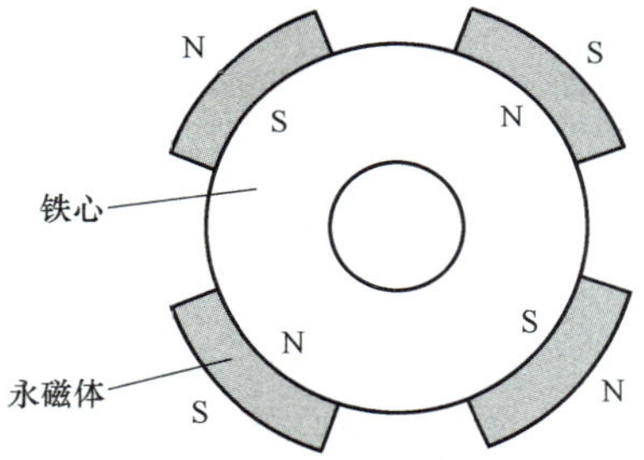

图 6-1　面装式转子结构

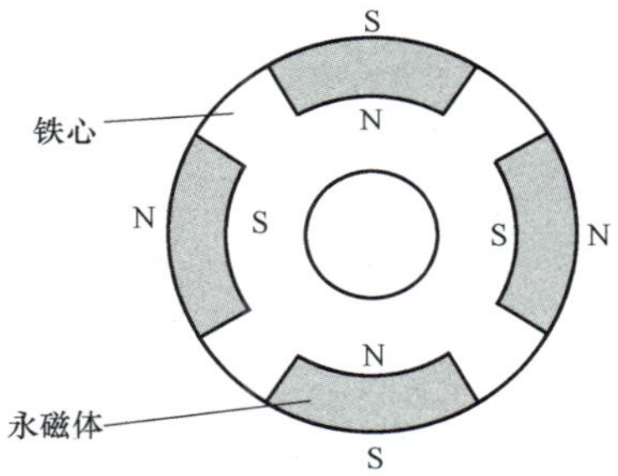

图 6-2　内置式转子结构

内置式 PMSM 将永磁体嵌入或内装在转子铁心内，在结构上增强了可靠性，可提高运行速度。特别地，因为永磁铁的磁导率接近于真空磁导率，所以内置式转子结构的气隙是不均匀的，即转子为“凸极”结构，由此产生的磁阻转矩可提高 PMSM 的转矩电流比，相同转矩需求下可降低永磁体励磁磁通，减小永磁体的体积，既有利于弱磁运行，扩展速度范围，又可降低成本。所以，车用 PMSM 以内置式为主。

6.1.1　面装式永磁同步电机物理模型

先做如下假设：忽略定、转子铁心磁阻，不计涡流和磁滞损耗；永磁材料的电导率为零，永磁体内部的磁导率与空气相同。

对于每种类型的转子结构，根据永磁材料的类别和设计要求的不同，永磁体的形状和转子的结构形式可以有多种选择，可采取各式各样的设计方案。但有一基本原则，即除了考虑成本、制造和可靠运行外，应尽量产生正弦分布的励磁磁场。永磁励磁磁场能够在相绕组中产生正弦感应电动势，这也是用空间矢量描述 PMSM 的基本假设。

图 6-3 所示为二极面装式 PMSM 物理模型。图中，定子为等效三相交流绕组，标出了每相绕组电压和电流的正方向，并取两者正方向一致，电压和电流可为任意波形和任意瞬时值；将正向电流流经一相绕组产生的正弦波磁动势的轴线定义为相绕组的轴线，并将 A 轴作为 ABC 坐标系的空间参考坐标，同样可以将三相绕组表示为位于 A、B、C 轴上的轴线圈；取逆时针方向为转速和电磁转矩的正方向。

对于面装式转子结构，由于永磁体内部磁导率很小，接近于空气，可以将置于转子表面的永磁体等效为置于转子槽内的励磁绕组，假设励磁绕组气隙中产生的正弦分布励磁磁场与两个永磁体产生的正弦分布磁场相同，如图 6-3a 所示。

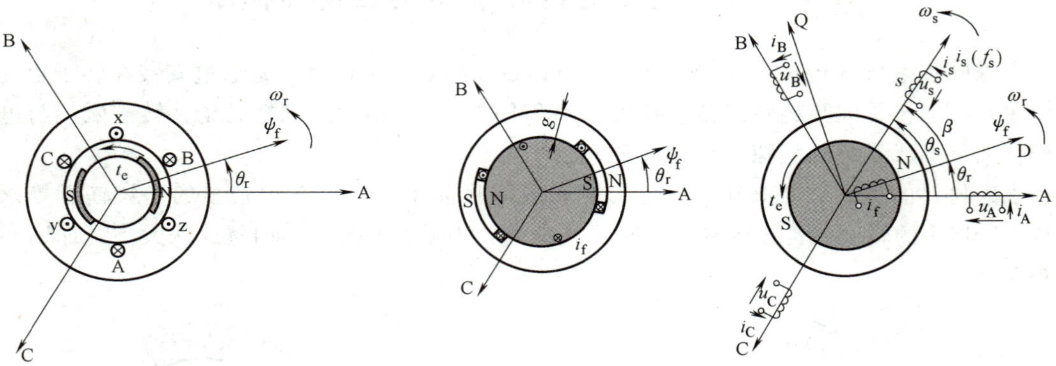

a)　　　　b)　　　　c)

图 6-3　二极面装式 PMSM 物理模型

a）结构简图　b）转子等效励磁绕组　c）物理模型

假设转子等效励磁绕组的有效匝数为相绕组的 3/2 倍，且通入等效励磁电流 i_f 后，在气隙中产生的正弦分布励磁磁场与永磁体相同，并假定等效励磁电感为 M_{sf}，不计漏磁场，转子励磁磁链为

$$\psi_f = M_{sf} i_f \tag{6-1}$$

考虑到匝数等效，励磁磁链也等于定子匝链的永磁体互感磁链。在电机运行过程中，若不计及温度变化对永磁体供磁能力的影响，可认为 ψ_f 是恒定的，即 i_f 是个常值。由于永磁体内部的磁导率接近于空气，电机气隙是均匀的，气隙长度为 g，由此得到图 6-3c 所示的面装式 PMSM 的物理模型。

物理模型中已将等效励磁绕组表示为位于永磁励磁磁场轴线上的线圈。将永磁励磁磁场轴线定义为 D 轴，Q 轴超前 D 轴 90°电角度。用空间矢量表示，转子磁链为 $\boldsymbol{\psi}_f$，$\boldsymbol{f}_s$ 和 $\boldsymbol{i}_s$ 分别是定子三相绕组产生的磁动势矢量和定子电流矢量，产生 $\boldsymbol{i}_s(\boldsymbol{f}_s)$ 的等效单轴线圈位于 $\boldsymbol{i}_s(\boldsymbol{f}_s)$ 轴上，其有效匝数为相绕组的 3/2 倍。定子电流（磁动势）矢量与 D 轴的夹角为 β，逆时针方向为正。相对于固定的定子 A 相绕组磁场轴线，转子的旋转（机械）角速度为 ω_r，空间角度为 θ_r，定子电流（磁动势）矢量旋转角速度为 ω_s，空间角度为 θ_s。稳态情况下，对于一对极条件，稳定工况定子电流旋转频率与转子旋转频率相同，即 $\omega_s = \omega_r$，且有

$$\beta=\theta_s-\theta_r \tag{6-2}$$

在定子电流幅值相同的情况下，β 角决定了输出转矩大小，因此也称为**转矩角**。

6.1.2 内置式永磁同步电机物理模型

图 6-4 所示为二极内置式 PMSM 的结构简图和等效物理模型。类似地，可将内置式转子的两个永磁体等效为置于转子槽内的励磁绕组，其有效匝数为相绕组有效匝数的 3/2 倍，等效励磁电流为 i_f。与面装式 PMSM 不同的是，内置式 PMSM 的气隙不再是均匀的，此时沿永磁体轴线的气隙长度增大为 $g+h$，h 为永磁体的高度，而面对转子铁心部分的气隙长度仍为 g，因此转子 D 轴方向上的气隙磁导要小于 Q 轴方向上的气隙磁导。选取与面装式 PMSM 类似的坐标轴和角度表示，最终可以得到图 6-4c 所示的内置式 PMSM 的物理模型。同样的，内置式 PMSM 的气隙磁场由转子永磁磁场和定子电枢反应磁场叠加而成。

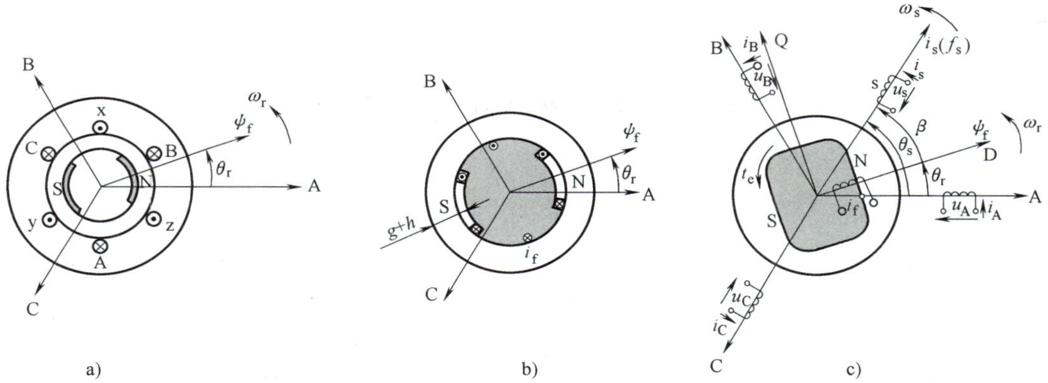

图 6-4 二极内置式 PMSM 的结构简图和等效物理模型

a）结构简图 b）转子等效励磁绕组 c）物理模型

如图 6-4c 所示，对于内置式转子结构，电机气隙是不均匀的。在幅值相同的 i_s 作用下，定子等效励磁电感随 β 角的变化而变化，因空间相位角 β 不同，产生的电枢反应磁场不相同，而这给定量计算电枢反应磁场和分析电枢反应作用带来很大困难。在电机学中，常采用**双反应（双轴）理论**来分析内置式永磁同步电机，为此可采用图 6-4c 中的 DQ 同步轴系来构建数学模型。图中，当 $\beta=0°$ 时，将 $\boldsymbol{i}_s(\boldsymbol{f}_s)$ 在气隙中产生的正弦分布磁场称为直轴电枢反应磁场，用 D 表示；当 $\beta=90°$ 时，将 $\boldsymbol{i}_s(\boldsymbol{f}_s)$ 在气隙中产生的正弦分布磁场称为交轴电枢反应磁场，用 Q 表示。因为直轴磁导小于交轴磁导，在幅值相同的 $\boldsymbol{i}_s(\boldsymbol{f}_s)$ 作用下，直轴电枢反应磁场要弱于交轴电枢反应磁场，即有 $L_{mD}<L_{mQ}$，L_{mD} 和 L_{mQ} 分别为直轴等效励磁电感和交轴等效励磁电感，也简称为**直轴电感**和**交轴电感**。

对于面装式 PMSM，则有 $L_{mD}=L_{mQ}=M_{sf}$，统称为**等效励磁电感**。

6.1.3 PMSM 物理模型的原型电机等效

无论是面装式还是内置式永磁同步电机，在利用原型电机模型分析时，转子等效正交 d、q 线圈的取向应明确规定为 d 线圈沿永磁体磁链轴线方向，因永磁体沿 D 轴布置，q 线圈为开路状态，可以省略。

其等效原型电机物理模型如图 6-5 所示。

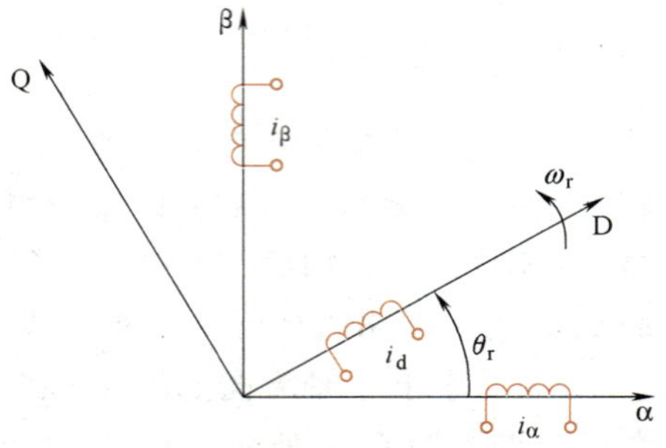

图 6-5 永磁同步电机等效四线圈物理模型

永磁体励磁情况下，已假设等效励磁电流为 i_f，即假设转子电流 $i_d=i_f$，并且 $L_{Dd}=M_{sf}$，则永磁互感磁链为 $\psi_f=M_{sf}i_f=L_{Dd}i_f$。

6.2 定子磁链和电压方程

6.2.1 定子磁链矢量

内置式 PMSM 的转子结构为凸极，气隙不均匀，电流矢量在不同空间方位投影的励磁效果不同，存在凸极效应。如前所述，其处理方法可选双轴理论和复电感两种。

双轴理论是分析凸极电机最典型的方法，根据前述 PMSM 物理模型的原型电机等效，引入转子固结 DQ 坐标系。PMSM 转子为永磁体，其 DQ 转子固结同步坐标系以永磁体励磁磁场定向。在四线圈原型电机等效下，转子的 Q 轴励磁电流为 0，仅定子的 D 轴磁链分量存在永磁体的互感磁链 ψ_f。在 DQ 坐标系下，定子电流和磁链矢量分别按坐标分量表示为$\boldsymbol{i}_s^D=i_D+j\,i_Q$，$\boldsymbol{\psi}_s^D=\psi_D+j\,\psi_Q$，其中$i_D$ 和i_Q 为 DQ 坐标系下的定子电流分量，ψ_D 和 ψ_Q 为 DQ 坐标系下的定子磁链分量。

根据第 4 章四线圈原型电机定子磁链方程，可列出 PMSM 在 DQ 转子固结同步坐标系下的磁链表达

$$\psi_D=L_D i_D+\psi_f \tag{6-3}$$

$$\psi_Q=L_Q i_Q \tag{6-4}$$

式中，L_D 为直轴同步电感，$L_D=L_{s\sigma}+L_{mD}$；L_Q 为交轴同步电感，$L_Q=L_{s\sigma}+L_{mQ}$，其中 $L_{s\sigma}$ 为相绕组的漏电感；ψ_f 为永磁互感磁链，$\psi_f=M_{sf}\,i_f$。若永磁同步电机为内置式，则直、交轴同步电感不等，且由于 D 轴安装有永磁体，故 D 轴的磁阻更大，$L_D<L_Q$；若 PMSM 为面装式，则有 $L_D=L_Q=L_s$。

此外，可以引入复数电感处理内置式 PMSM 的凸极效应，定子磁链方程可以表述成矢量形式，即

$$\boldsymbol{\psi}_s^D=\boldsymbol{L}_s\boldsymbol{i}_r^D+\boldsymbol{\psi}_f^D \tag{6-5}$$

其中，$\boldsymbol{L}_s$ 为复数电感，其推导详见附录 B.1。若 PMSM 为面装式，复数电感$\boldsymbol{L}_s$ 为实数。

式（6-5）表明在转子有凸极效应的情况下，定子自感磁链矢量和励磁电流矢量的方向并不一致，而复数电感正是这种不一致性的体现。

通过引入复数电感，根据矢量变换，可以将式（6-5）两边同乘 $e^{j\theta_r}$，可得永磁同步电机在静止 αβ 坐标系下的磁链矢量方程

$$\boldsymbol{\psi}_s = \boldsymbol{L}_s \boldsymbol{i}_s + \boldsymbol{\psi}_f \tag{6-6}$$

通常将定子电流矢量产生的磁场（漏磁场与电枢反应磁场之和）称作电枢磁场，将转子永磁体励磁磁场称为转子磁场。可以发现，$\boldsymbol{L}_s \boldsymbol{i}_s$ 为电枢磁链矢量，与电枢磁场相对应；转子磁链矢量 $\boldsymbol{\psi}_f$ 表征定子绕组匝链的转子磁场（互感磁链）；而（定子绕组的）定子磁场是电枢磁场与转子磁场的合成磁场，定子磁链矢量 $\boldsymbol{\psi}_s$ 为定子全磁链。

三相对称定子绕组匝链的永磁体互感磁链空间矢量可以视作三相绕组互感磁链的合成

$$\boldsymbol{\psi}_f = \frac{2}{3}(\psi_{fA} + \boldsymbol{a}\psi_{fB} + \boldsymbol{a}^2\psi_{fC}) \tag{6-7}$$

式中，ψ_{fA}、ψ_{fB}、ψ_{fC} 分别为 A、B、C 绕组的永磁互感磁链；$\boldsymbol{\psi}_f = \psi_f e^{j\theta_r}$，为一旋转矢量，旋转角速度为 ω_r，θ_r 为转子转角（电角度），也即 $\boldsymbol{\psi}_f$ 在 ABC 轴系内的空间相位，如图 6-4c 所示。

6.2.2 定子电压方程

在 4.1 节中，介绍了法拉第参考系和牵连运动电动势的概念。下面，将运用此概念给出不同坐标系下永磁同步电机的电压方程。

对于定子线圈而言，静止 αβ 坐标系为“法拉第参考坐标系”，故直接使用法拉第电磁感应定律，可得定子电压方程为

$$\boldsymbol{u}_s = R_s \boldsymbol{i}_s + \frac{d\boldsymbol{\psi}_s}{dt} \tag{6-8}$$

而 DQ 同步坐标系相对于定子线圈以 ω_r 的角速度旋转，存在相对运动，为“非法拉第参考系”，故需要在电压方程左边补充牵连运动电动势，即

$$\boldsymbol{u}_s^D + \boldsymbol{e}_{ms}^D = R_s \boldsymbol{i}_s^D + \frac{d\boldsymbol{\psi}_s^D}{dt} \tag{6-9}$$

其中，牵连运动电动势体现了参考坐标系旋转引起的牵连运动，即

$$\boldsymbol{e}_{ms}^D = -j\omega_r \boldsymbol{\psi}_s^D \tag{6-10}$$

在稳态情况下，$\boldsymbol{\psi}_s^D$ 不随时间变化，则电压方程变为

$$\boldsymbol{u}_s^D + \boldsymbol{e}_{ms}^D = R_s \boldsymbol{i}_s^D \tag{6-11}$$

在转速提高后，绕组电阻所占压降比例很小，可以忽略，即

$$\boldsymbol{u}_s^D + \boldsymbol{e}_{ms}^D \approx 0 \tag{6-12}$$

此时，定子外接电压主要是用来平衡牵连运动电动势，以维持定子（全）磁链的持续

旋转，代入磁链表达式得到

$$\boldsymbol{u}_s^D \approx j\omega_r \boldsymbol{\psi}_s^D \tag{6-13}$$

6.2.3 电压矢量方程在同步坐标系下的分解

如图 6-6 所示，DQ 坐标系下，将定子电流矢量 $\boldsymbol{i}_s^D$ 分解为

$$\boldsymbol{i}_s^D = i_D + ji_Q \tag{6-14}$$

代入磁链表达式后，DQ 同步坐标系下的电压方程进一步表述为

$$\boldsymbol{u}_s^D = R_s \boldsymbol{i}_s^D + \boldsymbol{L}_s \frac{d\boldsymbol{i}_s^D}{dt} + j\omega_r (L_s \boldsymbol{i}_s^D + \boldsymbol{\psi}_f^D) \tag{6-15}$$

将式（6-9）定子电压方程向 D、Q 轴进行分解，可得电压分量方程为

$$\begin{cases} u_D = R_s i_D + \dfrac{d\psi_D}{dt} - \omega_r \psi_Q \\ u_Q = R_s i_Q + \dfrac{d\psi_Q}{dt} + \omega_r \psi_D \end{cases} \tag{6-16}$$

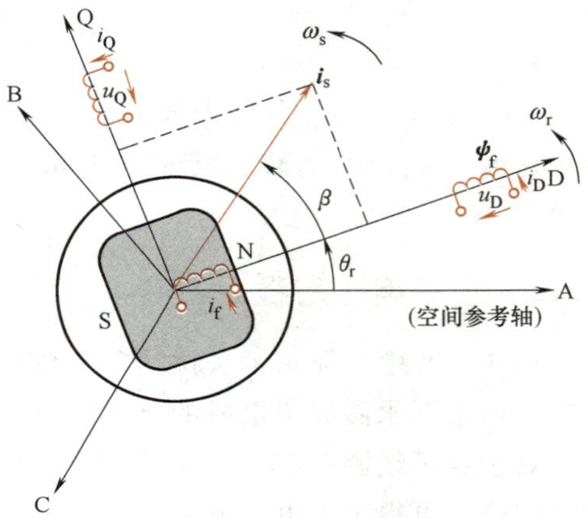

图 6-6 同步旋转的 DQ 坐标系

式中右端第二项是定子磁场分量变化时感生的变压器电动势，第三项是运动电动势。值得注意的是，两式中运动电动势前的符号不同。运动电动势的正负可以这样确定：令产生运动电动势的线圈沿旋转方向旋转 90°电角度，若其轴线与产生该电动势的磁场轴线方向一致，则运动电动势在方程中取正号；反之，则取负号。例如，ψ_Q 逆时针旋转 90°电角度后，其轴线与 u_D 方向相反，故 u_D 电压方程中 $\omega_r\psi_Q$ 项应为负号；同理，ψ_D 逆时针旋转 90°电角度后，其轴线与 u_Q 方向相同，故 u_Q 电压方程中 $\omega_r\psi_D$ 项应为正号。

代入磁链表达式，可将式（6-16）表示为

$$\begin{cases} u_D = R_s i_D + L_D \dfrac{di_D}{dt} - \omega_r L_Q i_Q \\ u_Q = R_s i_Q + L_Q \dfrac{di_Q}{dt} + \omega_r L_D i_D + e_{mf} \end{cases} \tag{6-17}$$

式中，e_{mf} 为永磁磁链在定子绕组中引起的动生电动势对应分量，$e_{mf} = \omega_r \psi_f$，有时也称之为永磁体的“反电动势”，它与定子励磁电流无关。

在正弦稳态下，$di_D/dt = 0$，$di_Q/dt = 0$，则式（6-17）可表示为

$$\begin{cases} u_D = R_s i_D - \omega_r L_Q i_Q \\ u_Q = R_s i_Q + \omega_r L_D i_D + e_{mf} \end{cases} \tag{6-18}$$

由式（6-18），可得内置式 PMSM 的稳态矢量图，如图 6-7 所示。从图中可看出，由于

交、直轴磁路不对称，已将定子电流矢量 $\boldsymbol{i}_s$ 分解为交轴分量 i_Q 和直轴分量 i_D，体现了双反应理论的分析方法。

对于上述内置式的 PMSM 的电压分量方程，若令 $L_D=L_Q=L_s$，便可转化为面装式 PMSM 的电压方程。

在稳态情况下，$\boldsymbol{i}_s^D$ 将不发生变化，则电压矢量方程变为

$$\boldsymbol{u}_s^D=R_s\boldsymbol{i}_s^D+\mathrm{j}\omega_sL_s\boldsymbol{i}_s^D+\mathrm{j}e_{mf} \tag{6-19}$$

由式（6-19）可得如图 6-8 所示的面装式 PMSM 的稳态矢量图。

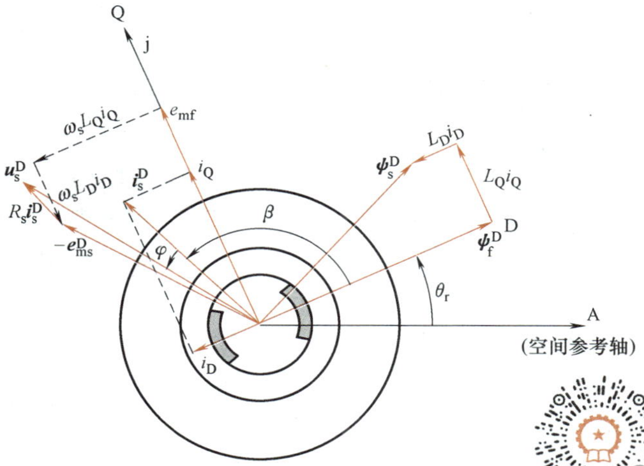

图 6-7 内置式 PMSM 的稳态矢量图（$i_D<0$）

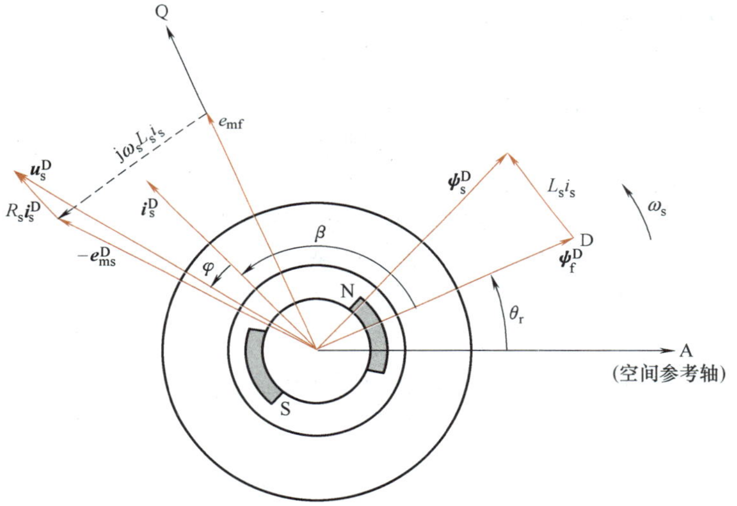

图 6-8 面装式 PMSM 的稳态矢量图

6.3 永磁同步电机转矩方程

6.3.1 转矩方程

在 4.2.5 节中，我们给出了四线圈统一电机模型普适性的转矩矢量表达式，并在 5.6 节中介绍了三相电机的电感矩阵变换和磁共能计算。而永磁同步电机相当于原型电机没有转子 Q 轴电流分量，D 轴电流为永磁体等效励磁电流 i_f，所以其转矩方程可以表示为

$$t_e=\frac{3}{2}p_0\left|\boldsymbol{\psi}_s^D\times\boldsymbol{i}_s^D\right| \tag{6-20}$$

将式（6-7）代入式（6-20），可得永磁同步电机的转矩方程，即

$$t_e=\frac{3}{2}p_0(\psi_f i_Q+(L_D-L_Q)i_D i_Q) \tag{6-21}$$

其中，$\psi_f i_Q$ 为励磁转矩分量；（L_D-L_Q）$i_D i_Q$ 为磁阻转矩分量。设 I_s 为定子电流幅值，即

$$I_s^2=i_D^2+i_Q^2 \tag{6-22}$$

在以永磁体励磁磁场定向的DQ转子固结同步坐标系中，设 β 是定子电流矢量 $\boldsymbol{i}_s^D$ 与D轴的夹角，即转矩角。图6-4c所示的DQ轴系中，有

$$i_D=I_s\cos\beta \tag{6-23}$$

$$i_Q=I_s\sin\beta \tag{6-24}$$

则转矩方程可进一步写成极坐标形式

$$t_e=\frac{3}{2}p_0\left(\psi_f I_s\sin\beta+\frac{1}{2}(L_D-L_Q)I_s^2\sin2\beta\right) \tag{6-25}$$

当 $\beta<\pi/2$ 时，磁阻转矩为负值，为制动转矩；

当 $\beta>\pi/2$ 时，磁阻转矩为正值，为驱动转矩。

在由内置式PMSM构成的电机驱动系统中，可以灵活有效地利用磁阻转矩，如图6-9所示。例如，在恒转矩运行区，通过控制 β 角，使其运行在 $\pi/2<\beta<\pi$ 范围内，可提高转矩值；在恒功率运行区，通过调整和控制 β 角可以提高输出转矩和扩大速度范围。

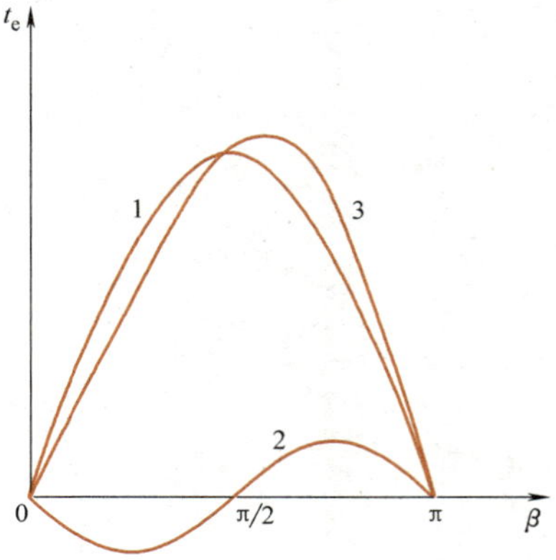

图6-9　内置式PMSM电机 t_e-β 特性曲线（1—励磁转矩，2—磁阻转矩，3—合成转矩）

此处需指出，式（6-25）中的磁阻转矩是转矩角 β 的函数，而式（3-74）中的磁阻转矩是以转子位置 θ_r 为自变量，故二者形式上相关一个负号，但本质上变化规律是一致的。

对于面装式永磁电机，有 $L_D=L_Q$，转矩方程中磁阻转矩分量为0，即

$$t_e=\frac{3}{2}p_0\psi_f i_Q \tag{6-26}$$

式（6-26）表明，决定电磁转矩的是定子电流Q轴分量，i_Q 称为转矩电流。

PMSM的转子励磁不可调节，但可以利用磁动势矢量 $\boldsymbol{f}_s$，使其对永磁体产生去磁作用，即所谓的弱磁控制原理。在图6-4c中，若控制 $\beta>90°$，$\boldsymbol{f}_s$ 便会产生直轴去磁分量 $\boldsymbol{f}_D$。对去磁磁动势 $\boldsymbol{f}_D$ 而言，面装式PMSM就如图6-8所示，图中，i_D 的实际方向与坐标轴正方向相反，即 $i_D<0$。

只要D轴电流不等于零，就存在弱磁作用。但在恒转矩区和恒功率区，施加D轴电流的目的是不同的，前者是为了充分利用磁阻转矩，后者是为了扩大电机工作速度范围，一般仅把恒功率区的D轴电流控制称为**弱磁控制**。

对于期望非零转矩 T_e，可以得到电流之间的关系式为

$$i_Q=\frac{2T_e}{3p_0[\psi_f+(L_D-L_Q)i_D]} \tag{6-27}$$

这就是恒转矩电流表达式，在以交、直轴电流为直角坐标的“电流相平面”内，这是

一个双曲线，双曲线的渐近线分别为 $i_D=\psi_f/(L_Q-L_D)$ 和 $i_Q=0$，如图 6-10 所示。

从上述恒转矩曲线可以看出，为达到相同的期望转矩，定子电流可在等转矩曲线上任意选取，这就存在一个如何选取定子电流的“电流分配策略”问题。

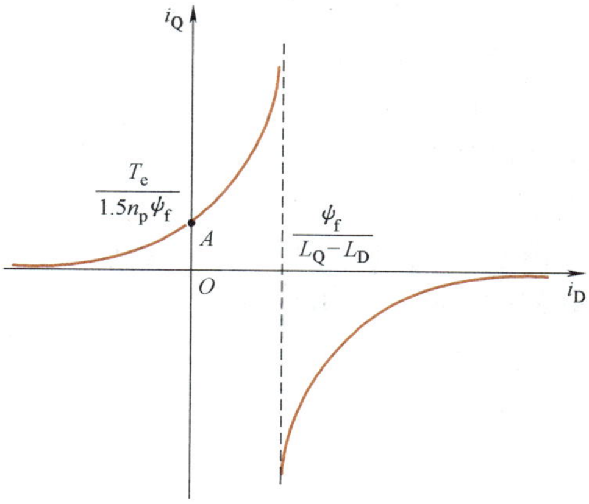

图 6-10　电流相平面上的恒转矩特性曲线

6.3.2　恒转矩曲线和 MTPA 曲线

在电机结构确定后，电磁转矩的大小决定于定子电流的两个分量。并且对每一个转矩 t_e，i_Q 和 i_D 都可有无数个组合与之对应。这就需要确定对两个电流分量的匹配原则，也就是定子电流的优化分配策略。显然，优化的目标不同，两个电流分量匹配的原则和控制方式便不同。

当电机运行在低转速区时，铁耗不是主要的，而铜耗占的比例较大，因此对于特定的转矩需求，通常选择按转矩/电流比最大的原则来控制定子电流，这样不仅使电机铜耗最小，还减小了电机控制器的损耗，可降低系统的总损耗。

如上节所述，恒转矩曲线是以 $i_D=\psi_f/(L_Q-L_D)$ 为渐近线的一簇双曲线，如图 6-11 中虚线所示。

定子电流的优化控制问题，就是要在给定转矩的条件下，从恒转矩曲线选取一个最优的电流组合。每条恒转矩曲线上有一点与坐标原点最近，这点便对应于最小定子电流，将各条恒转矩曲线上这些点连起来就确定了最小定子电流矢量轨迹，即 MTPA（Maximum Torque Per Ampere）曲线，如图 6-11 中实线所示。

从几何视角看，MTPA 曲线就是由恒转矩曲线与电流圆的切点连接而成的。

MTPA 曲线的解析解可以通过转矩的极坐标表达式求得，对于给定电流幅值 I_s，令 $\partial t_e/\partial\beta=0$，即可求得。当然，在 4.3.2 节中，也给出了转子电流定向的 MTPA 推导，这里直接引用其结果，即

$$i_Q=\pm\sqrt{i_D\left(i_D+\frac{\psi_f}{L_D-L_Q}\right)},i_D<0 \tag{6-28}$$

当然，也可以求转矩表达式的极值推导，得到

$$\frac{\partial t_e}{\partial\beta}=\frac{3}{2}[\psi_f I_s\cos\beta+(L_D-L_Q)I_s^2\cos2\beta]=0 \tag{6-29}$$

考虑到

$$\begin{cases}I_s\cos\beta=i_D\\I_s^2\cos2\beta=i_D^2-i_Q^2\end{cases} \tag{6-30}$$

即可得到

$$i_Q=\pm\sqrt{i_D\left(i_D+\frac{\psi_f}{L_D-L_Q}\right)},i_D<0 \tag{6-31}$$

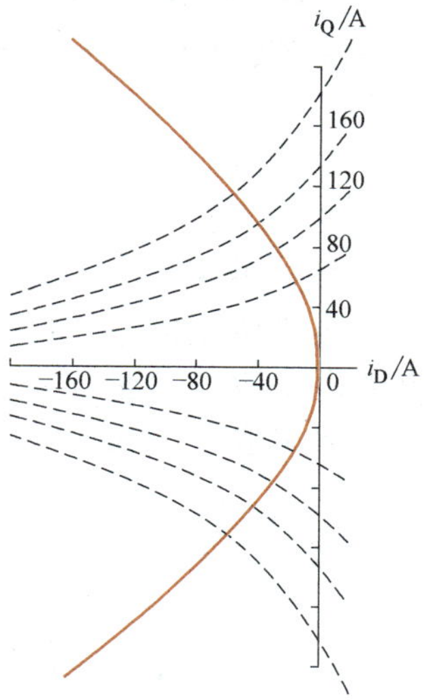

图 6-11　最大转矩/电流比的定子电流矢量轨迹

图 6-11 中，定子电流矢量轨迹在第二和第三象限内对称分布。第二象限内转矩为正（驱动），第三象限内转矩为负（制动）。MTPA 轨迹在原点处与 Q 轴相切，它在第二象限内的渐近线是一条 45°的直线，当转矩值较低时，轨迹靠近 Q 轴，这表示励磁转矩起主导作用，随着转矩的增大，轨迹渐渐远离 Q 轴，这意味着磁阻转矩作用越来越大。可以看出，充分利用磁阻转矩，提高转矩生成能力是内置式 PMSM 的优点之一，但这是以提高电机制造成本为代价的，因为其转子结构要相对复杂。

图 6-12 给出了不同电流幅值下的矩角特性，即转矩随转矩角 β 的变化规律。图中各曲线峰值即为$\partial t_e/\partial\beta=0$ 的点。

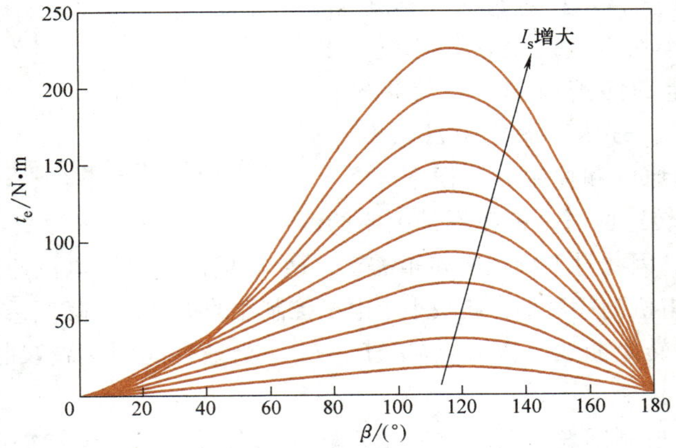

图 6-12 不同电流幅值下的矩角特性

在工程实现中，一般将 i_D、i_Q 表示成期望转矩 T_e 的函数，这样根据目标转矩值可以直接得到目标电流设定值。这可以通过查表求得，也可以解析求解，转矩公式（6-21）可以转化成

$$i_Q=\frac{2T_e}{3p_0[\psi_f+(L_D-L_Q)i_D]} \tag{6-32}$$

该式与 MTPA 联立，即可求得电流表达式 $i_D^*(T_e)$、$i_Q^*(T_e)$。

在电机实际使用过程中，逆变器输出电流的能力受其容量的限制，因此，定子电流受极限值 I_{sm} 制约，即

$$|\boldsymbol{i}_s|\leqslant I_{sm} \tag{6-33}$$

若以定子电流矢量的两个分量表示，则有

$$i_D^2+i_Q^2\leqslant I_{sm}^2 \tag{6-34}$$

式（6-34）构成了电流极限圆，如图 6-13 所示。图中，电流极限圆的半径为 I_{sm}。注意，上式成立的前提是基于等幅值变换，因为只有在该前提下，逆变器输出（相）电流峰值才等于电流空间矢量的模。

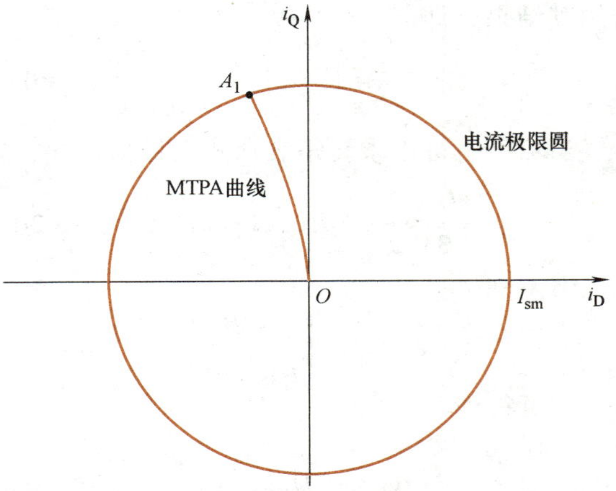

图 6-13 电流极限圆和 MTPA 轨迹

6.4　永磁同步电机的磁场定向控制原理

6.4.1　电压极限椭圆、转折速度

车用电机控制器向电机所能提供的最大电压要受到车载电源可能输出的直流电压的限制。电机稳态运行所需定子电压矢量 $\boldsymbol{u}_s$ 的幅值直接与转子电角速度 ω_r 有关，这意味着电动机的运行速度要受到逆变器电压极限的制约。

在正弦稳态情况下，由式（6-18）知，DQ 坐标系中的电压分量方程为

$$u_D = R_s i_D - \omega_r L_Q i_Q \tag{6-35}$$

$$u_Q = R_s i_Q + \omega_r L_D i_D + \omega_r \psi_f \tag{6-36}$$

当电动机在高速运行时，式（6-36）和式（6-35）中的电阻压降占比较小可忽略不计，即

$$|\boldsymbol{u}_s|^2 = (\omega_r \psi_f + \omega_r L_D i_D)^2 + (\omega_r L_Q i_Q)^2 \tag{6-37}$$

考虑电源电压约束条件，应有

$$|\boldsymbol{u}_s| \leqslant U_{sm} \tag{6-38}$$

式中，U_{sm} 是 $|\boldsymbol{u}_s|$ 允许达到的极限值。

为便于分析，将式（6-37）转换为

$$(L_D i_D + \psi_f)^2 + (L_Q i_Q)^2 = \left(\frac{|\boldsymbol{u}_s|}{\omega_r}\right)^2 \leqslant \left(\frac{U_{sm}}{\omega_r}\right)^2 \tag{6-39}$$

上式构成了约束 i_D、i_Q 的电压极限椭圆，如图 6-14 所示。

定义**凸极率**为 $\rho = L_Q/L_D$，则得到椭圆方程为

$$\frac{1}{\rho^2}\left(i_D + \frac{\psi_f}{L_D}\right)^2 + (i_Q)^2 \leqslant \left(\frac{U_{sm}}{\omega_r L_Q}\right)^2 \tag{6-40}$$

电压极限椭圆的焦点为 $(-\psi_f/L_D,\ 0)$，长轴为 $U_{sm}/\omega_r L_D$，短轴为 $U_{sm}/\omega_r L_Q$。电压极限椭圆的两轴长度与角速度 ω_r 成反比，随着角速度的增大便形成了逐渐变小的一簇同心椭圆。电流相平面上，在低速时（ω_r 较小），电压椭圆长、短轴较大，电机工作范围所受约束小；$\omega_r = 0$ 时，电流完全不受电压椭圆约束；当 ω_r 增大时，电压椭圆缩小，电机工作点受限，只能工作于电压极限椭圆内部，椭圆外部不可达。

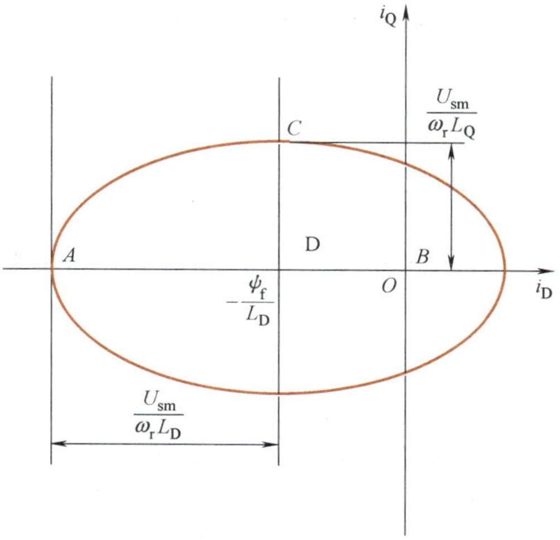

图 6-14　电压极限椭圆

定子电流矢量 $\boldsymbol{i}_s$ 既要满足电流极限约束方程，又要满足电压极限约束方程，所以定子电流矢量 $\boldsymbol{i}_s$ 一定要同时落在电流极限圆和电压极限椭圆内，如图 6-15 所示。例如，当 $\omega_r = \omega_{r1}$ 时，$\boldsymbol{i}_s$ 要被限制在 $ABCDEFA$ 范围内。

电压极限椭圆是随着转速增大逐渐缩小的一簇椭圆。对于内置式 PMSM，在电流相平面

上，随着电机转速增加，当定子电压满足 $|\boldsymbol{u}_s|=U_{sm}$ 时，即 $|\boldsymbol{u}_s|$ 达到极限值，定义此时转子速度为转折速度，记为 ω_{rt}。

可见，转折速度是电机工作在某个电流工作点（i_D，i_Q）时，由于电压限制，其能够达到的最大转速。显然，ω_{rt} 是电机当前电流工作点（i_D，i_Q）的函数，其表达式为

$$\omega_{rt}(i_D,i_Q)=\frac{U_{sm}}{\sqrt{(L_D i_D+\psi_f)^2+(L_Q i_Q)^2}} \tag{6-41}$$

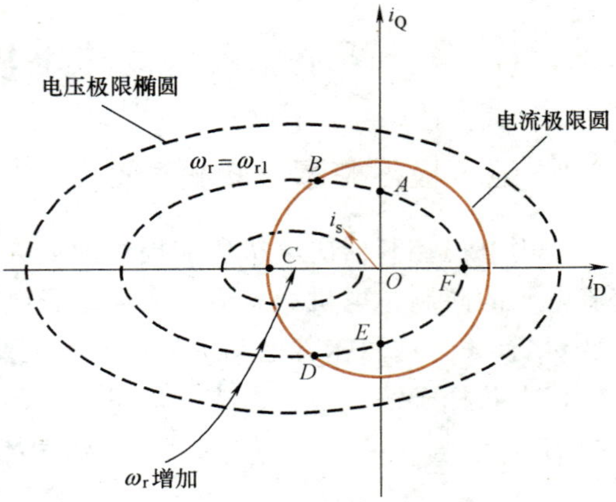

图 6-15 电压极限椭圆和电流极限圆的共同作用

在 MTPA 曲线上，每一个工作点都对应一个转折速度，电流幅值越小，转折速度越高；反之，电流幅值越大，转折速度越低，转折速度的最小值是满载工况取得，即电流极限圆与 MTPA 交点对应的转折速度，称为基速，记为 ω_{rb}，即

$$\omega_{rb}=\frac{U_{sm}}{\sqrt{(L_D i_{Dm}+\psi_f)^2+(L_Q i_{Qm})^2}} \tag{6-42}$$

其中交、直轴电流极值 i_{Dm} 与 i_{Qm} 满足下列关系：

$$\begin{cases} i_{Dm}^2+i_{Qm}^2=I_{sm}^2 \\ i_{Qm}=\sqrt{i_{Dm}\left(i_{Dm}+\dfrac{\psi_f}{L_D-L_Q}\right)} \end{cases} \tag{6-43}$$

对于面装式 PMSM，MTPA 曲线满足 $i_D=0$，式（6-42）则为

$$\omega_{rb}=\frac{U_{sm}}{\sqrt{\psi_f^2+(L_Q I_{sm})^2}} \tag{6-44}$$

转折速度的最大值是空载工况取得，若忽略空载电流，则由式（6-37），可得

$$\omega_r\psi_f=|\boldsymbol{u}_s|=e_{mf} \tag{6-45}$$

定义空载电动势 e_{mf} 达到 U_{sm} 时的转子速度为空载基速，记为 ω_{rb0}。由式（6-40）可得

$$\omega_{rb0}=\frac{U_{sm}}{\psi_f} \tag{6-46}$$

在转折速度以下（$\omega_r<\omega_{rt}$）时，工作点不受电压极限椭圆约束，电机可在电流极限圆内按 MTPA 轨迹运行，电流（转矩）的最大值选取为 MTPA 与电流极限圆的交点。在转折速度以上（$\omega_r>\omega_{rt}$）时，当电压极限椭圆与 MTPA 曲线相交后，电机若继续按照最大转矩电流比曲线运行，其输出转矩将不能取到（电流允许的）最大值，此时电机工作点应根据新的原则（MTPV 或者恒功率曲线）进行调整。

6.4.2 弱磁控制

1. 弱磁控制方式

先考察电机的特性曲线。如图 6-16 所示，在外特性曲线上，基速是恒转矩运行与恒功

率运行区的分界点。恒功率区运行的基本原理是增加 D 轴去磁电流，扩大电机运行区间，因此，恒功率运行区也称为弱磁区。在部分特性（外特性以内）基速工作点 $B_{rb}(\omega_{rb}, t_{emax})$ 与空载基速工作点（ω_{rb0}，0）之间的连线为弱磁分界线。本节重点考虑弱磁分界线左右侧的稳态电流控制规律。

图 6-17 中，不仅给出了电压极限椭圆和电流极限圆，同时还给出了最大转矩/电流比轨迹。对于面装式 PMSM，该轨迹为 Q 轴；对于内置式 PMSM，该轨迹应与图 6-13 中的定子电流 MTPA 轨迹相对应，两轨迹与电流极限圆各相交于 A_1 点。落在电流极限圆内的轨迹为 OA_1 线段，这表示电动机可在此段轨迹内的每一点上做恒转矩运行，而与通过该点的电压极限椭圆对应的速度就是电动机可以达到的最高速度（转折速度 ω_{rt}）。恒转矩值越高，电压极限椭圆的两轴半径越大，转折速度越低。

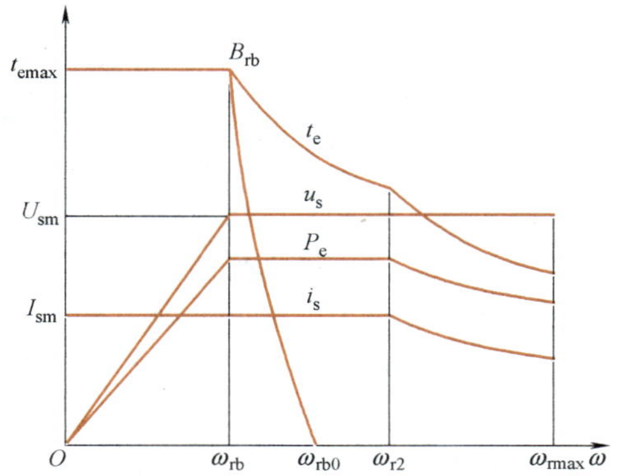

图 6-16　恒转矩与恒功率运行（外特性）曲线

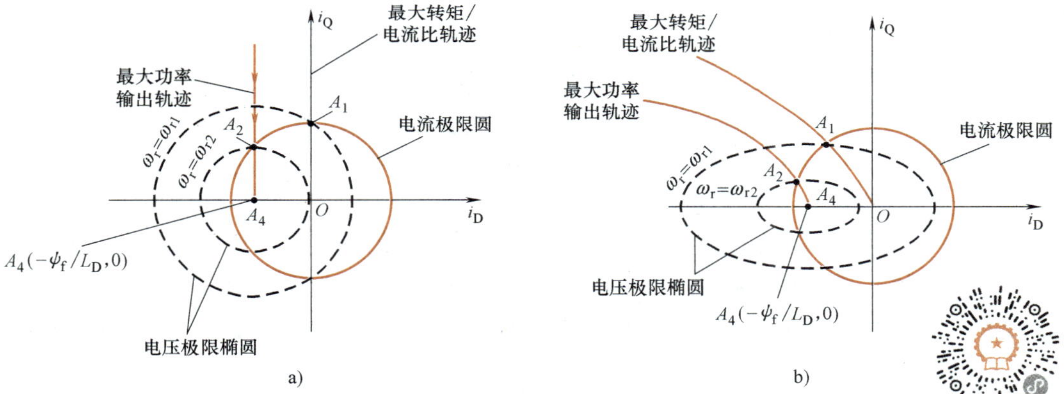

图 6-17　弱磁控制与定子电流最优控制

a）面装式　b）内置式

其中，A_1 点与最大转矩对应。注意，A_1 点对应外特性上恒转矩区基速以下（$0 \leqslant \omega_r \leqslant \omega_{rb}$）全部工作点（$B_0$，$B_{rb}$）段，如图 6-16 所示。

当过 A_1 点转速达到基速 ω_{rb}，即电机工作于外特性上 $B_{rb}(\omega_{rb}, t_{emax})$ 时，电压极限圆起作用，此时由式（6-36）和式（6-35）可得电压极限方程为

$$u_{Qm}=R_s i_Q+\omega_{rb}(L_D i_D+\psi_f) \tag{6-47}$$

$$u_{Dm}=R_s i_D-\omega_{rb} L_Q i_Q \tag{6-48}$$

式中，u_{Qm} 和 u_{Dm} 分别为此时定子电压 $\boldsymbol{u}_s$ 的交轴和直轴分量极值，当然此时的定子电压幅值达到最大 U_{sm}。

对于 A_1 运行点，由式（6-17）可得其动态电压方程为

$$L_D\frac{di_D}{dt}=u_{Dm}-R_s i_D+\omega_{rb} L_Q i_Q=0 \tag{6-49}$$

$$L_Q\frac{\mathrm{d}i_Q}{\mathrm{d}t}=u_{Qm}-R_s i_Q-\omega_{rb}(L_D i_D+\psi_f)=0 \tag{6-50}$$

可以看出，当电动机运行于 B_{rb} 点时，电流调节器已处于饱和状态，使控制系统丧失了对定子电流的控制能力。

在这种情况下，相平面上电流矢量 $\boldsymbol{i}_s$ 将会脱离 A_1 点，由图 6-17b 可见，考虑电压约束，工作点只能向左摆动（电压椭圆内部）。如果在 A_1 点能够控制交轴分量 i_Q 逐渐减小，直轴分量 i_D 负向逐渐增大，将会迫使定子电流 $\boldsymbol{i}_s$ 向左摆动。由图 6-17 和式（6-37）可知，这都会使定子电压 $|\boldsymbol{u}_s|$ 减小，于是 $|\boldsymbol{u}_s|<U_{sm}$，使调节器脱离饱和状态，系统就可恢复对定子电流的控制功能。随着 i_D 的逐渐增大和 i_Q 的逐渐减小，转子的速度范围便会得到逐步扩展，转矩将偏离最大值，进入恒功率运行区。

产生这样的效果，主要是因为负向直轴电流产生的磁动势会对永磁体产生去磁作用，减弱了直轴磁场，所以将这一过程称为弱磁。在弱磁过程中，对 i_D 和 i_Q 的控制称为弱磁控制。

如果在弱磁控制中，仍保持定子电流幅值为额定值，那么定子电流矢量 $\boldsymbol{i}_s$ 的轨迹将会由 A_1 点沿着圆周逐步移向 A_2 点。当控制 $\beta=180°$ 时，$i_Q=0$，定子电流全部为直轴去磁电流，可得

$$\omega_{rmax}=\frac{U_{sm}}{\psi_f+L_D i_D} \tag{6-51}$$

一种极限情况是，当 $\psi_f+L_D i_D=0$ 时，电动机速度会增至无限大，此运行点为图 6-17 中电压极限椭圆中心 A_4，其坐标为 $A_4(-\psi_f/L_D,\ 0)$。但这种情况一般是不会发生的，因为若发生 $\psi_f+L_D i_D=0$ 的情况，在实际运行中必须满足 $i_D=-\psi_f/L_D$ 的条件。可是，ψ_f/L_D 通常是个大值，$|i_D|$ 又不可能过大，因为它同样要受到电流极限圆的限制，所以弱磁的效果是有限的。即使逆变器可以提供较大的去磁电流，还要考虑去磁作用过大，可能会造成永磁体的不可逆退磁。与三相感应电动机相比，弱磁能力有限，速度扩展范围受到限制，是 PMSM 的一个技术短板。

2. MTPV

下面讨论在弱磁运行时，为满足最大功率输出的要求，如何对定子电流矢量进行最优控制。

在弱磁运行区，电机通常做恒功率输出，也可以要求其输出功率最大。电机的输出功率为转矩和转速的乘积，所以最大输出功率可以理解为给定转速下，电机能输出的最大转矩；同样，也可理解为给定转矩的条件下，能达到的最大转速。

所以，在给定的电压下，若转速恒定，通过输出最小的电压获得相同的转矩，这就是所谓最大转矩/电压比，即 MTPV。所以通过上述分析可以知道，MTPV 和最大输出功率控制的物理意义是相同的，在 i_D-i_Q 平面上表现为恒转矩曲线和电压极限椭圆的切点连成的曲线。

下面给出 MTPV 的解析式推导过程。

转矩公式可写成磁链的形式，即

$$t_e=\frac{3}{2}p_0(\psi_D i_Q-\psi_Q i_D)=\frac{3}{2}p_0\left[\psi_D\frac{\psi_Q}{L_Q}-\psi_Q\frac{\psi_D-\psi_f}{L_D}\right] \tag{6-52}$$

电压极限椭圆也可表达为磁链的形式，即

$$\psi_D^2+\psi_Q^2 \leqslant \left(\frac{U_{sm}}{\omega_r}\right)^2 \tag{6-53}$$

用极坐标表示磁链，可得

$$\begin{cases}\psi_D=\psi_s\cos\alpha \\ \psi_Q=\psi_s\sin\alpha\end{cases} \tag{6-54}$$

其中，ψ_s 为定子磁链幅值，代入转矩公式得到

$$t_e=\frac{3p_0}{2}\left[\left(\frac{1}{2L_Q}-\frac{1}{2L_D}\right)\psi_s^2\sin2\alpha+\frac{\psi_f}{L_D}\psi_s\sin\alpha\right] \tag{6-55}$$

电压饱和条件下，磁链满足

$$\psi_{sm}=\frac{U_{sm}}{\omega_r} \tag{6-56}$$

对转矩表达式（6-55）求极值，可以得到磁链相平面上交点的坐标，即

$$\left.\frac{\partial t_e}{\partial \alpha}\right|_{\psi_s=\psi_{sm}}=\frac{3p_0}{2L_QL_D}[(L_D-L_Q)\psi_{sm}^2\cos2\alpha+L_Q\psi_f\psi_{sm}\cos\alpha]=0 \tag{6-57}$$

即

$$(L_D-L_Q)(\psi_D^2-\psi_Q^2)+L_Q\psi_f\psi_D=0 \tag{6-58}$$

$$\psi_Q=\pm\sqrt{\psi_D\left(\psi_D+\frac{L_Q}{L_D-L_Q}\psi_f\right)} \tag{6-59}$$

把式（6-59）换成用电流自变量表示，就得到了 MTPV 的解析表达式，即

$$i_Q=\pm\sqrt{\frac{L_D(L_Di_D+\psi_f)[(L_D-L_Q)i_D+\psi_f]}{(L_D-L_Q)L_Q^2}},\ i_D<-\frac{\psi_f}{L_D} \tag{6-60}$$

我们可以在电流相平面上展示上面分析的恒转矩曲线、电流极限圆、电压极限椭圆、MTPA、MTPV，如图 6-18 所示。

图 6-17 也给出了能满足最大功率输出的定子电流矢量轨迹，其与电流极限圆相交于 A_2 点，与此点对应的速度为 ω_{r2}，这是在电压极限制约下，电动机能以最大功率输出的最低速度。当速度低于 ω_{r2} 时，因定子电流矢量轨迹与电压极限椭圆的交点将会落在电流极限圆外。如果 $\psi_f/L_D>I_{sm}$ 最大功率输出轨迹将落在电流极限圆外边，如图 6-19a 所示。在这种情况下，最大功率输出控制轨迹是不可达的。

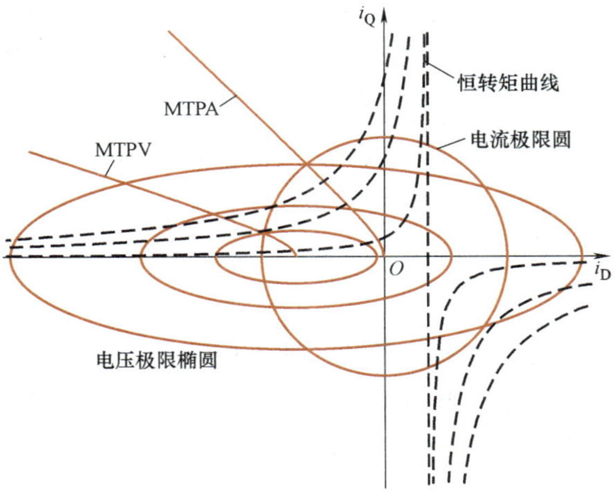

图 6-18 PMSM 控制约束及规律

综上所述，如图 6-19 所示，外特性曲线上，在整个速度范围内对定子电流矢量可做如下控制。

区间Ⅰ（$\omega_r \leqslant \omega_{r1}$）：定子电流可按式（6-31）控制，定子电流矢量将沿着最大转矩/电流比轨迹变化。

区间Ⅱ（$\omega_{r1}<\omega_r \leqslant \omega_{r2}$）：若电动机已

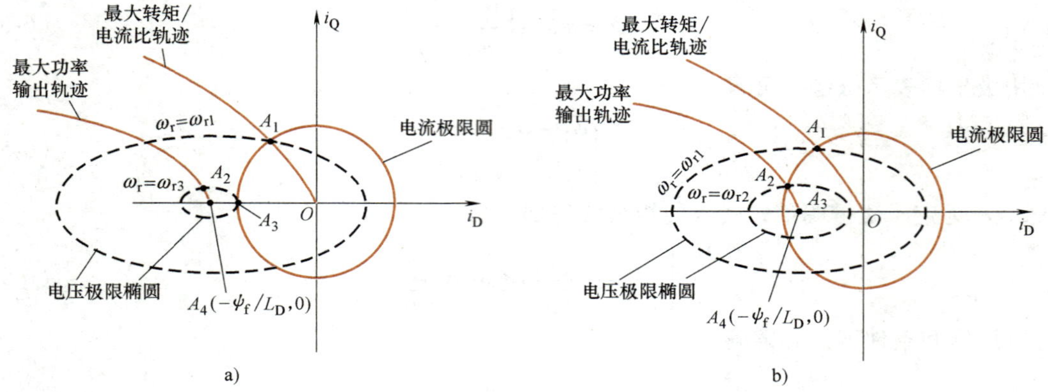

图 6-19　定子电流矢量轨迹

a) $\psi_f/L_D>I_{sm}$　b) $\psi_f/L_D<I_{sm}$

运行于 A_1 点，且转速达到了基速（$\omega_{r1}=\omega_{rb}$），可控制定子电流矢量由 A_1 点沿着圆周向左移动，进行弱磁控制，随着速度的增大，定子电流矢量由 A_1 点移动到 A_2 点。

区间Ⅲ（$\omega_r>\omega_{r2}$）：i_D 和 i_Q 可按式（6-60）进行控制，定子电流矢量沿着最大功率输出轨迹由 A_2 点向 A_4 点移动。当然，若 $\psi_f/L_D>I_{sm}$ 控制就不存在了。在这种情况下，可将区间Ⅱ的控制由 A_2 点延伸到 A_3 点，如图 6-19a 所示；与 A_3 点对应的转速为 ω_{r3}，这是弱磁控制在理论上可达到的最高转速。

上述主要讨论了外特性上的控制策略，对于部分负荷情况下的控制，根据不同的分配策略方法也有不同的控制方法，这将在第 9 章中结合车用工况进一步讨论。

6.4.3　永磁同步电机制动的基本原理

制动工况下，永磁同步电机工作于第三、四象限，此时转矩方向与转速方向相反，电机吸收机械功率。对于内置式永磁同步电机，可以采用最大转矩电流比的电流分配策略使得其工作于第三象限。

下面为了简化问题，以面装式永磁同步电机为例进行分析，此时控制电机直轴电流为零 $i_D=0$。不同工作模式的矢量图如图 6-20 所示。图中，转速逆时针规定为正方向。

此时转矩、机械功率、电输入功率表达式分别为

$$\boldsymbol{t}_e=\frac{3}{2}p_0\boldsymbol{\psi}_f\times\boldsymbol{i}_s \tag{6-61}$$

$$P_m=t_e\omega_r \tag{6-62}$$

$$P_e=\frac{3}{2}\boldsymbol{u}_s\cdot\boldsymbol{i}_Q=\frac{3}{2}u_si_Q\cos\varphi \tag{6-63}$$

首先，在驱动工况（见图 6-20a）下，电机控制器输出电压矢量克服运动反电动势后在定子维持所需要的（正向）驱动电流。电机定子电压与电流所夹功率因数角 $\varphi<90°$。其中转子以 ω_r 的角速度逆时针旋转，由永磁体磁链与定子电流矢量得知，电流超前于磁场，转矩角 $\beta=90°$，转矩方向为逆时针，转矩大小 $t_e=3p_0\psi_fi_Q/2$，故电机产生驱动转矩，功率 P_m 为正。

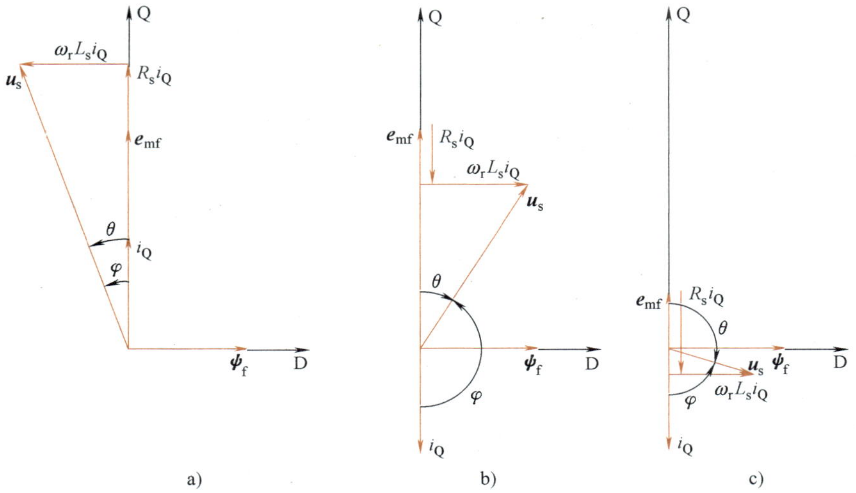

图 6-20 永磁同步电机磁场定向控制下的矢量图

a）驱动 b）回馈制动 c）能耗制动

在制动工况（图 6-20b）下，定子电流滞后于转子磁场，转矩角 $\beta=-90°$，转矩方向为顺时针，制动转矩 $t_e=3p_0\psi_f i_Q/2$，$i_Q<0$，吸收机械功率；电机定子电压与电流所夹功率因数角 $\varphi>90°$，电功率为负，即电机向电源回馈电功率。此时，永磁同步电机的反电势能够（克服电源电压）维持所需的制动电流，合成的电流矢量与（定子）电压矢量的夹角大于 90°，电能回馈流入电池，电机工作在发电状态，此种情况称为“能量回馈制动”工况。

若电机转速较低，永磁同步电机的反电动势 e_{mf} 不足以（克服电源电压）维持所需的制动电流时，为了保证目标制动转矩，要控制定子电压矢量到第四象限，与电流矢量的夹角小于 90°，电池也需提供部分电功率来维持制动电流。此时，电机工作在“能耗制动”状态，发电功率和电池输入功率都消耗在电机的相电阻上。

由定子电压矢量方程

$$\boldsymbol{u}_s=R_s\boldsymbol{i}_Q+\mathrm{j}\omega_r L_s\boldsymbol{i}_Q+\mathrm{j}e_{mf} \tag{6-64}$$

当转速较高，且电流 i_Q 满足 $R_s i_Q<e_{mf}$ 时，发生回馈制动；而相反，在低速大转矩制动工况下，若 $R_s i_Q>e_{mf}$，发生能耗制动。

小 结

永磁同步电机的转子结构按永磁体安装形式分类，主要有面装式、内置式两大类。内置式 PMSM 将永磁体嵌入或内装在转子铁心内，转子结构的气隙是不均匀的，即转子为“凸极”结构，由此产生的磁阻转矩可提高 PMSM 的转矩电流比，有利于弱磁运行和扩展速度范围，所以，车用 PMSM 以内置式为主。

基于第 4 章的四线圈原型电机模型，本章推导了 PMSM 电机的磁链方程、电压方程和转矩方程，这是后续分析讨论的重要基础。

转子磁场定向控制是 PMSM 的主要控制方式。定子电流的优化控制问题，就是要在给定转矩的条件下，从恒转矩曲线中选取一个最优的电流组合。当电机运行在低转速区时，通常选择按转矩电流比最大（MTPA）的原则来控制定子电流，这样可以使电动机铜耗最小，减小电机控制器的损耗。

电机控制器向电机所能提供的最大电压要受到车载电源可能输出的直流电压的限制。电机稳态运行所需定子电压矢量$\boldsymbol{u}_s$的幅值直接与转子电角速度ω_r有关，这意味着电动机的运行速度要受到逆变器电压极限的制约，为此引入电压极限椭圆（簇）来表征这种约束关系。电机转速越高，椭圆越小。在基速以上，为克服电压极限椭圆的约束，要进行弱磁控制。

稀土是决定永磁体性能的重要基础材料，是高性能永磁电机加工制造的核心关键材料。中国已探明的稀土储量位列世界第一，但很长时间却因缺乏技术支撑，萃取技术不过关，中国不得不低价出口稀土精矿和混合稀土，再以几十倍甚至几百倍的价格购进深加工的稀土产品。20世纪七八十年代，以徐光宪为代表的老一辈科学家成功攻克了稀土串级萃取理论难题，创造性地优化了生产工艺流程，将串级萃取理论应用于大规模工业生产。自此，我国稀土分离技术开始走在世界前列，从根本上改变了从前受制于人的困窘局面。徐光宪因此获得2008年度国家最高科学技术奖。

我国稀土工业经过40余年的努力，今非昔比，生产水平和产品质量都有了质的飞跃。随着生产的发展，我国稀土的出口外销取得了同步、高速发展，尤其是高纯稀土出口比例逐年提高，出口数量已稳定在世界总出口量的八成以上，高纯稀土产品每年进入国际市场的数量已过2万吨，销往日本、美国和欧洲。在这些国家和地区，中国高纯稀土已占市场份额的七成以上。中国是世界上最大的稀土生产国和出口国，可以满足国内外不同用户对不同稀土产品的需要，已成为世界上唯一的，可以大量供应各种品种、品级稀土产品的国家，成为世界稀土市场的主导和支配力量。

习　题

6-1　PMSM定子三相电流瞬时值为$i_A=-1A$，$i_B=2A$，$i_C=-1A$，请在以A轴为实轴的空间复平面内，以矢量图表示出该时刻$\boldsymbol{i}_s$的幅值和相位。

6-2　请论述PMSM转矩生成原理。结合面装式PMSM定子磁场矢量方程$\boldsymbol{\psi}_s=L_s\boldsymbol{i}_s+\boldsymbol{\psi}_f$，说明PMSM内存在哪三个（空间正弦分布）磁场，以及为什么可以用其中任意两个磁场相互作用来表达电磁转矩。试分别推导其相应的电磁转矩矢量方程。

6-3　请说明为什么基于转子磁场定向的矢量控制可以将PMSM等效为一台他励直流电动机。

6-4　请说明为什么内置式PMSM会产生磁阻转矩。在基于转子磁场定向矢量控制中，磁阻转矩是如何控制的？

6-5　试证明，正弦稳态和等幅值变换条件下，电流空间矢量幅值为I_s，其中I_s为相电流的峰值。

6-6　如果电机气隙内的磁场不是正弦分布的（或者不取基波），是否还可以采用空间矢量理论对电机进行分析？为什么？

6-7　电机等效物理模型如图6-21所示，请写出：

1）两线圈互感表达式。

2）线圈的磁共能表达式。

3）根据磁共能与转矩的关系推导转矩表达式。

6-8　单线圈励磁电机物理模型如图 6-22 所示（$L_D>L_Q$）。请写出：

1）线圈自感随角度变化的表达式。

2）线圈 A 的磁共能表达式。

3）推导磁阻转矩表达式。

6-9　凸极电机等效物理模型如图 6-23 所示。请写出：

1）定子自感随角度 β 变化的表达式。

2）定子线圈和转子线圈之间的互感表达式。

3）推导等效模型的磁共能表达式。

4）转矩表达式。

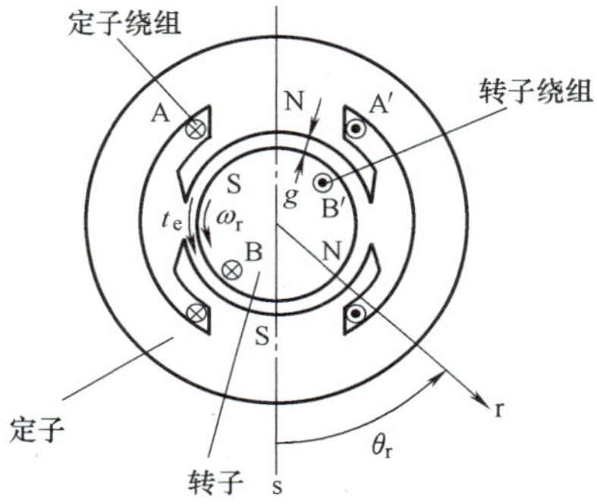

图 6-21　题 6-7 图

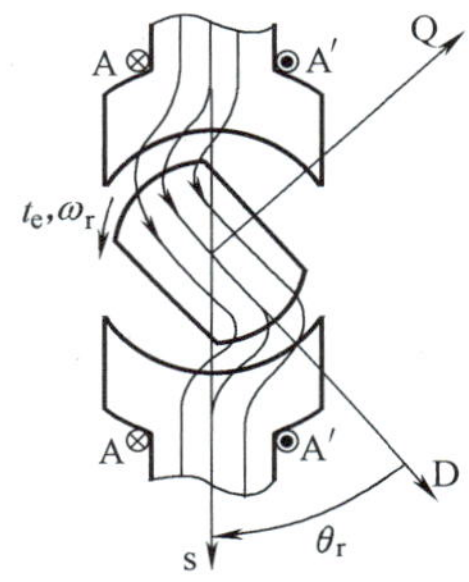

图 6-22　题 6-8 图

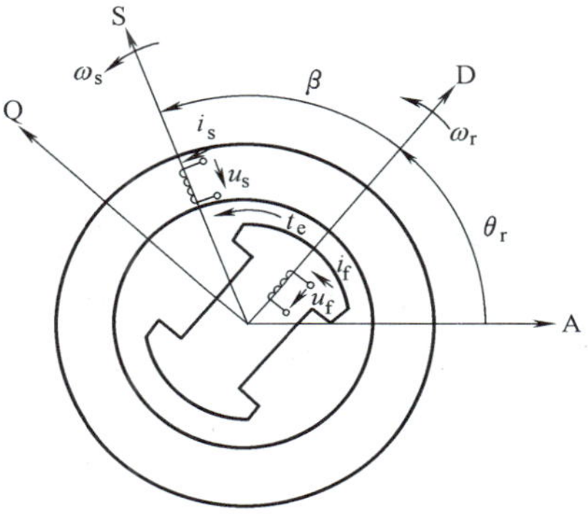

图 6-23　题 6-9 图

6-10　面装式三相永磁同步电机等效物理模型如图 6-24 所示，依据幅值等效，定子电流矢量表达式为$\boldsymbol{i}_s=2(i_A+\boldsymbol{a}i_B+\boldsymbol{a}^2i_C)/3$，请写出：

1）定子磁链矢量表达式。

2）永磁磁链及其微分表达式。

3）定子电压矢量表达式。

4）进一步写出电流正弦稳态激励下的电压矢量方程并绘制稳态矢量图。

6-11　内置式三相永磁同步电机双轴等效物理模型如图 6-25 所示。在 DQ 坐标系下电流、磁链、电压表达式分别为：$\boldsymbol{i}_s^D=i_D+\mathrm{j}i_Q$，$\boldsymbol{\psi}_s^D=\psi_D+\mathrm{j}\psi_Q=L_Di_D+\psi_f+\mathrm{j}L_Qi_Q$，$u_s^D=u_D+\mathrm{j}u_Q$。试推导 DQ 坐标系下的电压方程，画出矢量图，并写出 DQ 坐标表示的转矩方程。

6-12　试论述内置式 PMSM 弱磁控制的基本原理。

6-13　请写出面装式 PMSM 的最大转矩电流比控制电流表达式。

6-14　已知电机参数分别如下：

1）44kW PMSM：定子相电阻 $R_s=4\mathrm{m}\Omega$，定子匝链相绕组永磁磁链峰值 $\psi_f=0.055\mathrm{Wb}$，电机极对数 $p=4$，转动惯量 $J=0.048\mathrm{kg\cdot m^2}$，定子绕组相漏电感 $L_\sigma=20\mu\mathrm{H}$，D 轴励磁电感 $L_{mD}=88\mu\mathrm{H}$，Q 轴励磁电感 $L_{mQ}=300\mu\mathrm{H}$，额定转速为 4000r/min，峰值转矩 $t_{emax}=210\mathrm{N\cdot m}$。

2）100kW PMSM：定子相电阻 $R_s=8.3\mathrm{m}\Omega$，定子匝链相绕组永磁磁链峰值 $\psi_f=0.071\mathrm{Wb}$，电机极对数 $p=4$，转动惯量 $J=0.1\mathrm{kg\cdot m^2}$，定子绕组相漏电感 $L_\sigma=30\mu\mathrm{H}$，D 轴励磁电感 $L_{mD}=174\mu\mathrm{H}$，Q 轴励磁电感 $L_{mQ}=293\mu\mathrm{H}$，额定转速为 4700r/min，峰值转矩 $t_{emax}=256\mathrm{N\cdot m}$。

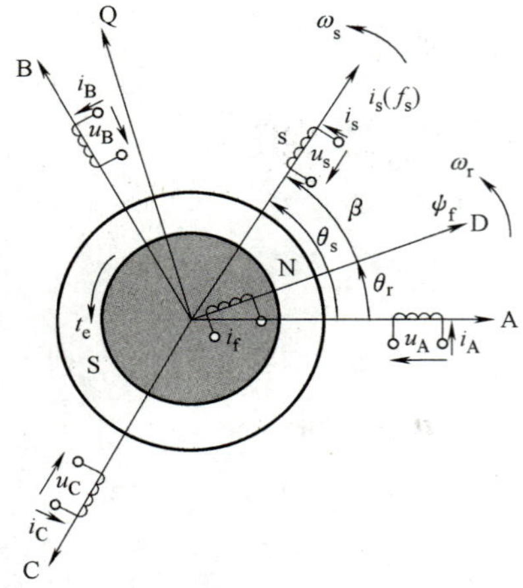

图 6-24　题 6-10 图

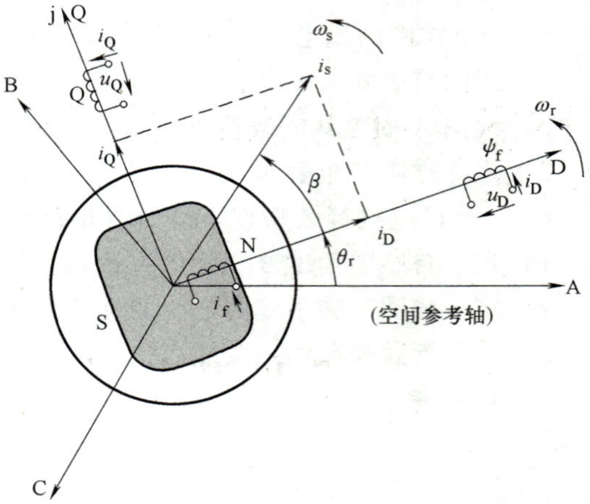

图 6-25　题 6-11 图

要求用 MATLAB 进行电机稳态分析，求解或/和画出：

1）峰值转矩对应峰值相电流。

2）恒转矩曲线（渐近线）。

3）电压极限椭圆（簇）。

4）最大转矩电流比（MTPA）曲线。

5）最大转矩电压比（MTPV）曲线。

6）机械特性（外特性）。

7）额定转速、最大转矩工作点的空间矢量图（或其他特定工作点）。

8）额定转速、最大制动转矩回馈制动空间矢量图。

9）MTPA 对应的最佳电流分配曲线。

10）不同电流幅值下的“矩角特性”曲线（分别绘制励磁转矩、磁阻转矩和合成转矩分量）。

第7章

感应电机的空间矢量分析和磁场定向控制

7.1 感应电机的转子结构和工作原理

7.1.1 三相感应电机的转子结构

与永磁同步电机相同，三相感应电机也主要是由定子、转子和气隙这三部分参与机电能量转换。

感应电机的定子结构与交流同步电机基本相同，主要差别在于转子结构和转子磁场产生的原理不同。感应电机的转子电磁结构主要包括转子铁心和转子绕组两部分，常见的转子绕组分为笼型绕组和绕线式转子两种。感应电机转子结构示意图如图 7-1 所示。

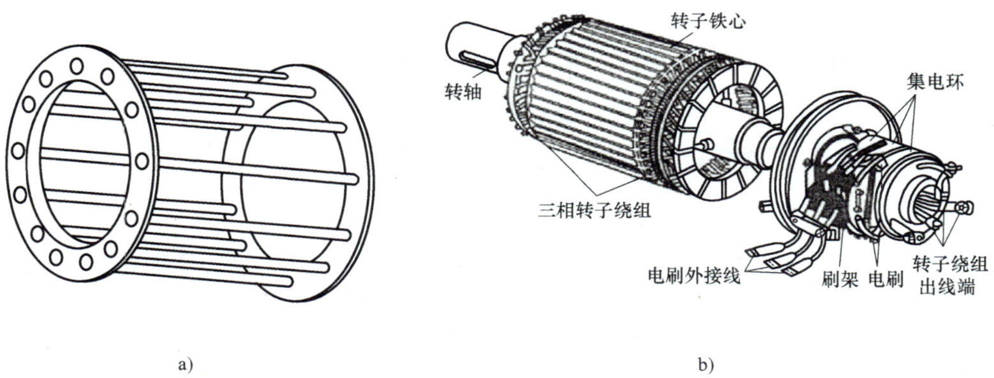

图 7-1　感应电机转子结构示意图

a）笼型绕组　b）绕线式转子结构

1. 笼型绕组

笼型绕组是一个自行闭合的短路绕组，它由插入每个转子铁心槽内的铜（或铝）导条和两端的环形端环组成，如果去掉铁心，整个绕组如一个“圆形鼠笼”，如图 7-1a 所示，因此称为笼型绕组。笼型感应电机结构简单、制造方便，是一种经济、耐用的电机，所以应用极广。车用感应电机的转子基本都采用笼型绕组。为节约用铜和提高生产率，小型笼型电机一般都用铸铝转子；对于中、大型电机，由于铸铝质量不易保证，故采用铜条插入转子槽内，再在两端焊上端环的结构。在个别车用驱动电机中也采用铸铜转子，以进一步减小转子电阻发热损耗。

转子铁心作为电机磁路的一部分，所用材料与定子一样，由硅钢片冲制、叠压而成，硅钢片外圆冲有均匀分布的槽（或孔），用来安置转子绕组。

2. 绕线式转子

绕线式转子的槽内嵌有绝缘导线组成的三相绕组，绕组的 3 个出线端接到装在轴上的 3 个集电环上，通过电刷与外电路连接，如图 7-1b 所示，这种转子的特点是可以在转子绕组中接入外加可调电阻，以改善电机的起动和调速性能。与笼型转子相比较，绕线式转子结构稍复杂，价格稍贵，在车用电机驱动系统中基本没有应用。

7.1.2　三相感应电机的工作原理

定、转子构造都为三相的三相感应电机的物理模型如图 7-2a 所示。定子为三相对称绕组，结构与三相同步电机相同。同时将转子也等效成三相对称绕组 a-x、b-y 和 c-z，并将其短接起来，于是就构成了基本的三相感应电机。假设每相绕组的有效匝数与定子相绕组相同，如果转子为笼型结构，通过绕组归算，可将其等效为三相对称绕组。

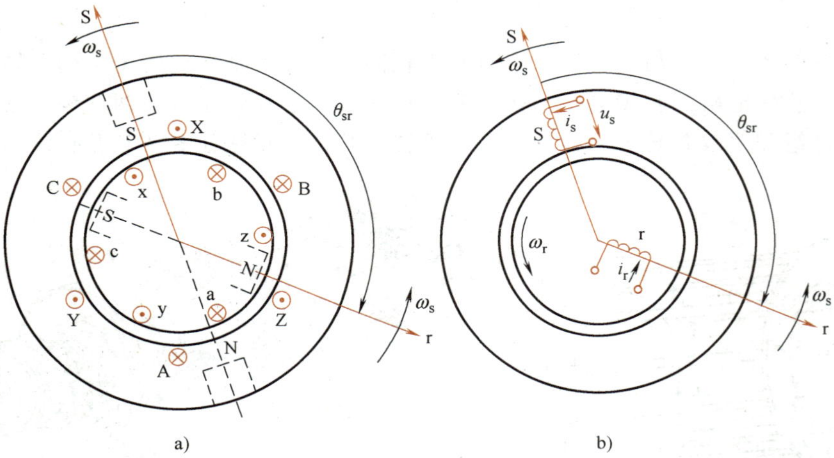

图 7-2　三相感应电机的物理模型

a）等效物理模型　b）等效轴线圈表示

这里再次强调一下定子绕组磁场的正方向是参照转子磁通方向定义的，即若定子绕组激励磁通方向与转子磁通方向正向叠加则为正。

同三相同步电机一样，定子三相绕组通入三相对称正弦电流便会在气隙内产生一个正弦分布的两极旋转磁场，其旋转速度与正弦电流的电角频率 ω_s 相同。

当转子静止不动时，根据电磁感应原理，定子旋转磁场会在转子三相绕组中感生出三相对称的正弦电流，其电角频率也为 ω_s。转子三相电流同样会在气隙中激发一个正弦分布的两极旋转磁场。定、转子旋转磁场在气隙中形成合成磁场，即为气隙磁场，气隙磁场也为正弦分布的两极旋转磁场。定子磁场、转子感生磁场及合成气隙磁场旋转角速度均为 ω_s，各磁场同步旋转，在空间上相对静止，只是转子旋转磁场轴线 r 在空间相位上滞后于定子旋转磁场轴线 S，滞后电角度为 θ_{sr}，如图 7-2a 所示。

当转子以稳定电角速度 ω_r 旋转时，只要满足 $\omega_s-\omega_r\neq0$，定子旋转磁场仍会在转子三相绕组中感生出三相对称的正弦电流，转子三相电流同样会产生同步旋转的转子感生磁场和气隙磁场，转子磁场相对于静止 ABC 轴系的旋转角速度仍为 ω_s。但此时，因为转子存在角速度 ω_r，气隙旋转磁场在转子绕组中感生的三相对称电流频率变为 ω_f，并且满足

$$\omega_r+\omega_f=\omega_s \tag{7-1}$$

即转子的机械旋转（电）角速度叠加上感生电流的交变频率等于转子旋转磁场的角速度，ω_f 称为转差角频率。ω_f 亦是三相电流产生的旋转磁场相对转子的速度，而旋转磁场相对定子的绝对旋转速度仍为 ω_s。进一步，引入转差频率的无量纲表达转差率 s 来表示这种频率差，即

$$s=\frac{\omega_f}{\omega_s}=\frac{\omega_s-\omega_r}{\omega_s} \tag{7-2}$$

$$\omega_f=s\omega_s \tag{7-3}$$

可用如图 7-2b 所示的两轴线圈产生的磁场来等效和代替实际电机产生的定、转子旋转磁场。电磁转矩也可以视为这两个磁场相互作用的结果。定、转子旋转磁场相互作用会产生电磁转矩，转子速度 ω_r 小于定子旋转磁场速度 ω_s，才会产生驱动转矩，这是因为如果 $\omega_r=\omega_s$，那么定子旋转磁场就不能再在转子绕组中感生出电流，电磁转矩也将随之消失，因此感应电机又称为异步电机。定子等效单轴线圈 S 和等效电流 i_s 与三相同步电机的相同。即在同步旋转轴系下可看作直流，在静止轴系下视作交流，频率为 ω_s。转子等效单轴线圈的轴线即为转子三相绕组产生的旋转磁场轴线，等效电流 i_r 流入该线圈后，会产生与实际转子磁场同步旋转的磁场。与 i_s 类似，i_r 在同步旋转轴系下也可看作直流；在转子轴系下按交流处理，频率为转差频率 ω_f；在静止轴系下，i_r 的频率与旋转磁场同频率，应为 $\omega_s=\omega_r+\omega_f$。

7.1.3　定子坐标系、转子坐标系和磁场同步坐标系

永磁同步电机的分析主要是在（转子固结）同步坐标系下完成，感应电机因为转差的存在，情况要复杂一些。

为了更清楚地描述上述转差关系，引入 3 个不同轴系：定子 ABC 静止坐标系（亦称静止坐标系或 αβ 坐标系）、转子固结 abc 坐标系、（任意）磁场同步坐标系 MT。显然，相对静止参考系，各坐标系旋转角速度分别为：$\omega_{ABC}=0$、ω_r 和 ω_s。三个坐标系下的电流矢量表示及变换关系见表 7-1。

表 7-1　三个坐标系下的电流矢量表示及变换关系

坐标系	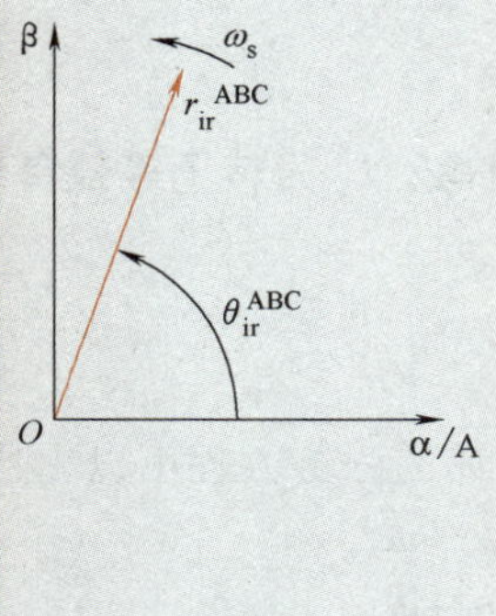	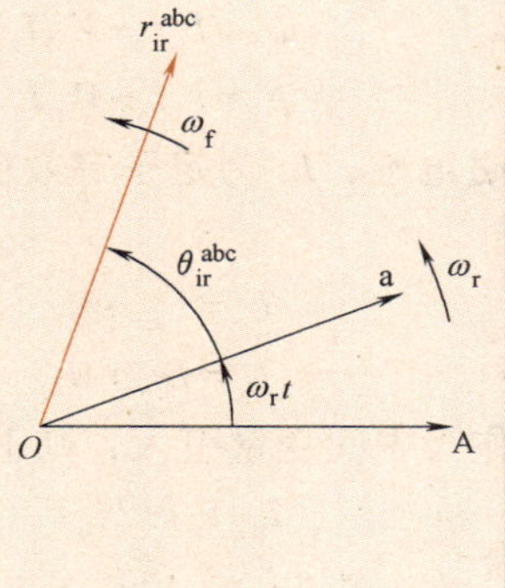	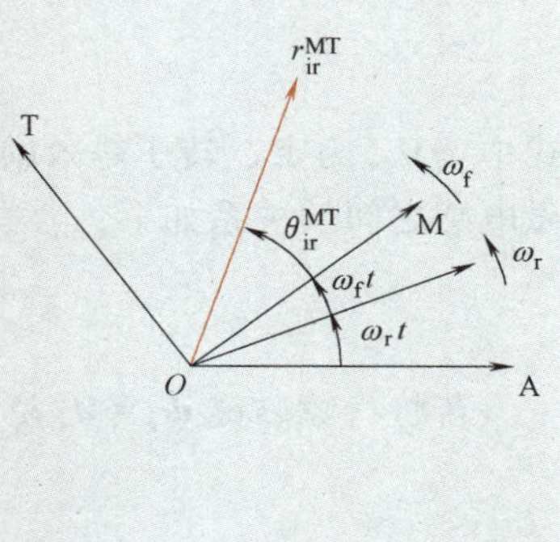

（续）

坐标系定义	定子 ABC 静止坐标系	转子固结 abc 坐标系	磁场同步坐标系 MT
空间矢量表示	$\boldsymbol{r}^{ABC}$ 或 $\boldsymbol{r}$	$\boldsymbol{r}^{abc}$	$\boldsymbol{r}^{MT}$ 或 $\boldsymbol{r}^{M}$
坐标系旋转角速度	$\omega_{ABC}=0$	ω_r	ω_s
矢量变换关系		$\boldsymbol{r}^{ABC}=\boldsymbol{r}^{abc}e^{j\omega_r t}$	$\boldsymbol{r}^{abc}=\boldsymbol{r}^{MT}e^{j\omega_f t}$ $\boldsymbol{r}^{ABC}=\boldsymbol{r}^{MT}e^{j\omega_s t}$ $=(\boldsymbol{r}^{MT}e^{j\omega_f t})e^{j\omega_r t}$
电流矢量的交变频率	i_r^{ABC} 的交变频率ω_s	i_r^{abc} 的交变频率ω_f	i_r^{MT} 的交变频率 0
电流空间矢量（φ_0 为初始相位）	$\boldsymbol{i}_r^{ABC}=\lvert\boldsymbol{i}_r^{ABC}\rvert e^{j(\omega_s t+\varphi_0)}$	$\boldsymbol{i}_r^{abc}=\lvert\boldsymbol{i}_r^{abc}\rvert e^{j(\omega_f t+\varphi_0)}$	$\boldsymbol{i}_r^{MT}=\lvert\boldsymbol{i}_r^{MT}\rvert e^{j\varphi_0}$

本书中，为了更加清晰，把上述不注明坐标系的矢量表示限定为静止坐标系，即$\boldsymbol{r}\overset{\text{def}}{=\!=}\boldsymbol{r}^{ABC}$。而其他（非静止）坐标系下的矢量均应明确标明所参照的坐标系。

7.2　感应电机的矢量方程

7.2.1　感应电机定、转子的电感与磁链

若将感应电机转子视为三相绕组，则可将整个电机视作 6 端口的电磁系统，此时三相电感矩阵及其等效变换参见附录 C。

鉴于三相对称绕组可用正交两相绕组等效，则可用四线圈原型电机模型等效分析感应电机的工作过程。考虑到隐极绕组假设，可直接沿用第 4 章的空间矢量分析结果，其等效原型电机物理模型如图 7-3 所示。此时，定、转子绕组分别用正交两相绕组等效；对于笼型感应电机，转子侧等效绕组短路。

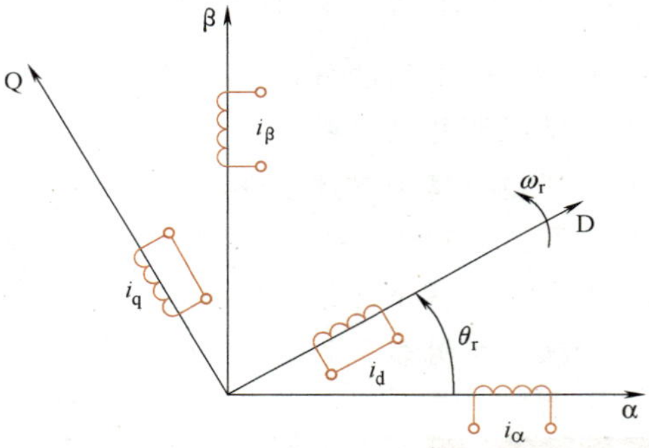

图 7-3　感应电机等效四线圈物理模型

磁链空间矢量为自感与互感共同作用的结果，因此，感应电机的定、转子磁链方程可表述为

$$\boldsymbol{\psi}_s=L_s\boldsymbol{i}_s+M_{sr}\boldsymbol{i}_r \tag{7-4}$$

$$\boldsymbol{\psi}_r=L_r\boldsymbol{i}_r+M_{sr}\boldsymbol{i}_s \tag{7-5}$$

式中，M_{sr} 为**定、转子等效励磁电感**；L_s 为**定子等效自感**；L_r 为**转子等效自感**。其与等效励磁电感之间的关系如下：

$$L_s=L_{s\sigma}+M_{sr} \tag{7-6}$$

$$L_r=L_{r\sigma}+M_{sr} \tag{7-7}$$

若将气隙磁链 $\boldsymbol{\psi}_g=M_{sr}\boldsymbol{i}_g$ 作为中间变量引入，则上述的磁链方程可以表达为

$$\boldsymbol{\psi}_s=M_{sr}(\boldsymbol{i}_s+\boldsymbol{i}_r)+L_{s\sigma}\boldsymbol{i}_s=\boldsymbol{\psi}_g+\boldsymbol{\psi}_{s\sigma} \tag{7-8}$$

$$\boldsymbol{\psi}_r=M_{sr}(\boldsymbol{i}_s+\boldsymbol{i}_r)+L_{r\sigma}\boldsymbol{i}_r=\boldsymbol{\psi}_g+\boldsymbol{\psi}_{r\sigma} \tag{7-9}$$

式中，$\boldsymbol{\psi}_{s\sigma}=L_{s\sigma}\boldsymbol{i}_s$；$\boldsymbol{\psi}_{r\sigma}=L_{r\sigma}\boldsymbol{i}_r$。$\boldsymbol{i}_g=\boldsymbol{i}_s+\boldsymbol{i}_r$，为合成气隙励磁电流。

由式（7-8）~式（7-9）表示的各磁链矢量如图 7-4 所示。

$\boldsymbol{\psi}_{s\sigma}$ 和 $\boldsymbol{\psi}_{r\sigma}$ 分别与定、转子漏磁场相对应，其方向各自与 $\boldsymbol{i}_s$ 和 $\boldsymbol{i}_r$ 相一致。$\boldsymbol{\psi}_s$ 为定子磁链矢量，与定子磁场相对应，定子磁场是气隙磁场与定子漏磁场的合成磁场；$\boldsymbol{\psi}_r$ 为转子磁链矢量，与转子磁场相对应，转子磁场是气隙磁场与转子漏磁场的合成磁场。

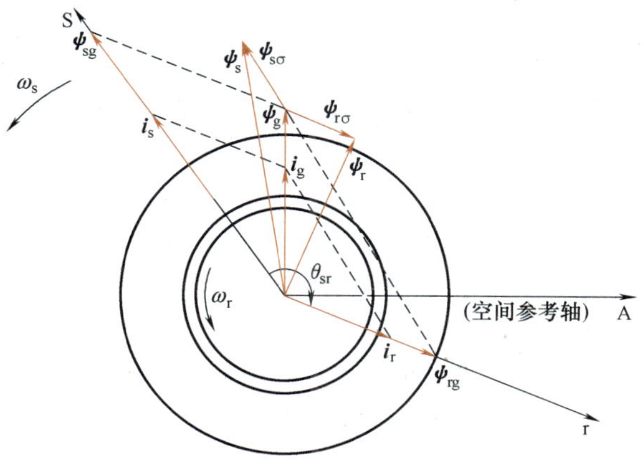

图 7-4 三相感应电动机内定、转子电流和各磁链矢量

因此，定、转子磁场也可表达为气隙磁场和线圈漏磁场的合成磁场，如式（7-8）和式（7-9）。应该指出，式（7-8）或式（7-9）中的漏电感 $L_{s\sigma}$ 或 $L_{r\sigma}$ 只计及了定子（转子）一相绕组自身的漏磁场，事实上定子（转子）其他两相漏磁场对其也有交链，只是这里将这种交链忽略了。

实际上，上述磁链定义只涉及代数运算，不涉及微分运算，因此在所定义的 3 个坐标系中都成立，但若涉及微分运算，则另当别论。

7.2.2 静止坐标系下的空间矢量方程

在 4.1 节中，介绍了法拉第参考系和牵连运动电动势的概念。下面，将运用该概念给出不同坐标系下感应电机的电压方程。

对于定子线圈而言，静止 αβ 坐标系（与 ABC 固结）为法拉第系，故可直接应用法拉第电磁感应定律，可得定子电压方程为

$$\boldsymbol{u}_s=R_s\boldsymbol{i}_s+\frac{\mathrm{d}}{\mathrm{d}t}\boldsymbol{\psi}_s \tag{7-10}$$

但对于转子线圈而言，静止 αβ 坐标系为非法拉第参考坐标系，相对旋转角频率为$-\omega_r$，故需要在左侧补充牵连运动电动势，即

$$\boldsymbol{u}_r+\boldsymbol{e}_{mr}=R_r\boldsymbol{i}_r+\frac{\mathrm{d}}{\mathrm{d}t}\boldsymbol{\psi}_r \tag{7-11}$$

式中，转子侧牵连运动电动势为

$$\boldsymbol{e}_{mr}=-\mathrm{j}(-\omega_r)\boldsymbol{\psi}_r=\mathrm{j}\omega_r\boldsymbol{\psi}_r \tag{7-12}$$

因为转子绕组短路，外接电压 $\boldsymbol{u}_r=0$，故转子电压方程变为

$$\mathrm{j}\omega_r\boldsymbol{\psi}_r=R_r\boldsymbol{i}_r+\frac{\mathrm{d}}{\mathrm{d}t}\boldsymbol{\psi}_r \tag{7-13}$$

7.2.3 转子固结 abc 坐标系矢量方程

对于定子绕组而言，转子固结 abc 坐标系为非法拉第参考坐标系，相对旋转角频率为 ω_r，则定子电压方程为

$$\boldsymbol{u}_{s}^{abc}+\boldsymbol{e}_{ms}^{abc}=\boldsymbol{i}_{s}^{abc}R_{s}+\frac{d}{dt}\boldsymbol{\psi}_{s}^{abc} \tag{7-14}$$

式中，定子侧牵连运动电动势为

$$\boldsymbol{e}_{ms}^{abc}=-j\omega_{r}\boldsymbol{\psi}_{s}^{abc} \tag{7-15}$$

将式（7-15）代入式（7-14）得到

$$\boldsymbol{u}_{s}^{abc}=\boldsymbol{i}_{s}^{abc}R_{s}+\frac{d}{dt}\boldsymbol{\psi}_{s}^{abc}+j\omega_{r}\boldsymbol{\psi}_{s}^{abc} \tag{7-16}$$

对于转子线圈而言，abc 坐标系为法拉第参考坐标系，则转子电压方程为

$$\boldsymbol{u}_{r}^{abc}=\boldsymbol{i}_{r}^{abc}R_{r}+\frac{d}{dt}\boldsymbol{\psi}_{r}^{abc} \tag{7-17}$$

并且转子绕组短路，外接电压 $\boldsymbol{u}_{r}^{abc}=0$。

7.2.4　任意磁场同步旋转 MT 坐标系矢量方程

无论是静止 ABC 坐标系还是转子固结 abc 坐标系，都不方便直接利用这些方程来实现矢量控制。其中很重要的原因是在静止坐标系和转子固结 abc 坐标系下，各矢量都是旋转的交变量，在任何坐标轴上投影的分量都是交流量，不易分析和控制。

为此，有必要通过矢量变换，将静止的坐标系矢量方程变换为（任意）磁场同步旋转的 MT 坐标系矢量方程，将静止坐标系下的交流量变换成直流量；然后再将任意同步旋转的 MT 坐标系沿特定磁场同步坐标系（比如转子磁场定向坐标系）进行分解，进一步简化方程实现部分解耦。

若将式中的磁链、电压和电流矢量分别以 MT 坐标系坐标分量表示，则有

$$\boldsymbol{\psi}_{s}^{M}=\psi_{M}+j\psi_{T} \tag{7-18}$$

$$\boldsymbol{\psi}_{r}^{M}=\psi_{m}+j\psi_{t} \tag{7-19}$$

$$\boldsymbol{i}_{s}^{M}=i_{M}+ji_{T} \tag{7-20}$$

$$\boldsymbol{i}_{r}^{M}=i_{m}+ji_{t} \tag{7-21}$$

$$\boldsymbol{u}_{s}^{M}=u_{M}+ju_{T} \tag{7-22}$$

$$\boldsymbol{u}_{r}^{M}=u_{m}+ju_{t} \tag{7-23}$$

因为转子绕组是短路的，式中的 u_{m} 和 u_{t} 应为零。

首先，我们来求解 MT 坐标系的磁链方程，将磁链方程转换到任意磁场同步旋转 MT 坐标系下，即

$$\boldsymbol{\psi}_{s}^{M}=L_{s}\boldsymbol{i}_{s}^{M}+M_{sr}\boldsymbol{i}_{r}^{M} \tag{7-24}$$

$$\boldsymbol{\psi}_{r}^{M}=L_{r}\boldsymbol{i}_{r}^{M}+M_{sr}\boldsymbol{i}_{s}^{M} \tag{7-25}$$

可将式（7-24）、式（7-25）向 M、T 轴分解，得

$$\begin{cases}\psi_{M}=L_{s}i_{M}+M_{sr}i_{m}\\ \psi_{T}=L_{s}i_{T}+M_{sr}i_{t}\end{cases} \tag{7-26}$$

$$\begin{cases}\psi_{m}=L_{r}i_{m}+M_{sr}i_{M}\\ \psi_{t}=L_{r}i_{t}+M_{sr}i_{T}\end{cases} \tag{7-27}$$

接着，我们来求解 MT 坐标系的电压方程。我们知道，MT 同步坐标系相对于定子线圈

以 ω_s 的速度旋转，故需要先在等式左边补充牵连运动电动势 $\boldsymbol{e}_{ms}^{M}=-j\omega_s\boldsymbol{\psi}_s^{M}$，再使用法拉第电磁感应定律，即

$$\boldsymbol{u}_s^{M}+\boldsymbol{e}_{ms}^{M}=R_s\boldsymbol{i}_s^{M}+\frac{d}{dt}\boldsymbol{\psi}_s^{M} \tag{7-28}$$

将 $\boldsymbol{e}_{ms}^{M}$ 的表达式代入式（7-28）得到

$$\boldsymbol{u}_s^{M}=R_s\boldsymbol{i}_s^{M}+\frac{d}{dt}\boldsymbol{\psi}_s^{M}+j\omega_s\boldsymbol{\psi}_s^{M} \tag{7-29}$$

而 MT 同步坐标系相对于转子绕组以 ω_f 的角速度旋转，故对应的牵连运动电动势为 $\boldsymbol{e}_{mr}^{M}=-j\omega_f\boldsymbol{\psi}_r^{M}$，即

$$\boldsymbol{u}_r^{M}+\boldsymbol{e}_{mr}^{M}=R_r\boldsymbol{i}_r^{M}+\frac{d}{dt}\boldsymbol{\psi}_r^{M} \tag{7-30}$$

考虑到 $\boldsymbol{u}_r^{M}=0$，

$$0=R_r\boldsymbol{i}_r^{M}+\frac{d}{dt}\boldsymbol{\psi}_r^{M}+j\omega_f\boldsymbol{\psi}_r^{M} \tag{7-31}$$

对比式（7-29）和式（7-31），不难发现，在磁场旋转角频率为 ω_s 的情况下，定子绕组牵连运动电动势幅值为 $\omega_s\psi_s$，而转子牵连运动电动势幅值为 $\omega_f\psi_r$。显然，因转子的机械转动抵消了部分旋转磁场的磁通变化率，而有效的运动电动势只取决于磁场频率 ω_s 与转子机械角频率 ω_r 之间的相对运动频率 ω_f。通俗地讲，转子的旋转“漏掉”了部分磁通，使得转子侧动生电动势下降了。

同理，可将电压方程式（7-29）和式（7-31）向 M、T 轴分解，得

$$u_M=R_si_M+p\psi_M-\omega_s\psi_T \tag{7-32}$$

$$u_T=R_si_T+p\psi_T+\omega_s\psi_M \tag{7-33}$$

$$0=R_ri_m+p\psi_m-\omega_f\psi_t \tag{7-34}$$

$$0=R_ri_t+p\psi_t+\omega_f\psi_m \tag{7-35}$$

其中，p 为微分算子。

若将式（7-26）~式（7-27）代入式（7-32）~式（7-35），可得以电流坐标分量和电感参数表示的电压分量方程，即有

$$\begin{pmatrix}u_M\\u_T\\0\\0\end{pmatrix}=\begin{pmatrix}R_s+L_sp & -\omega_sL_s & M_{sr}p & -\omega_sM_{sr}\\ \omega_sL_s & R_s+L_sp & \omega_sM_{sr} & M_{sr}p\\ M_{sr}p & -\omega_fM_{sr} & R_r+L_rp & -\omega_fL_r\\ \omega_fM_{sr} & M_{sr}p & \omega_fL_r & R_r+L_rp\end{pmatrix}\begin{pmatrix}i_M\\i_T\\i_m\\i_t\end{pmatrix} \tag{7-36}$$

该式即为感应电机磁场同步旋转坐标系下的电压方程。

考虑稳态情况，画出稳态矢量图，如图 7-5 所示。图中 M 轴沿着转子磁链 $\boldsymbol{\psi}_r$ 定向，实际上图中的稳态矢量关系在其他磁场同步旋转坐标系中同样成立。

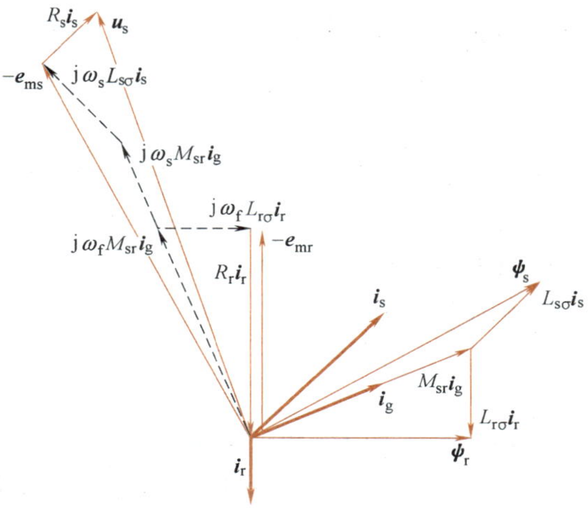

图 7-5　三相感应电机稳态矢量图

（图中矢量均为 MT 坐标系定义）

7.3 转子磁场的建立过程及其定向

虽然定子电流矢量 $\boldsymbol{i}_s$ 可在任意磁场同步旋转 MT 坐标系内分解，但是有无数多个同步旋转轴系可供选择，此时，合理选择坐标系对感应电机的矢量控制有重要意义。

PMSM 电机转子磁场方向物理上由永磁体的布置决定并且固定不变，因此只要能检测转子的机械位置也就能确定出转子磁场的方向，进而实现磁场定向控制。与此不同，感应电机的转子磁场随定子和气隙磁场而改变，下面仍以转子为笼型结构的三相感应电机为例，分析转子磁场的产生过程。

转子磁场可视作气隙磁场与转子漏磁场的合成磁场，如图 7-6 所示，转子漏磁场是由转子各导条电流产生的，漏磁场轴线与转子电流 $\boldsymbol{i}_r$ 的方向一致，即有

$$\boldsymbol{\psi}_{r\sigma}=L_{r\sigma}\boldsymbol{i}_r$$

这里要注意 $\boldsymbol{\psi}_r$ 的定义与永磁电机转子磁链 $\boldsymbol{\psi}_f$ 的差异，$\boldsymbol{\psi}_f$ 是定子匝链的永磁体互感磁链，其与 $\boldsymbol{\psi}_{rg}$ 对应。而 $\boldsymbol{\psi}_r$ 是转子绕组匝链的（自感与互感）磁链，并且包含漏磁链，就是说，$\boldsymbol{\psi}_r$ 计及了链过转子绕组的全部磁通，可以将 $\boldsymbol{\psi}_r$ 理解为转子绕组的全磁链。

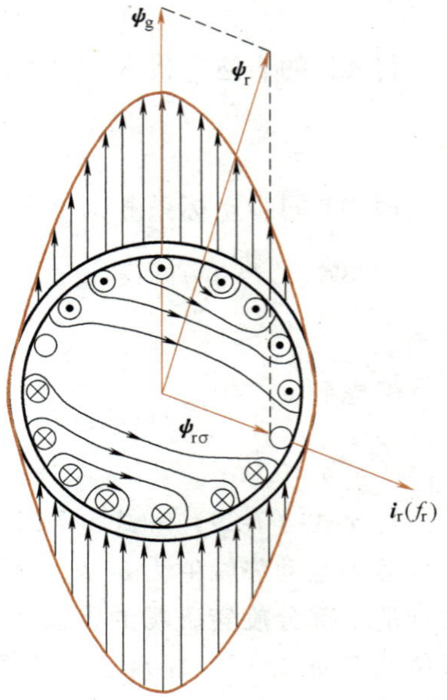

图 7-6 转子磁场表示为气隙磁场与转子漏磁场的合成

这里引入转子磁场定向同步坐标系“mt 坐标系”，m 轴取作转子磁链 $\boldsymbol{\psi}_r$ 的正方向，t 轴与 m 轴垂直，超前 90°。显然，转子磁场定向同步坐标系的基本约束体现为

$$\psi_m=\psi_r \tag{7-37}$$

$$\psi_t=0 \tag{7-38}$$

由式（7-34）和式（7-35），得对应电压方程为

$$\varepsilon_m=-p\psi_m=R_r i_m \tag{7-39}$$

$$\varepsilon_t=-\omega_f\psi_m=R_r i_t \tag{7-40}$$

其中，t 轴电动势就对应了转子磁链“牵连运动电动势”项，为动生电动势，即

$$\varepsilon_t=-\omega_f\psi_m \tag{7-41}$$

其方向与转子磁链矢量 $\boldsymbol{\psi}_r$ 垂直，且滞后 90°。

m 轴为感生电动势项，即

$$\varepsilon_m=-\frac{d}{dt}\psi_m \tag{7-42}$$

其方向与转子磁链矢量 $\boldsymbol{\psi}_r$ 的方向相反，这是楞次定律的具体体现。

为了实现转子磁场定向，需要对转子磁场的建立过程进行进一步的分析。分析的基本出发点是将转子绕组上的感生电动势和动生电动势区分开考虑，以实现转子磁场控制的解耦。

7.3.1　动生电动势诱导的转子 t 轴电流

现假定转子磁链矢量 $\boldsymbol{\psi}_{\mathrm{r}}$ 的幅值始终保持恒定，但空间方位是变化的，可将图 7-6 表示为图 7-7a 的形式。

在图 7-7a 中，转子磁场相对转子的旋转速度为转差速度 ω_{f}，$\omega_{\mathrm{f}}=\omega_{\mathrm{s}}-\omega_{\mathrm{r}}$，方向为逆时针方向。因为转子磁场幅值恒定，所以在各导条中只能产生运动电动势，而不会感生出变压器电动势。运动于 N 极下的各导条中的电动势方向一律向里，运动于 S 极下的各导条中的电动势方向一律向外。

在图 7-7a 中，因为转子磁场在空间上为正弦分布，所以各导条中运动电动势大小在空间上呈正弦分布。各导体正弦分布运动电动势合成即为动生电动势空间矢量，即

$$\varepsilon_{\mathrm{t}}=-\omega_{\mathrm{f}}\psi_{\mathrm{m}} \tag{7-43}$$

注意，这里 ε_{t} 矢量的方向与 $\boldsymbol{\psi}_{\mathrm{r}}$ 的方向垂直，即是沿着线圈 5-13 中心线方向。

其实上述分析过程可以视作牵连运动电动势产生过程的一个具体描述。

根据转子电压方程，转子绕组各线圈负载就相当于一个无漏电感的纯阻性回路，运动电动势作用于纯阻性回路上，各导条中电流必然与（运动）电动势方向一致，$i_{\mathrm{t}}=\varepsilon_{\mathrm{t}}/R_{\mathrm{r}}$。在转子磁场作用下，转子笼型绕组表现出的这种无漏电感的特性是构成基于转子磁场矢量控制的物理基础。由于各导条中电流与运动电动势在时间上没有滞后，因此导条中的电流与运动电动势的空间分布在相位上保持一致，如图 7-7b 所示。该图要特别注意，因为槽电流是在线圈平面内，而绕组的等效电流矢量及其激励的磁通是沿线圈的法线方向，故图中看似相位一致的磁通和绕组电流实则在空间相位上是相差 90°。

各线圈的磁动势方向为磁极中心线方向，故各线圈（5-13、4-12、3-11、2-10、7-14、7-15、8-17）在导条内电流励磁作用下的磁动势矢量及其合成结果如图 7-8a 所示。显然合成磁动势垂直于转子磁链 $\boldsymbol{\psi}_{\mathrm{r}}$ 的方向，滞后 90°。转子电流（电压）矢量与磁动势矢量同相位。也就是说，由各导条电流构成的转子磁动势矢量便始终与转子磁场轴线保持正交；即使在动态情况下，转差速度发生变化时，这种正交关系也不会改变。尽管笼型转子的各导条在 N 极和 S 极下交替旋转，但整个导条产生的磁动势矢量 $\boldsymbol{f}_{\mathrm{t}}$，其轴线却始终与转子磁场轴线正交，位于 t 轴上且与 t 轴方向相反，如图 7-8b 所示。此时转子电流矢量只有 t 轴分量，$\boldsymbol{i}_{\mathrm{r}}=\mathrm{j}i_{\mathrm{t}}$，在后续分析中会发现，此转子电流完全用于产生转矩，故称为转子转矩电流。

7.3.2　感生电动势诱导的转子 m 轴电流

电机在动态运行过程中，如果转子磁场幅值发生变化，那么在转子各导条中会感生出变压器电动势。若在图 7-9a 所示时刻，转子磁场幅值正在增加，由楞次定律，各导条中的电动势便如图 7-9a 中所示。其中处于 t 轴位置上的两个导条（1，9）中变压器电动势最大，而处于 m 轴位置上的两根转子导条（5，13）中变压器电动势为零，这与动生电动势的空间分布情况恰好相反。用空间矢量表示即为感生电动势矢量：

$$\varepsilon_{\mathrm{m}}=-\frac{\mathrm{d}}{\mathrm{d}t}\psi_{\mathrm{m}} \tag{7-44}$$

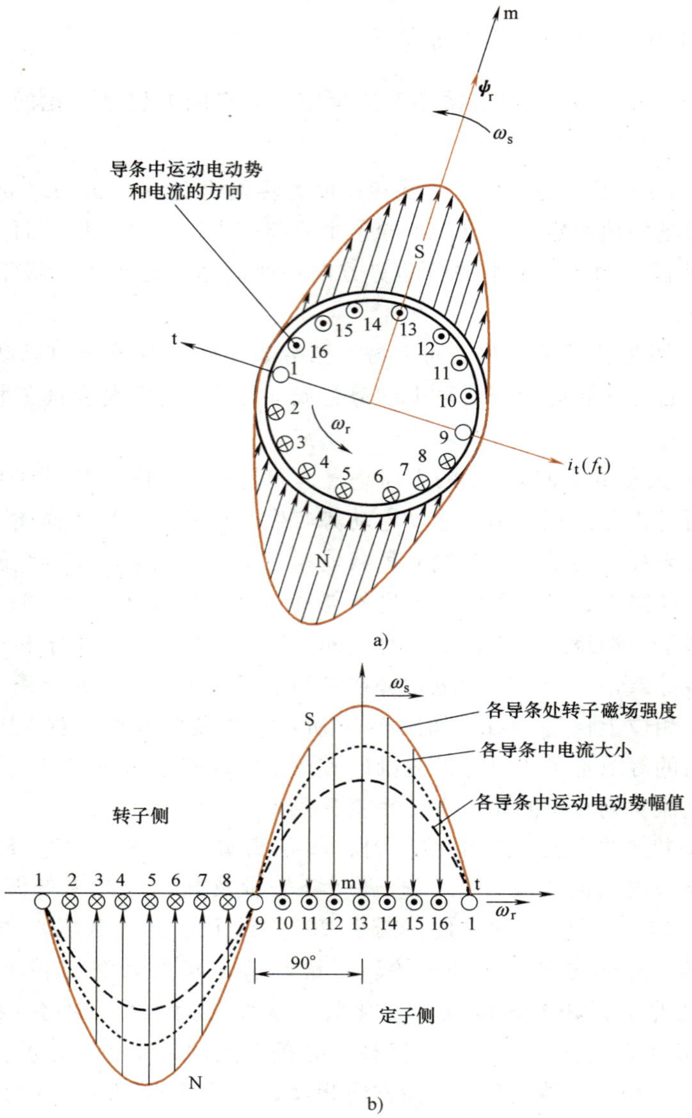

图 7-7　滑差频率诱导的动生电动势及其短路电流

a）由转子导条电流构成的转子磁动势矢量　b）导条中运动电动势和电流大小的空间分布

并且

$$i_m = \frac{\varepsilon_m}{R_r} \tag{7-45}$$

即转子绕组各线圈相当于无漏电感（纯阻性）电路，各转子导条电流大小的空间分布与变压器电动势大小的空间分布相一致，如图 7-9b 所示。转子在旋转时，尽管转子导条的位置在变化，但处于 m 轴左侧的各转子导条中电流的方向始终向内，而处于 m 轴右侧的各转子导条中电流的方向始终向外，由整个转子导条电流建立起的转子磁动势 f_m，其轴线始终与 m 轴相反（转子磁场幅值增加时）或相同（当转子磁场幅值减小时）。还是要提醒一点，图中看似正交的电流和磁场强度，实则在空间上都是沿着线圈的法线方向。

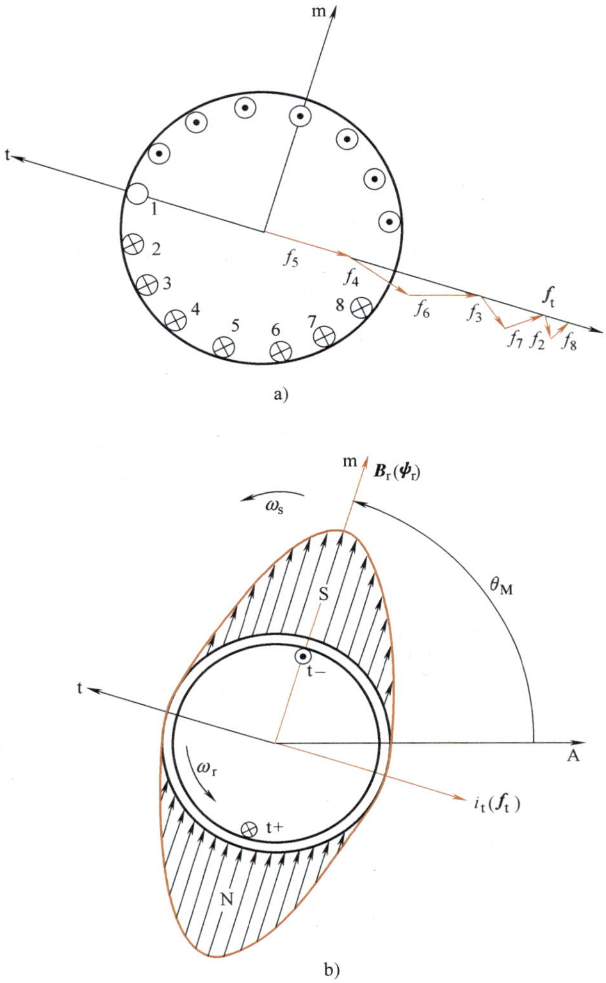

图 7-8　转子磁场幅值恒定时的转子等效电流矢量

a）转子线圈电流磁动势矢量及其合成　b）t 轴等效励磁电流

因为转子磁场 $\boldsymbol{\psi}_r$ 在 t 轴方向上的分量为零，所以在线圈 m 中不会产生运动电动势；同样，在线圈 t 中不会产生变压器电动势，如图 7-10 所示。

由于转子笼型绕组为短路绕组，当转子磁场幅值变化时，转子电流只有 m 轴分量，$\boldsymbol{i}_r=i_m$，笼型短路绕组相当于变压器的二次短路绕组，会产生短路电流来阻尼转子磁场的变化。此转子电流仅影响转子磁场的励磁变化，故称为转子电流励磁分量。由于此时转子电流与转子磁场在方向上始终平行，因此不会产生电磁转矩；从机电能量转换的角度看，导条中的变压器电动势不会将磁场能量转换为机械能，因而不会产生电磁转矩。如果转子磁场幅值不变，就不会在笼型绕组中感生这种阻尼电流，转子线圈 m 中的电流 i_m 便为零。

7.3.3　转子磁场定向坐标系的定义和特征

在动态情况下，基于上节中对转子磁场建立过程的分析，可将转子笼型绕组的励磁等效为如图 7-11 所示的 m 和 t 轴电流。注意，m 和 t 轴的定义均为转子磁场同步

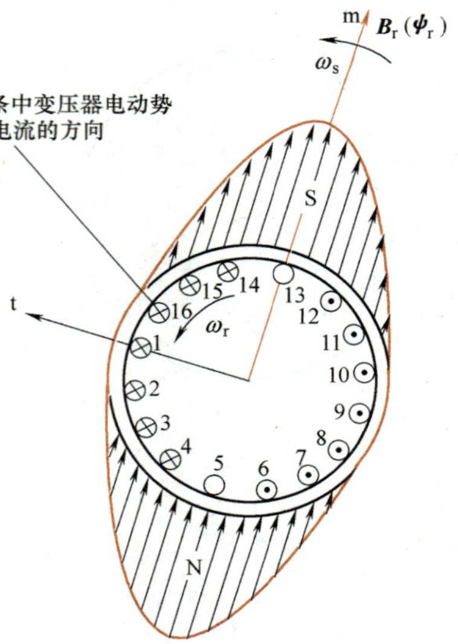

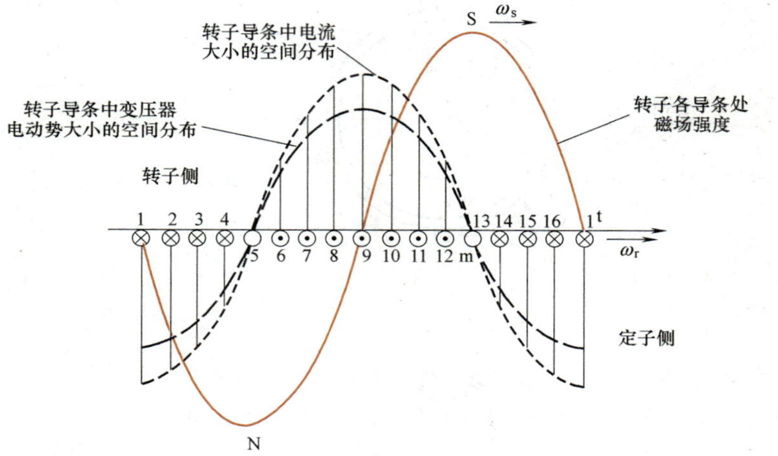

图 7-9　转子磁场幅值变化时的转子电流矢量

a）转子电流与转子磁动势　b）转子导条中变压器电动势和电流大小的空间分布

旋转坐标系。在定子侧同样建立与转子 mt 轴系相重合的 MT 坐标系，即 M 轴始终沿转子磁场方向，T 轴空间上超前 M 轴 90°电角度。

“转子磁场定向 MT 坐标系”是一类特殊定向后的同步坐标系。为行文方便，后面也会简称为 MT 坐标系。

因为转子磁场是不可直接测量的，接下来的问题是如何表征和锁定转子磁场。在正弦稳态下，将定子磁动势 $\boldsymbol{f}_s$ 分解为两个分量 f_M 和 f_T。这相当于，在 MT 轴系内，将定子电流矢量分解成两个分量，$\boldsymbol{i}_s=i_M+ji_T$。$i_M$ 为定子电流矢量 $\boldsymbol{i}_s$ 的励磁分量，用以建立转子磁场；i_T 为转矩分量，用以平衡转子 T 轴磁动势。

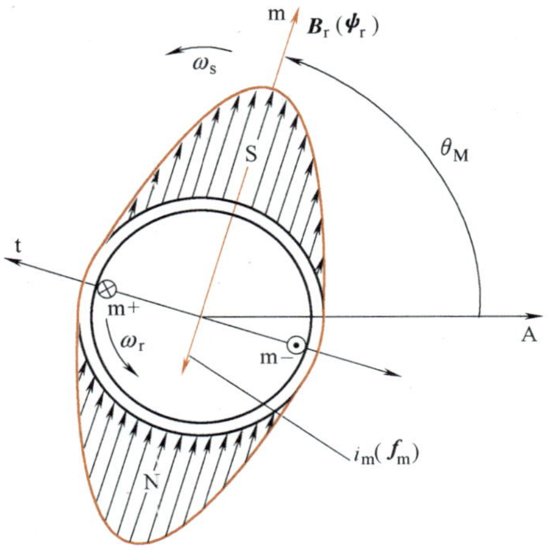

图 7-10 转子电流矢量和 m 轴等效励磁电流

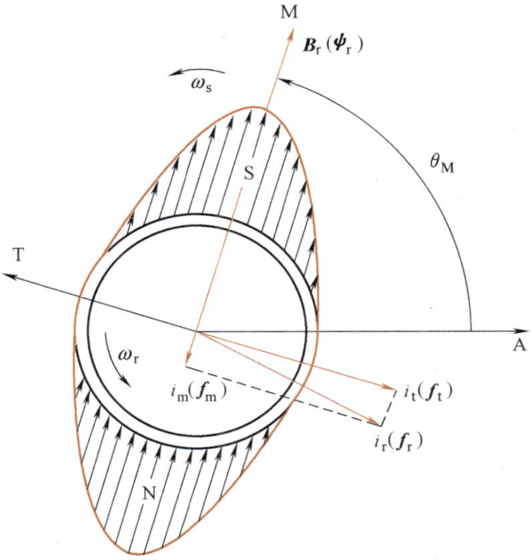

图 7-11 转子笼型绕组等效为 M、T 轴线圈

采用空间矢量，不仅在稳态情况下，在动态情况下也能时刻将 $\boldsymbol{i}_s$ 分解成两个分量 i_M 和 i_T，由 i_M 和 i_T 分别控制转子磁场和平衡转子电流的转矩分量。

最后，可将图 7-11 进一步表示为图 7-12 所示的形式，可以用此模型来分析基于转子磁场的稳态和瞬态转矩控制问题。

可见，磁场定向 MT 坐标系是一类特殊的同步坐标系，其 M 轴与 $\boldsymbol{\psi}_r$ 一致，f_M 与 $\boldsymbol{\psi}_r$ 同向，电流分量 i_M 是调节转子磁场的纯励磁分量，而 T 轴分量 i_T 是纯转矩分量。将 MT 坐标系沿转子磁场方向定向称为**磁场定向**。

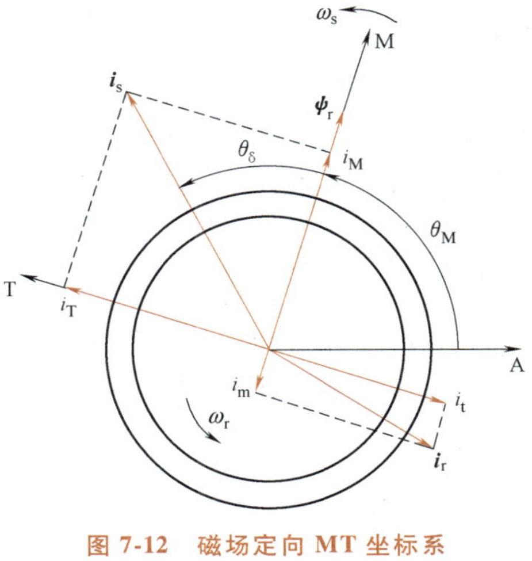

图 7-12 磁场定向 MT 坐标系

如果能够随时检测或计算出电机内客观存在的转子磁场轴线的空间相位 θ_M，就能随时确定 MT 坐标系的空间相位，也就实现了磁场定向。

如图 7-12 所示，因为 M 轴已与 $\boldsymbol{\psi}_r$ 取得一致，所以转子磁链矢量 $\boldsymbol{\psi}_r$ 在 T 轴方向上的分量 ψ_t 应为零；反之，如果转子磁场在 T 轴方向上的分量为零，那么实际上已经实现了 MT 坐标系的磁场定向。因此，可将转子磁场在 T 轴方向上的分量为零作为磁场定向的约束和判别条件。

7.3.4 定、转子磁链方程

前面已推导出任意同步旋转 MT 坐标系中的矢量方程，只要对其加上“转子磁场 T 轴分量为零”的约束，就可将其转化为磁场定向 MT 坐标系的矢量方程。对定子三相绕组而言，先进行静止 ABC 坐标系到静止 αβ 坐标系的变换，再经过静止 αβ 坐标系到磁场定向 MT 坐标系的变换，最终将定子二相静止绕组 α、β 变换为了磁场同步旋转绕组 MT。

磁链矢量方程仍为

$$\boldsymbol{\psi}_{s}^{M}=L_{s}\boldsymbol{i}_{s}^{M}+M_{sr}\boldsymbol{i}_{r}^{M} \tag{7-46}$$

$$\boldsymbol{\psi}_{r}^{M}=M_{sr}\boldsymbol{i}_{s}^{M}+L_{r}\boldsymbol{i}_{r}^{M} \tag{7-47}$$

磁场定向 MT 坐标系与任意同步旋转 MT 坐标系的区别在于，前者必须满足磁场定向约束，即有 $\psi_{t}=0$。于是，若将式（7-46）和式（7-47）写成坐标分量形式，即

$$\psi_{M}=L_{s}i_{M}+M_{sr}i_{m} \tag{7-48}$$

$$\psi_{T}=L_{s}i_{T}+M_{sr}i_{t} \tag{7-49}$$

$$\psi_{m}=M_{sr}i_{M}+L_{r}i_{m} \tag{7-50}$$

$$0=M_{sr}i_{T}+L_{r}i_{t} \tag{7-51}$$

式中，ψ_{m} 是转子绕组 m 线圈的全磁链。转子磁场定向后，ψ_{m} 为转子磁链矢量 $\boldsymbol{\psi}_{r}$。于是，可将式（7-47）写成

$$\psi_{r}=\psi_{m}=M_{sr}i_{M}+L_{r}i_{m} \tag{7-52}$$

这是磁场定向 MT 坐标系方程与一般的磁场同步旋转坐标系最大的不同。

定子磁链分量可表示为

$$\begin{cases}\psi_{M}=L_{s}i_{M}+M_{sr}i_{m}\\ \psi_{T}=L_{s}i_{T}+M_{sr}i_{t}=\sigma L_{s}i_{T}\end{cases} \tag{7-53}$$

式中，$\sigma=1-M_{sr}^{2}/L_{s}L_{r}$，称为总漏磁系数，并且其中 $k_{sr}=M_{sr}/\sqrt{L_{s}L_{r}}$，为定、转子耦合系数，$\sigma=1-k_{sr}^{2}$。

定子磁链也可引入极坐标表示

$$\begin{cases}\psi_{M}=\psi_{s}\cos\alpha\\ \psi_{T}=\psi_{s}\sin\alpha\end{cases} \tag{7-54}$$

其中，ψ_{s} 为定子磁链幅值；α 为定子磁链矢量在 MT 坐标系内的相角。

7.3.5 定、转子电压方程

1. 动态电压方程

由于 $\psi_{t}=0$，由式（7-32）~式（7-35）可得

$$u_{M}=R_{s}i_{M}+\mathrm{p}\psi_{M}-\omega_{s}\psi_{T} \tag{7-55}$$

$$u_{T}=R_{s}i_{T}+\mathrm{p}\psi_{T}+\omega_{s}\psi_{M} \tag{7-56}$$

$$0=R_{r}i_{m}+\mathrm{p}\psi_{m} \tag{7-57}$$

$$0=R_{r}i_{t}+\omega_{f}\psi_{m} \tag{7-58}$$

可得以电阻和电感参数表示的磁场定向电压方程，即

$$\begin{pmatrix}u_{M}\\ u_{T}\\ 0\\ 0\end{pmatrix}=\begin{pmatrix}R_{s}+L_{s}\mathrm{p} & -\omega_{s}L_{s} & M_{sr}\mathrm{p} & -\omega_{s}M_{sr}\\ \omega_{s}L_{s} & R_{s}+L_{s}\mathrm{p} & \omega_{s}M_{sr} & M_{sr}\mathrm{p}\\ M_{sr}\mathrm{p} & 0 & R_{r}+L_{r}\mathrm{p} & 0\\ \omega_{f}M_{sr} & 0 & \omega_{f}L_{r} & R_{r}\end{pmatrix}\begin{pmatrix}i_{M}\\ i_{T}\\ i_{m}\\ i_{t}\end{pmatrix} \tag{7-59}$$

式中，ω_{s} 为转子磁链矢量 $\boldsymbol{\psi}_{r}$ 的电角速度；ω_{f} 为 $\boldsymbol{\psi}_{r}$ 相对转子的转差角速度。电机在稳态运

行时，ω_s 和 ω_f 为常值；在动态情况下，ω_s 和 ω_f 均是变量。

式（7-57）和式（7-58）与式（7-34）和式（7-35）比较，已消除了 $-\omega_f\psi_t$ 项和 $\mathrm{p}\psi_t$ 项，这意味着转子绕组 m 线圈与 t 间不再有磁耦合。因此，满足磁场定向约束 $\psi_t=0$，可实现 m 与 t 轴间的解耦控制。

图 7-12 中，由于 $\boldsymbol{\psi}_r$ 在 T 轴方向上的分量 ψ_t 为零，故式（7-57）中不再存在运动电动势项 $-\omega_f\psi_t$，仅有因 $\boldsymbol{\psi}_r$ 幅值变化在 m 线圈中引起的变压器电动势项 $\mathrm{p}\psi_m$，此变压器电动势被 m 线圈电阻压降所平衡；同理，式（7-58）中没有出现变压器电动势项 $\mathrm{p}\psi_t$，只有因 m 线圈在 M 轴下旋转而产生的运动电动势项 $\omega_f\psi_m$，此运动电动势被 t 线圈电阻压降所平衡。

式（7-55）中，右端第二项是定子磁场分量 ψ_M 变化时在 M 轴绕组中感生的变压器电动势，第三项是绕组 M 中定子磁场分量 ψ_T 作用下产生的运动电动势。同理，可以解释式（7-56）右端第二项和第三项具有的物理意义。定子电压方程式（7-55）与转子电压方程式（7-57）比较，多了一项 $-\omega_s\psi_T$，这是因为定子磁链 $\boldsymbol{\psi}_s$ 在 T 轴方向上的分量 ψ_T 并不为零。MT 坐标系沿转子磁场定向后，由于定、转子漏磁场的缘故，$\boldsymbol{\psi}_s$ 在 T 轴方向仍有分量 ψ_T。同样原因，在定子电压方程式（7-56）中仍会有变压器电动势 $\mathrm{p}\psi_T$。

2. 稳态电压方程

根据式（7-46）和式（7-47），可以推导出稳态下的 MT 坐标系电压矢量方程。

此时，$\mathrm{p}\boldsymbol{\psi}_s^M=0$，$\mathrm{p}\boldsymbol{\psi}_r^M=0$，于是有

$$\boldsymbol{u}_s^M=R_s\boldsymbol{i}_s^M+\mathrm{j}\omega_s(L_s\boldsymbol{i}_s^M+M_{sr}\boldsymbol{i}_r^M) \tag{7-60}$$

$$0=R_r\boldsymbol{i}_r^M+\mathrm{j}\omega_f(M_{sr}\boldsymbol{i}_s^M+L_r\boldsymbol{i}_r^M) \tag{7-61}$$

由式（7-57）可知，稳态时 $i_m=0$，于是由式（7-47）和式（7-50）可得

$$M_{sr}\boldsymbol{i}_s^M+L_r\boldsymbol{i}_r^M=M_{sr}i_M \tag{7-62}$$

或者

$$\boldsymbol{i}_s^M+\frac{L_r}{M_{sr}}\boldsymbol{i}_r^M=i_M \tag{7-63}$$

7.3.6 定、转子电流方程

1. 励磁分量

由式（7-57），可得

$$i_m=-\frac{1}{R_r}\frac{\mathrm{d}\psi_r}{\mathrm{d}t} \tag{7-64}$$

式（7-64）表明，当转子磁链 ψ_r 变化时，一定会在转子绕组 m 中感生出电流 i_m。

由式（7-64）和式（7-50）联立可得

$$\psi_r=-L_r\frac{1}{R_r}\frac{\mathrm{d}\psi_r}{\mathrm{d}t}+M_{sr}i_M \tag{7-65}$$

则有

$$\psi_r=M_{sr}\frac{1}{1+T_r\mathrm{p}}i_M \tag{7-66}$$

式中，T_r 为**转子时间常数**，$T_r=L_r/R_r$，p 为微分算子。

式（7-66）是个一阶惯性环节，表明了当 i_M 从一个稳态值变化到另一个稳态值时，转子磁链 ψ_r 的变化规律。这也就是定子侧励磁动态方程。

对应的，将式（7-64）代入式（7-66），可得

$$i_m = \frac{M_{sr}}{R_r}\frac{\mathrm{p}}{1+T_r\mathrm{p}}i_M \tag{7-67}$$

稳态时，

$$\psi_r = M_{sr}i_M \tag{7-68}$$

$$i_m = 0 \tag{7-69}$$

实际上，三相感应电动机是由定子侧励磁的单边励磁电动机，当定子电流中的励磁分量 i_M 不变时，ψ_r 是仅由 i_M 产生的，转子绕组 m 中的电流 $i_m=0$。当 i_M 由某一稳态值突然变化时，ψ_r 的大小也随之变化，因 ψ_r 仅存在于 M 轴方向，所以不会在转子绕组 t 内感生出变压器电动势，但一定会在绕组 m 中感生出变压器电动势，产生转子阻尼电流 i_m 分量，此时绕组 m 就相当于变压器二次短路绕组。当 ψ_r 增大时，在转子绕组 m 线圈中感生了 i_m，i_m 产生的磁场方向与 ψ_r 相反，因为它要阻止 ψ_r 的变化，这是短路的转子绕组固有特性决定的。

可见，控制 ψ_r 实质上是要动态控制 i_M，即计及 i_m 的阻尼作用，这实际上是一种动态控制过程。在动态过程中可以控制 ψ_r，这是矢量控制具有良好动态性能的一个重要原因。在动态调节过程中，定子励磁电流为

$$i_M = (1+T_r\mathrm{p})\frac{\psi_r}{M_{sr}} \tag{7-70}$$

在稳态下，当转子磁链 ψ_r 恒定时，则有

$$i_M = \frac{\psi_r}{M_{sr}} \tag{7-71}$$

2. 转矩分量

由于 $\psi_t=0$，由式（7-51）可得

$$i_T = -\frac{L_r}{M_{sr}}i_t \tag{7-72}$$

式（7-72）是磁场定向后的定、转子磁动势平衡方程，反映了三相感应电动机磁动势平衡原理。因为 T 轴方向上不存在转子磁场，所以转子电流 L_ri_t/M_{sr} 产生的磁动势 f_t 应完全被定子电流 i_T 产生的磁动势 f_T 所平衡（注意，定、转子绕组的有效匝数相同）。正是在这种磁动势平衡中，（励磁）电磁功率由定子侧传递给了转子。

即使在动态情况下，T 轴电流 i_T 和 i_t 也能满足式（7-72）。亦即，当 i_T 突然变化时，i_t 也能立即跟踪其变化，这是因为 T 轴方向上不存在转子磁场分量，所以不会产生阻尼现象。这使得电机对转矩指令具有了瞬时跟踪能力，提高了系统的响应速度和动态性能。

由式（7-58），可得

$$i_t = -\frac{1}{R_r}\omega_f\psi_r \tag{7-73}$$

将式（7-73）代入式（7-72），则有

$$i_T = \frac{T_r}{M_{sr}}\omega_f\psi_r \tag{7-74}$$

式（7-74）和式（7-70）是动态情况下，定子电流转矩分量和励磁分量与转子磁链和转差频率的关系式，常被作为矢量控制的电流控制方程。三相感应电动机只有定子端口与电源相接，矢量控制是通过对定子电流两个分量的控制来实现的，显然这是十分重要的方程。

将式（7-74）和式（7-70）联立，可得如下无量纲等式：

$$\omega_f T_r=\frac{i_T}{i_M/(1+T_r p)} \tag{7-75}$$

稳态情况下，转子磁链 ψ_r 恒定，此时有

$$\omega_f T_r=\frac{i_T}{i_M} \tag{7-76}$$

可见，转差频率和定子电流的空间角度是紧密相关的。记定子电流矢量的倾角为 β，则可进一步得到

$$\tan\beta=\frac{i_T}{i_M}=\omega_f T_r \tag{7-77}$$

图 7-13 为磁场定向后三相感应电动机的磁链和电流矢量图，稳态情况下 $i_m=0$。

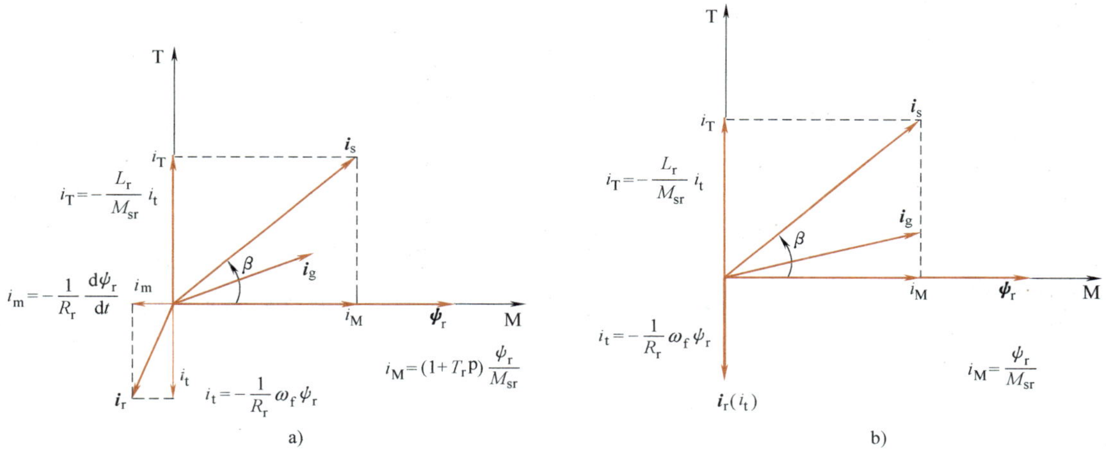

图 7-13　磁场定向后三相感应电动机的磁链和电流矢量图

a）磁链和电流动态矢量图　b）磁链和电流稳态矢量图

7.3.7　转矩方程

在 4.2.5 节中，给出了四线圈原型电机模型普适性的转矩矢量表达式，并在 5.6 节中介绍了三相电机的电感矩阵变换和磁共能计算。

因此，感应电机的转矩方程可以用 MT 坐标系下的电流和磁链具体表示如下：

$$\boldsymbol{t}_e=\frac{3}{2}p_0 M_{sr}(\boldsymbol{i}_r\times\boldsymbol{i}_s)=\frac{3}{2}p_0 M_{sr}(\boldsymbol{i}_r^M\times\boldsymbol{i}_s^M) \tag{7-78}$$

式中，p_0 为电机极对数。由于 $\boldsymbol{\psi}_{sg}^M=M_{sr}\boldsymbol{i}_s^M$，可将式（7-78）表示为

$$\boldsymbol{t}_e=\frac{3}{2}p_0\boldsymbol{i}_r^M\times\boldsymbol{\psi}_{sg}^M \tag{7-79}$$

由 $\boldsymbol{\psi}_{rg}^{M}=M_{sr}\boldsymbol{i}_{r}^{M}$，还可得

$$\boldsymbol{t}_{e}=\frac{3}{2}p_{0}\frac{1}{M_{sr}}\boldsymbol{\psi}_{rg}^{M}\times\boldsymbol{\psi}_{sg}^{M} \tag{7-80}$$

式（7-79）和式（7-80）在形式上更直观地反映了电磁转矩生成的机理，即电磁转矩是定、转子单轴线圈各自产生的励磁磁场相互作用的结果；由“BLI”观点，也可认为电磁转矩是转子电流在定子励磁磁场的作用下产生的，两者实质上是一致的。

注意，气隙磁场不是独立的磁场，而是定、转子励磁磁场的合成磁场，但参与转矩生成的仅仅是定、转子电枢磁场的正交分量。

由于转子励磁磁场的作用，气隙磁场发生畸变，才产生了电磁转矩。转矩公式也可写成转子磁场与转子电流相互作用的结果，即

$$\boldsymbol{t}_{e}=\frac{3}{2}p_{0}\boldsymbol{i}_{r}^{M}\times\boldsymbol{\psi}_{r}^{M} \tag{7-81}$$

我们还可以把式（7-81）写成坐标形式，即

$$t_{e}(\psi_{r},i_{t})=-\frac{3}{2}p_{0}\psi_{r}i_{t} \tag{7-82}$$

将式（7-72）代入式（7-82），可得

$$t_{e}(\psi_{r},i_{T})=\frac{3}{2}p_{0}\frac{M_{sr}}{L_{r}}\psi_{r}i_{T} \tag{7-83}$$

将式（7-66）代入式（7-83），可得

$$t_{e}(i_{M},i_{T})=\frac{3}{2}p_{0}\frac{M_{sr}^{2}}{L_{r}}\left(\frac{i_{M}}{1+T_{r}p}\right)i_{T} \tag{7-84}$$

式（7-82）~式（7-84）是在满足磁场定向约束下的电磁转矩方程，在转子磁链恒定或变化时均适用，又称为转矩动态方程，常作为基于转子磁场定向的转矩控制方程。

当转子磁链 ψ_{r} 恒定时，式（7-84）变为

$$t_{e}(i_{M},i_{T})=\frac{3}{2}p_{0}\frac{M_{sr}^{2}}{L_{r}}i_{M}i_{T} \tag{7-85}$$

式（7-85）也可以写成磁链的形式，并可用极坐标表示，即

$$t_{e}(\psi_{s},\alpha)=\frac{3}{2}p_{0}\frac{M_{sr}^{2}}{L_{r}}\frac{1}{\sigma L_{s}^{2}}\psi_{M}\psi_{T}=\frac{3}{4}p_{0}\frac{M_{sr}^{2}}{L_{r}}\frac{1}{\sigma L_{s}^{2}}\psi_{s}^{2}\sin 2\alpha \tag{7-86}$$

根据式（7-85），转矩与定子电流矢量分量有关，其特性如图 7-14 所示。

由式（7-73），可将转矩方程写为

$$t_{e}(\psi_{r},\omega_{f})=\frac{3}{2}p_{0}\frac{1}{R_{r}}\psi_{r}^{2}\omega_{f} \tag{7-87}$$

式（7-87）反映了转差角频率、转子磁通、定子电流分量和电磁转矩间的关系。应从物理本质上理解这些物理量间的关系：MT 坐标系沿转子磁场定向后，由式（7-73）转子电流产生机理得转子电流 i_{t} 将取决于运动电动势 $\omega_{f}\psi_{r}$，若 ψ_{r} 保持恒定，则随着 ω_{f} 增大，转子电流 i_{t} 随之增加；与此同时，定子电流转矩分量 i_{T} 也应随之增大，以满足定、转子磁动势平衡（即磁场定向约束）；随着 i_{T} 增大，电磁转矩随之增加；最后则表现为转矩 t_{e} 与转差频率 ω_{f} 呈线性关系。据此，转矩可以写成转子磁链和转差频率的关系式，其特性如图 7-15 所示。

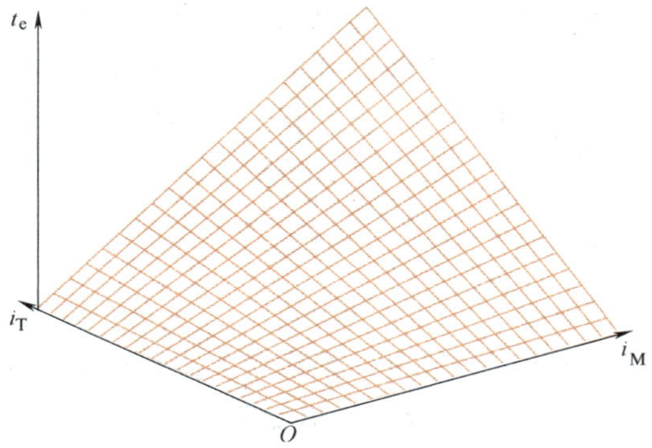

图 7-14 $t_e(i_M, i_T)$ 转矩特性

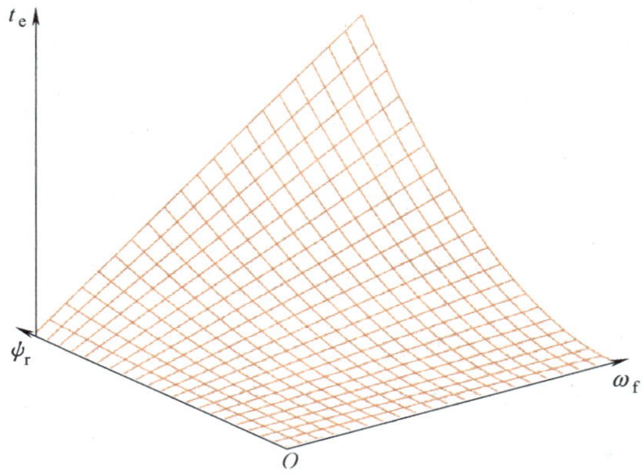

图 7-15 $t_e(\omega_f, \psi_r)$ 转矩特性

式（7-85）还可以写成定子电流幅值 I_s 和定子电流与 M 轴夹角 β 的关系式，即

$$t_e(I_s,\beta)=\frac{3}{4}p_0\frac{M_{sr}^2}{L_r}I_s^2\sin(2\beta) \tag{7-88}$$

可以画出不同定子电流幅值 I_s 下，转矩 t_e 与 β 的特性曲线，如图 7-16 所示。

当然，根据式（7-77）可知，β 与 ω_f 紧密相关，转矩也可以写成定子电流幅值 I_s 和转差频率的关系式，即

$$t_e(I_s,\omega_f)=\frac{3}{4}p_0\frac{M_{sr}^2}{L_r}\frac{\omega_f T_r}{\omega_f^2 T_r^2+1}I_s^2 \tag{7-89}$$

可以画出不同定子电流幅值 I_s 下，转矩 t_e 与 ω_f 的特性曲线，如图 7-17 所示。

不难求得，在给定电流幅值条件下，当 $\omega_f T_r=1$ 时，转矩取极值。

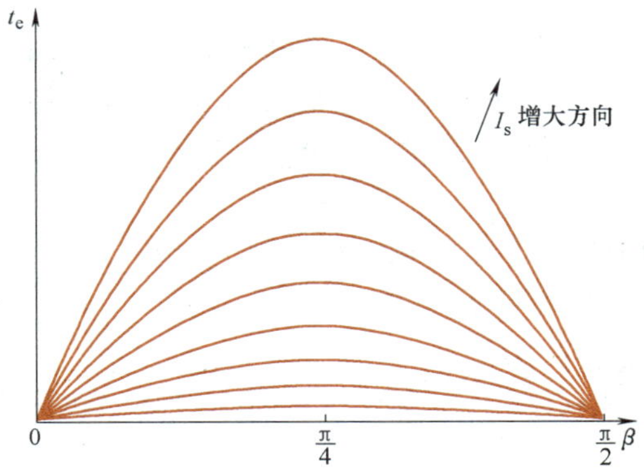

图 7-16 $t_e(I_s, \beta)$ 转矩特性

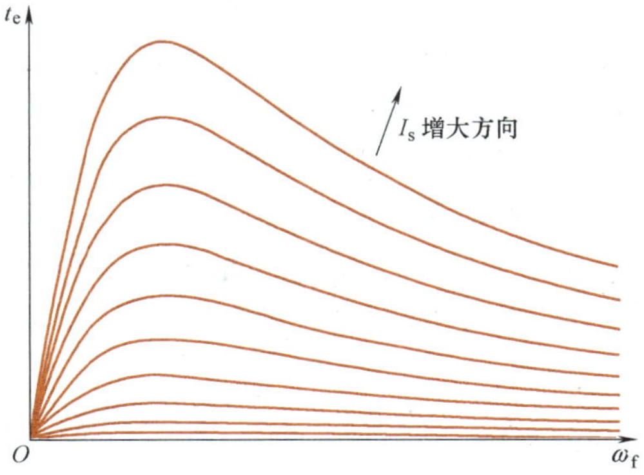

图 7-17 $t_e(I_s,\omega_f)$ 转矩特性

7.4 基于电流相平面的矢量控制原理

感应电机与永磁同步电机的转子磁场建立过程存在本质的差别。永磁同步电机的转子磁

场由永磁体构建，在转子侧仅需要考虑永磁体激发的转子磁场以及转子结构所引起的电机凸极效应，在其转矩控制方面主要关注定子侧的电磁感应规律，并可将其简化为单线圈模型处理。而感应电机的转子磁场与定子磁场存在耦合关系，其转子磁场的建立由定子侧电流激励得到，在研究定子侧电磁感应规律的同时，不可避免的需要将转子线圈模型考虑在内，使其转矩控制更为复杂。

7.4.1 电流相平面的控制约束条件

1. 电流极限圆

在电机实际使用过程中，电机允许通过的最大电流 I_{sm} 受到逆变器额定电流和电机允许通过的最大电流的共同限制，即定子电流的幅值存在上限 I_{sm}，其表达式如下：

$$i_M^2+i_T^2 \leqslant I_{sm}^2 \tag{7-90}$$

2. 最大转矩/电流比控制（MTPA）

感应电机磁场定向控制中，因为转子磁链是可调的，所以也比 PMSM 多了一个控制变量，就是磁链幅值参考设定 ψ_r^*。在传统的感应电机矢量控制方法中，励磁电流通常是给定的恒定额定值，而不考虑随负载变化对励磁进行调整。这样，特别是在轻载情况下，电机效率就会有大幅下降。在一定的转矩指令下，通过适当的控制方法使定子电流 I_s 最小，则不仅可以提高电机效率，而且可减小与电机相连逆变器的电流负荷，这就是 MTPA 的基本理念。

在稳态情况下，电机的转矩 $t_e(i_M, i_T)$ 是其工作点（i_M，i_T）的函数。当维持电机转矩 T_e 不变时，由不同工作点（i_M，i_T）构成的曲线即为恒转矩曲线，其表达式如下：

$$i_T=\frac{2L_r}{3p_0M_{sr}^2 i_M}T_e \tag{7-91}$$

所以，MTPA 的基本想法就是在这样一条恒转矩曲线上寻找到一个电流工作点（i_M^*，i_T^*），使得该点的定子电流幅值 I_s 最小。

因此，MTPA 的定义可以表述为：在任意给定的转矩下，使得定子电流幅值最小的电流工作点分配曲线；或者在任意给定的定子电流幅值下，使得电机转矩最大的电流工作点分配曲线。可以把转矩公式写成定子电流幅值和转矩角的函数，见式（7-88），接着将 t_e 对 β 求偏导，即可解得 MTPA 的解析式。

当然，在 4.3.2 节中，也给出了转子磁场定向的 MTPA 推导，这里直接引用其结果，且稳态时感应电机的 $i_m=0$，并取转矩为正，可得感应电机的 MTPA 表达式为

$$i_M=i_T=\frac{\sqrt{2}}{2}I_s \tag{7-92}$$

当然，上述过程也可以直接对转矩表达式的极坐标形式求导得到。

当电机达到稳态时，电机电流的实际值应该围绕电流指令值上下波动，最终达到基本相等。当给定了某一转矩目标值 T_e^*，MTPA 策略下 M、T 轴的电流给定值为

$$i_M^*=i_T^*=\sqrt{\frac{2T_e^* L_r}{3p_0M_{sr}^2}} \tag{7-93}$$

在稳态条件下，在给定转矩目标值后，相对应的转子磁链参考值为

$$\psi_r^* = M_{sr} i_M^* \tag{7-94}$$

3. 电压极限椭圆

在电机实际使用过程中，其允许通过的最大电压 U_{sm} 受到直流母线电压 V_{DC} 和脉宽调制（PWM）策略的共同限制，即定子供电电压的幅值存在上限 U_{sm}，这种约束条件称为电压极限椭圆。因此，电机的电压应满足以下方程式：

$$u_M^2 + u_T^2 \leqslant U_{sm}^2 \tag{7-95}$$

而在转子磁场定向 MT 轴系下，感应电机的稳态电压方程为

$$u_M = R_s i_M - \omega_s \sigma L_s i_T \tag{7-96}$$

$$u_T = R_s i_T + \omega_s L_s i_M \tag{7-97}$$

而由于电机运行时电阻上的电压降较小，故在电压极限椭圆表达式中将其忽略，则式（7-95）变为

$$(\sigma L_s i_T)^2 + (L_s i_M)^2 \leqslant \left(\frac{U_{sm}}{\omega_s}\right)^2 \tag{7-98}$$

式中，σ 为此前定义的总漏磁系数。当电机以不同角速度旋转，会产生不同大小的电压极限椭圆，形成电压极限椭圆簇。

实际上，上述电压限制也可用磁链描述，对于极坐标表示的磁链，磁链幅值满足如下关系式：

$$\psi_s \leqslant \frac{U_{sm}}{\omega_s} \tag{7-99}$$

4. MTPV

MTPV 为最大转矩电压比控制，它与 MTPA 的理念类似，也是在恒转矩曲线上寻找某个电流工作点（i_M^*，i_T^*），只不过要求该点的电压幅值 u_s 最小。因此这样定义 MTPV，它是在任意给定的转矩和转速下，使得定子电压幅值最小的电流工作点分配曲线；或者在任意给定的定子电压幅值和转速下，使得电机转矩最大的电流工作点分配曲线。

参考永磁同步电机 MTPV 的推导过程，MTPV 控制方式下电压取极值，即

$$\psi_{sm} = \frac{U_{sm}}{\omega_r} \tag{7-100}$$

对于用磁链表示的转矩公式求极值，可以得到磁链相平面上交点的坐标，即

$$\left.\frac{\partial t_e(\psi_s, \alpha)}{\partial \alpha}\right|_{\psi_s = \psi_{sm}} = 0 \tag{7-101}$$

得到 $\alpha = \pi/4$，或者 $\psi_M = \psi_T$，即

$$i_M = \sigma i_T \tag{7-102}$$

这就是感应电机 MTPV 表达式。

可将上述感应电机的控制约束及规律表达式用图形进行展示，如图 7-18 所示。

5. 转折速度与基速

在第 6 章中，结合永磁同步电机的外特性分析，以转子角频率 ω_r 为参考变量，定义了

转折速度、基速的概念，而实际上稳态工况下，同步电机的定、转子角频率是相同的。

但是感应电机中定、转子角频率不相等，之间存在转差频率 ω_f。电机的磁场以 ω_s 的角速度旋转，而定子运动电动势产生的原因就是磁场相对定子绕组的空间旋转，因此电压受限将直接体现为 ω_s 受限，而转子角频率 ω_r 还要叠加转差频率因素，所以转折速度的概念要参考定子频率描述。转折速度为感应电机工作在某个电流工作点（i_M，i_T）时，由于电压限制，磁场能够达到的最大角频率，其表达式为

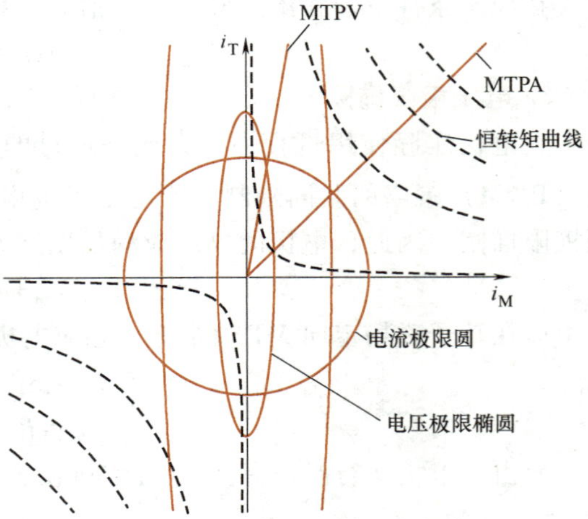

图 7-18 感应电机的基本控制约束

$$\omega_{st}(i_M,i_T)=\frac{U_{sm}}{\sqrt{(L_s i_M)^2+(\sigma L_s i_T)^2}} \tag{7-103}$$

当电机满载，工作点位于电流极限圆和 MTPA 曲线的交点时，其转折速度称为基速，其表达式为

$$\omega_{sb}=\frac{\sqrt{2}U_{sm}}{\sqrt{1+\sigma^2}L_s I_{sm}} \tag{7-104}$$

基速对应的电压极限椭圆穿过 MTPA 与电流极限圆的交点。

7.4.2 电流相平面下的弱磁控制过程

感应电机弱磁控制应以最大转矩输出为目标，考虑到电压、电流的限制条件，对电流进行合理分配。由于受到电压和电流的限制，在弱磁区感应电机输出的有效转矩减小。而在电压和电流受限情况下，为了充分利用驱动系统的最大转矩能力，需要对电压和电流进行最合理的利用。传统的弱磁法是按照与转子速度成反比的方式设置转子磁链参考值（$1/\omega_r$ 法）。但是这种方法由于无法维持足够（用以调节指令电流的）电压裕度，电机无法在弱磁区产生最大输出转矩。

感应电机在全速度范围可以分为 3 个区域：恒转矩区、恒功率区和恒电压区，如图 7-19 所示。

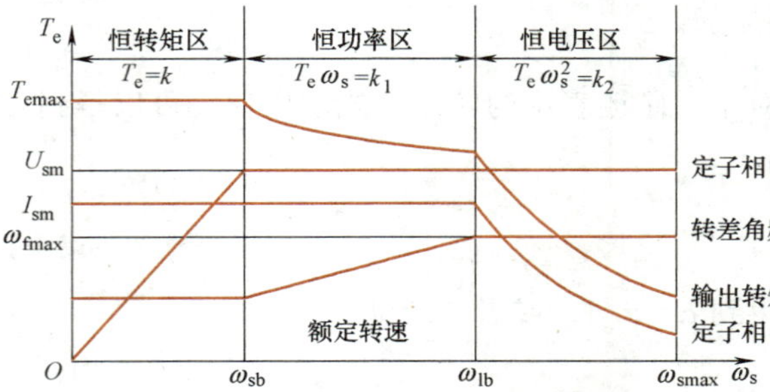

图 7-19 感应电机全速度范围运行区域

当电机转速小于基速时，由于产生的反电动势小于逆变器输出的最大电压，电机运行仅受到电机允许的最大供电电流限制，可以输出的最大转矩保持不变，因此，该区域称为恒转矩区。弱磁基速以上进入弱磁区，反电动势几乎等于逆变器输出的最大电压。电机运行要同时受到最大电流和

最大电压的限制，但输出功率恒定，因此称为恒功率区；随着电机转速的继续升高，电流由于最大转差率的限制不能保持最大值，此时只受到最大电压限制，输出功率和转矩随着转速的上升而急剧降低，因此称为恒电压区。

下面在电流相平面上来观察3个区域的电机控制过程。

在恒转矩区时，由于电机转速较小，控制器的电压容量限制并未生效，电压极限椭圆较大，可以不考虑其约束作用，故此时的控制约束条件主要是电流极限圆。所以，为了使电机输出最大转矩，采用电流最优工作点分配曲线——MTPA。因此，电机的工作点保持在电流极限圆与MTPA曲线的交点，如图7-20所示。

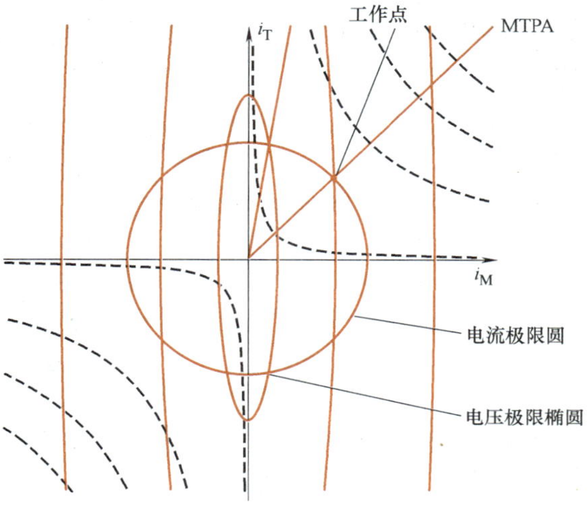

图7-20 恒转矩区工作点选择（电流相平面）

在恒功率区时，当电机磁场的转速超过基速后，电压极限椭圆逐渐缩小并开始对工作点限制，进如弱磁控制的恒功率区。此时，电流极限圆和电压极限椭圆共同起到限制作用，需要兼顾两个约束条件。由图7-21易知，为了让电机转矩输出最大，电机的工作点应选择此时的电压极限椭圆和电流极限圆的交点。

随着转速的继续提高，当电压极限椭圆和电流极限圆的交点超过电流极限圆和MTPV曲线的交点后，电压极限椭圆变为限制电机输出的主要约束条件，弱磁控制进入恒电压区。所以要在恒电压区使电机输出最大转矩，采用电压最优工作点MTPV分配曲线。此时，电机的工作点变为此时的电压极限椭圆和MT-PV曲线的交点，如图7-22所示。

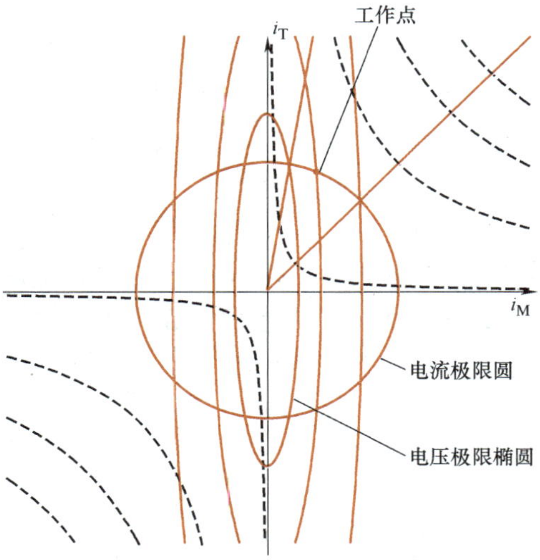

图7-21 恒功率区工作点选择（电流相平面）

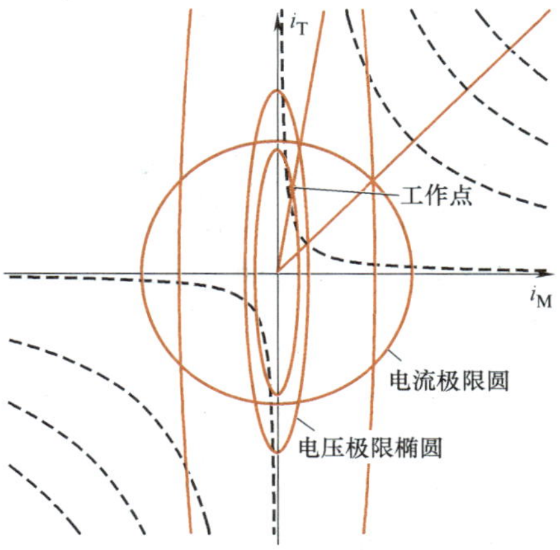

图7-22 恒电压区工作点选择（电流相平面）

7.5 基于电压相平面的矢量控制原理

7.5.1 电压相平面的控制约束条件

前面是在电流相平面对感应电机的空间矢量控制进行分析。实际上，通过感应电机的稳态电压方程式（7-96）和式（7-97），忽略电阻压降，可以建立起电流相平面和电压相平面的转换关系，即

$$\begin{cases} u_M = -\omega_s \sigma L_s i_T \\ u_T = \omega_s L_s i_M \end{cases} \tag{7-105}$$

状态变量可由电流换算为电压，即

$$\begin{cases} i_T = -\dfrac{u_M}{\omega_s L_s \sigma} \\ i_M = \dfrac{u_T}{\omega_s L_s} \end{cases} \tag{7-106}$$

因此，也可以在电压相平面对感应电机的控制约束和规律进行分析，以更好地考察供电电压对电机控制的约束关系。

1. 电流限制

与电流相平面的分析一致，定子电流幅值不能超过最大限制值 I_{sm}，表达式为

$$\left(\frac{u_M}{\sigma}\right)^2 + u_T^2 \leqslant (\omega_s L_s I_{sm})^2 \tag{7-107}$$

可见，电压相平面下电流极限约束的图形变为了椭圆，长轴沿 T 轴方向。且随着 ω_s 的增大，电流极限椭圆也增大，这说明转速越大，电流极限约束对电压工作点的限制越宽松。其实本质上是，随着转速增加，供电电压的限制为主导，电流限制已经不再起作用；或者说，因为电压限制，电流根本没机会达到极限值 I_{sm}。

2. 最大转矩/电流比控制（MTPA）

同样，先给出恒转矩曲线的表达式：

$$u_T = -\frac{2L_r \omega_s^2 \sigma L_s}{3p_0 M_{sr}^2 u_M} T_e \tag{7-108}$$

可见，电压相平面的恒转矩曲线随着转速的变化而变化。

而 MTPA 曲线定义为在任意给定的转矩下，使得定子电流幅值最小的电压工作点分配曲线；或者在任意给定的定子电流幅值下，使得电机转矩最大的电压工作点分配曲线。其表达式为

$$u_T = -\frac{u_M}{\sigma} \tag{7-109}$$

3. 电压限制与 MTPV

同理，定子电压幅值不能超过最大限制值 U_{sm}，表达式为

$$u_M^2 + u_T^2 \leqslant U_{sm}^2 \tag{7-110}$$

可见，电压极限约束的图形在电压相平面下变为了固定的圆。

而 MTPV 为在任意给定的转矩和转速下，使得定子电压幅值最小的电压工作点分配曲线；或者在任意给定的定子电压幅值和转速下，使得电机转矩最大的电压工作点分配曲线。其表达式为

$$u_{T}=-u_{M} \tag{7-111}$$

上述约束条件和规律以图形的方式展示出来，如图 7-23 所示。

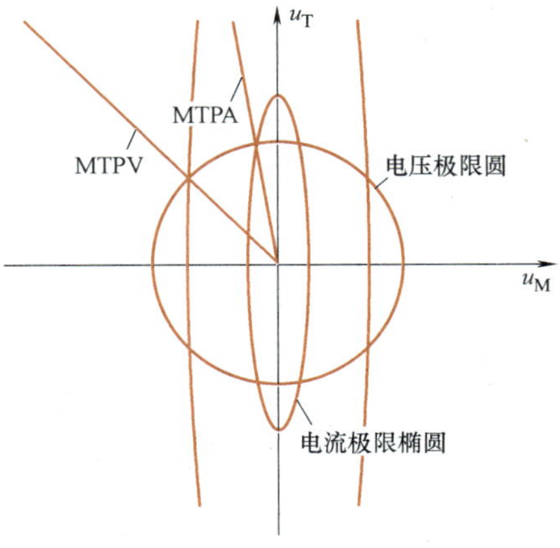

图 7-23　感应电机的控制约束（电压相平面）

4. 转折速度与基速

在电压相平面上，转折速度的概念有所变化。在电流相平面上，随着转速的增大，电压极限椭圆逐渐缩小，因此对于一个电流工作点（i_M，i_T），它由于电压限制能取到的最大磁场转速称为转折速度。而在电压相平面上，随着转速的增大，电流极限椭圆逐渐增大，即电流极限对电压工作点的限制逐步放开，因此可以如下定义转折速度。

转折速度为对于给定供电电压（u_M，u_T），电流限制起作用的最小定子角频率 ω_{st}。其表达式为

$$\omega_{st}(u_M,u_T)=\frac{\sqrt{\left(\frac{u_M}{\sigma}\right)^2+u_T^2}}{L_s I_{sm}} \tag{7-112}$$

同理，基速指的是电压相平面上电压极限圆与 MTPA 曲线交点处的转折速度，其表达式为

$$\omega_{sb}=\frac{\sqrt{2}U_{sm}}{\sqrt{1+\sigma^2}L_s I_{sm}} \tag{7-113}$$

显见，此表达式与电流相平面的结果一致。

7.5.2　电压相平面下的弱磁控制过程

下面在电压相平面上来观察恒转矩区、恒功率区、恒电压区的电机控制过程。

在恒转矩区时，由于电机转速较小，电流极限椭圆的限制起作用。即低速时供电电压不能过大，否则电流将超过限制 I_{sm}。所以在该区域要想使电机输出转矩最大，应采用电流最优工作点分配曲线——MTPA，其实质上是恒转矩曲线与电流极限椭圆的切点，如图 7-24 所示。

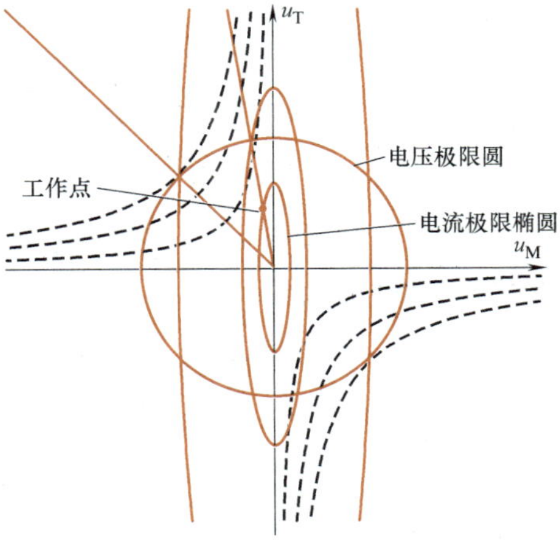

图 7-24　恒转矩区工作点选择（电压相平面）

在恒功率区时，当转速大于基速时，电流极限椭圆扩大到超过电压极限圆和 MTPA 的交点，电压极限圆和电流极限椭圆将共同起到限制作用。

因此，想在恒功率区使电机输出转矩最大，需要兼顾两个约束条件。由图 7-25 易知，电机的工作点应选择此时的电压极限圆和电流极限椭圆的交点。

随着转速的继续提高，当电流极限椭圆与电压极限圆的交点超过电压极限圆与 MTPV 曲线的交点后，电压极限圆变为限制电机输出的首要约束条件，电机进入恒电压区。为了使电机输出最大转矩，采用电压最优工作点分配曲线——MTPV。因此，电机的工作点保持在电压极限圆和 MTPV 曲线的交点，如图 7-26 所示。

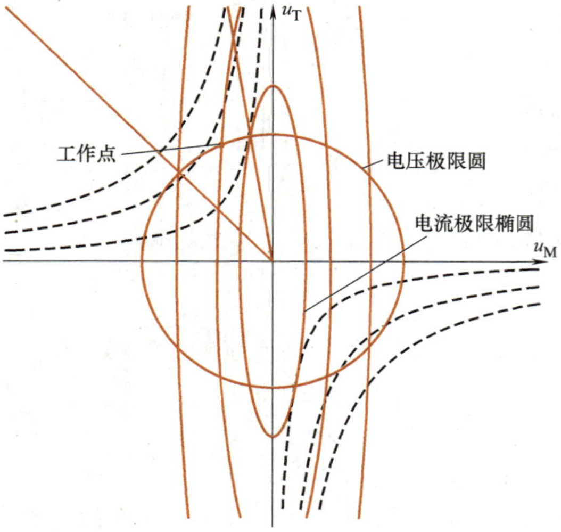

图 7-25　恒功率区工作点选择（电压相平面）

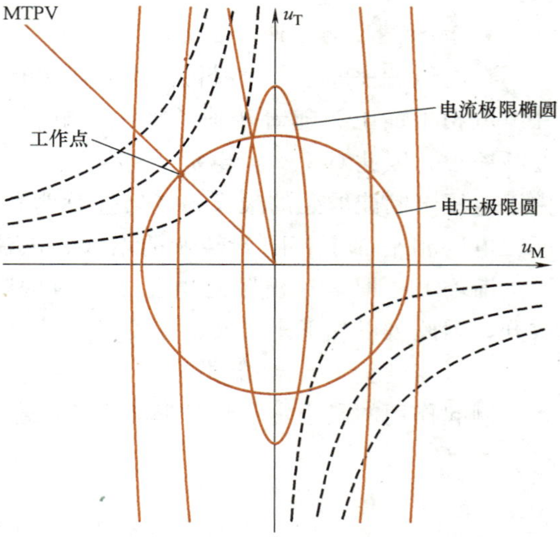

图 7-26　恒电压区工作点选择（电压相平面）

综上，实际电机电流、电压运行轨迹分别如图 7-27 的 ABC 和 DEF 所示。

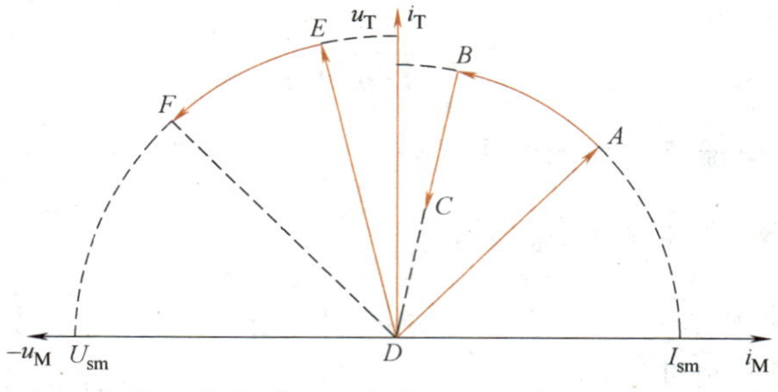

图 7-27　电流（右半平面）和电压（左半平面）运行轨迹图

实际电机控制过程中，还需要考虑饱和、动态响应、效率等多重限制因素，电流和电压相平面轨迹会因考虑到各种修正因素而变得更复杂。

小　结

与永磁同步电机相同，三相感应电机也主要是由定子、转子和气隙这三部分参与机电能量转换。

同三相同步电机一样，在定子三相绕组中通入三相对称正弦电流后，便会在气隙内产生一个正弦分布的两极旋转磁场，其旋转速度与正弦电流的电角速度 ω_s 相同。

当转子静止不动时，根据电磁感应原理，定子旋转磁场会在转子三相绕组中感生出正弦交变电流，其电角速度也为 ω_s。转子电流同样会在气隙中激发一个正弦分布的两极旋转磁场。定、转子旋转磁场在气隙中合成气隙磁场，气隙磁场也是正弦分布的两极旋转磁场。定子磁场、转子感生磁场及合成气隙磁场的旋转角速度均为 ω_s，各磁场同步旋转，在空间上相对静止，只是转子旋转磁场轴线 r 在空间相位上滞后于定子旋转磁场轴线 S，滞后电角度为 θ_{sr}。

感应电机转子的机械旋转（电）角速度叠加上感应电流的交变频率等于转子旋转磁场的角速度，转差角速度 ω_f 是旋转磁场相对转子的速度，而旋转磁场相对定子的绝对旋转速度仍为 ω_s。$\omega_r<\omega_s$，才会产生驱动转矩，这是因为如果 ω_r 等于 ω_s，那么定子旋转磁场就不能再在转子绕组中感生出电流，电磁转矩也将随之消失。

基于第 4 章的四线圈原型电机模型，本章完整推导了感应电机的磁链、电压和转矩方程，这是感应电机分析与控制的重要前提和理论基础。其中，转矩方程可以根据所采用的自变量不同，有多种表达形式，要注意其区别和联系。

感应电机的最大转矩电流比控制和弱磁控制与同步电机在原理上类似，但因为转子励磁方式不同而大形式上差别明显。

习 题

7-1 分析感应电机的稳态工作特性，绘制电压极限圆和电流极限椭圆，给出电流分配策略。电机参数如下：

$M_{sr}=34.7\text{mH}$，$R_r=0.228\Omega$，$R_s=0.0878\Omega$，漏感 $L_{s\sigma}=L_{r\sigma}=0.8\text{mH}$，（$T_r=0.1557\text{s}$），极数 $2p=4$，额定频率 $f=50\text{Hz}$，额定功率 $P=3.7\text{kW}$，直流电源额定电压为 500V，电机转动惯量 $J=0.662\text{kg}\cdot\text{m}^2$。

7-2 基于习题 7-1 中的感应电机参数，试分别分析该电机电流相平面和电压相平面的弱磁控制过程。

7-3 为什么 $\psi_t=0$ 可以作为转子磁场定向的约束条件？$\psi_T=0$ 是否也可以作为磁场定向的约束条件？为什么？

7-4 在转子磁场定向 MT 坐标系中，转子电压分量方程为

$$0=R_r i_m+\mathrm{p}\psi_r$$

$$0=R_r i_t+\omega_f\psi_r$$

试论述：

1）在什么情况下，才会产生电流 i_m？其大小和方向取决于什么？此电流是否会产生电磁转矩？为什么？为什么称电流 i_t 为转矩分量？

2）为什么称 $\omega_f\psi_r$ 为动生电动势？在 ψ_r 恒定时，为什么动生电动势大小取决于转差角速度 ω_f？

7-5 在基于转子磁场定向的矢量控制中，控制 i_{mr} 和 i_T 就等同于控制转差频率 ω_f，为什么？

第8章

车用电机控制方法及其实现

车用储能系统或者一次电池提供的都是直流电，驱动电机所需要的变频、变压交流电需要通过电压逆变技术实现，完成电压逆变的车载交流电源一般称为逆变器、（电机）驱动器或电机控制器。

逆变器一般分为电压型逆变器（VSI）和电流型逆变器（CSI），车用逆变器基本都是电压型逆变器。车用逆变器一般具有如下基本技术特征：直流侧为电压源而且并联滤波电容；交流侧输出脉冲电压，交流电流波形与负载相关；并联反向（功率）二极管，为感性负载提供续流通路。

电压逆变的原理很多，车用电机控制通常采用空间矢量调制的电压逆变技术。

电压的逆变技术涉及算法原理、器件和装置三方面内容，本章介绍的重点是算法原理。

8.1 磁场定向控制（FOC）原理

四线圈原型电机有较多的控制自由度。以定子单边控制为例，四线圈原型电机的基本矢量控制架构如图 8-1 所示。该控制架构基于任意 MT 坐标系，以空间矢量形式表达。

根据目标转矩 t_e^*，可基于第 4 章各种定向方式的 MTPA 准则选择目标电流工作点 $\boldsymbol{i}_s^{M*}$。电流控制环包括前馈电压项，即牵连运动电动势 $\boldsymbol{e}_{ms}^M=-j\omega_s\boldsymbol{\psi}_s^M$；电流反馈控制基于电流误差对电流工作点 $\boldsymbol{i}_s^{M*}$ 进行修正。矢量变换完成 MT 坐标系与定子 αβ 坐标系之间的转换。

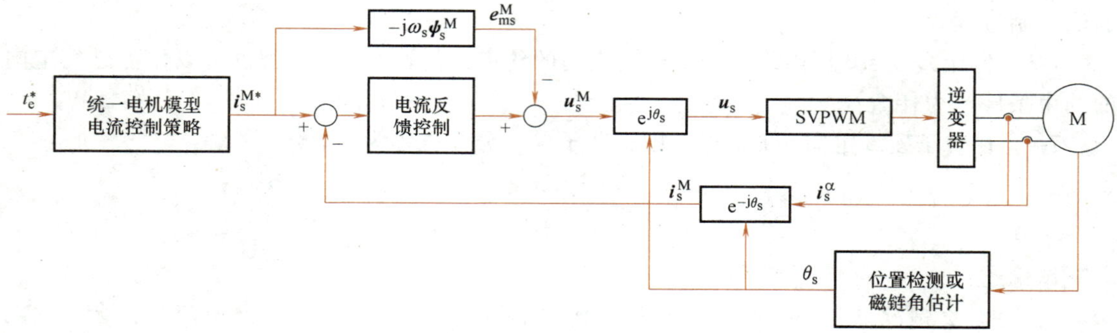

图 8-1 四线圈原型电机的基本矢量控制架构

上述电机磁场定向矢量控制的步骤可以归纳如下：

1）根据电机的目标转矩，由转矩电流分配策略可得到 M、T 轴定子电流给定值 $\boldsymbol{i}_s^{M*}$。

2）对电机三相定子绕组实际电流进行采样，并通过坐标变换，得到实际的 M、T 轴定子电流 $\boldsymbol{i}_s^M$。

3）基于 MT 轴定子电流目标值$\boldsymbol{i}_s^{M*}$与实际值$\boldsymbol{i}_s^M$，先将牵连运动电动势$\boldsymbol{e}_{ms}^M$前馈至定子电压，再进行电流闭环反馈调节，得到 M、T 轴定子绕组电压设定$\boldsymbol{u}_s^M$。

4）利用坐标/矢量变换，根据 M、T 轴定子绕组电压设定$\boldsymbol{u}_s^M$得到静止坐标系下的电压设定$\boldsymbol{u}_s$。

5）根据静止坐标系下的电压设定$\boldsymbol{u}_s$，经由 SVPWM 电压调制控制逆变器中功率开关器件的通断，实现对交流电机相电流的控制。SVPWM 为空间矢量脉冲宽度调制（Space Vector Pulse Width Modulation），后面会详细介绍。

对于转子也是主动控制的情况，四线圈原型电机的控制架构会更灵活，组合也更多样。

在上述矢量控制基本架构的基础之上，对 PMSM 的 FOC 控制过程进一步展开，如图 8-2 所示，其包含：转矩电流分配策略，电流控制器、针对电流采样的 Clark 变换和 Park 变换，针对电压输出的 Park 逆变换和 SVPWM 单元、转子位置检测或估计。

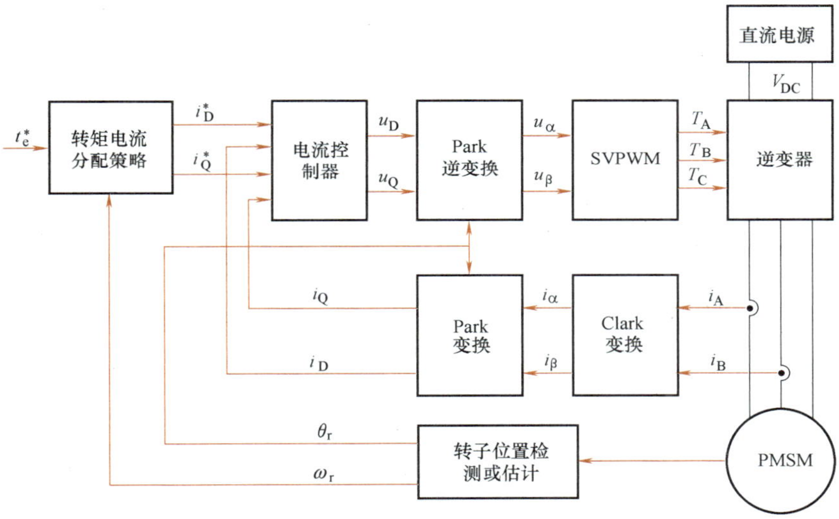

图 8-2　PMSM 的 FOC 控制架构

转矩电流分配策略主要包含第 6 章介绍的 MTPA 控制与弱磁控制，其根据当前的转矩需求t_e^*和当前的转速信息ω_r，制定出 D、Q 轴电流的参考值（i_D^*、i_Q^*）；当 PMSM 的转速在基速ω_{rb}以内时，则执行 MTPA 准则，当 PMSM 的转速超过基速ω_{rb}时，则执行弱磁控制准则。在车用电机应用中，PMSM 的参数，如 D、Q 轴电感L_D和L_Q、永磁互感磁链ψ_f、绕组电阻R_s，往往伴随电机电流工作点和电机工作温度的变化而变化，而且这些参数变化往往呈现出非线性。因此在工程应用中，较难采用第 6 章介绍的解析方法直接计算出转矩需求t_e^*与 D、Q 轴电流参考值（i_D^*、i_Q^*）的对应关系。在工程实践中，通常采用电机实验和台架标定的方式，分别得出 D 轴参考电流i_D^*与转矩需求t_e^*及转速ω_r、Q 轴参考电流i_Q^*与转矩需求t_e^*及转速ω_r的二维对应关系，即有

$$\begin{cases} i_D^* = f_{iD}(t_e^*, \omega_r) \\ i_Q^* = f_{iQ}(t_e^*, \omega_r) \end{cases} \tag{8-1}$$

其中，f_{iD}（t_e^*，ω_r）、f_{iQ}（t_e^*，ω_r）通常分别体现为两张二维查询表，进而可通过查表法实

现转矩电流分配策略。

根据图 8-1 所示的三相交流电机矢量控制原理，图 8-2 所示的电流控制器主要在 DQ 同步坐标系下实现 D、Q 轴电流（i_D、i_Q）的反馈控制，其控制器可以设计成前馈控制部分叠加反馈控制部分，即

$$\begin{cases} u_D = G_{CD}(s)(i_D^* - i_D) + u_{D0} \\ u_Q = G_{CQ}(s)(i_Q^* - i_Q) + u_{Q0} \end{cases} \tag{8-2}$$

其中，u_{D0} 和 u_{Q0} 分别为针对 D 轴和 Q 轴电流的前馈控制部分，主要包含图 8-1 所示的牵连运动电动势$-j\omega_s \boldsymbol{\psi}_s^D$；$G_{CD}(s)$（$i_D^* - i_D$）和 $G_{CQ}(s)$（$i_Q^* - i_Q$）分别为反馈控制部分，可以设计成 PID 控制器或者 PI 控制器。

针对反馈电流或控制电压所需的 Clark 变换、Park 变换及 Park 逆变换详见第 5 章矢量变换和坐标变换内容。PMSM 转子位置信息获取可采用机械式位置传感器或者无位置传感估计技术，详见 8.6 节的介绍。感应电机的 FOC 控制架构如图 8-3 所示。

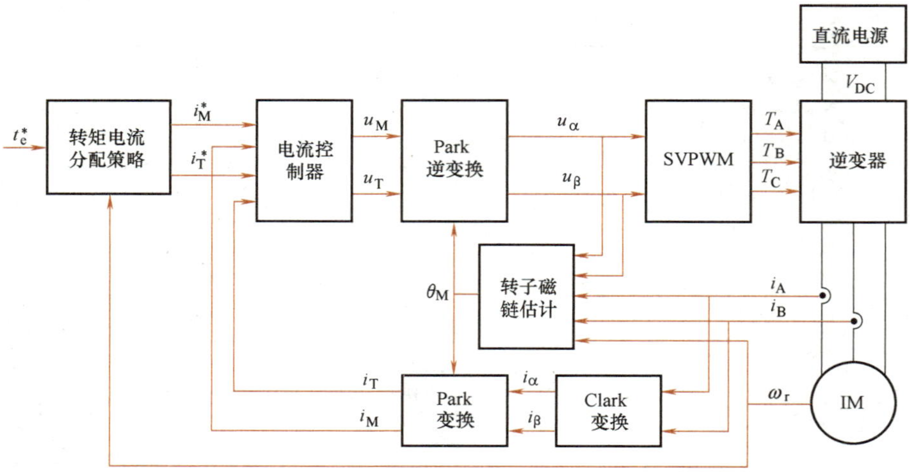

图 8-3 感应电机的 FOC 控制架构

与 PMSM 相对比，感应电机转子磁链的产生来源于定子电流的激励，因此，在做转子磁场定向矢量控制时，不能像 PMSM 一样通过检测转子的机械位置就可以检测出磁场的方向，需要通过定子电流、转速以及定子电压等信号对转子磁链进行分析与估计，才能进行磁场定向控制。转子磁链估计方法可参考 8.6 节介绍的电压—电流模式或电流—转速模型。

感应电机磁场定向控制的其他问题与 PMSM 电机基本类似。

8.2 脉宽调制逆变器和空间矢量调制原理

8.2.1 定子电压基矢量

车用电压逆变一般采用三相桥式逆变器，通过 6 个开关管的开通和关断实现对直流电源电压的变频和变压调制，典型的电压型三相脉宽调制（PWM）逆变器电路原理图如图 8-4 所示。

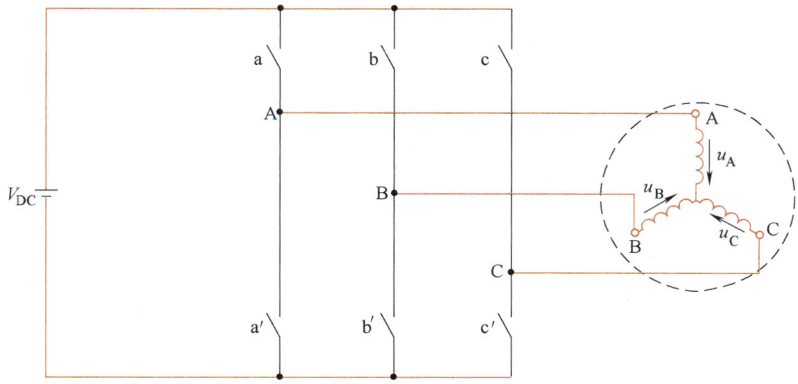

图 8-4 典型的电压型三相脉宽调制（PWM）逆变器电路原理图

图 8-4 表示定子三相绕组由三相逆变器供电，V_{DC} 为供给逆变器的直流电压，三相电压 u_A、u_B 和 u_C 的方向为相电压正方向（或表示成 u_{AN}、u_{BN}、u_{CN}）。

如第 5 章所述，定子相电压 u_A、u_B 和 u_C 可以用空间矢量表示，各相电压空间矢量的空间相位是固定不变的，但其幅值在时间上可以调制为所需要的波形。这里要注意正方向的定义，电路原理图的正方向定义参照电源方向确定；而复平面上空间矢量的正方向参照坐标轴正向来定义。

一般逆变器在工作时，同一桥臂的开关管不允许上下同时导通或关断，因此下桥臂状态与上桥臂状态互补。定义当某一桥臂上管为“导通”状态时，桥臂的开关状态为“1”；当其下管为“导通”状态时，开关状态为“0”。这样 3 个桥臂状态组合总共有 000、001、010、011、100、101、110、111 共 8 种状态，称为 8 个“基本电压空间矢量”（简称“电压基矢量”），其中 000 和 111 使逆变器输出相电压为零，因此称这两种开关模式为零状态。

下面以 100 矢量为例进行分析，即 a、b′、c′这 3 个电子开关闭合时，电路如图 8-5a 所示。

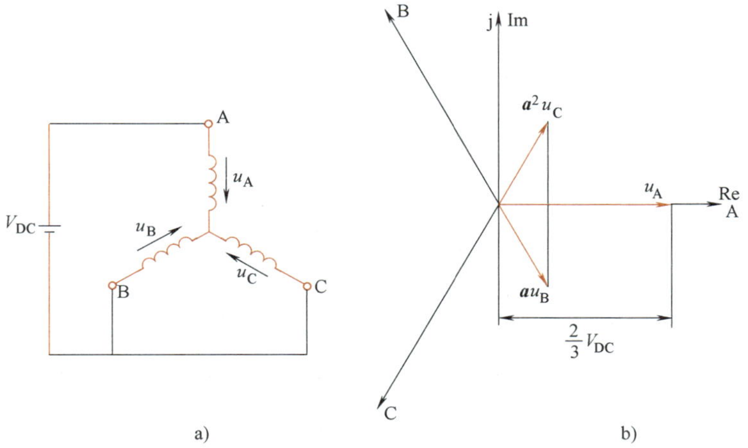

图 8-5 定子电压矢量（100 矢量）

a）电子开关 a、b′、c′闭合时的电路 b）电压矢量u_{s1} 的合成

此时有

$$\begin{cases} u_A - u_B = V_{DC} \\ u_B = u_C \\ u_A + u_B + u_C = 0 \end{cases} \tag{8-3}$$

考虑到三相对称关系，可得当前相电压数值如下：

$$u_A = \frac{2}{3}V_{DC} \tag{8-4}$$

$$u_B = u_C = -\frac{1}{3}V_{DC} \tag{8-5}$$

可得线电压如下：

$$u_{AB} = u_A - u_B = V_{DC} \tag{8-6}$$

$$u_{BC} = 0 \tag{8-7}$$

$$u_{AC} = u_{AB} = V_{DC} \tag{8-8}$$

即逆变器输出的最大线电压为 V_{DC}。

类似地，可得到开关管所有开关状态下的基本电压空间矢量，见表 8-1。

表 8-1　开关管所有开关状态下的基本电压空间矢量

a	b	c	u_A	u_B	u_C	u_{AB}	u_{BC}	u_{CA}
0	0	0	0	0	0	0	0	0
1	0	0	$2V_{DC}/3$	$-V_{DC}/3$	$-V_{DC}/3$	V_{DC}	0	$-V_{DC}$
0	1	0	$-V_{DC}/3$	$2V_{DC}/3$	$-V_{DC}/3$	$-V_{DC}$	V_{DC}	0
1	1	0	$V_{DC}/3$	$V_{DC}/3$	$-2V_{DC}/3$	0	V_{DC}	$-V_{DC}$
0	0	1	$-V_{DC}/3$	$-V_{DC}/3$	$2V_{DC}/3$	0	$-V_{DC}$	V_{DC}
1	0	1	$V_{DC}/3$	$-2V_{DC}/3$	$V_{DC}/3$	V_{DC}	$-V_{DC}$	0
0	1	1	$-2V_{DC}/3$	$V_{DC}/3$	$V_{DC}/3$	$-V_{DC}$	0	V_{DC}
1	1	1	0	0	0	0	0	0

根据式（8-4）和式（8-5），考虑定子电压合成矢量（等幅值变换）可表示为

$$\boldsymbol{u}_s = \frac{2}{3}(u_A + \boldsymbol{a}u_B + \boldsymbol{a}^2 u_C) \tag{8-9}$$

或者按直角坐标分量，用 Clark 变换矩阵表示为

$$\begin{pmatrix} u_{s\alpha} \\ u_{s\beta} \end{pmatrix} = \frac{2}{3}\begin{pmatrix} 1 & -\frac{1}{2} & -\frac{1}{2} \\ 0 & \frac{\sqrt{3}}{2} & -\frac{\sqrt{3}}{2} \end{pmatrix}\begin{pmatrix} u_A \\ u_B \\ u_C \end{pmatrix} \tag{8-10}$$

例如，在电子开关 a、b′、c′闭合状态下得到的电压基矢量 $\boldsymbol{U}_{100}$ 可以表示为

$$\boldsymbol{U}_{100} = u_{s\alpha} + \mathrm{j}u_{s\beta} = \frac{2}{3}V_{DC}\angle 0^\circ \tag{8-11}$$

以此类推，用定子坐标系表示的 8 个开关状态对应的电压基矢量与坐标见表 8-2。

表 8-2　8 个开关状态对应的电压基矢量与坐标

a	b	c	基本电压矢量	空间相位	$u_{s\alpha}$	$u_{s\beta}$	作用时间
0	0	0	$\boldsymbol{O}_{000}$	/	0	0	T_0
1	0	0	$\boldsymbol{U}_{100}$	0°	$2V_{DC}/3$	0	T_4
0	1	0	$\boldsymbol{U}_{010}$	120°	$-V_{DC}/3$	$V_{DC}/\sqrt{3}$	T_2
1	1	0	$\boldsymbol{U}_{110}$	60°	$V_{DC}/3$	$V_{DC}/\sqrt{3}$	T_6
0	0	1	$\boldsymbol{U}_{001}$	240°	$-V_{DC}/3$	$-V_{DC}/\sqrt{3}$	T_1
1	0	1	$\boldsymbol{U}_{101}$	300°	$V_{DC}/3$	$-V_{DC}/\sqrt{3}$	T_5
0	1	1	$\boldsymbol{U}_{011}$	180°	$V_{DC}/3$	0	T_3
1	1	1	$\boldsymbol{O}_{111}$	/	0	0	T_7

全部 8 个基本电压空间矢量的大小和位置，如图 8-6 所示。基于等幅值变换，非零电压矢量的幅值相同，均为 $2V_{DC}/3$，相邻的矢量空间相位相差 60°，而两个零矢量幅值为零。

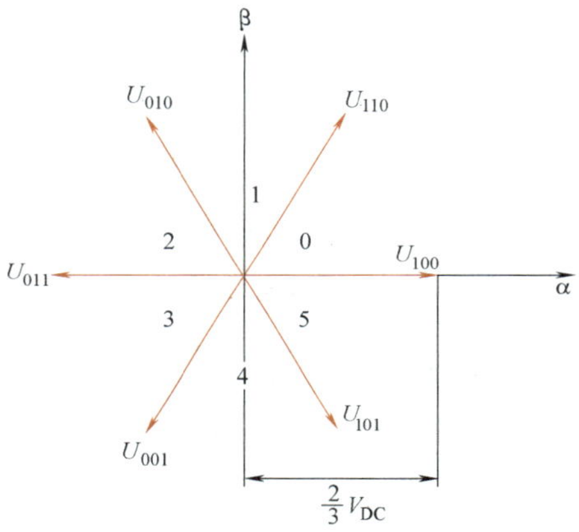

图 8-6　基本电压空间矢量的大小与位置

8.2.2　伏秒等效原理和 SVPWM

由非零电压基矢量只能得到空间上离散的 6 个固定方位上的电压矢量。若想得到任意空间方位上幅值可调的电压矢量，可利用上述 8 个基矢量的线性组合，基于伏秒等效原理调制得到。伏秒等效原理是 PWM 调制的基本原理：一个时间上的任意波形，可以用脉冲电压的“占空比”来近似模拟，即

$$\boldsymbol{U}_{out}T_s=\boldsymbol{U}_{ON}t_{ON}+\boldsymbol{U}_{OFF}t_{OFF} \tag{8-12}$$

$$T_s=t_{ON}+t_{OFF} \tag{8-13}$$

式中，T_s 为调制周期。当调制周期足够小时，离散误差可以忽略。与一维的时间波形调制原理不同，电机逆变电压波形是空间的函数，且基矢量的状态有 8 个，这种调制称为空间矢量脉宽调制（Space Vector Pulse Width Modulation，SVPWM）。

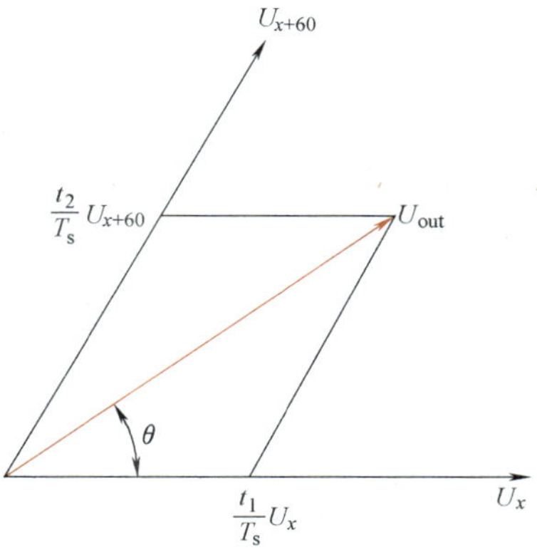

图 8-7　空间电压矢量的合成

假设，某一时刻目标输出电压为 $\boldsymbol{U}_{out}$，考虑只用到相邻的两个非零基本电压空间矢量和零电压基矢量来合成目标输出电压矢量。以图 8-7 为例，$\boldsymbol{U}_x$ 和 $\boldsymbol{U}_{x+60}$ 代表相邻的两个基本电压空间矢量；$\boldsymbol{U}_{out}$ 是目标输出的相电压矢量。$\boldsymbol{U}_{out}$ 可由 $\boldsymbol{U}_x$ 和 $\boldsymbol{U}_{x+60}$ 矢量及零矢量合成。设 t_1 和 t_2 分别是 $\boldsymbol{U}_x$ 和 $\boldsymbol{U}_{x+60}$ 作用的时间，T_s 是 $\boldsymbol{U}_{out}$ 的作用时间，t_0 是零矢量（$\boldsymbol{U}_0$）的作用时间。

则由伏秒等效原理有

$$\boldsymbol{U}_{out}T_s=\boldsymbol{U}_0t_0+\boldsymbol{U}_xt_1+\boldsymbol{U}_{x+60}t_2 \tag{8-14}$$

$$T_s = t_0 + t_1 + t_2 \tag{8-15}$$

在每个 T_s 期间，改变相邻基本矢量作用的时间，可保证所合成的电压空间矢量与目标输出电压矢量 $\boldsymbol{U}_{out}$ 的幅值相等。并且，当 T_s 取足够小时，电压空间矢量与目标电压矢量近似相等。式中，T_s 可根据硬件能力首先选定，对于车用 IGBT 一般为 100μs。T_s 越小，调制精度越高，但同等条件下开关损耗会增加。接下来需计算相邻空间矢量的作用时间 t_1、t_2，以及零矢量的作用时间 t_0。根据三角形正弦定理有

$$\frac{\frac{t_2}{T_s}U_{x+60}}{\sin\theta} = \frac{\frac{t_1}{T_s}U_x}{\sin(60°-\theta)} = \frac{U_{out}}{\sin 120°} \tag{8-16}$$

解得 t_1、t_2 为

$$\begin{cases} t_1 = \dfrac{2U_{out}}{\sqrt{3}U_x}T_s\sin(60°-\theta) \\ t_2 = \dfrac{2U_{out}}{\sqrt{3}U_{x+60}}T_s\sin\theta \end{cases} \tag{8-17}$$

由 SVPWM 原理可知，只要保证相邻的两个非零电压矢量的作用时间 t_1、t_2 不变，即可保证合成的电压空间矢量不变。而对于零矢量（$\boldsymbol{O}_{000}$ 和 $\boldsymbol{O}_{111}$），只需其作用的总时间 $t_0 = T_s - t_1 - t_2$ 不变，至于它们各自的作用时间顺序则并无约束。这涉及零矢量优化分配的问题。通常取零矢量 $\boldsymbol{O}_{000}$ 和 $\boldsymbol{O}_{111}$ 的作用时间 T_0 和 T_7 相等，即所谓的七段式 SVPWM。

完整的七段式 SVPWM 算法的运算可以分为 3 个步骤：第一步，判断电压指令所在扇区；第二步，计算电压基矢量作用时间；第三步，将基矢量作用时间换算为三相桥臂的占空比。

第一步，逆变器电压基矢量如图 8-6 所示，6 个非零电压基矢量将平面分成 6 个扇区，由于 SVPWM 算法的非线性，在运算过程中，首先需要判断电压指令所在扇区，再根据扇区选择后续运算过程中的计算公式。判断扇区时，可以定义以下 3 个中间变量：

$$\begin{cases} V_a = u_\beta \\ V_b = \sqrt{3}u_\alpha - u_\beta \\ V_c = -\sqrt{3}u_\alpha - u_\beta \end{cases} \tag{8-18}$$

式中，u_α 为 α 轴电压指令；u_β 为 β 轴电压指令。进一步设定，当 $V_a>0$ 时，$A=1$；当 $V_a<0$ 时，$A=0$，变量 B、C 与 A 同理。例如，当（V_a，V_b，V_c）>0 时，相应的变量（A，B，C）=（1，1，1）；当（V_a，V_b，V_c）<0 时，相应的变量（A，B，C）=（0，0，0）。由上述规律计算出 A、B、C 的值后，对 A、B、C 的值进行加权求和：$X=A+2B+4C$，根据 X 的值可以对应得出电压指令所在扇区。有兴趣的读者可以尝试推导上述扇区判断的理论依据。

第二步，在确定扇区后，由组成该扇区的非零电压基矢量及零电压矢量，对电压指令进行合成，以第一扇区为例，定子参考电压矢量合成如图 8-8 所示。第一扇区的电压指令 $\boldsymbol{u}_s$ 可通过电压基矢量 $\boldsymbol{U}_{100}$ 和 $\boldsymbol{U}_{110}$ 及零矢量进行合成。此时，

$$\theta = \arctan\frac{u_\beta}{u_\alpha} \tag{8-19}$$

由矢量合成关系有

$$\begin{cases} T_s = T_4 + T_6 + T_0 + T_7 \\ \boldsymbol{u}_s = \dfrac{T_4}{T_s}\boldsymbol{U}_{100} + \dfrac{T_6}{T_s}\boldsymbol{U}_{110} \end{cases} \tag{8-20}$$

式中，T_s 为 SVPWM 载波周期；T_4 为基矢量 $\boldsymbol{U}_{100}$ 作用时间；T_6 为基矢量 $\boldsymbol{U}_{110}$ 作用时间；T_0 和 T_7 分别为零电压矢量作用时间。矢量 $\boldsymbol{u}_s$ 的合成式在 αβ 轴上的投影为

$$\begin{cases} u_\beta = \dfrac{T_6}{T_s}|\boldsymbol{U}_{110}|\cos\dfrac{\pi}{6} \\ u_\alpha = \dfrac{T_4}{T_s}|\boldsymbol{U}_{100}| + \dfrac{T_6}{T_s}|\boldsymbol{U}_{110}|\sin\dfrac{\pi}{6} \end{cases} \tag{8-21}$$

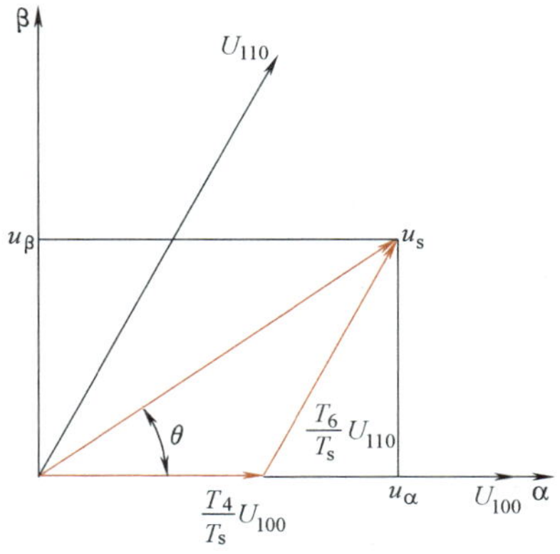

图 8-8 定子参考电压矢量合成

根据 SVPWM 的原理，$|\boldsymbol{U}_{100}| = |\boldsymbol{U}_{110}| = 2V_{DC}/3$，其中 V_{DC} 为直流母线电压，代入式（8-20）计算可得两非零基矢量 $\boldsymbol{U}_{100}$、$\boldsymbol{U}_{110}$ 的作用时间和零矢量作用时间分别为

$$\begin{cases} T_4 = \dfrac{T_s}{2V_{DC}}(3u_\alpha - \sqrt{3}u_\beta) \\ T_6 = \dfrac{\sqrt{3}T_s}{V_{DC}}u_\beta \\ T_0 = T_7 = (T_s - T_4 - T_6)/2 \end{cases} \tag{8-22}$$

按同样的方法可以计算出电压指令在其他各个扇区时，一个 PWM 周期内相邻非零电压基矢量与零电压矢量的作用时间。

第三步，在计算得到电压基矢量的作用时间后，需通过三相 PWM 的形式实现电压指令，仍以上述第一扇区电压指令的实现为例，输出如图 8-9 所示形式的三相 PWM 信号。

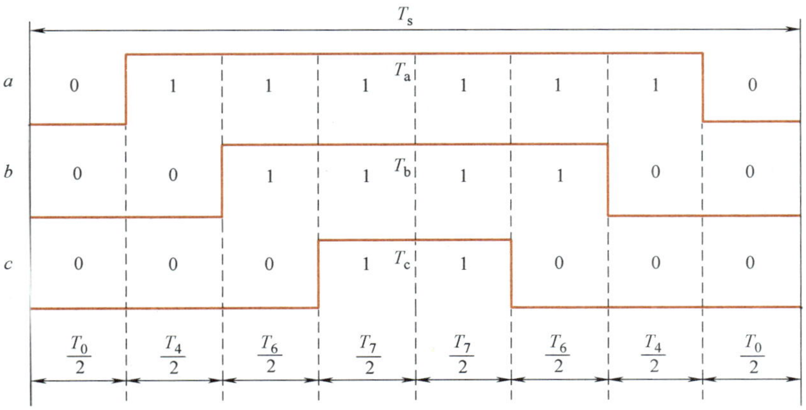

图 8-9 第一扇区电压指令三相 PWM 信号

采用七段式对称 SVPWM，在一个载波周期 T_s 中，三路 PWM 信号高电平的时间，即三相占空比信息 T_a、T_b、T_c 分别为

$$\begin{cases} T_c = T_7 \\ T_b = T_c + T_6 \\ T_a = T_b + T_4 \end{cases} \tag{8-23}$$

计算得到三相占空比信息后，即完成了 SVPWM 算法的运算，进而可以按此时序控制三相桥臂的开通和关断。

8.3 直接转矩控制（DTC）原理

除了 FOC 之外，直接转矩控制（Direct Torque Control，DTC）是另外一种常见的永磁同步电机或异步电机的控制方法，其采用定子磁链定向的方式，直接控制交流电机的转矩。DTC 主要通过对定子磁链和磁链角的控制实现交流电机的转矩控制，由于定子磁链信息和转矩信息均可以在定子静止坐标系下获得，因此 DTC 控制无须机械式位置检测传感器或者转子磁链的估计。

8.3.1 DTC 控制的基本原理

首先，针对面装式 PMSM 分析 DTC 的控制原理，根据面装式 PMSM 在 DQ 坐标系下的转矩方程有

$$\boldsymbol{t}_e = \frac{3}{2} p_0 (\boldsymbol{\psi}_s^D \times \boldsymbol{i}_s^D) \tag{8-24}$$

针对面装式 PMSM 有

$$\boldsymbol{\psi}_s^D = L_s \boldsymbol{i}_s^D + \boldsymbol{\psi}_f^D \tag{8-25}$$

其中 D、Q 轴电感相等，有 $L_D = L_Q = L_s$。

式（8-24）的转矩可以进一步表示为

$$\boldsymbol{t}_e = \frac{3}{2} p_0 [(L_s \boldsymbol{i}_s^D + \boldsymbol{\psi}_f^D) \times \boldsymbol{i}_s^D] = \frac{3}{2} p_0 (\boldsymbol{\psi}_f^D \times \boldsymbol{i}_s^D) \tag{8-26}$$

进一步有

$$\boldsymbol{t}_e = \frac{3p_0}{2L_s} [\boldsymbol{\psi}_f^D \times (L_s \boldsymbol{i}_s^D + \boldsymbol{\psi}_f^D)] = \frac{3p_0}{2L_s} (\boldsymbol{\psi}_f^D \times \boldsymbol{\psi}_s^D) \tag{8-27}$$

则面装式 PMSM 的转矩表达式可以写成

$$t_e = \frac{3p_0}{2L_s} |\boldsymbol{\psi}_s^D| |\boldsymbol{\psi}_f^D| \sin\delta \tag{8-28}$$

其中，δ 为定子磁链矢量超前转子磁链矢量的夹角，简称磁链角。

根据等幅值变换原则，面装式 PMSM 的转矩表达式也可以写成

$$t_e = \frac{3p_0 \psi_f}{2L_s} \psi_s \sin\delta \tag{8-29}$$

从该转矩方程可以看出，考虑到 PMSM 的永磁磁链 ψ_f 为固定值，转矩控制仅需针对定子磁链矢量的幅值 ψ_s 和磁链角进行控制，从而体现了 DTC 的基本控制原理。

当定子磁链矢量的幅值大小保持不变时，PMSM 的电磁转矩伴随着磁链角 δ 的变化而变化，从而可以通过调节磁链角 δ 来对 PMSM 的电磁转矩进行控制。磁链角 δ 虽然不能直接调

节，但是可以通过改变定子磁链矢量方向来间接调节。其基本假设是定子磁链矢量的调节速度远远快于转子磁链矢量方向的变化速度，因为定子磁链的电磁时间常数远远小于转子的机械时间常数，所以当迅速改变定子磁链矢量的方向时，转子磁链矢量的变化滞后于定子磁链矢量的变化，进而达到调节 δ 的目的。因此面装式 PMSM 的 DTC 的基本控制手段为针对定子磁链矢量的幅值和方向进行控制。

上述分析过程主要针对面装式 PMSM。而针对内置式 PMSM，转矩表达式（8-24）还包含磁阻转矩分量。但 DTC 控制原理主要针对的是励磁转矩分量，在忽略磁阻转矩或磁阻转矩较小的情况下，上述针对面装式 PMSM 的 DTC 控制过程同样适用于内置式 PMSM。在 PMSM 的 DTC 控制中，通常需要保证足够大的励磁转矩分量，因此需要维持一个较大的定子磁链矢量的幅值 ψ_s。

针对 PMSM 的 DTC 控制架构如图 8-10 所示，其核心组成部分包含定子磁链估计、转矩估计、磁链比较器、转矩比较器、定子磁链扇区判断及定子电压矢量选择表。在 DTC 控制中，磁链比较器用于定子磁链矢量幅值的控制；转矩比较器用于 PMSM 电磁转矩的控制。由于需要对定子磁链矢量幅值和 PMSM 电磁转矩分别进行控制，因此 DTC 控制需要对定子磁链和 PMSM 电磁转矩进行实时估计。定子磁链扇区判断和定子电压矢量选择表用于确定定子电压矢量的选择，即最终开关管的开关状态信息。关于 DTC 定子磁链扇区判断及定子电压矢量选择表详见后面介绍。

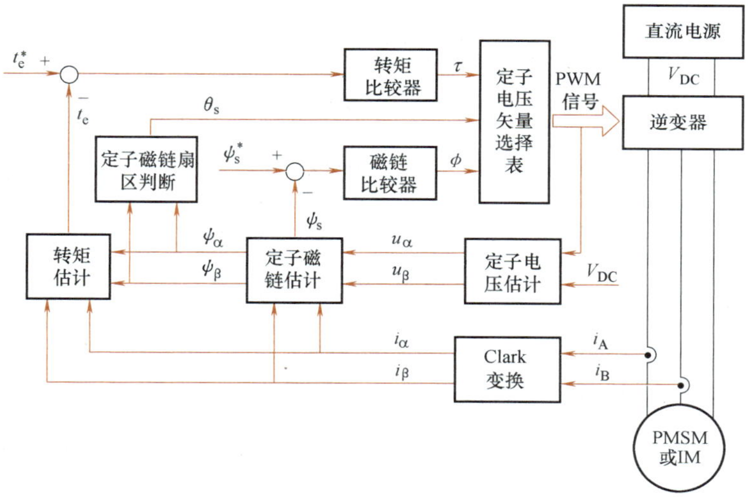

图 8-10 PMSM 或感应电机的 DTC 控制架构

由于 DTC 控制采用定子磁链定向，无须依赖精确的转子位置信息，其定子磁链估计和电磁转矩估计均可在 PMSM 静止坐标系下进行。根据静止 αβ 坐标系下的定子电压方程：

$$\begin{cases} u_\alpha = R_s i_\alpha + \dfrac{d\psi_\alpha}{dt} \\ u_\beta = R_s i_\beta + \dfrac{d\psi_\beta}{dt} \end{cases} \tag{8-30}$$

可采用对电压积分的方式实现定子磁链的估计，则有

$$\begin{cases}\psi_\alpha=\int(u_\alpha-R_s i_\alpha)\mathrm{d}t\\ \psi_\beta=\int(u_\beta-R_s i_\beta)\mathrm{d}t\end{cases} \tag{8-31}$$

定子磁链矢量的幅值ψ_s可以进一步通过下式进行估计：

$$\psi_s=\sqrt{\psi_\alpha^2+\psi_\beta^2} \tag{8-32}$$

在静止 αβ 坐标系下，根据转矩方程的统一表达，PMSM 的转矩矢量可以表示为

$$\boldsymbol{t}_e=\frac{3}{2}p_0(\boldsymbol{\psi}_s\times\boldsymbol{i}_s) \tag{8-33}$$

进一步可将 PMSM 转矩方程表示为

$$t_e=\frac{3}{2}p_0(\psi_\alpha i_\beta-\psi_\beta i_\alpha) \tag{8-34}$$

根据上述 PMSM 转矩方程，结合式（8-31）定子磁链的估计值及电流采样值，则可实现 PMSM 电磁转矩的估计。

感应电机的 DTC 控制原理与 PMSM 的 DTC 控制原理相似。感应电机的转矩可以表示成互感与定转子电流的关系，有

$$\boldsymbol{t}_e=\frac{3}{2}p_0 M_{sr}(\boldsymbol{i}_r\times\boldsymbol{i}_s) \tag{8-35}$$

另一方面，感应电机的定转子磁链矢量叉乘可以表示为

$$\boldsymbol{\psi}_r\times\boldsymbol{\psi}_s=(L_sL_r-M_{sr}^2)(\boldsymbol{i}_r\times\boldsymbol{i}_s) \tag{8-36}$$

比较式（8-35）与式（8-36），可得感应电机基于定、转子磁链矢量叉乘的转矩方程有

$$\boldsymbol{t}_e=\frac{3p_0M_{sr}}{2(L_sL_r-M_{sr}^2)}(\boldsymbol{\psi}_r\times\boldsymbol{\psi}_s) \tag{8-37}$$

则感应电机的转矩表达式可以写成：

$$t_e=\frac{3p_0M_{sr}}{2(L_sL_r-M_{sr}^2)}\psi_s\psi_r\sin\delta \tag{8-38}$$

式中，δ为定子磁链矢量超前转子磁链矢量的磁链角。

与 PMSM 的 DTC 原理类似，感应电机的电磁转矩也可以通过定子磁链矢量的幅值大小和磁链角进行控制。在 DTC 控制过程中，希望定子磁链矢量的幅值保持不变，而要改变电磁转矩，则需要改变磁链角δ。在感应电机的 DTC 控制过程中，由于转子磁链的旋转速度受到机械转速的影响，因此可以通过迅速改变定子磁链矢量的方向达到改变δ的目的。故感应电机的 DTC 的基本控制手段也为针对定子磁链矢量的幅值和方向进行控制。

针对感应电机的 DTC 控制架构同样如图 8-10 所示，其核心组成部分也包含定子磁链估计、转矩估计、磁链比较器、转矩比较器、定子磁链扇区判断及定子电压矢量选择表。

8.3.2　DTC 定子磁链扇区判断及电压矢量选择

不同于 SVPWM 的扇区划分方式，DTC 控制的扇区划分如图 8-11 所示，其以基矢量两两的角平分线作为扇区的分界线，同理可以将开关管的矢量空间的划分为 6 个扇区，即$\theta_1\sim\theta_6$。

定子磁链扇区判断的原理如下：根据估计得到的定子磁链ψ_α和ψ_β，通过反正切法或

者 PLL 方法即可计算出当前的定子磁链角，即

$$\theta_s = \arctan\left(\frac{\psi_\beta}{\psi_\alpha}\right)$$

根据定子磁链角 θ_s 的信息即可知道当前定子磁链所在的扇区，如图 8-12 所示。

在基本的 DTC 控制算法中，零矢量$\boldsymbol{O}_{000}$ 和$\boldsymbol{O}_{111}$ 不参与磁链矢量的调节。以定子磁链处于 θ_1 扇区为例，分析不同空间电压矢量对磁链和转矩的控制效果，如图 8-12 所示。在 θ_1 扇区，空间电压矢量$\boldsymbol{U}_{100}$、$\boldsymbol{U}_{110}$ 和$\boldsymbol{U}_{101}$ 均使定子磁链的幅值增加；空间矢量$\boldsymbol{U}_{011}$、$\boldsymbol{U}_{010}$ 和$\boldsymbol{U}_{001}$ 均使定子磁链的幅值减小；但空间电压矢量$\boldsymbol{U}_{100}$ 和$\boldsymbol{U}_{011}$ 对磁链角 δ 的作用不明确，故而舍弃；而空间电压矢量$\boldsymbol{U}_{110}$ 和$\boldsymbol{U}_{010}$ 使磁链角 δ 增加，空间电压矢量$\boldsymbol{U}_{001}$ 和$\boldsymbol{U}_{101}$ 使磁链角 δ 减小，故而可以选用$\boldsymbol{U}_{110}$、$\boldsymbol{U}_{101}$、$\boldsymbol{U}_{010}$ 和$\boldsymbol{U}_{001}$ 四个基矢量作为扇区 θ_1 中磁链幅值和电磁转矩的控制（通过磁链角 δ 调节）。

1）选择空间电压矢量$\boldsymbol{U}_{110}$，磁链角 δ 增加，定子磁链幅值ψ_s 增加。

2）选择空间电压矢量$\boldsymbol{U}_{101}$，磁链角 δ 减小，定子磁链幅值ψ_s 增加。

3）选择空间电压矢量$\boldsymbol{U}_{010}$，磁链角 δ 增加，定子磁链幅值ψ_s 减小。

4）选择空间电压矢量$\boldsymbol{U}_{001}$，磁链角 δ 减小，定子磁链幅值ψ_s 减小。

其他扇区的空间电压矢量的控制效果可以此类推。

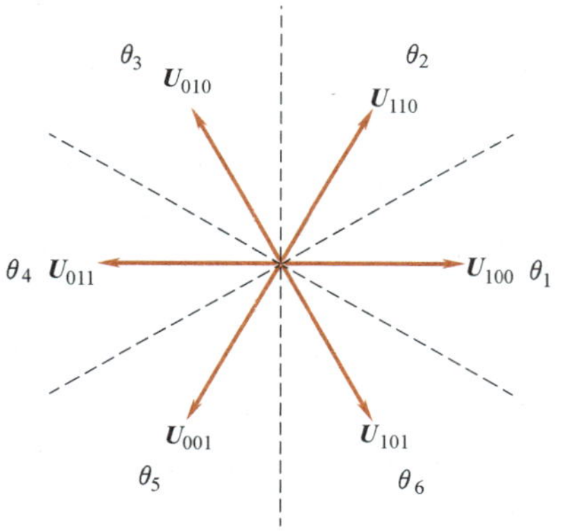

图 8-11　DTC 控制的扇区划分

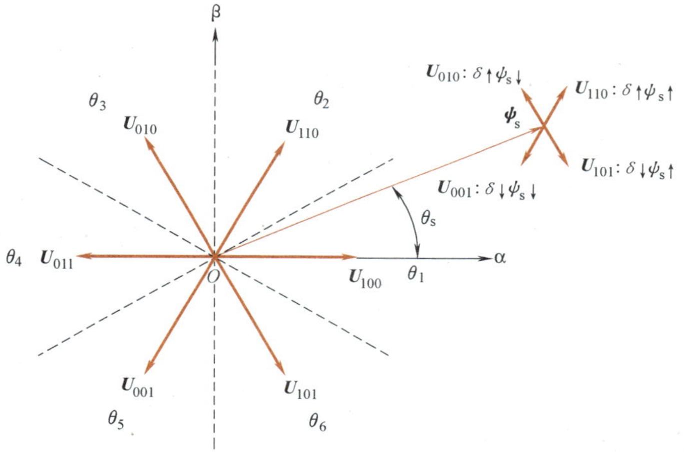

图 8-12　不同空间电压矢量对磁链和转矩的控制效果

如图 8-10 所示的 DTC 控制架构中，磁链比较器的输出 ϕ，当$\psi_s^* > \psi_s$ 时取 1，表示需要增加磁链，否则取-1，表示需要减小磁链。转矩比较器的输出 τ，当 $t_e^* > t_e$ 时取 1，表示需要增加转矩，即增加磁链角，反之取-1，表示需要减小转矩，即减小磁链角。根据定子磁链在不同扇区时空间电压矢量的选择依据，并结合 ϕ 和 τ 的状态，可得 DTC 控制中空间电压矢量的选择，见表 8-3。

表 8-3　DTC 控制中空间电压矢量的选择

ϕ	τ	θ_1	θ_2	θ_3	θ_4	θ_5	θ_6
1	1	$\boldsymbol{U}_{110}$	$\boldsymbol{U}_{010}$	$\boldsymbol{U}_{011}$	$\boldsymbol{U}_{001}$	$\boldsymbol{U}_{101}$	$\boldsymbol{U}_{100}$
	-1	$\boldsymbol{U}_{101}$	$\boldsymbol{U}_{100}$	$\boldsymbol{U}_{110}$	$\boldsymbol{U}_{010}$	$\boldsymbol{U}_{011}$	$\boldsymbol{U}_{001}$

（续）

ϕ	τ	θ_1	θ_2	θ_3	θ_4	θ_5	θ_6
-1	1	U_{010}	U_{011}	U_{001}	U_{101}	U_{100}	U_{110}
	-1	U_{001}	U_{101}	U_{100}	U_{110}	U_{010}	U_{011}

8.4 功率半导体器件

前面的分析都假定开关器件是理想的。实际中这些开关动作由功率半导体器件实现，它们都存在一定程度的非理想特性，特别地，都存在不同程度的损耗，其中开关损耗和导通损耗尤为重要。

功率半导体器件的开关损耗（Switching-Loss）包括开通损耗（Turn-on Loss）和关断损耗（Turn-off Loss）。所谓开通损耗，是指非理想的开关管在开通时，开关管的电压不是立即下降到零，而是有一个下降时间，同时它的电流也不是立即上升到负载电流，也有一个上升时间。在这段时间内，开关管的电流和电压有一个交叠区，会产生损耗，这个损耗即为开通损耗。关断损耗定义与此类似。开关损耗与器件的开关频率成正比。

功率半导体器件在导通状态下存在等效导通电阻并产生相应导通损耗，导通损耗与导通电流的二次方成正比。

8.4.1 功率半导体器件概述

1. 功率半导体器件的导电原理和分类

首先简要回顾一下（掺杂）半导体的导电原理。完全不含杂质的纯净半导体称为本征半导体，本征半导体中的载流子都是由本征激发所产生的，一般数量不多，称为“少数载流子”。但是，掺入不同杂质以后，则杂质可提供大量的电子或者空穴，这就是“多数载流子”；这时，还是存在少数载流子，那就是本征激发出来的一些载流子。掺入杂质越多，浓度越高，导电性越强。

电子导电为主的半导体称为N型半导体，在N型半导体中，电子是多数载流子，空穴是少数载流子；P型半导体是以带正电的空穴导电为主的半导体，也称空穴型半导体，在P型半导体中，空穴是多数载流子，电子是少数载流子。

多数载流子和少数载流子都承担着传递电流的作用，载流子（电荷）的定向运动产生了电流。具体来说，不同的半导体器件，有的是多数载流子起主要作用，有的又是少数载流子起主要作用。所以半导体器件又分为多子器件和少子器件。一般地，双极型器件是少数载流子器件，其特点是电流能力大，但是开关速度相对较低，因为有少子电荷存储效应；与此对应的，多数载流子器件是单极器件，起作用的是多数载流子，由于没有了少子存储效应，所以特点是开关速度很快，可以工作在高的频率下，但是电流能力不如双极型器件。

2. 电力晶体管（GTR）

电力晶体管（Giant Transistor，GTR），是一种具有发射极（e）、基极（b）和集电极（c）区的三层三极器件，是典型的双极型器件。晶体管的工作原理在电子学中已介绍过，只是用于信息处理的晶体管注重的是单管放大系数线性度、频率响应以及噪声、温漂等性能参数；而用于功率传输的 GTR 关心的主要是耐压高、通态电流大、开关特性好。

晶体管通常连接成共发射极电路，GTR 也分 NPN 和 PNP 两种结构。NPN 晶体管的共射连接和伏安特性（输出特性）如图 8-13 所示。其中，截止区、饱和区和放大区对应于晶体管工作在断态、通态和线性放大状态。乘积 I_cU_{ce} 代表晶体管中的损耗。断态时只有很小的漏电流，通态时管压降很小，这两种状态的损耗均很小，而放大区的损耗则很大（图中虚线表示最大允许的功率损耗线）。所以，在电力电子装置中用 GTR 作为功率开关器件时，只允许它工作在关、开（截止、饱和）状态，而不允许长时间运行于放大区。

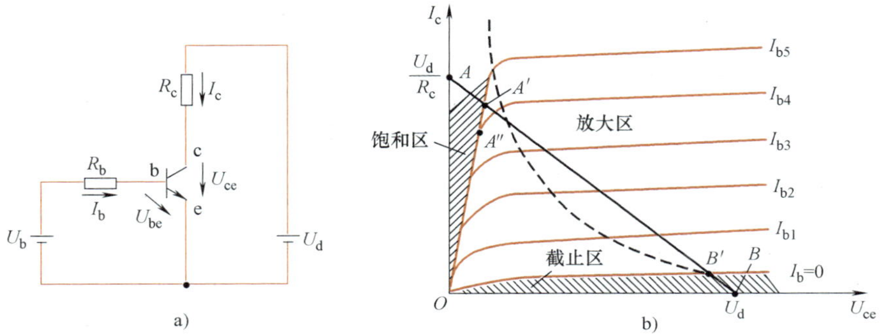

图 8-13 NPN 晶体管的共射连接和伏安特性

GTR 是一种电流控制器件，必须用基极连续的电流驱动信号才能维持在通态。在放大区，集电极电流 I_c 与基极电流 I_b 成正比，电流放大系数一般用 β 表示。

在临界饱和时，I_c 记为 I_{cs}，U_{ce} 记为 U_{ces}，I_b 记为 I_{bs}。当 GTR 工作于开关状态，为降低 U_{ce}，以减少“导通损耗”，必须使实际 I_b 大于 I_{bs}，即采用过驱动，使 GTR 进入深饱和；为了可靠而迅速地关断，通常在关断时使基极反偏、注入反向基流。

不过应该注意，饱和区的 β 值与放大区的 β 值不同，它随集电极电流 I_c 而变化，晶体管放大倍数 β 与 I_c 和结温 T_j 的关系如图 8-14 所示。

GTR 的集电极最大允许电流 I_{cm} 可按如下方法之一定额：

1）直流电流增益 β 随集电极电流下降到测试值的 1/2 或 1/3 时的集电极电流（见图 8-14）。

2）集电极电流与饱和压降 U_{ces} 的乘积等于允许功耗时的集电极电流（见图 8-13）。

3）引起内部引线熔断的集电极电流。

4）引起集电结毁坏的集电极电流。

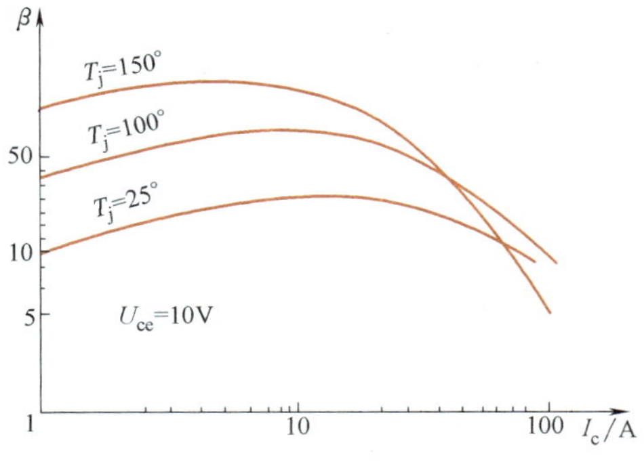

图 8-14 晶体管放大倍数 β 与 I_c 和 T_j 的关系

前两项决定直流最大允许电流，后两项决定最大脉冲允许电流。大多数厂家以方法 1）定额直流 I_{cm}，以方法 3）定额脉冲 I_{cm}，或根据经验，后者为前者的 1.5~3 倍。但不管怎样，在使用中都不应超过定额 I_{cm}。

GTR 的电压定额有：

1）BU_{cbo}——发射极开路，c-b 极之间的最高允许电压，即 cb 结反偏电压。这是晶体管的最高电压定额。

2）BU_{ce}——共射极雪崩击穿（亦称一次击穿）电压。它与 b-e 极间状况有关。

这些电压是在小集电极电流下不损坏 GTR 的阻断电压。当 c-e 击穿后，它们都塌陷到相同的数值，称为基极开路时的维持电压 U_{sus}，这时集电极电流增加。虽然一次击穿后只要引起的损耗未使结温 T_j 超过最大允许值，GTR 不致损坏，然而在使用中电源电压和瞬态电压均不宜超过 U_{sus}。

3）BU_{ebo}——集电极开路，b-e 极间最高允许反向电压，一般约为 6V。

需要指出，GTR 的 c-e 之间不能承受反向电压。

3. 功率场效应晶体管（P-MOSFET）

场效应晶体管（Field Effect Transistor，FET）是利用改变电场通过沟道来控制半导体的导电能力的器件，其通过的电流随电场强弱而改变，它有结型和表面型两大类，前者是以 PN 结上的电场来控制所夹沟道中的电流，后者是以表面电场来控制沟道中的电流。

用外加电压控制绝缘层的电场来改变半导体中沟道电导的表面场效应晶体管，又称为**绝缘栅场效应晶体管**。根据绝缘层所用材料不同，绝缘栅场效应晶体管有各种类型。目前应用最广泛的是金属-氧化物-半导体（Metal Oxide Semiconductor）场效应晶体管（MOSFET），或简称 MOS 管。

（1）MOSFET 的结构　MOSFET 有 N 沟道和 P 沟道两种。N 沟道中载流子是电子，P 沟道中载流子是空穴。其中每一类又可分为增强型和耗尽型两种。所谓耗尽型就是当栅源间电压 $U_{GS}=0$ 时存在导电沟道，漏极电流 $I_D \neq 0$；所谓增强型就是当 $U_{GS}=0$ 时没有导电沟道，$I_D=0$，只有当 $U_{GS}>0$（N 沟道）或 $U_{GS}<0$（P 沟道）时才开始有 I_D。

功率 MOSFET（Power MOSFET 或写成 P-MOSFET）绝大多数做成 N 沟道增强型。这是因为电子的导电作用比空穴大得多，而 P 沟道器件在相同硅片面积下，由于空穴迁移率低，其通态电阻 R_{on} 是 N 型器件的 2~3 倍。MOSFET 的电气图形符号如图 8-15 所示，其中的箭头标示衬底的材料类型。

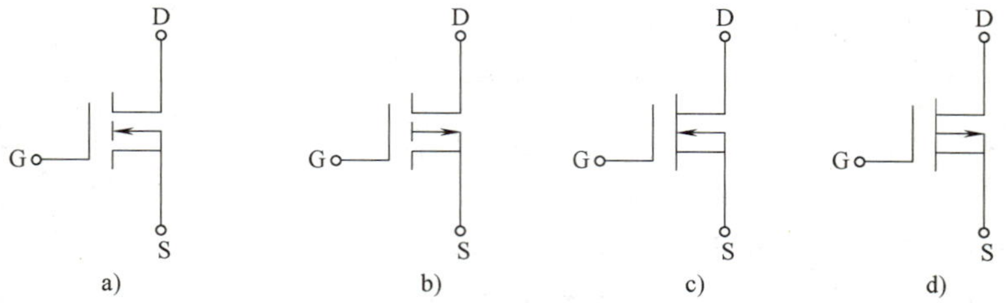

图 8-15　MOSFET 的电气图形符号

a）N 沟道增强型　b）P 沟道增强型　c）N 沟道耗尽型　d）P 沟道耗尽型

图 8-16 所示为功率 MOSFET 单元结构示意图。在重掺杂、电阻率很低的 N^+ 衬底上，外延生长 N^- 型高阻层，N^+ 型区和 N^- 型区共同组成功率 MOS 的漏区。在 N^- 型区有选择地扩散 P 型沟道体区，漏区与沟道体区的交界面形成漏区 PN 结 j。在 P 型体区内，再有选择地扩散 N^+ 型源区，且沟道体区与源区被源极 S 短路，所以源区 PN 结处于零偏置状态。在 P 和 N^- 上层与栅极 G 之间生长二氧化硅，作为栅极电极与导电沟道的隔离层。

顺便说一下，由于垂直导电结构的差异，采用垂直 V 形沟道的 MOS 称为 VMOS，而垂直沟通双扩散 MOS 管称为 VDMOS。

（2）MOSFET 的工作原理 当 D、S 加正电压（漏极为正，源极为负），$U_{GS}=0$ 时，P 型体区和 N 漏区的 PN 结 j 反偏，D、S 之间无电流通过（夹断状态）。如果在 G、S 之间加一正电压 U_{GS}，由于栅极是绝缘的，所以不会有栅流流过，但栅极的正电压却会将其下面 P 型体区中的空穴推开，而将少数载流子电子吸引到 P 型体区表面；当 U_{GS} 大于电压 U_T（U_T 称为开启电压或阈值电压）时，栅极下 P 型区表面的电子浓度将超过空穴浓度，从而使 P 型半导体反型成 N 型半导体（称为反型层）；这个反型层形成了源极和漏极间的 N 型沟通，使 PN 结 j 消失，源极和漏极导电，流过漏极电流 I_D。U_{GS} 超过 U_T 越多，导电能力越强，I_D 越大。由 MOSFET 工作原理可知，它导通时只有一种极性的载流子参与导电，是单极型器件。

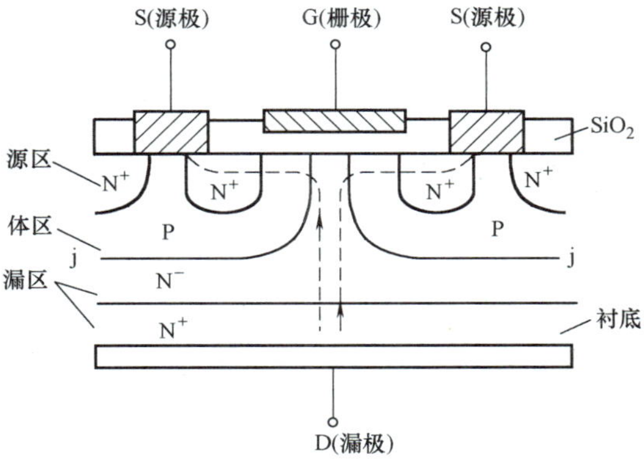

图 8-16 功率 MOSFET 单元结构示意图
（N 沟道增强型 VDMOS）

（3）输出特性 静态特性主要指 P-MOSFET 的输出特性和转移特性，静态特性相关的参数有最大漏极电压、最大漏极电流、通态压降和跨导等。

由于漏极电流 I_D 受栅源电压 U_{GS} 的控制，以 U_{GS} 为参量，反映漏极电流 I_D 与漏源电压 U_{GS} 间关系的曲线称为 P-MOSFET 的输出特性。图 8-17a 所示为 N 沟道增强型 P-MOSFET 的共射电路，元件中箭头表示电子载流子移动的方向，与漏极电流 I_D 方向相反；图 8-17b 所示为其输出特性，除 $U_{GS}<U_T$ 时沟道被夹断，$I_D=0$ 为截止区外，分为三个区域，即可调电阻区Ⅰ、饱和区Ⅱ和雪崩区Ⅲ。

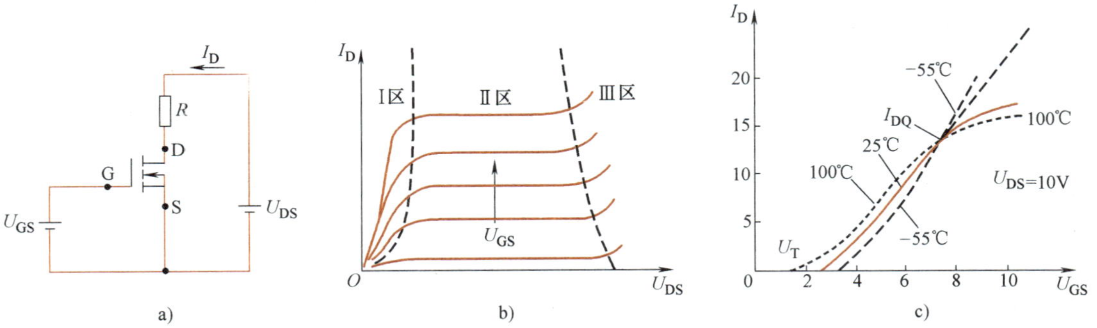

图 8-17 N 沟道增强型 P-MOSFET 的共射电路、输出特性和转移特性
a）共射电路 b）输出特性 c）转移特性

在给定的漏源电压 U_{DS} 下，在可调电阻区Ⅰ，器件电阻值的大小由 U_{GS} 决定，U_{GS} 高，沟道电阻小，I_D 随 U_{GS} 增大而增大，是变化的。饱和区Ⅱ内 I_D 趋于稳定，所以亦称恒流区。不过要注意，这里的“饱和”与双极晶体管的“饱和”不同，而是对应于双极晶体管的放大区。$U_{DS}=U_{GS}-U_T$ 是可变电阻区与饱和区的分界线，如图 8-17b 中左边虚线所示，它

与输出特性的交点称为预夹断点。饱和区后，如继续增大漏源电压，当漏极 PN 结发生雪崩击穿时，I_D 突然增大，曲线转折进入雪崩区Ⅲ，直至器件损坏。

与输出特性密切相关的参数有：

1）漏源击穿电压 BU_{DS}。这是为了避免器件进入雪崩区而设的极限参数，它决定了 P-MOSFET 的最高工作电压。

2）漏极直流电流 I_{Dm}、漏极脉冲电流幅值 I_{Dmp}。这是 MOSFET 的标称电流定额参数，确定 I_{Dm} 的方法与 GTR 不同，后者 I_c 过大时，β 迅速下降，因此 β 的下降程度限制了 I_c 的最大允许值 I_{cm}，而 MOSFET 的漏极载流能力主要受温升的限制。

3）通态电阻 R_{on}。通常规定，在确定的 U_{GS} 下，P-MOSFET 由可调电阻区进入饱和区时的直流电阻为通态电阻，这是影响最大输出功率的重要参数。在开关电路中，它决定了信号输出幅度和自身损耗。R_{on} 还直接影响着器件的通态压降；一般地，击穿电压越高，通态电阻也越大。

4）栅源击穿电压 BU_{GS}。为了防止很薄的绝缘栅层因栅源电压过高而发生电击穿，规定了栅源击穿电压 BU_{GS}，其极限值一般为±20V。

（4）转移特性　漏源电压 U_{DS} 给定时，输出漏极电流 I_D 与输入栅源电压 U_{GS} 之间的关系称作转移特性，N 沟道增强型 P-MOSFET 的转移特性如图 8-17c 所示，它表示 P-MOSFET 在一定 U_{DS} 下，U_{GS} 对 I_D 的控制作用和放大能力，与电流控制器件 GTR 中的电流增益 β 相仿。转移特性曲线与横轴的交点为开启电压 U_T。U_T 随结温 T_j 而变化，并且具有负的温度系数。

（5）功率 MOSFET 的特点　与双极晶体管相比，功率 MOSFET 有如下一些特点。

1）功率 MOSFET 属电压控制器件。为使功率 MOS 管导通，只需在栅源极间加一电压（一般为 8～10V）即可；由于氧化硅使栅极与主器件隔离，MOS 管具有高输入阻抗（10^5～$10^9\Omega$）和实际上无穷大的直流电流增益；并且，MOSFET 为纯容性输入阻抗，只需在开通和关断的短期间为电容的充电和放电提供栅极电流，因而驱动功率可忽略不计，驱动电路较简单，不像 GTR 是低输入阻抗（10^3～$10^5\Omega$）电流控制，必须在整个导电期间连续供给驱动电流。

2）开关速度更快。MOSFET 是靠电场改变沟道电导率来改变漏极电流，开关特性很大程度上取决于由器件输入电容与栅极驱动电路输出阻抗形成串联 RC 电路的时间常数，开关速度比 GTR 快一两个数量级，仅为 10～100ns，工作频率可达 100kHz 以上，开关损耗也几乎可以忽略不计。这使得 MOSFET 在高频下使用时更具有优越性，减小了在逆变电路中为防止直通而必须设置的“死区”大小，器件对过载和故障情况可以做出更快的响应。

3）安全工作区宽。因多子密度与温度无关，而迁移率随温度增加而减少，所以功率 MOS 管有正的电阻温度系数和负的电流温度系数。如果沟道某点电流密度增加使该点温度增加，电流便会减小，可避免形成局部热点和二次击穿，因而热稳定性好，安全工作区增大（见图 8-18）；此外，导通电阻正的温度系数使 MOS 管容易并联使用，只要将开启电压近似相等的两只或多只管子并装在同一散热器上，就可自动均流。另外，如果 P-MOSFET 的通态电阻较大，自身导通功耗也较大，所以在 U_{DS} 较低时，安全工作区不仅受最大漏极电流的限制，还受通态电阻 R_{on} 限制，如图 8-18 左侧虚线所示。

通态电阻与电压有关。在双极型器件中包括 SCR、GTO、GTR，由于是两种载流子参与

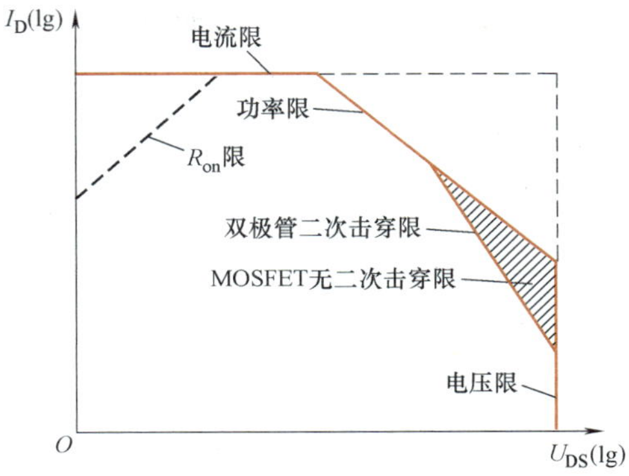

图 8-18 MOSFET 的安全工作区

导电，当 PN 结正偏通过大电流时，相应有大量少子被注入基区，为了维持半导体电中性条件，其多子浓度也相应大幅度增加，使得其电阻率明显下降，也就是电导率大大增加，这种效应称为电导调制。正是由于电导调制效应，PN 结在正向电流较大时压降自然很低，约为 1V，而 MOSFET 只有多子一种载流子运动，电子流经源极 S→N 沟道→N^-→N^+→漏极，没有穿过任何 PN 结，不存在电导调制，N 区电导率不变化，而是表现为导通电阻 R_{on}，不像双极型器件在导通期间呈现一定的导通压降。而为了提高能承受的电压，只好在低阻衬底 N^+硅片上外延伸一层高阻层 N^-，使电阻率增大，R_{on} 也随之提高，电流大时，饱和压降就高，这就是很少出现 1kV 以上高压 P-MOSFET 的原因。

8.4.2 （车用）绝缘栅双极晶体管（IGBT）

上述两种全控型器件均各有所长，例如，MOSFET 输入阻抗大，工作频率高，驱动电路简单，但耐压不易做高，否则通态电阻会增大；而 GTR 则相反，通态压降小，电压耐量高，但驱动电路比较复杂。因此将它们结合起来，使器件既具有较小的输入电流，又具有较低的饱和压降和较高的电压耐量，这是比较理想的。IGBT 就是这种复合型器件，它综合了少子器件（GTR）和多子器件（MOSFET）各自的优良特性。

1. 结构特点

绝缘栅双极晶体管（Insulated Gate Bipolar Transistor，IGBT）是一种 VDMOS 与双极晶体管 GTR 的组合器件，它继承了 MOSFET 与 GTR 的优点，是当前车用电机控制器的主流器件。

图 8-19a 所示为 IGBT 的结构示意图，它是在 VDMOS 的基础上增加了一个 P^+层漏极，形成 PN 结 j_1，并由此引出漏极（D），栅极（G）和源极（S）则完全与 N 沟道 P-MOSFET 相似。由结构图可以看出，IGBT 相当于一个由 N 沟道 MOSFET 驱动的厚基区 PNP 型 GTR，其简化等效电路如图 8-19b 所示，它是以 GTR 为主导元件、MOSFET 为驱动元件的复合管，其中R_{dr} 为 GTR 厚基区 N^-内的扩展电阻。为了兼顾习惯，有时也将 IGBT 的漏极称为集电极（C），源极称为发射极（E）。图 8-19c 所示为 IGBT 的电路符号。

IGBT 的开通和关断由栅极控制。当栅极施以正电压时，在栅极下的 P 型体区内便形成 N 沟道，此沟道连通了源区 N^+和漂移区 N^-，为 PNP 晶体管提供基流，从而使 IGBT 导通。此时，从 P^+区注入 N^-区的空穴（少子）对 N^-区进行电导调制，减小 N^-区的电阻R_{dr}，使高耐压的 IGBT 也具有与 GTR 相当的低通态压降，所以 IGBT 可看作是电导调制型场效应晶体管。引起电导调制效应所需的最低栅极阈值电压$U_{GE(th)}$ 一般为 3~6V。当栅极上电压为零或施以负压时，MOSFET 的沟道消失，PNP 晶体管的基极电流被切断，IGBT 即关断。

IGBT 的四层结构，使体内存在一个寄生晶闸管，其等效电路如图 8-19d 所示。NPN 晶体管的基极与发射极间的电阻R_{br} 为体区扩展电阻，P 型体区横向空穴电流在其上产生的压

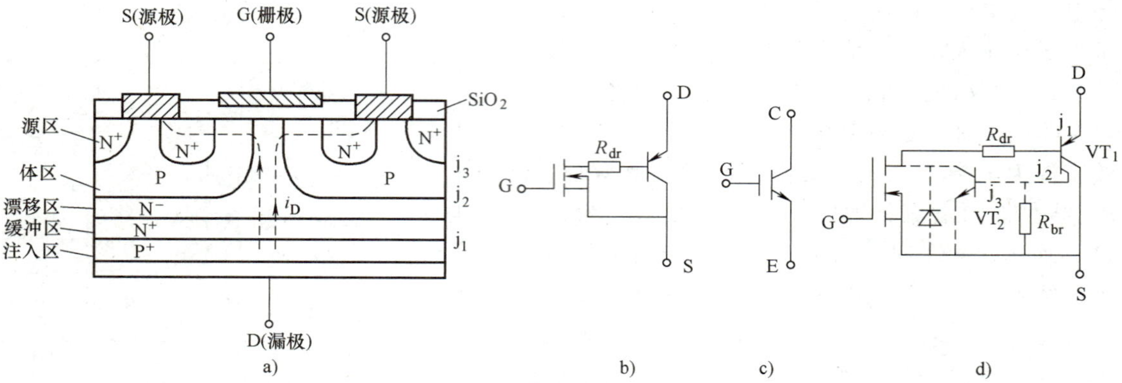

图 8-19 IGBT 的结构示意图、简化等效电路、电路符号和等效电路

a）结构示意图 b）简化等效电路 c）电路符号 d）等效电路

降对 j_3 结来说是一个正偏电压。在规定的漏极电流范围内，这个正偏电压不大，NPN 晶体管不起作用（所以图 8-19d 中用虚线表示）。当I_D 大到一定程度时，该正偏压能使 NPN 晶体管导通，与 PNP 形成正反馈。于是寄生晶闸管导通，栅极失去控制作用，这时 IGBT 无自关断能力（此即擎住或锁定效应），同时，漏极电流增大，造成过高的功耗，导致器件损坏。这种漏极电流的连续值超过临界值时产生小的擎住效应称为静态擎住效应。

此外，在 IGBT 高速关断过程中，如 dU_{DS}/dt 过大，在 j_2 结中引起的位移电流流过R_{br}，产生足以使 PNP 晶体管开通的正向偏置电压，造成寄生晶体管自锁，也可能形成关断擎住，称为动态擎住效应。结构上，在 P^+衬底与 N^-之间引入一个 N^+缓冲区就是为了控制擎住效应，并缩短 PNP 管的开关时间，提高 IGBT 的开关速度。

IGBT 内由于存在少子的存储效应，其关断存在电流拖尾现象，关断损耗远比 MOSFET 大，这限制了其开关频率的提高。

2. 有关特性

IGBT 有与 GTR 相近的输出特性，即具有截止区、饱和区、放大区和击穿区，转移特性则与 VDMOS 相近，在导通后的大部分漏极电流范围内，I_C 与U_{GE} 呈线性关系。

IGBT 的优点之一是没有二次击穿。其正向安全工作区由电流、电压、功耗三条边界极限包围而成，最大漏极电流I_{DM} 根据避免动态擎住效应确定，最大漏源电压U_{DSM} 由 IGBT 中 PNP 晶体管的击穿电压决定，最大功耗则受限于最高结温（导通时间长，发热严重，安全工作区变窄）；反向安全工作区随关断时的 dU_{CE}/dt 而变化，dU_{CE}/dt 越大，安全工作区越窄。

IGBT 能承受过电流的时间通常仅为几微秒，这与 SCR、GTR（几十微秒）相比也小得多，因此对过电流保护的要求很高。

IGBT 为 50A/900V 的伏安特性和过载能力曲线如图 8-20 所示。由图可见：若U_{GE} 不变，导通电压U_{CE} 将随漏极电流增大而增大，因此漏源电压U_{DS}（U_{CE}）可以作为是否过电流的判别信号；若U_{GE} 增加，则通态电压下降，导通损耗将减小。

IGBT 允许过载能力与U_{GE} 有关。图 8-20b 所示为短路电流I_{CS} 及短路时间t_{CS} 与栅源电压U_{GE} 的关系曲线。由曲线可以看出，当$U_{GE}=15$V 时，在 5μs（A 点）内可承受 250A 的短路

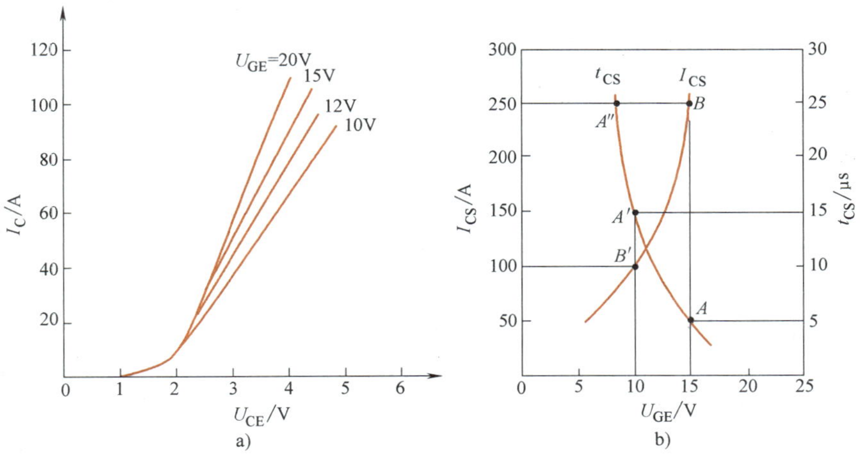

图 8-20 IGBT 为 50A/900V 的伏安特性和过载能力曲线

电流（B 点）；当U_{GE} 由 15V 降为 10V 时，则过电流承受时间可达 15μs（A'点），但过电流幅值也由 250A 降至 100A（B'点）。

8.4.3 第三代宽禁带半导体技术概述

整个半导体材料发展有以下几个阶段：Si 和 Ge 为第一代半导体材料，20 世纪 60 年代发展的 GaAs（砷化镓）、AlAs 等为第二代半导体材料。随着电力电子技术的发展，采用 Si、GaAs 等半导体材料制备的功率半导体器件受材料特性限制，已经无法适应越来越极端复杂的工作环境及要求，近几十年来逐步发展出以 SiC、GaN 为主的第三代宽禁带半导体材料。表 8-4 比较了常见的几种功率半导体材料的物理特性。

表 8-4 常见的几种功率半导体材料的物理特性

材料	Si	4H-SiC	GaN
带隙宽度/eV	1. 12	3. 26	3. 5
相对介电常数	11. 8	9. 7	9. 5
绝缘击穿场强/MV · cm^{-1}	0. 30	3. 00	3. 00
电子迁移率/cm^2 · (V · s)$^{-1}$	1400	900	1250
电子饱和漂移速度/10^7cm · s^{-1}	1. 00	2. 70	2. 70
热导率/W · (cm · K)$^{-1}$	1. 5	4. 9	1. 3

由上表比较分析得知，4H-SiC 材料带隙宽度约为 Si 材料的 3 倍，这使得 4H-SiC 材料相比于 Si 材料在耐压、耐高温等特性上有着显著优势，同时相比于 Si 材料，4H-SiC 器件的漏电流也低很多。综上，4H-SiC 器件可在高温、高辐射等恶劣环境下工作。

4H-SiC 材料的绝缘击穿场强 10 倍于 Si 材料。因此，同 Si 材料相比，4H-SiC 材料能以更薄的漂移层、更高的掺杂浓度制作出更高耐压、工作频率和电流密度的功率器件。更薄的漂移层也意味着更小的导通电阻 $R_{ds(on)}$ 以及更低的导通损耗。另外，4H-SiC 材料的饱和电子漂移速度接近 Si 材料的 3 倍，这使得碳化硅电力电子器件可以在更高的频率下工作。4H-

SiC 材料的热导率也很大，散热能力强，有利于减少整个散热系统的体积。

目前，市面上比较成熟的 SiC 器件主要有 SiC 二极管、SiC-MOSFET 及其他 SiC 功率器件。

近些年，SiC 功率器件制备及商业化应用成为半导体厂商的研究热点，SiC 功率器件具有广阔的应用空间。在车用电机控制领域，人们也聚焦于 SiC 功率器件的技术应用革新。

在高温下，SiC-MOSFET 模块的导通电阻和损耗比 Si-IGBT 要小很多，但 SiC-MOSFET 的短路耐受性比 Si-IGBT 要差。逆变器的开关损耗分析表明，基于 SiC 电力电子器件搭建的逆变器系统相比 Si 逆变器系统具有更高的效率。

SiC 电力电子器件相比 Si 器件具有更快的开关速度和更小的开关损耗，SiC 电力电子器件开关时具有更高的电压变化率，需采用外部加入滤波电感的方式对其引发的电磁干扰问题进行抑制。

8.5 电机控制器集成技术

8.5.1 控制器的基本硬件构成和关键器件选型

车用电机控制器的组成包括硬件和软件。硬件主要包括功率电路、控制电路和结构散热等主要部分。软件包括控制电路 MCU 的软件，也包括保护电路里面可编程逻辑器件的软件。

车用电机控制器的基本功能是根据电机工作状态完成机电能量的高效双向变换，这主要是借助磁场定向控制算法对电流进行闭环控制来实现的。除此之外，考虑到车用工况的特殊性，车用电机控制器一般还具有过电流保护、过载保护、欠电压保护、过电压保护、缺相保护、限功率、高压互锁、故障上报等功能，并且要求能够通过总线与其他车载控制单元进行通信，完成分布控制功能。上述功能大量依赖软、硬件控制算法实现。

完成磁场定向控制所需检测的基本变量是电机转子位置、三相电流，输出主要是功率半导体器件给出的脉宽调制电压。在输入输出之间是实现控制算法的微处理器，一般为车规级的单片机。当然，真正产品化的电机控制器还要考虑很多问题，也要设置更多的传感器和执行元件，比如温度检测、电压监测、安全监控、放电控制等。而且作为脉冲逆变器，电机控制器会产生大量电磁噪声，为不干扰其他车用控制单元，要采取有效的电磁兼容设计，保障其车载状态的电磁相容性。

车用电机控制器可以独立设计，也可以与其他车载变流部件或驱动传动部件集成，以共用散热结构或/和高压电路连接，并最大限度地减少机械/电气连接元件。功率电路主要包括功率模块、电容器、功率母排等。控制电路包括驱动与保护电路、MCU 逻辑电路等。结构散热主要包括提供防护和支撑的壳体、冷却流道、接插件等。车用电机控制器组成举例如图 8-21 所示。

1. 功率模块特性需求

新能源汽车使用工况中的高温、振动等综合环境对车用功率模块提出了更高的要求，IGBT 以其输入阻抗高、开关速度快、通态电压低、阻断电压高、可承受电流大等特点，已成为当今功率半导体器件的主流。在一些低压大电流应用场合，低压大电流功率 MOSFET 也有广泛的应用。近年来，采用 SiC 半导体材料的 MOSFET 在车载应用领域展示出极大的技术潜力。

1）宽温度特性。根据不同车辆的设计要求，电机控制器可能放置在汽车行李舱、前舱盖下靠近内燃机的位置。车载运用工况下，功率模块最重要以及最具挑战性的一个技术指标就是在不降低模块性能或缩减模块寿命的情况下，功率模块可在环境温度达到105℃的情况下正常运行。功率模块还要有较强的承受交变温度冲击的性能。

2）复杂的运行工况。不同于工业应用中的电机拖动，电动汽车的运行工况更加复杂，例如对应城市工况，车辆需要频繁运行在加速、减速、巡航等各个状态；随着车辆工况的反复波动，IGBT模块需要在电流、电压循环冲击下可靠运行。

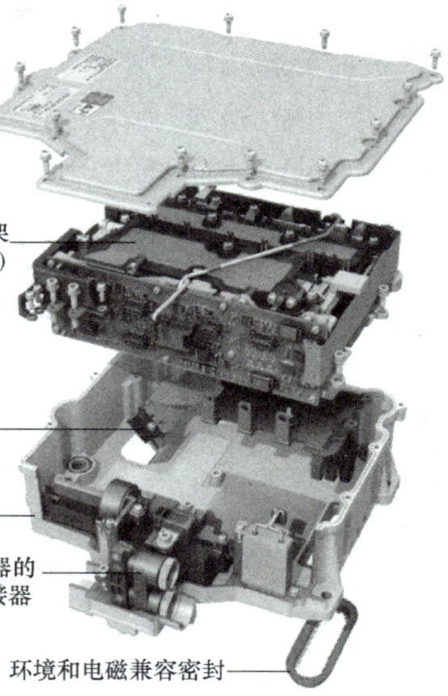

图 8-21 车用电机控制器组成举例

3）高可靠性要求。车用功率模块必须和汽车的生命周期保持一致，因此对IGBT的耐久性提出了更高的要求，通常功率模块的工作状态寿命为15年及以上。影响功率模块寿命的主要因素包括功率循环、热循环以及振动等，随着工作循环次数的增加，功率器件的键合点等容易出现失效。工业用功率模块与汽车用功率模块的主要可靠性要求对比见表8-5。

表 8-5 工业用功率模块与汽车用功率模块的主要可靠性要求对比

指标	工业用	汽车用
环境温度/℃	40~85	40~125
冷却水温度/℃	40~70	10~105
功率器件结温/℃	125	175
温度循环	100次循环	1000次循环
间歇工作（功率）循环	15000次循环	30000次循环
热疲劳循环（功率循环）	没有要求	10000次，壳温温差 $\Delta T_e = 80℃$
振动加速度/$m \cdot s^{-2}$	100	200

车用电驱动系统功率模块的选择，主要考虑以下几个方面。

1）额定电压和额定电流。对于大多数A0级及以上的新能源汽车而言，除混合度较小的混合动力汽车外，大多数车辆的动力蓄电池组的额定电压一般为300V左右，制动或充电过程中，电池电压有可能上升到400V以上。选择功率模块的额定电压时，主要考虑充电结束电压和最大允许电压。所以，对于这一类车辆的功率器件，额定电压一般选600V或以上的电压等级。

功率器件的额定电流主要由电机的输出功率和器件并联数目决定。由于器件工作温度的限制，额定电流常通过电机的峰值功率或峰值转矩对应的交流电流峰值来计算，考虑到其他安全因素，所选择功率模块的额定电流等级通常为交流电流峰值的1.3~1.5倍。当采用多个开关器件并联时，可以选择额定电流较小的器件并联。但是，考虑均流问题，并联器件的开关参数必须一致。

2）开关频率与开关损耗。开关频率的增大可以提高电机控制器的功率密度，减小滤波器的尺寸，减小或取消缓冲电路，进而减小整个控制器的体积和质量。在硬开关 PWM 变换器中，随着开关频率的上升，开关损耗会成比例地上升，使电路的效率降低；另外，还会产生电磁干扰（EMC）噪声。目前，在新能源汽车中仍然采用硬开关 PWM 变换器。从实用角度出发，采用硅基 IGBT 的功率器件时，5～15kHz 的开关频率对于效率、噪声和电磁干扰是比较合适的。新一代 SiC 功率半导体器件的开关频率可以更高，达到 30kHz 以上。

3）动态特性和器件保护。开关器件应该有承受高电压/电流变化率的能力。器件的驱动功率应该非常小，这就要求器件的输入电容应该很小，输入阻抗必须非常高（几 MΩ 以上）。与主开关器件反并联的续流二极管应该有和主开关一样的动态特性，如低的反向恢复时间和相同的电压、电流能力。器件的可靠性直接关系到电机控制器的可靠性，当器件承受最大的允许电压时，它应该具有承受适量过电压的能力。另外，器件还应该具有一定的 I^2t 的承受能力。在硬开关 PWM 电机控制器中，器件的安全工作区（SOA）应该是矩形的，由最大电压和最大电流构成。器件保护电路的设计至为关键，在任何情况下，如果通过器件的电流超过其额定最大值，保护电路应能动作关断器件。

4）成本。功率模块的价格在整个电机控制器中所占的比例可达到 30%～40%，所以应该尽可能选择性价比高的器件。

2. 功率半导体器件 IGBT 的驱动

IGBT 驱动电路是低压控制电路和高压主回路的接口，主要起到驱动功率放大、保护功率器件的作用，对 IGBT 的开关特性有重要影响，包括开关速度、开关损耗、波形的尖峰和振荡等。日益提升的电流、电压以及更高的开关频率更容易对 IGBT 产生破坏。IGBT 保护电路可以减小 IGBT 模块过电压击穿、短路和过电流烧坏、过温的可能，提高了系统的可靠性和安全性。

IGBT 在驱动时，一般需要在门极上施加一个正电压，才能保证 IGBT 持续导通。当门极施加的电压小于该值时，IGBT 会进入关断过程。电动汽车用 IGBT 通常门极耐压为±20V，所以为了保证 IGBT 能够快速、可靠的导通，一般的门极开启电压选择 15～16V，而关断电压可选择零电压关断或负电压关断，在使用零电压关断的电路中，因寄生电容的存在，在某半桥 IGBT 开通过程中，同桥臂的另一 IGBT 会出现门极抬升导致的直通情况，因此在此情况下，通常需要在门极驱动电路中增加有源钳位电路。而使用负压关断则不会有这种问题发生，一般采用负压关断的驱动电路，典型关断电压使用−8V。

驱动电阻在驱动电路中起到调整 IGBT 工作波形，转移驱动器功率损耗和避免门极振荡的作用。增大驱动电阻可以减慢 IGBT 的开通、关断速度，减小 IGBT 的尖峰电压，但是同时也会增加 IGBT 的损耗；反之，减小驱动电阻，可加快 IGBT 的开通、关断速度，减小 IGBT 功耗，但是会增加 IGBT 的尖峰电压。所以驱动电阻阻值的选择，需要平衡功耗与尖峰电压，可以先进行驱动电阻初选，之后根据实测波形进行调整。对于驱动器，一是要求驱动器能够提供门极工作时所需的平均电流及驱动功率，为了保证长时间可靠运行，驱动器所能提供的电流和功率应大于计算值；二是要求驱动器能够提供的瞬时电流，大于 IGBT 所需的瞬时峰值电流。驱动电阻的功率一般选取为驱动功率的 2 倍左右。

驱动电路是连接控制回路和功率回路的重要环节，应起到高、低压电气隔离的作用。目前主流驱动电路按隔离方式可分为光耦隔离、容隔离、磁隔离三大类，如图 8-22 所示。

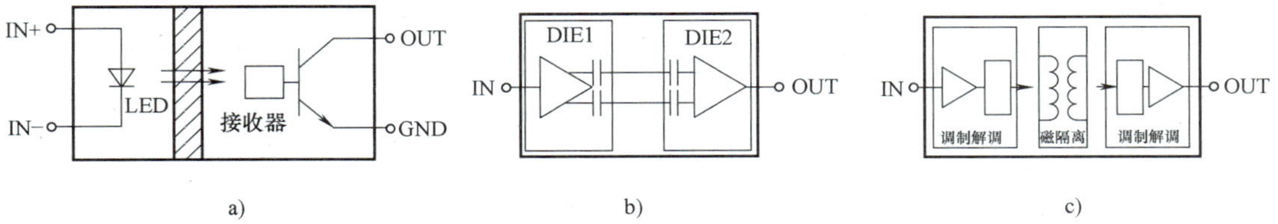

图 8-22 典型的电气隔离方式示意图

a）光耦隔离 b）容隔离 c）磁隔离

1）光耦隔离驱动。光耦隔离驱动通常使用光耦合器实现电气隔离，因信号仅能单向传输，二次高频干扰信号不会影响到一次，所以具有抗干扰能力强、工作稳定等优点，但是普遍隔绝电压较低，同时存在着传输延时长、老化等缺点。因目前 IGBT 驱动普遍在 10kHz 以下，所以光耦仍能满足 IGBT 的驱动工作。

2）容隔离驱动。容隔离驱动使用电容进行隔离，使用电场方式传输信号，具有高速、低延时、低偏移的特点，EMI 辐射较磁隔离方式更容易处理。同时有些产品内部采用高绝缘性能的半导体材料，绝缘电压可以做到很高，最高可达到 5kV（rms）以上。

3）磁隔离驱动。磁隔离驱动采用脉冲变压器的隔离方式，信号、能量通过磁场方式传输，可靠性高、传输延迟小，可满足更高开关频率下的驱动要求，同时具有成本低、体积小等特点。

典型的采用磁隔离 IGBT 驱动电路的原理图如图 8-23 所示。

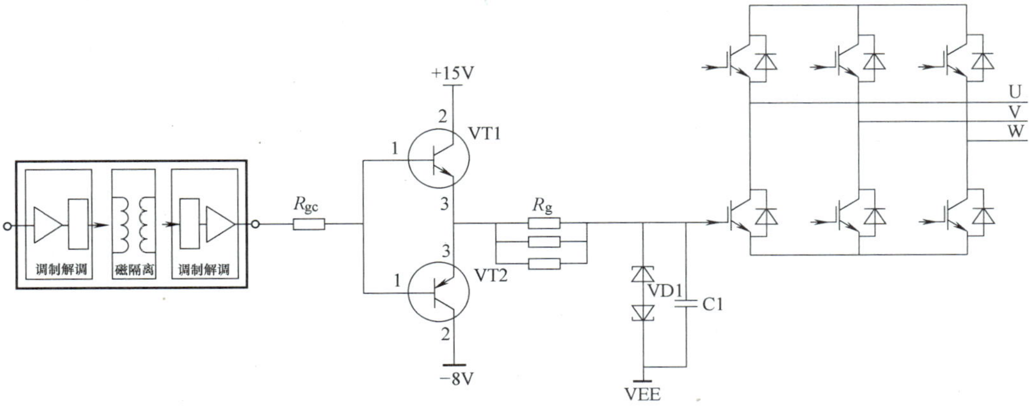

图 8-23 典型的采用磁隔离 IGBT 驱动电路的原理图

磁隔离芯片驱动口具有一定的电流输出能力，可直接驱动小功率 MOS 管。但在大功率场合，为满足 IGBT 模块驱动功率的需求，在驱动芯片的后端增加了一个大电流的 P 型晶体管（VT1）和一个 N 型晶体管（VT2）构成推挽电路，增大驱动功率。驱动电阻为 R_g；IGBT 的 GE 间并联的 TVS（VD1），用来防止 IGBT 门极过电压而损坏 IGBT；所并联的电容（C1）用来调整 IGBT 的开通关断波形。驱动电源导通电压为+15V，负向关断电压为−8V。

3. 支撑电容设计

滤波电容（亦称 DC-Link 电容）是电力电子装置功率回路的一个极为重要的元件，车载 VSI 电机控制器多采用滤波电容作为滤波和储能环节，滤波电容容量的选择直接影响整机的性能。

常用的车用滤波电容主要有电解电容和薄膜电容两大类。为进一步降低电机控制器的体积和质量，适应宽电压范围、大功率应用需求，需要一个紧凑、低损耗、性价比高的 DC-Link 电容器，电容器电压可高达 1000V（DC），容量值可达 3000μF。而电解电容器的额定电压一般低于 500V，且在一定的布置空间内，交流容量比较有限，难以满足上述工况需求。薄膜电容器的电压标准可达到 1000V（DC）以上，使用温度达到 105~125℃，比较适合车用工况的应用。与电解电容器相比较，薄膜电容器具有以下优点：

1）良好的温度特性。DC-Link 薄膜电容器采用高温聚丙烯薄膜，温度稳定性好，而电解电容器低温下容量急剧下降的特点影响了它在低温环境下的应用，因此在高海拔和高纬度地区使用电解电容器进行滤波，就需要特别的设计。

2）可承受反向电压。超过规定值的反向电压被加在电解电容上时，会引起电容内部发生化学反应，如果这种电压持续足够长的时间，电容会发生爆炸，或者随着电容内部压力的释放，电解液会流出。而薄膜电容器由于其自身无极性，可以承受双向电压冲击，可靠性更高。

3）抗脉冲电压能力强。薄膜电容器的耐冲击电压能力比电解电容器的抗脉冲电压能力更强。

4）干式设计，没有电解液泄漏的问题，没有酸污染。

5）低等效内阻，通过耐纹波电流的能力强。通常，薄膜电容器具有更小的等效内阻（ESR），纹波电流能力可达到 200mA/pF，而电解电容器通过纹波电流的能力要低很多，薄膜电容器的这个特点能大大减小系统中所需要的电容器的容量。

6）低等效电感。电机控制器的低电感设计要求其主要元件 DC-Link 电容器要有极低的等效电感（ESL）。高性能 DC-Link 直流滤波薄膜电容器把母线整合到电容器模块里，使它的自感降低，可减小在工作开关频率下的振荡效应。

7）使用寿命长。在额定电压和额定使用温度下，薄膜电容器的使用寿命更长。

选择膜电容器时，在设定的开关频率（f）下，如果已知电机控制器的最大允许纹波电压（$\Delta U_{d(p-p)}$）和纹波电流的有效值（I_{rms}），系统中需要的最小电容容量值可以通过下面的公式估计：

$$C_d \geqslant \frac{1}{2\pi f}\frac{I_{rms}}{\Delta U_{d(p-p)}} \tag{8-39}$$

通过将电容器端子和母排整合的方式来满足灵活的车辆布置尺寸要求，可使得整个逆变器模块更加紧凑，降低功率电路中的等效电感，使电路的性能更好。

4. 散热设计

车用电机控制器以液冷方式为主，主要通过传导散热方式对发热元件进行冷却。车用电机控制器功率模块采用紧凑布置方式，可近似认为功率模块为单一热源；同时冷却系统采用优化的设计方案，使得冷却系统的热量能够及时散发，因而可以认为用于电机控制器的散热器是一个均质发热体。

依据上述等效关系得到的电机控制器冷却系统热阻的等效电路如图 8-24 所示。图中 T_{jmax} 为功率模块芯片的最高结温；T_c 为功率模块的管壳温度；T_s 为水冷散热器温度；T_a 为冷却水温度。

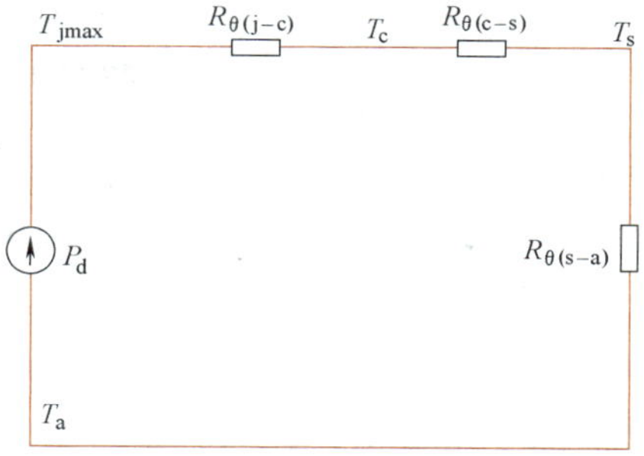

图 8-24 电机控制器冷却系统热阻的等效电路

由图 8-24 可知，水冷系统等效热阻 $R_{\theta(j-a)}$ 可表示为

$$R_{\theta(j-a)}=R_{\theta(j-c)}+R_{\theta(c-s)}+R_{\theta(s-a)} \tag{8-40}$$

式中，$R_{\theta(j-c)}$ 为功率模块的结壳热阻，与模块性能相关，$R_{\theta(c-s)}$ 为管壳到水冷散热器的热阻，与模块和水冷散热器的接触面状况相关，二者均可由模块使用手册中得到；$R_{\theta(s-a)}$ 为水冷散热器到冷却水的热阻，将水冷散热器和冷却水之间的热交换过程看成一种平壁导热，根据均质材料热传导定律，热阻 $R_{\theta(s-a)}$ 可表示为

$$R_{\theta(s-a)}=\frac{\delta}{\lambda S} \tag{8-41}$$

式中，δ 为电机控制器水冷散热器壁厚，单位为 mm；S 为电机控制器水冷散热器与冷却水之间的热交换面积，单位为 mm^2；λ 为水冷散热器热导率，单位为 W/(K · mm)。

由电机控制器水冷系统热阻等效电路，参照相关文献提出的均质发热体发热过程的动态温升计算方法，可得一定电机控制器功耗 P_d 下的水冷散热器达到热平衡时的稳态温度 T_s 温升曲线为

$$T_s=T_a+P_dR_{\theta(s-a)}(1-e^{-t/\tau}) \tag{8-42}$$

其中，τ 为电机控制器发热过程时间常数。

一个合理的冷却系统不但要有足够的冷却介质通过电机，并且应该使这些冷却介质的分配与系统各部分的损耗（发热量）相对应，从而使系统各部分的温升较为均匀，避免因局部过热而影响系统的寿命，电机和电机控制器水冷系统中冷却水在单位时间内流量 q_v 的计算式为

$$q_v=\frac{\sum P}{c\Delta\theta} \tag{8-43}$$

式中，q_v 为冷却水流量，单位为 m^3/s；$\sum P$ 为冷却介质需带走的热量，单位为 W，对于电机控制器，$\sum P=P_d$；c 为冷却介质的比热容，单位为 J/(kg · K)；$\Delta\theta$ 为冷却介质通过系统的温升，单位为 K。

电机和电机控制器一体化冷却系统设计中应注意保持冷却介质流量的分配与系统中各部分损耗的分配相对应，对冷却结构进行详细的流量计算，并在试验中加以修正。

电机控制器水冷系统形状复杂，水道存在多次的弯曲和截面积的变化。复杂的管道形状变化（如截面积突然扩大、缩小、弯曲等）使流体产生涡流、加速或旋转等，都将产生一定的能量损失，这种能量损失可通过流阻来表示。当流体通过管道时，流体的流阻可表示为

$$Z=\frac{\xi\rho}{2S_1^2} \tag{8-44}$$

式中，Z 为管道流阻，单位为 kg/m^2，$Z=Z_1+Z_2$，Z_1 为控制器部分流阻，Z_2 电机部分流阻；ξ 为局部阻力系数，通过设计水路形状来计算；ρ 为管道中流体密度，单位为 kg/m^3；S_1 为管道的截面积，单位为 m^2。

为维持水流不断地以单位时间流量 q_v 通过一系列的串、并联的水路，并带走水流动过程中从电机和电机控制器吸收的能量，必须不断地为系统补充势能。对于水冷系统，通过水泵将机械能转变为水流的能量，维持水系统的循环流动。水泵功率的计算式为

$$P_f = Zq_v^3 \tag{8-45}$$

式中，P_f 为水泵功率，单位为 W。

5. 电流检测

车用电机的电流检测主要为非接触式电流检测方式，所使用的器件一般以霍尔式电流传感器为主。霍尔式电流传感器一般是基于电流磁效应现象，检测导线周围环形磁场来判定被测电流的大小。在测量方法上可以分为开环霍尔式、闭环霍尔式等。

开环霍尔式的结构如图 8-25a 所示，将一块加工有气隙的环形铁心包围在被测电线的四周，让两者同心放置。在铁心的气隙处放置霍尔传感器，通过检测霍尔电压来测定电流的大小。

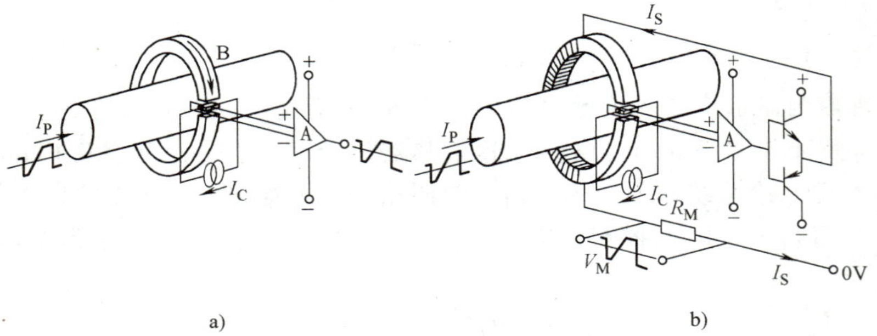

图 8-25　霍尔式电流检测原理

a）开环　b）闭环

由于铁心的磁阻远远小于空气，可以忽略，并且假设环路上的磁场强度均匀，对于开环霍尔式电流传感器，根据安培环路定理：

$$\oint B\mathrm{d}l = \mu_0 I_P \tag{8-46}$$

$$B = \mu_0 \frac{I_P}{\delta} \tag{8-47}$$

式中，B 为磁环所在位置的磁感应强度；μ_0 为真空磁导率；I_P 为被测电流；δ 为气隙长度。

代入霍尔效应公式，则

$$U_H = K_H IB\sin\alpha = K_H I_C \mu_0 \cdot \frac{I_P}{\delta} \tag{8-48}$$

式中，K_H 为霍尔电压系数；I_C 为霍尔传感器励磁电流。

闭环霍尔式的结构与开环霍尔式相似，如图 8-25b 所示，但它是在环形铁圈上缠绕上线圈，通过闭环控制线圈电流来平衡被测电路所产生的磁场，使得霍尔电压为零。这种方法的优点就是测量范围大。并且环路铁心出现的剩磁和磁滞效应较小，不会影响测量。但是必须增加一个闭环控制器来平衡磁场，并且在电流变化过快超过控制器的响应速度时会出现动态误差。

电流传感器输出的模拟量，经过信号调理之后经由单片机的 AD 采样转换成数字信号。考虑到电机矢量控制的特殊应用场景，一般要求电流采样与 SVPWM 的开关时刻要同步，以

此正确反映电流的动态变化过程。

在一些低成本、低电压应用的电机驱动系统中，也可以利用采样电阻直接进行电流采样。其工作原理是在被测电流处串联一个采样电阻 R，如图 8-26 所示，根据欧姆定律，该电阻两端的电压为

$$U_R = I_P R \tag{8-49}$$

式中，I_P 为被测电流；U_R 为采用电阻的端电压。

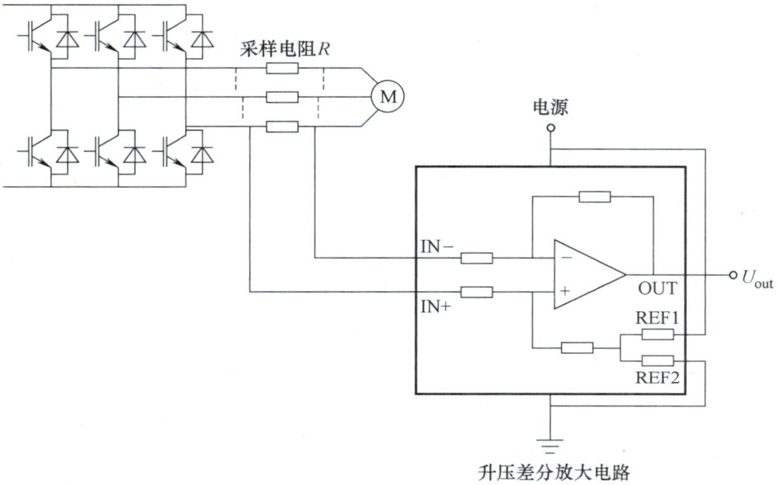

图 8-26　基于采样电阻的电流检测原理

这种电流采样方式通常应用于电流相对较低的场合，如在−100～100A 之间。为了减小采样电阻的功率损耗，通常采样电阻的阻值选择为 1mΩ 或者更小。因此电阻的端电压 U_R 通常较低，为了适配电阻的端电压和单片机的 AD 采样需求，需要一个升压差分放大电路对电阻的端电压进行几十到上百倍的放大，如图 8-26 所示。则最终单片机的 AD 采样电压与电流的关系为

$$U_{out} = U_{ref} + K_P I_P R \tag{8-50}$$

其中，$U_{ref}>0$，为中心点偏置电压，保证单片机的 AD 采样电压始终为正电压采样；K_P 为升压差分放大电路的放大倍数。

8.5.2　控制器的软件架构

1. 电机控制软件架构

针对电机控制应用，微处理器一般要求拥有丰富的外设资源，用于时序输出和 ADC 采样，前者是专用于电机控制的 PWM 发生模块，实现硬件死区控制、PWM 信号禁止等专用功能，后者可用于实现高信噪比的 AD 采样。最新的微处理器也设置 DSADC 模块，配合模块内部的积分器和数字滤波器，可以实现电机旋转变压器的实时解码。微处理器近年来有明显的多核化趋势，以应对电机控制并发计算任务需求。

与大多数嵌入式控制系统类似，车用电机控制器的软件具有实时性和并发性的本质特点，软件架构越来越普遍采用 AUTOSAR 架构。AUTOSAR 是当前汽车 ECU 开放式系统架构标准。采用 AUTOSAR 架构的 ECU 软件被抽象分类成三大块，分别是应用层（Application

Software，ASW）、运行时环境（Run Time Environment，RTE）以及基础软件层（Basic Software，BSW）。基础软件层则包含底层驱动相关模块，可细分为服务层（Services）、ECU 抽象层（ECU Abstraction）、复杂驱动层（Complex Drivers）以及微控制器抽象层（MCAL）。分层与模块化设计使得软硬件解耦、软件模块的可重用性显著提升。目前，标准的模块的主要功能有：操作系统、非易失性内存访问、CAN/FlexRay/Ethernet 总线通信、故障处理、I/O 访问、系统服务等。

应用层包含若干软件组件（SWC），每个软件组件由若干个运行实体（Runnable Entity，RE）组成。运行实体中封装了相关控制算法，可由 RTE 事件（RTE Event）等方式调度运行，并通过端口（Port）与外界进行信息交互。

RTE 运行时环境通过一系列 RTE 接口函数实现软件的模块化和可移植，实现了应用层软件组件（SWC）之间以及 SWC 和 BSW 之间的数据交换并控制它们之间的相互作用。

2. 电机控制软件的基本功能

现代车用电机控制功能完备复杂，基于 AUTOSAR 软件整体架构，进行功能模块划分与模块设计，可有效组织和管理各软件模块，保障软件质量和可重用性。软件模块设计方法有手工代码方式、基于模型的代码生成开发以及两种方法结合的设计开发。下面举例说明典型的软件功能模块。

（1）电机控制状态机设计　引入状态机（State Machine）对于并发任务应用场合非常必要，它可以通过划分不同工作模式，确保嵌入式控制器对外界输入做出合理/及时的响应。合理的状态机设计，能保证逆变器软件中电机控制在不同工作状态下的平滑切换与过渡。通常车用电机有 Initialization、Standby、PreCharge、HVActive、SpdqCtl、TrqCtl、DisCharge、ShutDown、Failure 等不同的工作状态。

图 8-27 中电机控制器（MCU）各工作模式说明如下。

1）初始化（Initialization）。正常上电过程，首先进行芯片自检。如果自检有问题将会自动重启。低压上电后，MCU 进行初始化处理，控制所有输出被设置成安全状态，复位相关故障，完成 CAN 驱动初始化工作以及传感器零漂标定工作等。

2）就绪（Standby）。初始化完成后，在未收到请求进入 HVActive 模式前，MCU 反馈 Standby 模式，表示低压工作正常。

3）高压上电（HVActive）。在 Standby 模式下，整车控制动力电池组进行预充，主继电器吸合后，MCU 检测母线电压是否满足最低电压需求，一方面，如达到最低工作电压，MCU 反馈 HVActive 信号，完成高压上电过程；另一方面，如此时高压并未达到最低工作电压，则 MCU 反馈故障模式，故障信息为欠电压，控制器无法进入正常模式工作。高压上电的前提是绝缘检测合格。

4）转速控制模式（SpdqCtl）。当整车需求指令为转速控制模式，MCU 可进入转速控制模式，根据请求转速进行闭环调节。当整车有严重故障时，MCU 会从转速控制模式转换至 HVActive 模式并关闭 IGBT 使能；另一方面，当条件成立时，MCU 可在转速模式下根据整车请求转换至 HVActive、TrqCtl 或 DisCharge 模式。

5）转矩控制模式（TrqCtl）。当整车需求指令为转矩控制模式，MCU 可进入转矩控制模式，根据请求转矩进行闭环控制，一般正转矩为驱动模式，负转矩为回馈发电模式。一方面，当整车有严重故障时，MCU 会从转矩控制模式转换至 HVActive 模式并关闭 IGBT 使能；

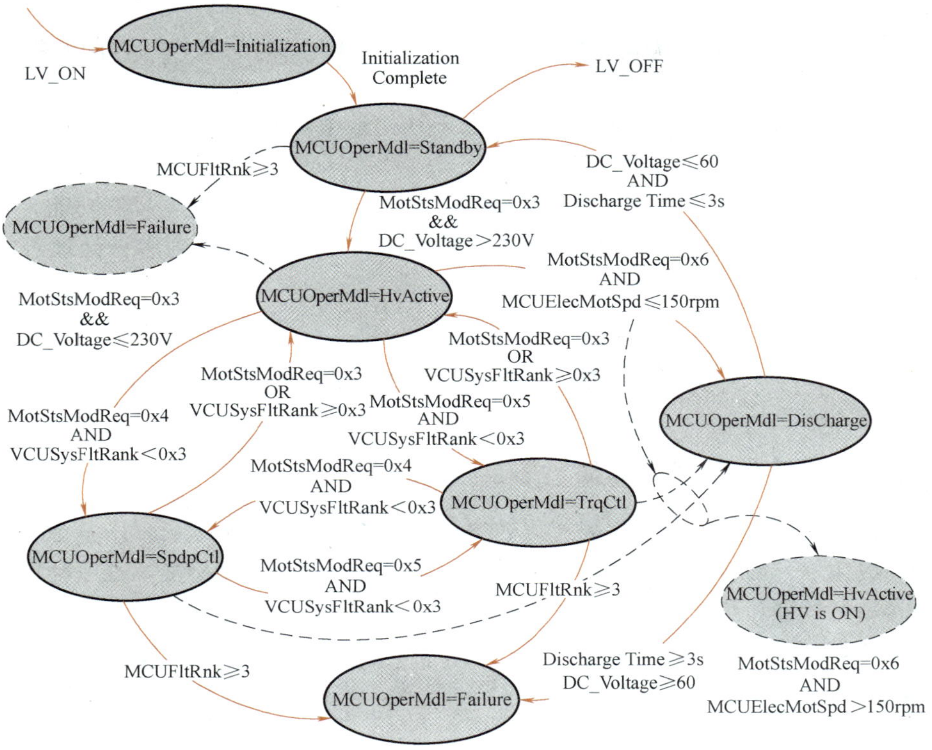

图 8-27 MCU 工作模式转换示意图

另一方面，当条件满足时，MCU 可在转矩模式下根据整车请求转换至 HVActive、SpdqCtl 或 DisCharge 模式。

6）高压放电（DisCharge）。下电过程通过控制器的自锁电路，保证在有高压的时候，弱电不能断开。当强电的主继电器断开后，且母线电压下降到安全电压等级后，弱电断开，控制器实现完全断电。当整车需求指令为快速放电模式，整车无严重故障，且 MCU 检测到电机转速低于一定转速时，MCU 可进入放电模式，控制器母线电容中的电量有两种释放方式。一是被动放电，每个控制器的电容两端都一直并接一个大阻值功率电阻。二是主动放电，在电池主继电器断开后，在不产生电磁转矩的前提下通过“直轴电流”发热消耗电容中的电量，该模式执行类同转矩控制模式，使用电机绕组进行放电，在规定时间内将控制器内部残余电量释放完成（放电过程不检测欠电压故障），如超时未完成，MCU 自行停止放电并上报故障。当条件满足时，DisCharge 模式可直接由 HVActive、SpdqCtl 或 TrqCtl 模式转入。

7）失效模式（Failure）。Failure 模式主要用于电机端故障处理，当 MCU 检测到故障时均会进入该模式。根据外部需求，故障发生时需要进行重新上下弱电复位，在故障模式下只能执行被动放电。

（2）电机转矩控制功能　转矩控制指 MCU 接收上位机发送的转矩控制请求，在考虑电机系统自身工况（电压、转速、温度）的情况下，输出与工况相匹配的转矩。常用的车用驱动电机转矩控制模式的控制原理如图 8-2 和图 8-3 所示。

涉及驱动电机转矩控制及功能实现主要包括低速恒转矩控制区域的最大转矩电流比（MTPA）控制、高速区域的恒功率弱磁控制、转速控制、电压控制等。控制原理即如本书介绍的矢量控制算法。

（3）通信模块及其他功能　现代汽车的电子结构是主要通过 CAN 总线通信系统将不同的 ECU 连接起来，构成分布控制系统。

除总线通信功能外，电机控制器还要完成故障诊断、热管理等必要控制功能。

对于多核处理器，根据实时性需求，不同的功能/任务可以分配到多核处理器的不同处理单元并行运行。

8.6　交流电机的转子磁场位置测量与估计

8.6.1　典型电机位置和转速测量传感器

电机位置检测传感器常见的主要有旋转变压器式传感器、光电编码器。其中，在车用电机位置检测应用中，旋转变压器使用最为广泛。旋转变压器，简称旋变，是一种用来测量旋转物体的转轴角位移和角速度的电磁式传感器，其典型结构如图 8-28a 所示，由定子和转子组成。如图 8-28b 所示，对于可变磁阻式旋变而言，一次绕组和二次绕组均位于定子上，两个定子二次绕组机械错位 90°，转子的特殊设计使得二次耦合处的电压随着角位置变化而发生正弦变化。

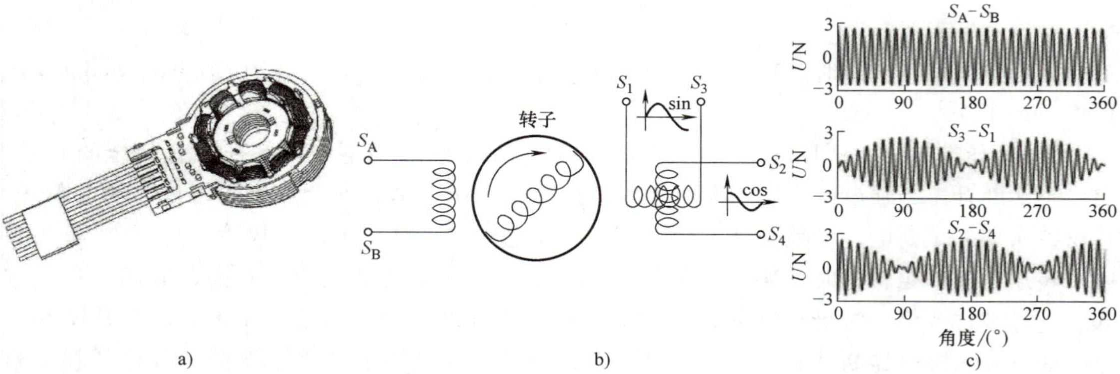

图 8-28　旋转变压器安装及定子绕组结构图、旋变激励信号及正余弦反馈信号

a）典型旋变结构　b）旋变的等效电路原理图　c）旋变的激励和反馈信号

激励信号与正余弦反馈信号如图 8-28c 所示。旋变输出电压（S_3-S_1，S_2-S_4）的计算公式为

$$S_3-S_1=E_0\sin\omega t\cdot\sin\theta \tag{8-51}$$

$$S_2-S_4=E_0\sin\omega t\cdot\cos\theta \tag{8-52}$$

其中，θ 为轴角；$\sin\omega t$ 为转子激励频率；E_0 为转子激励幅度。

从旋转变压器返回的模拟正/余弦信号经过调制/解调、ADC 采样、滤波、整流和积分等环节的处理后，需要进一步通过轴角变换解码算法解算出当前电机角度和角速度。

一种常用的方法是利用基于传感器反馈正/余弦的电压幅值反正切函数。这种方式较为简单，直接消去正/余弦结果的幅值，不会造成额外延迟，但其存在抗噪性差、静态波动较大等缺点。这主要是由于它是一种开环结构，无法形成闭环对当前结果进行修正。

另一种常用的方法是锁相环法，它将数字锁相环的原理运用到了角度观测中。锁相环一般分为三个环节，分别是鉴相、环路滤波和压控振荡。旋变解码锁相环法的原理如图 8-29 所示，在数字锁相环中，鉴相就是计算实际位置与估计位置之差；环路滤波则是一个 PI 控制器，来建立估计转速与位置差之间的关系；而压控振荡则是将估计转速进行积分，得出估计位置。另外，由于速度的积分就是位置，则可在该方法中直接得到转速，各滤波器造成的相位滞后也可在这里进行补偿。

鉴相引用的公式为

$$\sin\theta\cdot\cos\varphi-\cos\theta\cdot\sin\varphi=\sin(\theta-\varphi)\approx\theta-\varphi \tag{8-53}$$

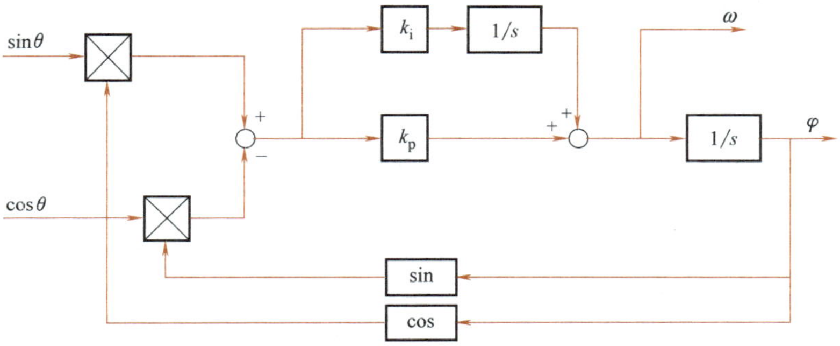

图 8-29 旋变解码锁相环方法原理

在传统旋变解码方案中，上述轴角变换算法通常通过硬件解码芯片实现位置信号的解算，其作用就是将转子绕组输出的感应电势转换成代表转子轴角位置的数字信号。解码芯片输出差分激励信号，并自行接收返回的差分正弦与差分余弦信号，通过轴角变换算法解算出角度位置。微处理器需要通过通信协议的方式，将位置信息从解码芯片中读出。

近年来，一些车用单片机也将上述硬件解码所需要的硬件接口集成到单片机中，可以实现所谓的“软解码”。

对于 PMSM 的 FOC 控制，需要机械式电机位置检测传感器，而感应电机的 FOC 仅需要电机的转速信息，因此感应电机仅需要速度的测量。一种常用的速度传感器为霍尔转速传感器，其采用霍尔效应来测量转子旋转速度。

霍尔转速传感器的工作原理如图 8-30 所示。其基于霍尔效应原理，如图 8-30a 所示，将金属或半导体薄片置于 z 向磁场中，当 x 方向有电流流过时，在垂直于电流和磁场的方向（y 向）上将产生电动势。霍尔效应的本质为 x 方向运动的载流电子要受到洛伦兹力作用。图 8-30b 为基于霍尔效应的转速传感器工作原理。当旋转齿轮的齿对准霍尔元件时，磁力线集中穿过霍尔元件，可产生较大的霍尔电动势，反之，当齿轮的齿槽对准霍尔元件时，产生较低的霍尔电动势。随着旋转齿轮的旋转，传感器输出的近似正弦的电压信号，经过信号调理和整形，可生成相对应的方波信号。测量单位时间内的方波脉冲数，就可以计算出旋转齿轮的转速。而旋转齿轮的齿数，决定了该霍尔转速传感器的分辨率。最终将霍尔转速传感器输出的方波信号输送到微处理器进行转子转速的计算。

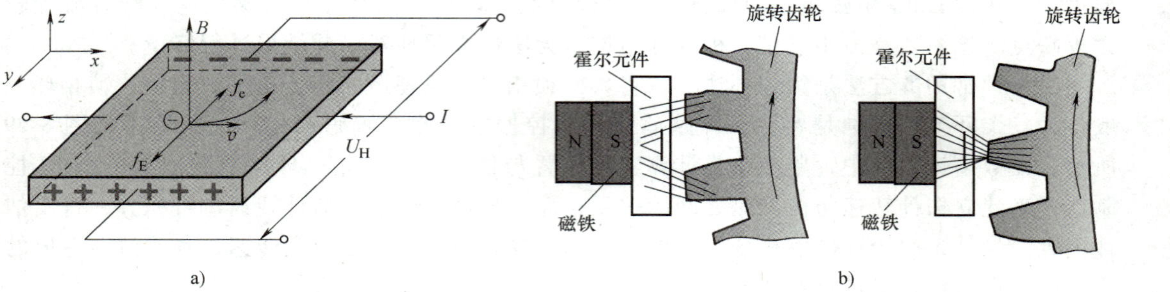

图 8-30　霍尔转速传感器的工作原理

a）霍尔效应原理　b）基于霍尔效应的转速测量

8.6.2　PMSM 位置传感器初始角的标定原理

PMSM 的控制通常采用转子磁场定向，因此需要知道转子的绝对位置信息，如图 8-31 所示的位置角 θ_r，该位置角 θ_r 为转子磁场方向与 A 相绕组励磁方向的夹角。该角 θ_r 也是第 6 章中 PMSM 的各个空间矢量在同步坐标系下分解的基础。在图 8-31 中，当转子磁场方向与 A 相绕组励磁方向相重合时，即 $\theta_r=0$ 时，电机的转子处于初始位置。

但是在工程应用中，由于电机位置检测传感器的安装偏差，位置检测传感器输出的位置角与电机真实的转子位置角存在一个固定的偏差，该偏差为 PMSM 位置传感器的初始角。PMSM 位置传感器的初始角被定义为当转子磁场方向与 A 相绕组励磁方向相重合时，电机位置传感器输出的角度 θ_0。在 PMSM 矢量控制过程中，需要初始角 θ_0 对位置传感器采集到的位置角 θ_m 进行补偿，有

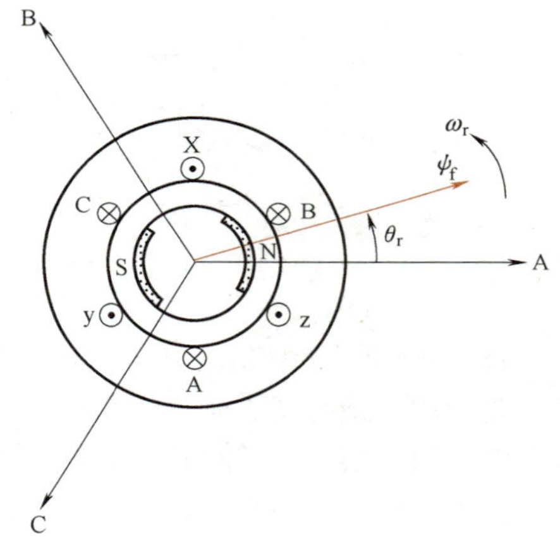

图 8-31　PMSM 的初始角示意图

$$\theta_r=\theta_m-\theta_0 \tag{8-54}$$

因此在进行 PMSM 矢量控制之前，需要对 θ_0 进行标定。

PMSM 位置传感器初始角标定的本质需求是找出转子磁场方向与 A 相绕组励磁方向相重合时的标志信息，常用的标定方法有反电动势法和 i_α 直流电流注入牵引法。

其中反电动势法是一种比较精确的 PMSM 位置传感器初始角标定方法。其基本原理是：当 PMSM 转子旋转时，将在 PMSM 定子绕组上产生感应电压。若 PMSM 定子上不加载电流，可根据 PMSM 定子电压上的相位信息判断出 PMSM 转子的位置信息。以图 8-31 为例，如 PMSM 转子以逆时针方向旋转，当转子磁场方向与 A 相绕组励磁方向相重合时，在 A 相绕组上产生的感应电动势将处于从负电压到正电压的转变的 0 点位置，如图 8-32a 所示。

但在真实电机应用中，三相逆变器的输出或者三相 PMSM 都略去了中性点，因此无法对 A 相电压进行直接采样，则需要通过其他方式得到 A 相电压的信息。对于三相 PMSM，已知其三相反电动势之和为 0，可推导得到：

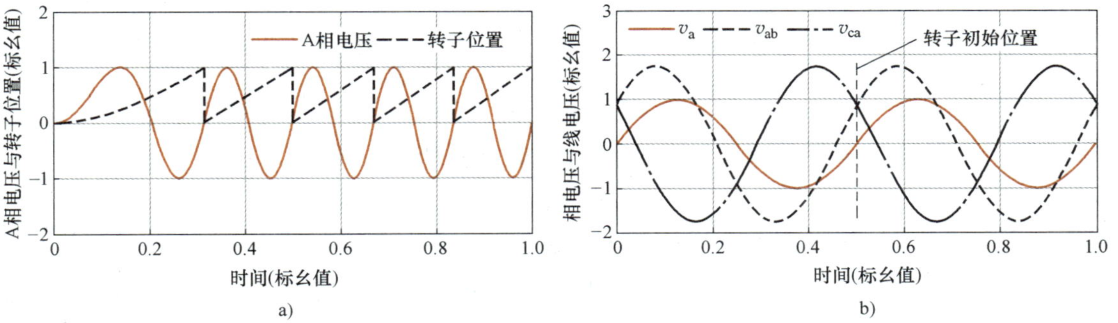

图 8-32　基于反电动势法的 PMSM 初始角标定原理

a）A 相电压与转子位置示意图　b）转子初始位置的电压标志信息

$$3v_a = v_{ab} - v_{ca} \tag{8-55}$$

因此可以通过对 AB 和 CA 线反电动势间接得到 A 相反电势。在工程应用中，可以利用 v_{ab} 与 v_{ca} 正半周波的交点标识转子位置初始角的信息，如图 8-32b 所示。

该标定过程需要在 PMSM 测试台架上完成。

上述基于反电势法的 PMSM 位置传感器初始位置标定主要用于精度需求很高的场合。以下介绍 i_α 直流电流注入牵引法，该方法主要应用于电机没有机械负载或负载很小的情况。其原理是直接在定子绕组上通以一个大的 α 轴正向电流（$i_\alpha>0$），且令 $i_\beta=0$。如图 8-31 所示，当通以足够大的正向 i_α 电流时，若 PMSM 的负载转矩或者摩擦转矩很小，该 α 轴正向电流 i_α 将牵引 PMSM 转子运动到与 A 相绕组励磁方向相重合的位置，此时即可直接读出 PMSM 位置传感器输出的位置信息，即实现了 PMSM 位置传感器初始角的标定。

i_α 直流电流注入牵引法对电机的初始负载情况比较敏感，如电机的初始负载，若齿槽转矩和摩擦转矩较大，则较难实现将 PMSM 转子位置精确的牵引到 A 相绕组励磁方向，或需要非常大 i_α 直流电流。在使用该方法时，为排除初始负载转矩的影响，需要将电机的输出轴与电机机械负载断开。

对于批量化生产，在 PMSM 出厂时就将 PMSM 位置传感器的零位与 PMSM 转子的初始位置对齐，则可免除初始位置的标定过程。

8.6.3　PMSM 的无位置传感器估计原理

车用电机的转子位置信息主要获取方法为安装上述机械式位置检测传感器，但是安装机械式位置检测传感器会增加器件成本、解算电路成本及安装成本。无位置传感控制技术可通过已知的 PMSM 绕组电信号信息来确定（估计）转子的位置信息，其主要针对特殊应用场合，或为机械式位置检测传感器提供控制系统的安全冗余。常用的 PMSM 无位置传感技术有反电动势估计法和高频信号注入法。反电动势法通常仅针对面装式 PMSM 或凸极效应可以忽略的场合，即 $L_D=L_Q=L_s$。

这里主要介绍基于反电动势法无位置传感控制技术。由于在同步 DQ 坐标系下的电压方程不直接包含转子的位置信息，因此需在定子固结 αβ 坐标系下进行转子反电势估计。在 αβ 坐标系下的面装式 PMSM 的电压方程为

$$\begin{cases} u_\alpha = R_s i_\alpha + L_s \dfrac{\mathrm{d}i_\alpha}{\mathrm{d}t} + e_\alpha \\ u_\beta = R_s i_\beta + L_s \dfrac{\mathrm{d}i_\beta}{\mathrm{d}t} + e_\beta \end{cases} \tag{8-56}$$

其中，e_α，e_β 为转子永磁磁链引发的反电动势，其表述为

$$\begin{cases} e_\alpha = -\omega_r \psi_f \sin\theta_r \\ e_\beta = \omega_r \psi_f \cos\theta_r \end{cases} \tag{8-57}$$

αβ 坐标系下的电压方程式（8-56）体现了 PMSM 转子位置信息 θ_r，如果能够基于该电压方程对转子永磁磁链引发的反电势 e_α、e_β 进行精确估计，则可利用反正切函数或锁相环技术对转子位置信息进行提取，比如通过反正切法可直接计算出转子位置信息，即

$$\theta_r = \arctan\left(\frac{e_\beta}{e_\alpha}\right) \tag{8-58}$$

为对电压方程中的 e_α 和 e_β 进行估计，可引入扩展状态观测器技术。将电压方程式（8-56）改写为电流的状态方程如下：

$$\frac{\mathrm{d}}{\mathrm{d}t}\begin{pmatrix} i_\alpha \\ i_\beta \end{pmatrix} = -R_s\begin{pmatrix} i_\alpha \\ i_\beta \end{pmatrix} + \frac{1}{L_s}\begin{pmatrix} u_\alpha \\ u_\beta \end{pmatrix} - \frac{1}{L_s}\begin{pmatrix} e_\alpha \\ e_\beta \end{pmatrix} \tag{8-59}$$

在此基础上，设计电流的扩展状态观测器如下：

$$\frac{\mathrm{d}}{\mathrm{d}t}\begin{pmatrix} \hat{i}_\alpha \\ \hat{i}_\beta \end{pmatrix} = -R_s\begin{pmatrix} \hat{i}_\alpha \\ \hat{i}_\beta \end{pmatrix} + \frac{1}{L_s}\begin{pmatrix} u_\alpha \\ u_\beta \end{pmatrix} - \frac{1}{L_s}\begin{pmatrix} v_\alpha \\ v_\beta \end{pmatrix} \tag{8-60}$$

其中，$\hat{i}_\alpha$、$\hat{i}_\beta$ 为定子电流的观测值；v_α、v_β 为观测器的控制输入。将式（8-59）与式（8-60）作差，可得定子电流的观测误差方程：

$$\frac{\mathrm{d}}{\mathrm{d}t}\begin{pmatrix} \tilde{i}_\alpha \\ \tilde{i}_\beta \end{pmatrix} = -R_s\begin{pmatrix} \tilde{i}_\alpha \\ \tilde{i}_\beta \end{pmatrix} - \frac{1}{L_s}\begin{pmatrix} e_\alpha \\ e_\beta \end{pmatrix} + \frac{1}{L_s}\begin{pmatrix} v_\alpha \\ v_\beta \end{pmatrix} \tag{8-61}$$

其中，$\tilde{i}_\alpha$、$\tilde{i}_\beta$ 为定子电流的观测误差，$\tilde{i}_\alpha = i_\alpha - \hat{i}_\alpha$，$\tilde{i}_\beta = i_\alpha - \hat{i}_\beta$。根据上述观测误差方程，可设计控制规律，使定子观测电流误差收敛到 $\tilde{i}_\alpha = 0$ 及 $\tilde{i}_\beta = 0$，则可实现观测器控制输入 v_α、v_β 分别对反电势 e_α、e_β 的跟踪。

8.6.4 感应电机的转子磁链估计

在三相感应电机的矢量控制中，由于其转子磁场方向不可直接通过检测转子位置的方式检测，因此，感应电机较 PMSM 矢量控制更为复杂，需要对转子磁场方向进行估计。对比 PMSM，在对感应电机基于转子磁场定向的矢量控制系统介绍中，主要介绍转子磁场的定向模型。

感应电机转子磁场定向是通过运算（估计）来确定转子磁链矢量的空间位置，通常是通过一定的运算估计出转子磁链矢量，称为磁链观测法。磁链估计一般是根据定子电压矢量方程或者转子电压矢量方程，利用可以直接检测到的物理量，例如定子三相电压、电流和转速，通过必要的运算来获得转子磁链矢量的幅值和相位信息。常用的转子磁链估计方法主要

有电压—电流模型以及电流—转速模型。

1. 电压—电流法

电压—电流法的基本思路是通过定子电压、电流矢量$\boldsymbol{u}_s$、$\boldsymbol{i}_s$求解转子磁链矢量$\boldsymbol{\psi}_r$。

将式（7-4）、式（7-5）定转子磁链方程联立，消去$\boldsymbol{i}_r$，可得

$$\boldsymbol{\psi}_s=\sigma L_s\boldsymbol{i}_s+\frac{M_{sr}}{L_r}\boldsymbol{\psi}_r \tag{8-62}$$

其中，σ为总漏感系数，再将式（7-10）定子电压方程代入式（8-62），消去$\boldsymbol{\psi}_s$，可得

$$\boldsymbol{u}_s=R_s\boldsymbol{i}_s+\mathrm{p}\left(\sigma L_s\boldsymbol{i}_s+\frac{M_{sr}}{L_r}\boldsymbol{\psi}_r\right) \tag{8-63}$$

式中，p为微分算子。在静止轴系下，对ABC坐标系进行Clark变换得到αβ坐标系，并将式（8-63）以αβ坐标系坐标分量表示，则有

$$\begin{cases}\psi_{r\alpha}=\dfrac{L_r}{M_{sr}}\left[\int(u_{s\alpha}-R_si_{s\alpha})\mathrm{d}t-\sigma L_si_{s\alpha}\right]\\ \psi_{r\beta}=\dfrac{L_r}{M_{sr}}\left[\int(u_{s\beta}-R_si_{s\beta})\mathrm{d}t-\sigma L_si_{s\beta}\right]\end{cases} \tag{8-64}$$

这就是电压电流法的基本表达式，可以通过定子电压电流计算出$\psi_{r\alpha}$、$\psi_{r\beta}$，进而可以计算出转子磁链幅值ψ_r和αβ坐标系下的方向角度θ_M。其具体实现框图如图8-33所示。

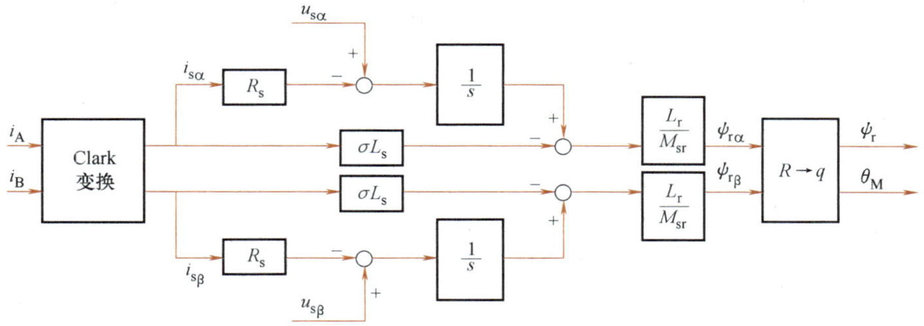

图8-33　电压—电流模型

图8-33中，电压—电流法中积分的初始值和误差积累还是会使结果产生偏差，这是电压—电流模型的不足之处。$u_{s\alpha}$和$u_{s\beta}$为定子相电压检测值，i_A、i_B为定子电流检测值，在没有零序分量情况下，只要检测两相值就够了。$R\to q$表示由直角坐标到极坐标的转换，即

$$\psi_r=\sqrt{\psi_{r\alpha}^2+\psi_{r\beta}^2} \tag{8-65}$$

$$\theta_M=\arctan\frac{\psi_{r\beta}}{\psi_{r\alpha}} \tag{8-66}$$

式中，ψ_r为$\boldsymbol{\psi}_r$的幅值，θ_M为$\boldsymbol{\psi}_r$以A轴为参考轴的空间相位。

在低速时，式（8-64）中的定子电压值较小，若定子电阻值不准确，定子电阻压降的偏差对积分结果的影响会增大。定子电阻会随负载和环境温度的变化而变化，变化后的阻值甚至可达原值的2倍。

2. 电流—转速法

电流—转速法的基本思路是通过定子电流矢量$\boldsymbol{i}_s$和电机的转速ω_r求解转子磁链矢量$\boldsymbol{\psi}_r$的方向。

由定子T轴耦合关系式（7-74）知，转差频率ω_f与i_T、ψ_r相关。而由定子M轴电流励磁原理易知，ψ_r完全由i_M决定，即

$$\psi_r = M_{sr}\frac{i_M}{1+T_r p} \tag{8-67}$$

把式（8-67）代入定子T轴耦合关系式（7-74），可得转差频率ω_f与定子电流矢量$\boldsymbol{i}_s$的瞬态关系式：

$$\omega_f = \frac{i_T}{T_r i_M/(1+T_r p)} \tag{8-68}$$

故$\boldsymbol{\psi}_r$的方向角度θ_M为

$$\theta_M = \int \omega_s \mathrm{d}t = \int\left(\omega_r + \frac{i_T}{T_r i_M/(1+T_r p)}\right)\mathrm{d}t \tag{8-69}$$

根据上述公式，得到电流—转速模型，如图8-34所示。

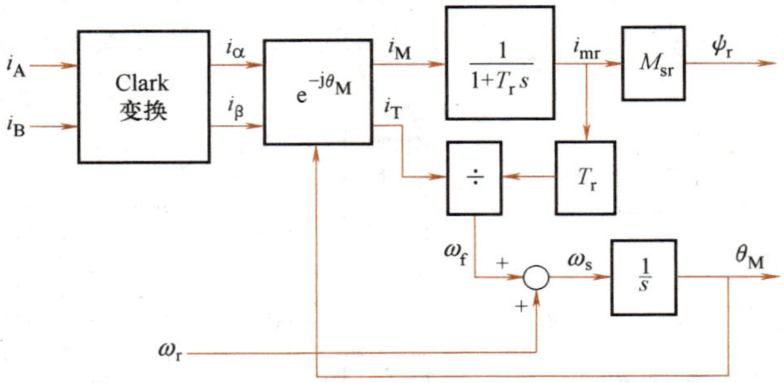

图8-34 以定子电流和转速的实测值作为输入的“电流—转速”模型

图8-34中，i_A、i_B和ω_r为实测值，$e^{-j\theta_M}$为静止坐标系到MT坐标系的变换因子。M轴的方程做了简单变化，即定义中间变量为

$$i_{mr} = \frac{1}{1+T_r p} i_M \tag{8-70}$$

ω_s经积分后便为$\boldsymbol{\psi}_r$在静止ABC坐标系中的空间相位θ_M。此外也可以利用定子三相电流和转子位置θ_r的检测值来获取$\boldsymbol{\psi}_r$的幅值和相位。

电流—转速模型，明显的缺陷是估计结果严重依赖于转子时间常数T_r。如果T_r存在偏差，将会直接导致磁场定向不准，引起MT轴系间不希望有的耦合。分析表明，电动机在高速运行时，T_r存在偏差容易引起磁通振荡。电动机在运行中，转子电阻会随负载在较大范围内变化，转子自感易受磁路饱和的影响。

综上所述，在中、高速范围选择电压—电流模型较合适，而电流—转速模型适合于低速。也可以将两种模型结合起来，以相互弥补高频和低频的不足，在中、高速时采用电压—电流模型，在低速时采用电流—转速模型，但模型切换应快速而平滑。

电压—电流模型和电流—转速模型只能按给定的数学模型来获取$\boldsymbol{\psi}_r$的信息，而数学模型中的参数在电机运行中是不断变化的，这将影响转子磁链观测的准确度，必要时须在线辨识电机的参数。

从控制理论的观点看，上述磁链估计并没有利用转子磁链的输出误差构成负反馈，因此只能说是一种运算。为提高观测精度，还必须考虑误差动态修正问题，这就要构成闭环“磁通观测器”。

小　结

基于四线圈正交两相原型电机，本章给出的矢量控制架构，有望实现不同类型电机矢量控制架构的统一。

在有位置传感器的情况下，永磁同步电机的磁场定向实现相对简单，因为永磁体的位置是固定的，只要检测出转子的绝对位置就可以得出永磁体励磁磁场的空间位置。在无位置传感器的情况下，需要对转子磁场进行估计。感应电机转子磁场定向是通过运算（估计）来确定转子磁链矢量的空间位置。磁链估计一般是根据定子电压矢量方程或者转子电压矢量方程，利用可以直接检测到的物理量，例如定子三相电压、电流和转速，通过必要的运算来获得转子磁链矢量的幅值和相位信息。转子磁链估计方法主要有电压—电流模型以及电流—转速模型。

交流电机所需要的定子控制电压为变频变压的交流电压，特别的，定子三相合成的空间电压矢量随电机转子同步旋转。为此，可以引入类似SVPWM这样的电压调制方法对直流电压进行调制，SVPWM的基础是“伏秒等效原理”。其中的脉宽变化可以实现在同一扇区内对电压幅值和相位的调制，8个基矢量的不同组合又可以实现电压矢量在不同扇区的调制。要注意SVPWM与一般PWM调制的区别和联系。

脉宽调制依赖于功率半导体器件实现，本章有选择地介绍了电力晶体管（GTR）、功率场效应晶体管（MOSFET）以及绝缘栅双极晶体管（IGBT）三种重要的器件类型。功率半导体技术对于车用电驱动系统的发展起决定性作用，但限于篇幅本书未能展开描述，希望读者能以此为基础扩展阅读。

车用电机控制器是一类典型的汽车电子产品，其组成包括机械结构、硬件电路、软件等。本章概要地介绍了典型控制器的结构组成、关键硬件电路原理和典型软件功能。

功率半导体广泛应用于电子制造行业，传统应用领域包括消费电子、网络通信、电子设备等产业。随着社会经济的快速发展及技术工艺的不断进步，新能源汽车及充电桩、智能装备制造、物联网、新能源发电、轨道交通等新兴应用领域逐渐成为功率半导体的重要应用场景，进而带动了功率半导体需求的快速增长。汽车电动化是大势所趋，功率半导体也迎来了全新的发展机遇。

国内功率半导体的市场空间巨大，但国产化率较低。全球功率半导体头部厂商均为海外公司。近年来国内厂商加大研发投入，部分产品技术水平已达到国外主流水准，有望凭借技术进步、成本优势和快速响应能力实现国产替代、份额提升。

在功率半导体产业领域打一个翻身仗，彻底摆脱受制于人的被动局面，提升国内电驱动产品附加值水平是电驱动行业的共同期盼和努力方向。

习 题

8-1 用 Simulink 仿真或编程实现 SVPWM 过程。

8-2 如何防止电力 MOSFET 因静电感应引起的损坏？

8-3 IGBT、GTR 和电力 MOSFET 的驱动电路各有什么特点？请列举各自的优缺点。

8-4 什么是异步调制？什么是同步调制？两者各有何特点？

8-5 如何提高 SVPWM 逆变电路的直流电压利用率？

8-6 基于第 6 章习题 6-14 给出的 PMSM 参数，试用 Simulink 进行矢量闭环控制仿真，并分析电机的动态工作过程。

8-7 基于第 7 章习题 7-1 给出的感应电机参数，试用 Simulink 进行矢量闭环控制仿真，实现电机的磁链观测算法并仿真磁场定向控制过程。

8-8 试论述感应电机参数变化对磁场定向控制的影响。

第9章

车用电驱动系统的集成

9.1 车用电驱动系统的负载平衡

9.1.1 车用电驱动力与行驶阻力的平衡

根据汽车理论相关知识，驱动电机的输出转矩通过车轮转化为车辆的驱动力，车辆纵向动力学模型主要描述该驱动力与纵向行驶阻力之间的关系，并根据力学平衡关系计算车速。

常用的汽车驱动力与行驶阻力平衡方程为

$$F_t = F_f + F_w + F_i + F_a \tag{9-1}$$

式中，F_t 为驱动力；F_f 为轮胎与路面之间的滚动阻力；F_w 为空气阻力；F_i 为坡度阻力；F_a 为加速阻力。

由于轮胎与路面接触产生的等效滚动摩擦阻力F_f 为垂向载荷F_z 与滚动阻力系数f之积，而f与路面状况、行驶车速以及轮胎结构、材料和气压等因素有关，一般由试验确定。在不考虑转弯时滚动阻力增加等因素时，轿车轮胎在良好路面上的滚动阻力系数可用下式近似等效

$$f = c\left[f_0 + f_1\left(\frac{u_a}{100}\right) + f_2\left(\frac{u_a}{100}\right)^4\right] \tag{9-2}$$

式中，f_0、f_1、f_2 为滚阻系数；c 为修正系数；u_a 为车速，单位为 km/h。

空气阻力F_w 为汽车直线行驶时受到的空气作用力在行驶方向上的分力，其数值可通过下式计算，即

$$F_w = 0.5 C_D A_f \rho u_{ar}^2 \tag{9-3}$$

式中，C_D 为空气阻力系数，与车身造型相关；A_f 为有效迎风面积；ρ 为空气密度，取 $1.2258\text{N}\cdot\text{s}^2\cdot\text{m}^{-4}$；$u_{ar}$ 为车辆与空气流动的相对速度，单位为 km/h，无风时即等于车速u_a。

由坡度 α 计算坡度阻力F_i，得

$$F_i = Mg\sin\alpha \tag{9-4}$$

式中，M 为整车质量；g 为重力加速度。

加速阻力F_a 的计算公式为

$$F_a = Ma = \frac{M}{3.6}\frac{\mathrm{d}u_a}{\mathrm{d}t} \tag{9-5}$$

式中，u_a 为车速，单位为 km/h；a 为车辆纵向加速度，单位为 m/s^2。

在水平路面匀速行驶时，车辆的行驶阻力等于滚动阻力 F_f 和空气阻力 F_w 之和。由于式（9-2）中的系数 f_2 非常小，可以忽略，此时车辆行驶阻力曲线为一条二次抛物线，如图 9-1 所示。

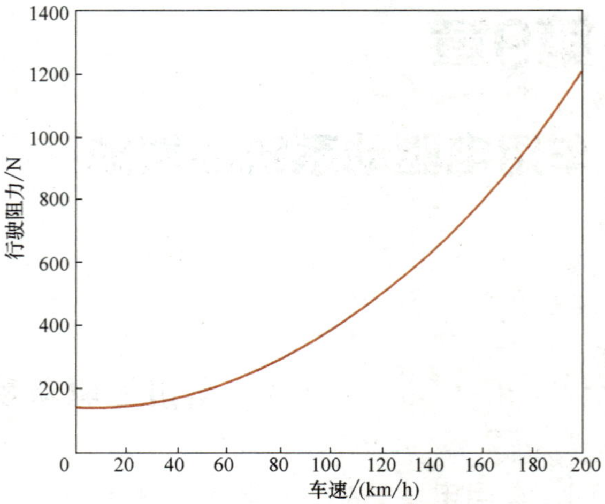

图 9-1　车辆行驶阻力曲线

电机的外特性参数主要是额定功率、转矩和转速。正确选择电机的外特性参数非常重要，例如对于额定功率，如果选择过小，则电机经常工作在过载状态；相反，如果选择的功率太大，则经常工作在欠载状态，效率及功率因数降低，而且需要增加动力蓄电池的容量，综合经济效益下降。

选择电机的额定功率时，应该重点考虑电动汽车各种稳态工况。

电动汽车以最高车速匀速行驶时消耗的功率为

$$P_u=\frac{1}{\eta}\left(\frac{Mgf}{3600}u_{amax}+\frac{C_DA_f}{76140}u_{amax}^3\right) \tag{9-6}$$

式中，η 为电动汽车的综合传动效率；u_{amax} 为最高车速，单位为 km/h；P_u 的单位为 kW。

电动汽车匀速爬坡所消耗的功率为

$$P_i=\frac{1}{\eta}\left(\frac{Mgf}{3600}u_a+\frac{C_DA_f}{76140}u_a^3+\frac{Mgi_s}{3600}u_a\right) \tag{9-7}$$

式中，i_s 为道路坡度。

电动汽车驱动电机的额定功率应能同时满足汽车对最高车速、爬坡度的要求，所以电动汽车驱动电机的额定功率应满足

$$P_e\geqslant \max\{P_u,P_i\} \tag{9-8}$$

电机的峰值功率 $P_{emax}=\lambda P_e$，其中，λ 为电机的过载系数，主要考虑短时功率需求，特别是电动汽车在加速行驶时所消耗的功率，即

$$P_a=\frac{1}{\eta}\left(\frac{Mgf}{3600}u_a+\frac{C_DA_f}{76140}u_a^3+\frac{\delta M}{3600}\frac{\mathrm{d}u_a}{\mathrm{d}t}u_a\right) \tag{9-9}$$

式中，δ 为汽车的旋转质量换算系数，可选取最大功率 $P_{emax}\geqslant P_a$。

驱动电机最大转矩 T_m 的选择首先要满足最大爬坡度的要求，此时车辆的行驶方程为

$$F_t=F_f+F_w+F_i \tag{9-10}$$

将驱动力和各种阻力的表达式代入，可得

$$\frac{T_mi_gi_0\eta}{r_d}=fG\cos\alpha+\frac{1}{2}\rho C_DA_f(u_a+u_w)^2+G\sin\alpha \tag{9-11}$$

式中，T_m 为电机的输出转矩，单位为 N·m；i_g 为变速器的传动比；i_0 为主减速比；r_d 为车轮的有效滚动半径，单位为 m；车重 $G=Mg$；u_w 为风速，单位为 km/h，当风速与车速同向时，取负，当风速与车速反向时，取正。

因此，电机的转矩为

$$T_m=\frac{\left[fG\cos\alpha+\frac{1}{2}\rho C_D A_f(u_a+u_w)^2+G\sin\alpha\right]r_d}{i_g i_0\eta} \tag{9-12}$$

此外，最大转矩的选择还要校核加速时间要求。

9.1.2 车用电驱动系统的外特性

电动汽车需要频繁起动和制动，运行速度范围宽，并承受较大的加速度或减速度。电动汽车在加速或爬坡时，需要驱动电机提供2~3倍的峰值转矩；在电动汽车高速行驶时，驱动电机应以额定转速的3~4倍转速运行。

1. 车用电机的外特性

电动汽车的动力特性通常用加速时间、最高车速和爬坡度等技术指标予以评价，这些指标也是车用电驱动系统设计中驱动电机和传动装置参数确定的基本依据。

电驱动系统的转速-功率（转矩）特性一般称为驱动电机的外特性，也称为机械特性。

驱动电机是纯电动汽车唯一的动力源，通常用于电动汽车的电机外特性特征表现为：机械特性分成两个区域，包括恒转矩区和恒功率区，二者以额定转速（也称“基速”或“转折速度”）为分界点。在额定转速以下，以恒转矩模式工作；在额定转速以上，以恒功率模式工作，如图9-2所示。

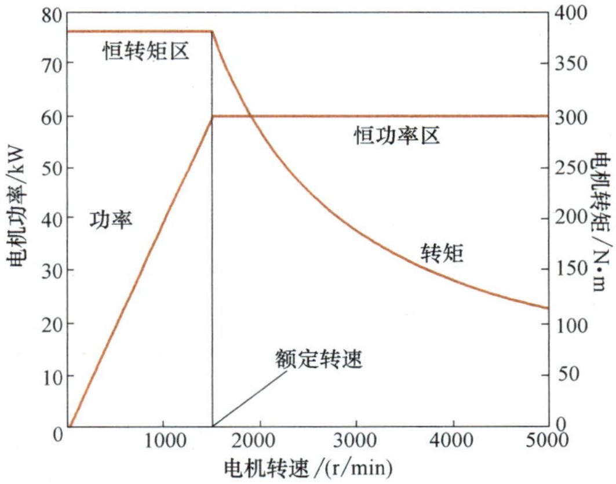

图 9-2 驱动电机的一般机械特性举例

如前所述，在额定转速以下的恒转矩区，输出转矩受电机控制器输出电流幅值的约束；在额定转速以上的恒功率区，输出功率受电机控制器输出电压的约束。在恒功率区，通过弱磁控制扩展电机的工作转速范围，因此也统称弱磁区。

从电动汽车的行驶工况可以看出，电机工作转速范围覆盖整个恒转矩区和恒功率区，驱动电机不只工作在额定点，因此要求电机在整个转矩-转速特性区内都要有高效率，具备快速的转矩响应特性。

电机最高工作转速n_{max}与额定转速n_N的比值称为电机的“恒功率调速比”，简称“调速比”，即

$$x=\frac{n_{max}}{n_N} \tag{9-13}$$

每种形式的电机有其固有的调速比限值范围。例如，由于有永磁体，磁场不易衰减，因此永磁电机具有相对较小的调速比（约为3）；对于开关磁阻电机，其调速比可大于6；对于异步电机，其调速比可大于4。

在常规散热条件下，电机可以长期安全稳定运行的最大功率值为额定功率。额定功率是额定转矩和额定转速的乘积。而峰值功率是指电机可以达到的并可以短时工作而不失效的最大功率值。电机的峰值功率与额定功率之比称为过载系数。

图 9-3 所示为具有不同调速比（$x=2$，4，6）的相同功率（60kW）电机的外特性曲线。显然在 n_{max} 相同的条件下，调速比越大的电机恒功率区范围越大，相同功率下最大转矩越高，除了加速和爬坡性能得以改善，传动装置也可简化。当然实际设计中最大转矩要受到最大相电流的制约。

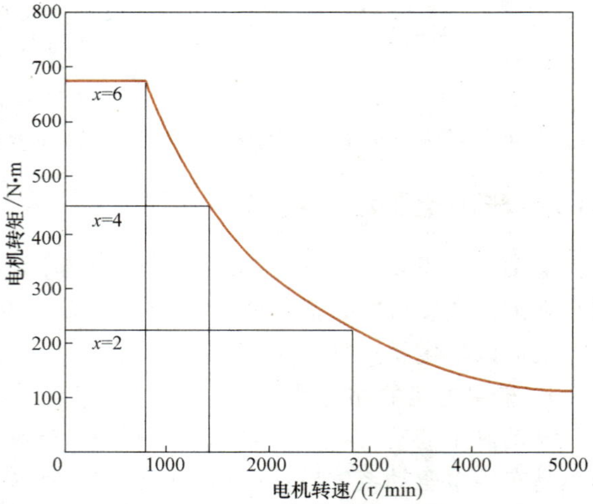

图 9-3　调速比为 2、4 和 6 的 60kW 电机的外特性曲线

2. 电机和减速器的联合工作外特性

传动装置可以实现电机的减速增矩，是车用电驱动系统的重要组成部件。与内燃机相比，电机具有优异的变速特性和更宽的调速范围区间，因此与之匹配的传动装置可以大大简化。

电动汽车可以选择多档变速器或单档减速器来满足高速行驶和爬坡的要求，多档或单档传动装置的应用主要取决于电机的转速-转矩特性。

如果单档减速器传动比满足整车动力性要求，可以使用单档固定速比主减速器直接驱动。在峰值功率给定并满足最高车速要求的前提下，电机恒功率区范围越大，则可选的单档减速比越大，进而可提高低速工况下的牵引力。否则，需采用多档变速器，电动汽车在最高车速时，以最小传动比的档位行驶；在最大爬坡度时，以最大传动比的档位行驶。

图 9-4a 所示为配置有调速比 $x=6$ 的驱动电机和单档传动装置的电动汽车的牵引力随车速变化的特性。图 9-4b 所示为配置有调速比 $x=4$ 的驱动电机和两档传动装置的电动汽车的牵引力随车速变化的特性。其第一档覆盖了 a-b-c 的车速区间；第二档覆盖了 d-e-f 的车速区间。这两种方案中，电机与传动装置的联合工作外特性相同，即具有相同的牵引力特性，因而对应的汽车将有同样的加速和爬坡性能（不计换档时间）。

传动比的选取是传动装置设计中的一个重要问题，在电机输出特性一定时，电动汽车传动比的选择依赖于整车的动力性要求，即应该满足对汽车最高期望车速、最大爬坡度以及加速时间的要求。下面分析单档减速器的传动比选取准则。

传动比的上限由电机最高转速和最高行驶车速确定，即

$$i \leqslant \frac{0.377 n_{max} r_d}{u_{amax}} \tag{9-14}$$

$$i = i_0 i_g \tag{9-15}$$

传动比的下限由下述两种方法算出的传动系速比的最大值确定。

1）满足最高车速行驶要求。由电机最高转速对应的转矩极值和彼时的行驶阻力确定，即

$$i \geqslant \frac{F_{umax} r_d}{\eta T_{umax}} \tag{9-16}$$

式中，F_{umax} 为最高车速下对应的行驶阻力；T_{umax} 为电机最高转速对应的输出转矩。

2）满足最大爬坡度要求。由电机的最大输出转矩和最大爬坡度对应的行驶阻力确定，即

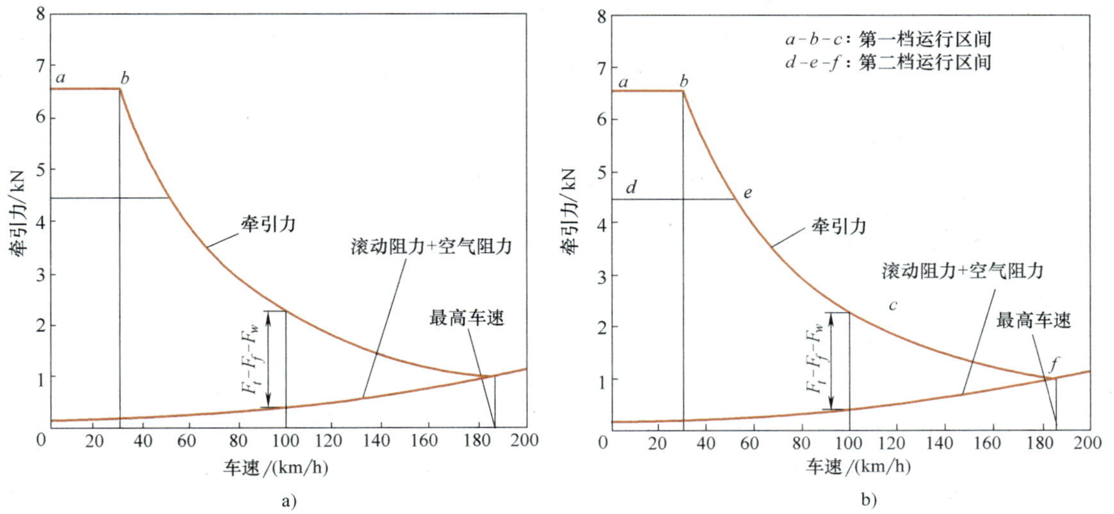

图 9-4　电机与传动装置的联合工作特性

a）调速比为 6 的驱动电机匹配单档传动装置　b）调速比为 4 的驱动电机匹配两档传动装置

$$i \geqslant \frac{F_{\mathrm{imax}} r_{\mathrm{d}}}{\eta T_{\mathrm{emax}}} \tag{9-17}$$

式中，F_{imax} 为最大爬坡度对应的行驶阻力；T_{emax} 为电机最大输出转矩。

驱动电机的额定转速n_{N} 应符合驱动电机的转矩-转速特性要求，主要影响车辆坡道最高速度和加速时间。电动汽车整车的功率平衡图和爬坡度校核如图 9-5 所示。

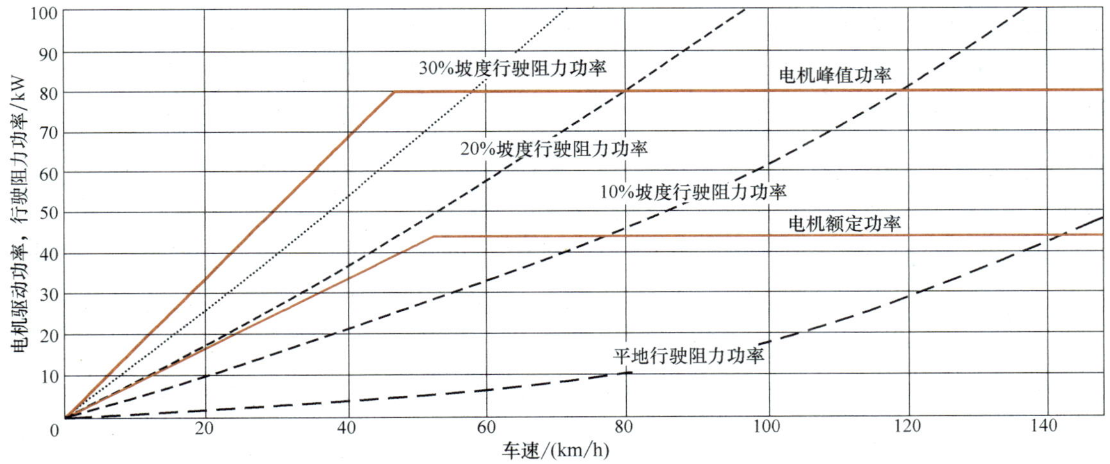

图 9-5　电动汽车整车的功率平衡图和爬坡度校核

在满足低速爬坡和最高车速行驶的前提下，需校核整车的加速性指标，根据加速性指标对电驱动的外特性做进一步修正。加速时间的校核方法与“汽车理论”课程中介绍的分析方法一致。

驱动电机最大转速的选择要结合最高车速、传动系减速比、驱动电机效率和连续传动特性考虑。在相同功率情况下，转速越高，电机的功率密度越大。驱动电机的功率是转矩和转速的函数，在保障转速和转矩要求的情况下，力求最大的工作效率。

9.1.3　车用电驱动系统的功率和效率特性

在汽车行驶时，能量由车载能源（直流电源）供给，通过电机控制器逆变为三相（或者多相）交流电，从而驱动电机输出转矩驱动车辆行驶；在制动情况下，在车辆自身的惯性或者坡道势能的驱动下，驱动电机将转换工作模式，由电动模式转换为发电模式，从而驱动电机控制系统将其三相（多相）电压和电流整流为直流电功率反馈到车载储能装置中。上述能量转换过程如图 9-6 所示。

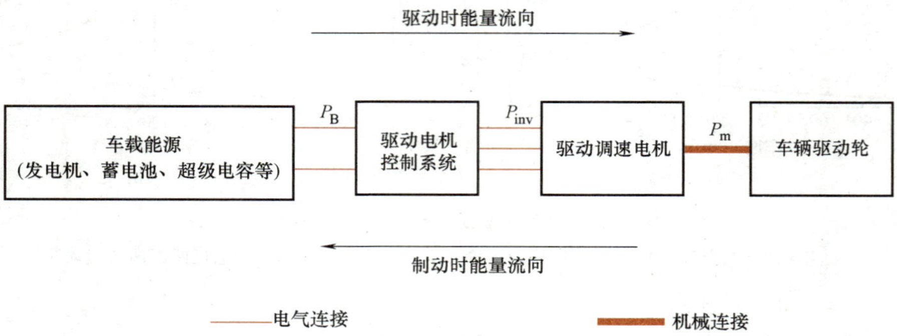

图 9-6　驱动系统能量转换过程

在驱动系统的效率分析中，要对三种功率进行计算。电驱动系统输入功率是直流电功率，同时也是车载电源供给功率，用P_B 表示；电机控制器输出功率同时也是电机输入功率，这部分功率作为驱动系统内部的功率传输，用P_{inv} 表示，是三相交流电功率；驱动系统输出功率也是车辆驱动功率，用P_m 表示，是机械功率。

在驱动系统设计过程中，有三个效率是最需要关注的，分别是驱动电机控制器效率η_{inv}、驱动电机效率η_m 和驱动系统整体效率η_{ed}。驱动模式下，效率计算公式分别为

$$\eta_{inv}=\frac{P_{inv}}{P_B} \tag{9-18}$$

$$\eta_m=\frac{P_m}{P_{inv}} \tag{9-19}$$

$$\eta_{ed}=\frac{P_m}{P_B}=\eta_{inv}\eta_m \tag{9-20}$$

由于电驱动系统输入为直流，所以输入功率计算比较直接，就是电压与电流的乘积，即

$$P_B=U_BI_B \tag{9-21}$$

式中，U_B 为车载直流电源的电压瞬时值，单位为 V；I_B 为车载直流电源的电流瞬时值，单位为 A；P_B 的单位为 W。

电驱动系统的输出为驱动电机的转速和转矩，也可以直接通过转矩和转速乘积计算得到，即

$$P_m=\frac{T_mn_m}{9.550} \tag{9-22}$$

式中，T_m 和n_m 分别为驱动调速电机的输出转矩和转速，单位分别为 N · m 和 r/min；P_m 的

单位为 W。

对于三相交流电功率的计算，由于驱动电机控制系统的输出为非正弦的交流信号，所以严格意义上对于P_{inv}的计算应该同时考虑基波和谐波。

在此仅考虑基波正弦信号的交流电功率的计算。在正弦交流电路中，三相视在功率计算公式为

$$S=3U_PI_P \tag{9-23}$$

式中，U_P 和I_P 分别为单相的相电压与相电流的有效值。

三相视在功率的计算也可以用线电压线电流来计算，公式为

$$S=\sqrt{3}U_LI_L \tag{9-24}$$

式中，U_L 和I_L 分别为线电压与线电流的有效值。

三相交流电有功功率一般小于视在功率，也就是说视在功率上打一个折扣才能等于有功功率，这个折扣就是功率因数，用 cosφ 表示，φ 称为功率因数角，是电压与电流间的相位差。各相有功功率（单位为 W）分别为

$$P_a=U_aI_a\cos\varphi_a \tag{9-25}$$

$$P_b=U_bI_b\cos\varphi_b \tag{9-26}$$

$$P_c=U_cI_c\cos\varphi_c \tag{9-27}$$

总的三相有功功率为各相有功功率的代数和，即

$$P=P_a+P_b+P_c \tag{9-28}$$

三相负载对称时，有

$$P=3U_PI_P\cos\varphi \tag{9-29}$$

相应的，总的无功功率为

$$Q=3U_PI_P\sin\varphi \tag{9-30}$$

在效率计算的时候应选用有功功率，并同时关注功率因数等数值。

9.2　车载电源对电驱动系统的影响

动力蓄电池是混合动力汽车和纯电动汽车上的储能部件，常用的车用动力蓄电池有铅酸蓄电池、镍氢电池和锂电池三类。因锂离子电池具有工作电压高、比能量和比功率大、自放电率低、循环使用寿命长、无记忆效应等优点，在车用动力蓄电池中应用最广泛。

锂电池的工作特性受放电倍率、温度、终止电压、循环次数、老化程度等因素的影响。为描述电池的工作特性，通常建立以电池工作原理为基础，由电阻、电容、恒压源等电路元件组成的等效电路模型。等效电路模型可以有效模拟电池的动态特性，同时方便理解。

PNGV 模型是应用较为广泛的一类等效电路模型。PNGV 模型等效电路中各电气元件参数均与电池当前 SOC（State of Charge）状态相关，PNGV 电池模型如图 9-7 所示。

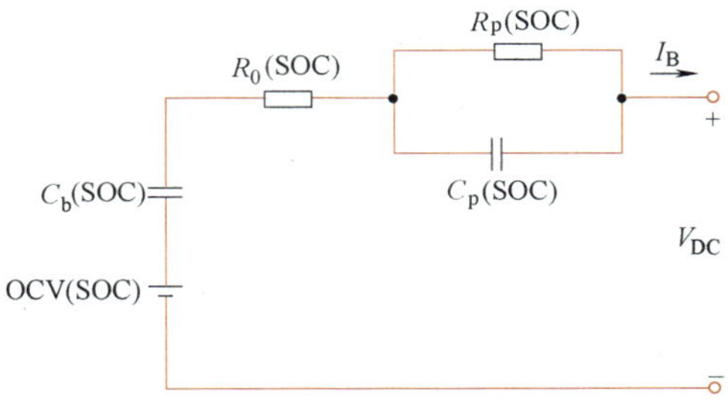

图 9-7　PNGV 电池模型

该模型的电路公式可表示为

$$V_{DC}=OCV-C_b\int I_B dt-R_0I_B-R_pI_p \tag{9-31}$$

式中，V_{DC} 为电源电压；OCV 为理想电压源的电池开路电压；I_B 为总电流；I_p 为通过极化电阻的电流；R_0 为欧姆内阻；R_p 为电池极化阻抗。C_p 为极化阻抗对应的极化电容，R_p 和 C_p 反映了电池的电容特性。当电池有负载时，端电压的突变性表现在R_p 上，渐变性则表现在C_p 上，其极化时间参数为二者乘积。电容C_b 表征开路电压随负载电流的时间积分而产生的变化关系。

由于 PNGV 等效电路模型中，各元件参数C_b、R_0、C_p、R_p 均随电池 SOC 变化而变化，而且对于电动汽车控制系统，电池电量状态是一个重要的参数，因此需要实时计算 SOC 值。一般采用电流积分法估算 SOC。

SOC 变化对电驱动系统最大最直接的影响表现为直流供电电压的波动。关于锂电池电压特性的一般认识如下：

1）同一个电池，在相同 SOC 状态下，电压因放电电流的大小而变化，放电电流越大，电压越低，在没有电流的情况下电压最高。

2）温度越低，同等容量电池的电压越低。

3）随着循环的进行，锂离子电池性能老化，相同电压所代表的容量也相应变化。

4）电池电压特性与正负极材料、电解质、电池结构紧密相关。不同正极材料的锂离子电池电压特性存在显著差异。

对电驱动系统而言，电源的非理想特性体现在电压的变动。而电源电压对电驱动系统最直接的影响为对电压极限椭圆的影响，参见第 6 章有关内容。弱磁控制与定子电流最优控制如图 9-8 所示，A_1 点为由电流极限圆所限制的最高转矩点，在电机转速未达到电压极限椭圆时，其转矩不受工作转速影响，也就不受电池电压影响；电源电压通过电压极限椭圆影响转折速度ω_{rt}（基速）。

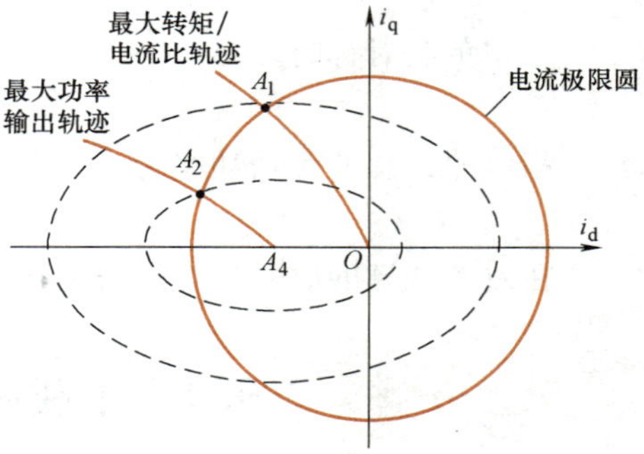

图 9-8　弱磁控制与定子电流最优控制

不妨设A_1 点对应的直轴和交轴电流分别为i_D、i_Q，由第 6 章数学模型，得到转折速度表达式为

$$\omega_{rt}=\frac{U_{sm}}{\sqrt{(\psi_f+L_Di_D)^2+(L_Qi_Q)^2}} \tag{9-32}$$

式中，U_{sm} 为定子电压矢量的最大值，在等幅值变换条件下，其最大值为 2 V_{DC}/3。

逆变器输出电压越高，理论上电机外特性图上恒转矩区对应的转速越高。考虑到损耗等因素，电源电压的波动也会反映在电驱动系统的输出机械功率上。此外，从动态特性看，电压波动会影响转矩的控制精度和动态品质，需要在控制算法上针对电压波动做专门的补偿。

小　结

本章主要介绍电驱动系统的机械特性，即电驱动系统与整车的力学作用规律和基本参数。电驱动系统具有优良调速能力和低速大转矩性能，它对于车辆来说是非常理想的动力源，只是对于特殊性能要求的场景，电机的调速范围有时会不能完全满足高速驱动和低速大转矩需求，为此可考虑多档变速器。但考虑到成本等因素，目前车用电驱动系统还是匹配单档减速器为主。

电机供电电压制约了电机的恒转矩工作区间，为此引入额定转速进行表征，这是电机外特性的重要表征参数。在额定转速以下的恒转矩区，输出转矩受电机控制器输出电流幅值的约束；在额定转速以上的恒功率区，输出功率受电机控制器输出电压的制约。在恒功率区，通过弱磁控制扩展电机的工作转速范围，因此也称为弱磁区。

电机可以实现双向的能量变换，即可以在车载储能电源和车辆惯性能量之间双向变换功率。这里要注意，功率在不同环节的表现形式是不同的，在储能电源侧为直流电压和电流，在电机输出侧为机械转矩和转速，但在电机输入侧则为三相交流电压和电流。对于交流电，需考虑不参与能量变换的无功功率对效率和容量的影响。

车载动力电源对于电驱动系统的性能有直接的影响，特别是表现在电压波动时对于电驱动系统外特性的影响。此外，输出同等功率情况下，电源电压变动会影响输出电流大小，进而影响电驱动系统的效率特性。

习　题

9-1　选择合适的参数仿真纯电动汽车的负载平衡，分析加速时间和特定工况运行时的功率平衡特性。

9-2　选择合适的参数仿真动力蓄电池的动态特性。

附录

附录 A　机电能量转换的一般原理

A.1　机电系统拉格朗日-麦克斯韦方程

物理学家麦克斯韦（1831—1879）应用拉格朗日方法完整描述了机电耦合系统动力学问题，他从力学和电磁学的基本定律出发，列出了系统的运动方程，得到了“拉格朗日-麦克斯韦方程”。

针对一般的机电系统，可以分别选取电路系统中的电荷和机械系统的位移为广义坐标，以电流和机械系统的速度为广义速度，通过引入功率平衡方程和广义力，引入机电系统的拉格朗日函数和耗散函数，即

$$\begin{cases} L = T(x_j, \dot{x}_j) - V(x_j) + W_{\mathrm{m}}(x_j, q_k) - W_{\mathrm{e}}(x_j, q_k) \\ F = F_{\mathrm{m}}(x_j, \dot{x}_j) + F_{\mathrm{e}}(\dot{q}_k) \end{cases} \tag{A-1}$$

则有拉格朗日-麦克斯韦方程为

$$\begin{cases} \dfrac{\mathrm{d}}{\mathrm{d}t}\left(\dfrac{\partial L}{\partial \dot{q}_k}\right) - \dfrac{\partial L}{\partial q_k} + \dfrac{\partial F}{\partial \dot{q}_k} = U_k \\ \dfrac{\mathrm{d}}{\mathrm{d}t}\left(\dfrac{\partial L}{\partial \dot{x}_j}\right) - \dfrac{\partial L}{\partial x_j} + \dfrac{\partial F}{\partial \dot{x}_j} = Q_j \end{cases} \tag{A-2}$$

式中，机械系统广义坐标为 $x_j(j=1, 2, \cdots, n)$；广义速度为 $\dot{x}_j$；电系统广义坐标为 q_k（$k=1, 2, \cdots, m$）；广义速度为 $\dot{q}_k$。机械系统动能为

$$T(x_j, \dot{x}_j) = \frac{1}{2}\sum_{i,j} m_{ij}\dot{x}_i\dot{x}_j \tag{A-3}$$

机械系统势能为

$$V(x_i) = \frac{1}{2}\sum_{i,j} k_{ij}x_i x_j \tag{A-4}$$

机械系统耗散函数为

$$F_{\mathrm{m}}(x_j, \dot{x}_j) = \frac{1}{2}\sum_{i,j} c_{ij}\dot{x}_i\dot{x}_j \tag{A-5}$$

电磁系统电能为

$$W_e(q_k)=\frac{1}{2}\sum_k\frac{1}{C_k}q_k^2 \tag{A-6}$$

电磁系统磁（共）能为

$$W_c(\dot{q}_k)=\frac{1}{2}\sum_{i,j}L_{ij}\dot{q}_i\dot{q}_j \tag{A-7}$$

电系统耗散函数为

$$F_e(\dot{q}_k)=\frac{1}{2}\sum_k R_k\dot{q}_k^2 \tag{A-8}$$

“拉格朗日-麦克斯韦方程”揭示了电磁系统与力学系统的内在等效和对照关系。更具体的，二者之间的类比对照关系可以用表 A-1 描述。

表 A-1　机电系统之间的类比对照关系

机械域		电磁域	
位移	x	电量	q
速度	v	电流	i
动能	$T=\frac{1}{2}mv^2$	磁(共)能	$W_c=\frac{1}{2}Li^2$
外力	$Q_j=F_a$	外电压	$U_k=u_a$
动量	$p=\frac{\partial T}{\partial v}=mv$	磁链	$\psi=\frac{\partial W_c}{\partial i}=Li$
牛顿第二定律	$F_a=\frac{d}{dt}p=m\frac{dv}{dt}$	法拉第电磁感应定律	$u_a=\frac{d}{dt}\psi=L\frac{di}{dt}$
有势力	$F_v=\frac{\partial}{\partial x}V$	电磁转矩	$t_e=\frac{\partial}{\partial\theta}W_c$
惯性力	$f_1=-ma$	牵连运动电动势	$e_m=-j\omega\psi$

动量与磁链的对照关系可以理解为：二者都具有保持其自身状态的“惯性”属性。牛顿定律揭示了力是运动状态改变的原因；与此对照，法拉第电磁感应定律揭示了电压与磁链的变化互为因果。

为了在运动参考系下建立力学方程，应用达朗贝尔原理，引入“惯性力”的概念；类似的，为了在运动参考系下直接建立电磁系统的电压方程，本书引入“牵连运动电动势”的概念。

A.2　电磁铁的电磁力

“拉格朗日-麦克斯韦方程”可以广泛应用于机电系统动力学方程的建立。

如图 A-1 所示，电磁铁磁路由铁心磁路与气隙磁路串联构成，两段磁路的断面面积均为 S。气隙磁路长度为 δ，线圈匝数为 N，通电流 I，从磁共能对 δ 求偏导的角度可计算得出磁拉力。

线圈磁动势 $f=NI$，在图中，取铁心断面的中心线为闭合回线，环形方向为顺时针方向。沿着该闭合回线，假设铁心磁路内的磁场强度 H_m 处处相等，方向与积分路径一致，气隙内

的磁场强度 H_δ 亦如此。于是根据安培环路定律，忽略铁心的磁压降，有

$$H_\delta \delta = NI \tag{A-9}$$

$$B_\delta = \mu_0 H_\delta \tag{A-10}$$

$$B_m = B_\delta = \frac{\mu_0 NI}{\delta} \tag{A-11}$$

其中，B_m 和 B_δ 分别为铁心和气隙内的磁感应强度，则线圈的磁链为

$$\psi = N\phi_m = NB_m S = \frac{\mu_0 N^2 S}{\delta} I \tag{A-12}$$

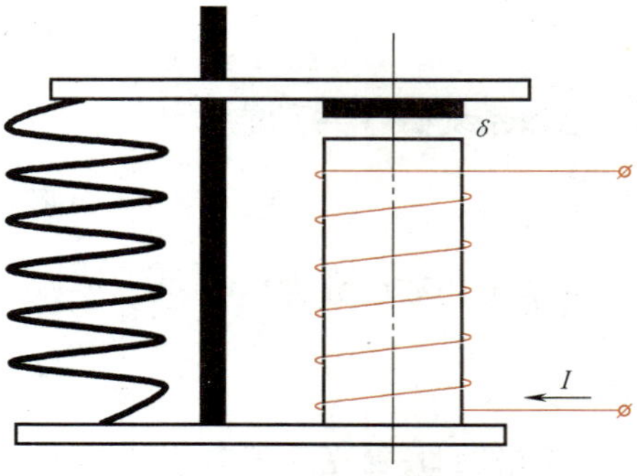

图 A-1 电磁铁磁路

磁共能为

$$W_c = \int_0^I \psi \mathrm{d}i = \int_0^I \frac{\mu_0 N^2 S}{\delta} i \mathrm{d}i = \frac{\mu_0 N^2 S}{2\delta} I^2 \tag{A-13}$$

利用虚位移原理求电磁力，有

$$F = \frac{\partial W_c}{\partial \delta} = -\frac{\mu_0 N^2 S}{2\delta^2} I^2 \tag{A-14}$$

因为电磁力的正方向定义为 δ 增大的方向，所以对衔铁来说，线圈通电流 I 时，电磁力为吸力。

附录 B 四线圈原型电机的电感与磁链矢量表示

B.1 复数电感

根据第四章式（4-42），可推导四线圈原型电机在转子固结 DQ 坐标系下，电感与磁链的矢量表示关系，过程如下。

根据式（4-42）有转子磁链方程

$$\begin{pmatrix} \psi_d \\ \psi_q \end{pmatrix} = \begin{pmatrix} L_d & 0 \\ 0 & L_q \end{pmatrix} \begin{pmatrix} i_d \\ i_q \end{pmatrix} + \begin{pmatrix} L_{dD} & 0 \\ 0 & L_{qQ} \end{pmatrix} \begin{pmatrix} i_D \\ i_Q \end{pmatrix} \tag{B-1}$$

上式右侧电感矩阵可做如下变换：

$$\begin{pmatrix} L_d & 0 \\ 0 & L_q \end{pmatrix} = \left[\begin{pmatrix} 1 & 0 \\ 0 & 1 \end{pmatrix} + \rho_r \begin{pmatrix} -1 & 0 \\ 0 & 1 \end{pmatrix} \right] \overline{L}_r \tag{B-2}$$

$$\begin{pmatrix} L_{dD} & 0 \\ 0 & L_{qQ} \end{pmatrix} = \left[\begin{pmatrix} 1 & 0 \\ 0 & 1 \end{pmatrix} + \rho_m \begin{pmatrix} -1 & 0 \\ 0 & 1 \end{pmatrix} \right] \overline{M} \tag{B-3}$$

其中，

$$\overline{L}_r = \frac{L_d + L_q}{2}$$

$$\rho_r = \frac{L_q - L_d}{L_d + L_q}$$

$$\overline{M}=\frac{L_{dD}+L_{qQ}}{2}$$

$$\rho_{m}=\frac{L_{qQ}-L_{dD}}{L_{dD}+L_{qQ}}$$

假设定、转子电流矢量在 DQ 坐标系下的相角分别为 β 和 α，则转子磁链的矩阵方程（B-1）可以用矢量表示形式

$$\boldsymbol{\psi}_{r}^{D}=(1+\rho_{r}e^{-j2\alpha})\overline{L_{r}}\boldsymbol{i}_{r}^{D}+(1+\rho_{m}e^{-j2\beta})\overline{M}\boldsymbol{i}_{s}^{D} \tag{B-4}$$

类似的，根据式（4-42）有定子磁链方程

$$\begin{pmatrix}\psi_{D}\\ \psi_{Q}\end{pmatrix}=\begin{pmatrix}L_{D} & 0\\ 0 & L_{Q}\end{pmatrix}\begin{pmatrix}i_{D}\\ i_{Q}\end{pmatrix}+\begin{pmatrix}L_{Dd} & 0\\ 0 & L_{Qq}\end{pmatrix}\begin{pmatrix}i_{d}\\ i_{q}\end{pmatrix} \tag{B-5}$$

考虑到 $L_{Dd}=L_{dD}$，$L_{Qq}=L_{qQ}$，可以将等式右侧电感矩阵表示为

$$\begin{pmatrix}L_{D} & 0\\ 0 & L_{Q}\end{pmatrix}=\left[\begin{pmatrix}1 & 0\\ 0 & 1\end{pmatrix}+\rho_{s}\begin{pmatrix}-1 & 0\\ 0 & 1\end{pmatrix}\right]\overline{L_{s}} \tag{B-6}$$

$$\begin{pmatrix}L_{Dd} & 0\\ 0 & L_{Qq}\end{pmatrix}=\left[\begin{pmatrix}1 & 0\\ 0 & 1\end{pmatrix}+\rho_{m}\begin{pmatrix}-1 & 0\\ 0 & 1\end{pmatrix}\right]\overline{M} \tag{B-7}$$

其中，

$$\overline{L_{s}}=\frac{L_{Q}+L_{D}}{2}$$

$$\rho_{s}=\frac{L_{Q}-L_{D}}{L_{Q}+L_{D}}$$

同理，定子磁链的矩阵方程（B-5）可以转化为矢量表示形式

$$\boldsymbol{\psi}_{s}^{D}=(1+\rho_{s}e^{-j2\beta})\overline{L_{s}}\boldsymbol{i}_{s}^{D}+(1+\rho_{m}e^{-j2\alpha})\overline{M}\boldsymbol{i}_{r}^{D} \tag{B-8}$$

式（B-4）和式（B-8）表明在转子有凸极效应的情况下，定、转子各自的自感磁链矢量 $(1+\rho_{s}e^{-j2\beta})\overline{L_{s}}\,\boldsymbol{i}_{s}^{D}$ 和 $(1+\rho_{r}e^{-j2\alpha})\ \overline{L_{r}}\,\boldsymbol{i}_{r}^{D}$ 与各自的励磁电流矢量 $\boldsymbol{i}_{s}^{D}$ 和 $\boldsymbol{i}_{r}^{D}$ 的方向并不一致。同样地，互感磁链 $(1+\rho_{m}e^{-j2\beta})\ \overline{M}\,\boldsymbol{i}_{s}^{D}$ 和 $(1+\rho_{m}e^{-j2\alpha})\ \overline{M}\,\boldsymbol{i}_{r}^{D}$ 也与各自的励磁电流矢量 $\boldsymbol{i}_{s}^{D}$ 和 $\boldsymbol{i}_{r}^{D}$ 的方向并不一致。这体现了凸极效应引起的各电流分量的交叉耦合，励磁电感和互感均是复数。定义如下复数电感量：

$$\boldsymbol{L}_{r}\overset{\text{def}}{=}(1+\rho_{r}e^{-j2\alpha})\overline{L_{r}}$$

$$\boldsymbol{L}_{s}\overset{\text{def}}{=}(1+\rho_{s}e^{-j2\beta})\overline{L_{s}}$$

$$\boldsymbol{M}_{rs}\overset{\text{def}}{=}(1+\rho_{m}e^{-j2\beta})\overline{M}$$

$$\boldsymbol{M}_{sr}\overset{\text{def}}{=}(1+\rho_{m}e^{-j2\alpha})\overline{M}$$

引入复数电感后，四线圈原型电机的磁链矢量方程可以表示为

$$\boldsymbol{\psi}_{r}^{D}=\boldsymbol{L}_{r}\boldsymbol{i}_{r}^{D}+\boldsymbol{M}_{rs}\boldsymbol{i}_{s}^{D} \tag{B-9}$$

$$\boldsymbol{\psi}_{s}^{D}=\boldsymbol{L}_{s}\boldsymbol{i}_{s}^{D}+\boldsymbol{M}_{sr}\boldsymbol{i}_{r}^{D} \tag{B-10}$$

可见，引入复数电感之后，凸极电机的磁链矢量表达式与隐极电机形式上相同。实际上，若转子无凸极效应，则 $\rho_r=\rho_s=\rho_m=0$，并且 $L_r=\overline{L_r}$，$L_s=\overline{L_s}$，$M_{sr}=M_{rs}=\overline{M}$。

B.2 四线圈原型电机的电感矩阵及其变换

在考虑转子的凸极效应后，将四线圈原型电机看作四个独立电流激励的电磁系统，并且将磁链和电流分量均按其物理属性表述，可得如下磁链矩阵表达式：

$$\begin{pmatrix}\psi_\alpha\\ \psi_\beta\\ \psi_d\\ \psi_q\end{pmatrix}=\begin{pmatrix}L_\alpha & L_{\alpha\beta} & L_{\alpha d} & L_{\alpha q}\\ L_{\beta\alpha} & L_\beta & L_{\beta d} & L_{\beta q}\\ L_{d\alpha} & L_{d\beta} & L_d & 0\\ L_{q\alpha} & L_{q\beta} & 0 & L_q\end{pmatrix}\begin{pmatrix}i_\alpha\\ i_\beta\\ i_d\\ i_q\end{pmatrix} \tag{B-11}$$

针对定子线圈，由于转子的凸极效应，α、β 线圈各自的自感存在交变成分，其中 $L_\alpha=\overline{L_s}+L_{\alpha\theta}$，$L_\beta=\overline{L_s}+L_{\beta\theta}$，$\overline{L_s}$ 为定子线圈自感的固定不变成分，包含各自的励磁电感和漏感，$L_{\alpha\theta}$ 和 $L_{\beta\theta}$ 为定子线圈自感中由转子凸极效应引发的交变成分，并且 α、β 线圈存在交变的互感 $L_{\alpha\beta}$ 和 $L_{\alpha\beta}$。针对转子线圈，由于定子为隐极，因此 d、q 线圈保持严格正交，并且

$$L_{\alpha\theta}=-M_{\alpha\beta}\cos2\theta_r$$
$$L_{\beta\theta}=M_{\alpha\beta}\cos2\theta_r$$
$$L_{\alpha\beta}=L_{\beta\alpha}=-M_{\alpha\beta}\sin2\theta_r$$
$$L_{\alpha d}=L_{d\alpha}=M_{md}\cos\theta_r$$
$$L_{\alpha q}=L_{q\alpha}=-M_{mq}\sin\theta_r$$
$$L_{\beta d}=L_{d\beta}=M_{md}\sin\theta_r$$
$$L_{\beta q}=L_{q\beta}=M_{mq}\cos\theta_r$$

其中，$M_{\alpha\beta}$ 为 α、β 线圈间互感的最大值，M_{md} 为 α 线圈或 β 线圈与 d 线圈轴向对齐时的互感，M_{mq} 为 α 线圈或 β 线圈与 q 线圈轴向对齐时的互感。

代入可分别得到定子磁链分量和转子磁链分量表达式：

$$\begin{pmatrix}\psi_\alpha\\ \psi_\beta\end{pmatrix}=\overline{L_s}\begin{pmatrix}i_\alpha\\ i_\beta\end{pmatrix}+M_{\alpha\beta}\begin{pmatrix}-\cos2\theta_r & -\sin2\theta_r\\ -\sin2\theta_r & \cos2\theta_r\end{pmatrix}\begin{pmatrix}i_\alpha\\ i_\beta\end{pmatrix}+\begin{pmatrix}M_{md}\cos\theta_r & -M_{mq}\sin\theta_r\\ M_{md}\sin\theta_r & M_{mq}\cos\theta_r\end{pmatrix}\begin{pmatrix}i_d\\ i_q\end{pmatrix} \tag{B-12}$$

$$\begin{pmatrix}\psi_d\\ \psi_q\end{pmatrix}=\begin{pmatrix}L_d & 0\\ 0 & L_q\end{pmatrix}\begin{pmatrix}i_d\\ i_q\end{pmatrix}+\begin{pmatrix}M_{md}\cos\theta_r & M_{md}\sin\theta_r\\ -M_{mq}\sin\theta_r & M_{mq}\cos\theta_r\end{pmatrix}\begin{pmatrix}i_\alpha\\ i_\beta\end{pmatrix} \tag{B-13}$$

定、转子磁链和电流均在各自线圈固结坐标系下表达，互感随转子位置而改变。为此引入矢量旋转变换，将电流和磁链矢量变换到同一个坐标系下。

以变换到转子固结 DQ 坐标系为例。

首先，定子电流和磁链矢量分别按坐标分量表示为

$$\boldsymbol{i}_s^D=i_D+ji_Q \tag{B-14}$$

$$\boldsymbol{\psi}_s^D=\psi_D+j\psi_Q \tag{B-15}$$

其中 i_D 和 i_Q 为 DQ 坐标系下的定子电流分量，ψ_D 和 ψ_Q 为 DQ 坐标系下的定子磁链分量，且均满足如下矢量变换关系：

$$\boldsymbol{i}_s^{\alpha\beta}=e^{j\theta_r}\boldsymbol{i}_s^{D} \tag{B-16}$$

$$\boldsymbol{\psi}_s^{D}=e^{-j\theta_r}\boldsymbol{\psi}_s^{\alpha\beta} \tag{B-17}$$

根据电流、磁链变换关系及欧拉公式，可得

$$\begin{pmatrix} i_\alpha \\ i_\beta \end{pmatrix}=\begin{pmatrix} \cos\theta_r & -\sin\theta_r \\ \sin\theta_r & \cos\theta_r \end{pmatrix}\begin{pmatrix} i_D \\ i_Q \end{pmatrix} \tag{B-18}$$

$$\begin{pmatrix} \psi_D \\ \psi_Q \end{pmatrix}=\begin{pmatrix} \cos\theta_r & \sin\theta_r \\ -\sin\theta_r & \cos\theta_r \end{pmatrix}\begin{pmatrix} \psi_\alpha \\ \psi_\beta \end{pmatrix} \tag{B-19}$$

在式（B-19）中代入 ψ_α、ψ_β 和电流表达式，整理后可得转子固结 DQ 坐标系下的定子磁链方程：

$$\begin{pmatrix} \psi_D \\ \psi_Q \end{pmatrix}=\begin{pmatrix} \overline{L_s}-M_{\alpha\beta} & 0 \\ 0 & \overline{L_s}+M_{\alpha\beta} \end{pmatrix}\begin{pmatrix} i_D \\ i_Q \end{pmatrix}+\begin{pmatrix} M_{md} & 0 \\ 0 & M_{mq} \end{pmatrix}\begin{pmatrix} i_d \\ i_q \end{pmatrix} \tag{B-20}$$

同理可得转子固结 DQ 坐标系下的转子磁链方程：

$$\begin{pmatrix} \psi_d \\ \psi_q \end{pmatrix}=\begin{pmatrix} L_d & 0 \\ 0 & L_q \end{pmatrix}\begin{pmatrix} i_d \\ i_q \end{pmatrix}+\begin{pmatrix} M_{md} & 0 \\ 0 & M_{mq} \end{pmatrix}\begin{pmatrix} i_D \\ i_Q \end{pmatrix} \tag{B-21}$$

将式（B-20）、式（B-21）与第 4 章式（4-42）的各项对照，则可得到同步电感与线圈物理电感量之间的对应关系：

$$L_D=\overline{L_s}-M_{\alpha\beta}$$

$$L_Q=\overline{L_s}+M_{\alpha\beta}$$

$$L_{Dd}=L_{dD}=M_{md}$$

$$L_{qQ}=L_{Qq}=M_{mq}$$

进一步有

$$\overline{L_s}=\frac{L_Q+L_D}{2}$$

$$M_{\alpha\beta}=\frac{L_Q-L_D}{2}=\rho_s\overline{L_s}$$

附录 C　三相永磁同步电机和感应电机的电感矩阵与磁链

C.1　永磁同步电机的电感矩阵与磁链

永磁同步电机主要需分析定子电感与磁链，设 ψ_A、ψ_B 和 ψ_C 为 ABC 定子三相绕组的全磁链，即有

$$\begin{pmatrix} \psi_A \\ \psi_B \\ \psi_C \end{pmatrix}=\begin{pmatrix} L_A & L_{AB} & L_{AC} \\ L_{BA} & L_B & L_{BC} \\ L_{CA} & L_{CB} & L_C \end{pmatrix}\begin{pmatrix} i_A \\ i_B \\ i_C \end{pmatrix}+\begin{pmatrix} \psi_{fA} \\ \psi_{fB} \\ \psi_{fC} \end{pmatrix} \tag{C-1}$$

式中，转子磁场 ψ_{fA}、ψ_{fB} 和 ψ_{fC} 分别为ABC绕组匝链的永磁励磁磁链。考虑面装式电机这一简单情况，忽略定子的开槽效应，其气隙几何形状不随转子位置的变化而变化，于是定子自感恒定不变，三相自感相同，即

$$L_A = L_B = L_C = L_{m\phi} + L_{s\sigma} \tag{C-2}$$

式中，$L_{m\phi}$ 是每相绕组自感分量，$L_{s\sigma}$ 为漏感分量。定子相绕组间或者转子相绕组间的互感，因相绕组彼此在空间间隔120°电角度，且因定、转子相绕组产生的励磁磁场均为正弦分布，故有

$$L_{AB} = L_{BA} = L_{AC} = L_{CA} = L_{BC} = L_{CB} = -\frac{1}{2}L_{m\phi} \tag{C-3}$$

将式（C-2）和式（C-3）表示的自感和互感代入式（C-1）中的三相磁链表达式中，可得

$$\begin{pmatrix}\psi_A\\ \psi_B\\ \psi_C\end{pmatrix} = \begin{pmatrix} L_{m\phi} & -\frac{1}{2}L_{m\phi} & -\frac{1}{2}L_{m\phi}\\ -\frac{1}{2}L_{m\phi} & L_{m\phi} & -\frac{1}{2}L_{m\phi}\\ -\frac{1}{2}L_{m\phi} & -\frac{1}{2}L_{m\phi} & L_{m\phi}\end{pmatrix}\begin{pmatrix}i_A\\ i_B\\ i_C\end{pmatrix} + \begin{pmatrix}\psi_{fA}\\ \psi_{fB}\\ \psi_{fC}\end{pmatrix} \tag{C-4}$$

在电枢电流为三相对称的情况下，$i_A + i_B + i_C = 0$（三相绕组为Y联结，且没有中性线），代入式（C-4）则有

$$\begin{pmatrix}\psi_A\\ \psi_B\\ \psi_C\end{pmatrix} = \frac{3}{2}L_{m\phi}\begin{pmatrix}i_A\\ i_B\\ i_C\end{pmatrix} + \begin{pmatrix}\psi_{fA}\\ \psi_{fB}\\ \psi_{fC}\end{pmatrix} \tag{C-5}$$

为此引入同步电感 L_s，其物理含义是在电机稳态三相对称运行情况下，从相绕组观测的等效电感，即

$$L_s = \frac{3}{2}L_{m\phi} \tag{C-6}$$

这样一来，则有

$$\begin{pmatrix}\psi_A\\ \psi_B\\ \psi_C\end{pmatrix} = L_s\begin{pmatrix}i_A\\ i_B\\ i_C\end{pmatrix} + \begin{pmatrix}\psi_{fA}\\ \psi_{fB}\\ \psi_{fC}\end{pmatrix} \tag{C-7}$$

将式（C-7）的第二行乘以复数空间算子 $\boldsymbol{a} = e^{j120°}$，第三行乘以 $\boldsymbol{a}^2$，再将式的两端各乘以2/13，便可得

$$\frac{2}{3}\begin{pmatrix}\psi_A\\ \boldsymbol{a}\psi_B\\ \boldsymbol{a}^2\psi_C\end{pmatrix} = L_s\frac{2}{3}\begin{pmatrix}i_A\\ \boldsymbol{a}i_B\\ \boldsymbol{a}^2 i_C\end{pmatrix} + \frac{2}{3}\begin{pmatrix}\psi_{fA}\\ \boldsymbol{a}\psi_{fB}\\ \boldsymbol{a}^2\psi_{fC}\end{pmatrix} \tag{C-8}$$

将上式的各行相加，就由定、转子相绕组电流和全磁链构成了定、转子电流矢量和磁链矢量，即

$$\boldsymbol{\psi}_s = L_s\boldsymbol{i}_s + \boldsymbol{\psi}_f \tag{C-9}$$

通常，将定子电流矢量产生的磁场（漏磁场与电枢反应磁场之和）称作电枢磁场；转子永磁体励磁磁场称为转子磁场。就是说，(定子绕组的）定子磁场是电枢磁场与转子磁场的合成磁场。式（C-9）为定子磁链矢量方程，其中 $L_s\boldsymbol{i}_s$ 电枢磁链矢量，与电枢磁场相对应；转子磁链矢量$\boldsymbol{\psi}_f$ 与转子磁场对应；定子磁链矢量$\boldsymbol{\psi}_s$ 与定子磁场相对应。

C.2 感应电机定、转子的电感与磁链

将三相感应电动机等效视作一个定、转子多激励的六线圈电磁系统，可得到磁链表达式：

$$\begin{pmatrix}\psi_A\\ \psi_B\\ \psi_C\\ \psi_a\\ \psi_b\\ \psi_c\end{pmatrix}=\begin{pmatrix}L_A & L_{AB} & L_{AC} & L_{Aa} & L_{Ab} & L_{Ac}\\ L_{BA} & L_B & L_{BC} & L_{Ba} & L_{Bb} & L_{Bc}\\ L_{CA} & L_{CB} & L_C & L_{Ca} & L_{Cb} & L_{Cc}\\ L_{aA} & L_{aB} & L_{aC} & L_a & L_{ab} & L_{ac}\\ L_{bA} & L_{bB} & L_{bC} & L_{ba} & L_b & L_{bc}\\ L_{cA} & L_{cB} & L_{cC} & L_{ca} & L_{cb} & L_c\end{pmatrix}\begin{pmatrix}i_A\\ i_B\\ i_C\\ i_a\\ i_b\\ i_c\end{pmatrix} \tag{C-10}$$

式中，i_a、i_b 和 i_c 以及 ψ_a、ψ_b 和 ψ_c 分别为静止转子三相绕组中的归算电流和全磁链值。式中的电感矩阵中，对角线上的元素为自感，非对角元素为互感。相绕组自感分为励磁电感和漏电感两部分，励磁电感与励磁磁场相对应。这里忽略了定、转子铁心磁路的磁阻，故定、转子各相绕组主磁路（励磁磁通路径）磁阻都仅与气隙有关。由于气隙是均匀的，且转子相绕组经匝数归算后与定子相绕组有效匝数相同，所以定、转子各相绕组的励磁电感相等，均记为 $L_{m\phi}$。漏电感与漏磁通相对应，定、转子漏磁通路径不同，故定、转子相绕组的漏电感不相同，分别记为 $L_{s\sigma}$ 和 $L_{r\sigma}$。定、转子相绕组的自感分别满足

$$L_A=L_B=L_C=L_{m\phi}+L_{s\sigma} \tag{C-11}$$

$$L_a=L_b=L_c=L_{m\phi}+L_{r\sigma} \tag{C-12}$$

定子相绕组间或者转子相绕组间的互感，因相绕组彼此在空间间隔 120°电角度，且因定、转子相绕组产生的励磁磁场均为正弦分布，故有

$$L_{AB}=L_{BA}=L_{AC}=L_{CA}=L_{BC}=L_{CB}=L_{m\phi}\cos120°=-\frac{1}{2}L_{m\phi} \tag{C-13}$$

$$L_{ab}=L_{ba}=L_{ac}=L_{ca}=L_{bc}=L_{cb}=L_{m\phi}\cos120°=-\frac{1}{2}L_{m\phi} \tag{C-14}$$

上述自感值不随转子位置改变。与此不同，定、转子各相绕组之间的互感与转子位置有关，它们是转子（电）角度 θ_r 的余弦函数，即有

$$L_{Aa}=L_{aA}=L_{Bb}=L_{bB}=L_{Cc}=L_{cC}=L_{m\phi}\cos\theta_r \tag{C-15}$$

$$L_{Ac}=L_{cA}=L_{Ba}=L_{aB}=L_{bC}=L_{Cb}=L_{m\phi}\cos(\theta_r-120°) \tag{C-16}$$

$$L_{Ab}=L_{bA}=L_{Ca}=L_{aC}=L_{cB}=L_{Bc}=L_{m\phi}\cos(\theta_r+120°) \tag{C-17}$$

当定、转子相绕组对齐时，两者间互感最大，等于绕组励磁电感 $L_{m\phi}$。

于是，可将式（C-10）中的电感矩阵分解成

$$\boldsymbol{L}=\begin{pmatrix}\boldsymbol{L}_{ss} & \boldsymbol{L}_{sr}\\ \boldsymbol{L}_{rs} & \boldsymbol{L}_{rr}\end{pmatrix} \tag{C-18}$$

其中

$$
\boldsymbol{L}_{ss}=\begin{pmatrix} L_{m\phi}+L_{s\sigma} & -\frac{1}{2}L_{m\phi} & -\frac{1}{2}L_{m\phi} \\ -\frac{1}{2}L_{m\phi} & L_{m\phi}+L_{s\sigma} & -\frac{1}{2}L_{m\phi} \\ -\frac{1}{2}L_{m\phi} & -\frac{1}{2}L_{m\phi} & L_{m\phi}+L_{s\sigma} \end{pmatrix} \tag{C-19}
$$

$$
\boldsymbol{L}_{rr}=\begin{pmatrix} L_{m\phi}+L_{r\sigma} & -\frac{1}{2}L_{m\phi} & -\frac{1}{2}L_{m\phi} \\ -\frac{1}{2}L_{m\phi} & L_{m\phi}+L_{r\sigma} & -\frac{1}{2}L_{m\phi} \\ -\frac{1}{2}L_{m\phi} & -\frac{1}{2}L_{m\phi} & L_{m\phi}+L_{r\sigma} \end{pmatrix} \tag{C-20}
$$

$$
\boldsymbol{L}_{sr}=L_{m\phi}\boldsymbol{C}_{sr} \tag{C-21}
$$

$$
\boldsymbol{C}_{sr}=\begin{pmatrix} \cos\theta_r & \cos(\theta_r+120°) & \cos(\theta_r-120°) \\ \cos(\theta_r-120°) & \cos\theta_r & \cos(\theta_r+120°) \\ \cos(\theta_r+120°) & \cos(\theta_r-120°) & \cos\theta_r \end{pmatrix} \tag{C-22}
$$

$$
\boldsymbol{L}_{rs}=\boldsymbol{L}_{sr}^{T}=L_{m\phi}\boldsymbol{C}_{sr}^{T} \tag{C-23}
$$

矩阵$\boldsymbol{L}_{ss}$和$\boldsymbol{L}_{rr}$与θ_r无关，而矩阵$\boldsymbol{L}_{sr}$和$\boldsymbol{L}_{rs}$与转子位置θ_r有关，且互为转置。

在此基础上，定、转子磁链可以表示成如下分块矩阵的形式，即

$$
\begin{pmatrix} \psi_A \\ \psi_B \\ \psi_C \end{pmatrix}=\boldsymbol{L}_{ss}\begin{pmatrix} i_A \\ i_B \\ i_C \end{pmatrix}+\boldsymbol{L}_{sr}\begin{pmatrix} i_a \\ i_b \\ i_c \end{pmatrix} \tag{C-24}
$$

$$
\begin{pmatrix} \psi_a \\ \psi_b \\ \psi_c \end{pmatrix}=\boldsymbol{L}_{rs}\begin{pmatrix} i_A \\ i_B \\ i_C \end{pmatrix}+\boldsymbol{L}_{rr}\begin{pmatrix} i_a \\ i_b \\ i_c \end{pmatrix} \tag{C-25}
$$

利用$i_A+i_B+i_C=0$和$i_a+i_b+i_c=0$的关系（三相绕组为Y联结，且中性线不引出），由式（C-24）和式（C-25），可得

$$
\begin{pmatrix} \psi_A \\ \psi_B \\ \psi_C \end{pmatrix}=\left(\frac{3}{2}L_{m\phi}+L_{s\sigma}\right)\begin{pmatrix} i_A \\ i_B \\ i_C \end{pmatrix}+L_{m\phi}\boldsymbol{C}_{sr}\begin{pmatrix} i_a \\ i_b \\ i_c \end{pmatrix} \tag{C-26}
$$

$$
\begin{pmatrix} \psi_a \\ \psi_b \\ \psi_c \end{pmatrix}=L_{m\phi}\boldsymbol{C}_{sr}^{T}\begin{pmatrix} i_A \\ i_B \\ i_C \end{pmatrix}+\left(\frac{3}{2}L_{m\phi}+L_{r\sigma}\right)\begin{pmatrix} i_a \\ i_b \\ i_c \end{pmatrix} \tag{C-27}
$$

定义M_{sr}为定、转子等效励磁电感，即

$$
M_{sr}=\frac{3}{2}L_{m\phi} \tag{C-28}
$$

以式（C-25）定子磁链入手，将各项乘以（1　$\boldsymbol{a}$　$\boldsymbol{a}^2$），再将两式的两端各乘以 2/3，便可得

$$\frac{2}{3}(1\quad \boldsymbol{a}\quad \boldsymbol{a}^2)\begin{pmatrix}\psi_A\\ \psi_B\\ \psi_C\end{pmatrix}=\frac{2}{3}(1\quad \boldsymbol{a}\quad \boldsymbol{a}^2)(M_{sr}+L_{s\sigma})\begin{pmatrix}i_A\\ i_B\\ i_C\end{pmatrix}+\frac{2}{3}(1\quad \boldsymbol{a}\quad \boldsymbol{a}^2)L_{m\phi}\boldsymbol{C}_{sr}\begin{pmatrix}i_a\\ i_b\\ i_c\end{pmatrix} \tag{C-29}$$

考虑到

$$(1\quad \boldsymbol{a}\quad \boldsymbol{a}^2)\boldsymbol{C}_{sr}\begin{pmatrix}i_a\\ i_b\\ i_c\end{pmatrix}=\frac{3}{2}(1\quad \boldsymbol{a}\quad \boldsymbol{a}^2)\begin{pmatrix}i_a\\ i_b\\ i_c\end{pmatrix}e^{j\theta_r} \tag{C-30}$$

式（C-28）转化为，由定、转子相绕组电流构成了定子磁链矢量，即

$$\boldsymbol{\psi}_s=L_s\boldsymbol{i}_s+M_{sr}\boldsymbol{i}_r^r e^{j\theta_r} \tag{C-31}$$

上式中转子电流矢量是在转子坐标系下表示的，考虑矢量变换关系，可最终得到定子坐标系下定子磁链的矢量表达为

$$\boldsymbol{\psi}_s=L_s\boldsymbol{i}_s+M_{sr}\boldsymbol{i}_r \tag{C-32}$$

式中，L_s 为**定子等效自感**。类似地，由式（C-26）可以得到转子磁链矢量表达式，即

$$\boldsymbol{\psi}_r^r=M_{sr}\boldsymbol{i}_s e^{-j\theta_r}+L_r\boldsymbol{i}_r^r \tag{C-33}$$

上式中转子磁链和转子电流矢量均在转子坐标系下表示的，统一到定子坐标系下，转子磁链的矢量表达为

$$\boldsymbol{\psi}_r=M_{sr}\boldsymbol{i}_s+L_r\boldsymbol{i}_r \tag{C-34}$$

式中，L_r 为**转子等效自感**。其与等效励磁电感之间的关系如下：

$$L_s=M_{sr}+L_{s\sigma} \tag{C-35}$$

$$L_r=M_{sr}+L_{r\sigma} \tag{C-36}$$

上述推导过程再次表明，定、转子磁链是由线圈自感磁链和互感磁链叠加得到的。

C.3　定、转子任意相数情况下的多相绕组等效实现

永磁同步电机与感应电机的转子匝数都是等效数值，因此一般都假设其相数和匝数与定子相同，更一般的情况是转子也为独立的交流励磁绕组（比如双馈电机），此即多相绕组的一般实现问题，指基于磁动势等价原则，用多相绕组实现正交两相绕组的等效励磁作用。

考虑一般情况，假设定、转子分别为 m_s 相、m_r 相对称交流绕组，其每相匝数分别为 N_s、N_r。假设气隙磁导为Λ_g，忽略绕组系数、漏感等因素的影响，则定、转子相间电感幅值近似如下：

$$L_{ms}=N_s^2\Lambda_g \tag{C-37}$$

$$L_{mr}=N_r^2\Lambda_g \tag{C-38}$$

定、转子之间的相间互感幅值为

$$M_{\phi}=N_{s}N_{r}\Lambda_{g} \tag{C-39}$$

等幅值变换条件下，定、转子电流矢量可以定义为

$$\boldsymbol{i}_{s}=\frac{2}{m_{s}}(i_{A}+\boldsymbol{a}i_{B}+\boldsymbol{a}^{2}i_{C}+\cdots+\boldsymbol{a}^{m_{s}-1}\boldsymbol{i}_{m_{s}}) \tag{C-40}$$

$$\boldsymbol{i}_{r}=\frac{2}{m_{r}}(i_{a}+\boldsymbol{a}i_{b}+\boldsymbol{a}^{2}i_{c}+\cdots+\boldsymbol{a}^{m_{r}-1}\boldsymbol{i}_{m_{r}}) \tag{C-41}$$

其中，i_A、i_B 等为定子相电流，i_a、i_b 等为转子相电流。根据磁动势（单位为安匝数）等效，正交两相绕组的等效匝数$\overline{N}_s$、 $\overline{N}_r$ 分别为

$$\overline{N}_{s}=\frac{m_{s}}{2}N_{s} \tag{C-42}$$

$$\overline{N}_{r}=\frac{m_{r}}{2}N_{r} \tag{C-43}$$

采用与三相电机类似的分析推导过程，等幅值变换下定、转子的磁链矢量可以最终表示为

$$\boldsymbol{\psi}_{s}=L_{ss}\boldsymbol{i}_{s}+M_{sr}\boldsymbol{i}_{r}=\frac{m_{s}}{2}L_{ms}\boldsymbol{i}_{s}+\frac{m_{r}}{2}M_{\phi}\boldsymbol{i}_{r} \tag{C-44}$$

$$\boldsymbol{\psi}_{r}=L_{rr}\boldsymbol{i}_{r}+M_{rs}\boldsymbol{i}_{s}=\frac{m_{r}}{2}L_{mr}\boldsymbol{i}_{r}+\frac{m_{s}}{2}M_{\phi}\boldsymbol{i}_{s} \tag{C-45}$$

也就是说，在定、转子相数和匝数不同的一般情况下，正交两相等效条件下的同步电感与定、转子相间电感幅值满足如下一般关系：

$$L_{ss}=\frac{m_{s}}{2}L_{ms} \tag{C-46}$$

$$L_{rr}=\frac{m_{r}}{2}L_{mr} \tag{C-47}$$

同步互感满足如下规律：

$$M_{sr}=\frac{m_{r}}{2}M_{\phi} \tag{C-48}$$

$$M_{rs}=\frac{m_{s}}{2}M_{\phi} \tag{C-49}$$

可见，在等幅值变换的条件下，定转子相数不同时互感存在如下对应关系：

$$\frac{2}{m_{r}}M_{sr}=\frac{2}{m_{s}}M_{rs}=M_{\phi} \tag{C-50}$$

上述公式中，正交两相绕组定子匝数$\overline{N}_s$ 和转子匝数$\overline{N}_r$ 不相等，进一步基于磁动势等效对转子匝数进行归算，使其与定子匝数相等，即

$$\boldsymbol{i}_{r}\overline{N}_{r}=\hat{\boldsymbol{i}}_{r}\overline{N}_{s} \tag{C-51}$$

则转子电流可以表示成

$$\boldsymbol{i}_{r}=\frac{\overline{N}_{s}}{\overline{N}_{r}}\hat{\boldsymbol{i}}_{r} \tag{C-52}$$

因为对转子匝数进行了归算，根据磁动势等效的原则，归算前后磁链矢量满足下述关系：

$$\hat{\boldsymbol{\psi}}_{\mathrm{r}}=\frac{\overline{N}_{\mathrm{s}}}{\overline{N}_{\mathrm{r}}}\boldsymbol{\psi}_{\mathrm{r}} \tag{C-53}$$

匝数归算后，定子的磁链矢量为

$$\boldsymbol{\psi}_{\mathrm{s}}=L_{\mathrm{ss}}\boldsymbol{i}_{\mathrm{s}}+M_{\mathrm{sr}}\boldsymbol{i}_{\mathrm{r}}=L_{\mathrm{ss}}\boldsymbol{i}_{\mathrm{s}}+\frac{\overline{N}_{\mathrm{s}}}{\overline{N}_{\mathrm{r}}}M_{\mathrm{sr}}\hat{\boldsymbol{i}}_{\mathrm{r}} \tag{C-54}$$

转子侧的磁链矢量为

$$\hat{\boldsymbol{\psi}}_{\mathrm{r}}=\frac{\overline{N}_{\mathrm{s}}}{\overline{N}_{\mathrm{r}}}L_{\mathrm{rr}}\boldsymbol{i}_{\mathrm{r}}+\frac{\overline{N}_{\mathrm{s}}}{\overline{N}_{\mathrm{r}}}M_{\mathrm{rs}}\boldsymbol{i}_{\mathrm{s}}=\left(\frac{\overline{N}_{\mathrm{s}}}{\overline{N}_{\mathrm{r}}}\right)^{2}L_{\mathrm{rr}}\hat{\boldsymbol{i}}_{\mathrm{r}}+\frac{\overline{N}_{\mathrm{s}}}{\overline{N}_{\mathrm{r}}}M_{\mathrm{rs}}\boldsymbol{i}_{\mathrm{s}} \tag{C-55}$$

参考文献

［1］ 王成元，夏加宽，孙宜标．现代电机控制技术［M］．北京：机械工业出版社，2014.

［2］ 汤蕴璆．电机学［M］．5版．北京：机械工业出版社，2014.

［3］ 黄文涛，程雪苹．大学物理［M］．上海：上海交通大学出版社，2017.

［4］ 金向阳，陈飞明．大学物理学［M］．北京：科学出版社，2009.

［5］ 汪国梁．电机学［M］．北京：机械工业出版社，2005.

［6］ 冷增祥，徐以荣．电力电子技术基础［M］．南京：东南大学出版社，2012.

［7］ 程夕明，张承宁．新能源汽车功率电子基础［M］．北京：机械工业出版社，2018.

［8］ 张舟云，贡俊．新能源汽车电机技术与应用［M］．上海：上海科学技术出版社，2013.

［9］ 王志福，张承宁．电驱动汽车电驱动理论与设计［M］．2版．北京：机械工业出版社，2017.

［10］ BÖHLE J，STIEBELS B．Der neue Touareg Hybrid［J］．ATZ extra，2009，14（12）：30-35.

［11］ DOERR J，ARDEY N，MENDL G，et al．The new full electric drivetrain of the Audi e-tron［M］//Der Antrieb von morgen 2019．Wiesbaden：Springer Vieweg，2019.

［12］ UMANS S D．电机学［M］．刘新正，苏少平，高琳，译．7版．北京：电子工业出版社，2014.

［13］ CHAPMAN S J．电机学［M］．刘新正，译．5版．北京：电子工业出版社，2012.

［14］ 高大威．汽车电力电子学［M］．北京：清华大学出版社，2018.

［15］ 万山明，陈骁．感应电动机转子磁场定向下的弱磁控制算法［J］．中国电机工程学报．2011，31（30）：93-99.

［16］ 钟再敏，王业勤．电机模型中牵连运动及其动生电动势的数理表达［J］．电机与控制应用，2023，50（1）：30-34.

［17］ 钟再敏，杨明磊，王业勤，等．四线圈原型电机模型及其空间矢量数学表征［J］．电机与控制应用，2023，50（7）：1-12.

［18］ 王中林，邵佳佳．非匀速运动介质系统中的动生麦克斯韦方程组：低速与非相对论近似［J］．中国科学：技术科学，2022，52：1198-1211.